はじめに

FPとは「Financial(ファイナンシャル)・Planning(プランニング)＝資金計画・立案」と「Financial(ファイナンシャル)・Planner(プランナー)」の2つを表す略称です。

個人の夢や目標の達成に向けたライフプラン(＝人生設計)には、さまざまな「お金」の問題が発生します。そこで、個人のライフプランに合わせた資金計画の立案には、一つの分野に特化した知識だけでなく、「年金」「保険」「不動産」「金融資産」「税金」「相続」など、さまざまな種類の「お金」の知識が必要となります。

「FP」は、これらの「お金」の知識を総合的に身に付けて、お客様のライフプランの実現に向けたアドバイスをする専門家です。

人生100年時代を迎え「お金」の知識を身に付けることは、当然、ビジネスとして活用することができますが、同時に、本書を手に取られているみなさまの人生の羅針盤にもなります。**学ぶことで「経済」が見える。「社会」が見える。「人生」が見える。そんな資格が「FP」なのです。**

本格的に「FP」を目指すみなさまのステップアップとなる資格が「2級ファイナンシャル・プランニング技能士(FP技能士)」です。

3級FP技能士をFP資格の基礎編とするならば、2級FP技能士は応用編です。金融商品、保険商品や不動産などの販売員の多くが2級FP技能士資格を有していることから、その知識レベルの高さが想像できるでしょう。

本書を執筆いたしました「資格の大原　FP講座の専任講師」は、これまで数多くの2級FP技能士の合格者を輩出しております。試験傾向はもちろん、受検生が苦手な論点などを熟知しておりますので、本書の中に「合格のノウハウ」が余すことなく集約されております。

本書をご利用されるみなさまが必ず「2級FP技能士」の栄冠を勝ち取られることを、資格の大原　FP講座専任講師一同、心より祈念いたしております。

資格の大原　FP講座

本書の利用方法

第1節 | FPとライフプランニング 頻出度 A

❶ FPの役割 重要 暗記 計算 実技(資産・個人・生保) チェック

「見開き完結スタイル」で理解度が大幅にUP！

(1) FPの定義 図表 1-1-1

ファイナンシャル・プランナー(FP)とは、ファイナンシャル・プランニングの専門家であり、次のように定義されています。

① 顧客の収入や資産、負債などに関するあらゆるデータを集め、

② 顧客の要望や希望、目標を聞き取り調査し、

…貯蓄計画などの包括的…

…る専門家

【左】ページ
文章による説明がありますので、「赤文字」を中心に確認しましょう。

まずは、【左】ページ、そして、【右】ページを確認しましょう！

※ レイアウトの都合上、見開きページでないところがあります。

おまけ

赤シート

電子書籍版は赤シートに対応していません。

受検書籍の定番アイテム。
重要な用語や金額等にかざすと消えます。
下線部分などを穴埋め問題として活用しましょう！

❷ 国民健康保険

(1) 概　要

国民健康保険は、わが国の公的医療保険制度の中で、健康保険などの被用者保険に加入していないすべての国民(後期高齢者医療制度の対象者を除く)を対象としており、業…れの病気、けがも対象となっています。

わかりやすく【合格】できる！　3大【イチオシ】コンテンツ

「アイコン」で本試験のポイントが一目でわかる！

重要　各節の中で本試験対策として「重要」な項目です！

暗記　本試験はココから出題されますので赤シートを活用してキーワードを絶対「暗記」です！

計算　電卓を使用して、実際に「計算」してみてください！

実技（資産・個人・生保）　「実技」試験の頻出項目が種類ごとにわかります！

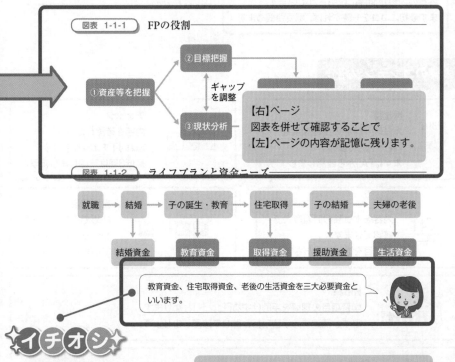

図表 1-1-1　FPの役割

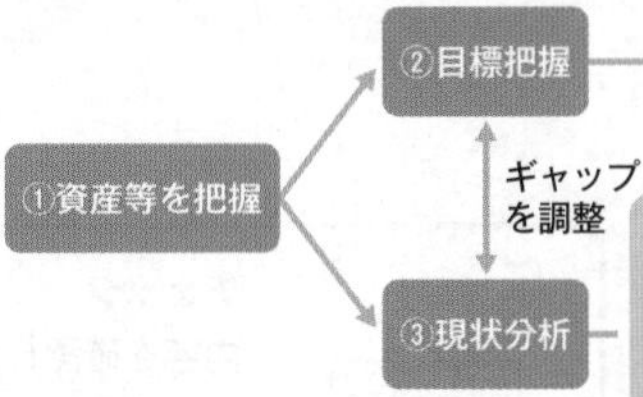

①資産等を把握 → ②目標把握 / ③現状分析（ギャップを調整）

【右】ページ
図表を併せて確認することで
【左】ページの内容が記憶に残ります。

図表 1-1-2　ライフプランと資金ニーズ

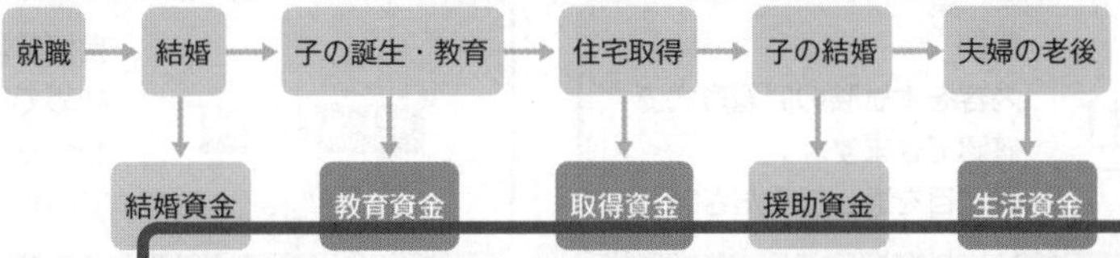

就職 → 結婚 → 子の誕生・教育 → 住宅取得 → 子の結婚 → 夫婦の老後

結婚資金　教育資金　取得資金　援助資金　生活資金

教育資金、住宅取得資金、老後の生活資金を三大必要資金といいます。

イチオシ

「講師コメント」が合格に導く！

学習のポイントになる部分が「講師コメント」です。
みなさんの理解度を上げ、「合格」に導きます。

まだまだ、あります！　充実のコンテンツ！

各章のトビラも注目！

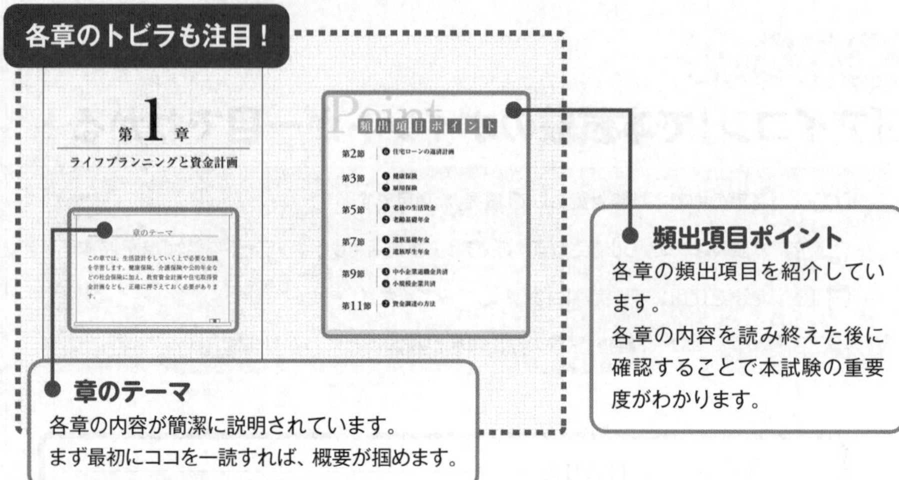

頻出項目ポイント
各章の頻出項目を紹介しています。
各章の内容を読み終えた後に確認することで本試験の重要度がわかります。

章のテーマ
各章の内容が簡潔に説明されています。
まず最初にココを一読すれば、概要が掴めます。

本編のコンテンツ紹介

頻出度
本試験（学科）の出題頻度を「A」～「C」で表示。
まずは「A」から確認しましょう。

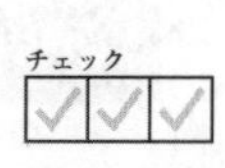

チェック
内容を確認したら、
忘れず「チェック」。
最低3回は確認しましょう。

設例
内容を本試験の問題形式で確認できます。
必ず目を通してください。

用語解説
初めて見るコトバをわかりやすく説明しています。

Hint !
学習項目の理解を手助けする「ヒント」となります。
必ず、関連する学習項目と併せて確認しましょう。

Step Up!
2級FPレベルよりもワンランク上の項目を紹介しています。
プラスアルファの知識が欲しい方は、周辺の関連内容と併せて確認しましょう。

2級FP技能検定　試験概要

●試験実施機関

一般社団法人 金融財政事情研究会(以下、金財)	NPO法人 日本ファイナンシャル・プランナーズ協会 (以下、協会)
Tel：03-3358-0771 URL：https://www.kinzai.or.jp/	Tel：03-5403-9700 URL：https://www.jafp.or.jp/

●受検資格(次のいずれかに該当する者)

・3級FP技能検定または金融渉外技能審査3級の合格者
・日本FP協会が認定するAFP認定研修を修了した者
・FP業務に関し2年以上の実務経験を有する者

●試験内容(出題形式・合格基準など)

	学科試験	実技試験
金財	◇試験内容 ライフプランニングと資金計画 リスク管理、金融資産運用、 タックスプランニング、不動産、 相続・事業承継 ◇出題形式 マークシート形式(合計60問) ・四答択一式(60問) ◇試験時間 120分 ◇合格基準 60点満点で36点以上 ※学科試験は、金財、協会ともに共通	◇試験内容(下記より1つ選択) ・個人資産相談業務 ・生保顧客資産相談業務 ・損保顧客資産相談業務 ・中小事業主資産相談業務 ◇出題形式 記述式 筆記　5題(15問) ◇試験時間 90分 ◇合格基準 50点満点で30点以上
協会		◇試験内容 資産設計提案業務 ◇出題形式 記述式 筆記　40問 ◇試験時間 90分 ◇合格基準 100点満点で60点以上

2級FP技能検定■合格スケジュール

次の日程を参考に各自の合格スケジュールを立てましょう！

学習内容	学習範囲	9月検定のモデルケース	1月検定のモデルケース	5月検定のモデルケース
テキスト（本書）を読む	第1章　ライフプランニングと資金計画 第2章　リスク管理 第3章　金融資産運用	6月上旬	10月上旬	2月上旬
問題集※（学科）を解く	第1章　ライフプランニングと資金計画 第2章　リスク管理 第3章　金融資産運用	7月上旬	11月上旬	3月上旬
テキストを読む	第4章　タックスプランニング 第5章　不動産 第6章　相続・事業承継	7月中旬	11月中旬	3月中旬
問題集※（学科）を解く	第4章　タックスプランニング 第5章　不動産 第6章　相続・事業承継	8月中旬	12月中旬	4月中旬
問題集※（実技）を解く	受検予定の実技試験の問題	8月下旬	12月下旬	4月下旬
問題集※の正解率80%を達成		9月上旬	1月上旬	5月上旬
最終確認や弱点補強など		本試験の直前1週間前		
2級FP技能検定　本試験		**9月上旬**	**1月下旬**	**5月下旬**

※問題集は別冊となります。

※本試験の日程は予定となります。

※2025年度以降はCBT試験に移行予定となります。

― 法令基準日 ―

2級FP技能検定は、9月、1月、5月の年3回実施され、各試験の法令基準日は、次のとおりとなります。

本試験日	2024.9月上旬	2025.1月下旬	2025.5月下旬
法令基準日	2024.4.1	2024.10.1	2024.10.1

目　次

第1章　ライフプランニングと資金計画……………………1

第2章　リスク管理………107

第3章　金融資産運用……177

第4章　タックスプランニング……249

第5章　不動産……345

第6章　相続・事業承継……413

本書は、2024年4月1日現在の施行法令等により作成されています。

第 1 章

ライフプランニングと資金計画

章のテーマ

この章では、生活設計をしていく上で必要な知識を学習します。健康保険、介護保険や公的年金などの社会保険に加え、教育資金計画や住宅取得資金計画なども、正確に押さえておく必要があります。

Point

頻出項目ポイント

第2節
- ❻ 住宅ローンの返済計画

第3節
- ❶ 健康保険
- ❼ 雇用保険

第5節
- ❶ 老齢基礎年金
- ❷ 老齢厚生年金

第7節
- ❶ 遺族基礎年金
- ❹ 遺族厚生年金

第9節
- ❸ 中小企業退職金共済
- ❹ 小規模企業共済

第12節
- ❶ 安全性分析
- ❷ 収益性分析

第1節 FPとライフプランニング

頻出度 A

❶ FPの役割

重要 暗記 実技(資産)

チェック ✓ ✓ ✓

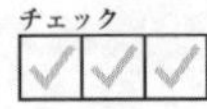

(1) FPの定義

図表 1-1-1

ファイナンシャル・プランナー(FP)とは、ファイナンシャル・プランニングの専門家であり、次のように定義されています。

① 顧客の収入や資産、負債などに関するあらゆるデータを集め、
② 顧客の要望や希望・目標を聞き取り調査し、
③ 現状を分析した上で、
④ 他の専門家の協力を得ながら、貯蓄計画などの包括的な資産設計を立案し、
⑤ それを顧客が実行する際に援助する専門家

(2) ライフプランと資金ニーズ

図表 1-1-2

ライフプランとは、自分の夢や生き甲斐を基にした「人生設計」のことをいいます。

人は誕生の時から死亡に至るまでのライフサイクルの中で、それぞれの夢や目標を描きながら生活しています。しかし、その夢や目標を達成するためには資金が必要になるため、「何のために、いつ、どれくらいの資金が必要か」を予測しておくことは、ライフプランの実現にとって必要不可欠なものとなります。

(3) FPの社会的役割と法令順守(じゅんしゅ)(コンプライアンス)

図表 1-1-3 図表 1-1-4

FPの社会的役割は、顧客の経済的自立を促しながら、作成した資金計画に基づいて顧客の幸福を経済面から支援することにあります。

FPの領域は他の専門家の職業領域と重なる部分も多いことから、顧客を援助する際には、税理士法、保険業法、金融商品取引法および弁護士法などの法令に抵触する行為をしないよう注意をしなければなりません。

なお、職業上の倫理として、顧客の利益を優先させること、顧客情報などについての守秘義務を厳守することも重要です。

図表 1-1-1 FPの役割

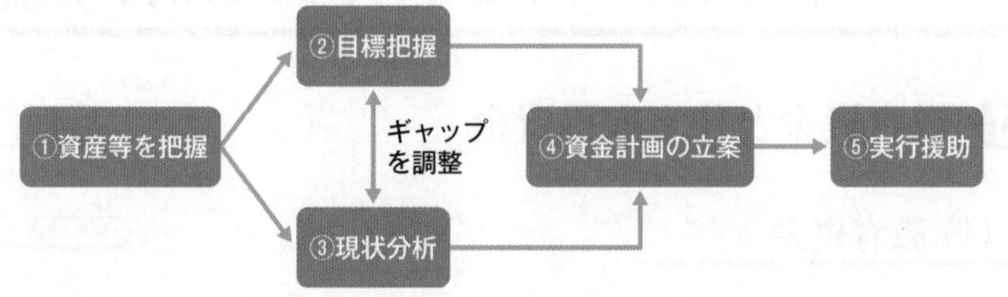

図表 1-1-2 ライフプランと資金ニーズ

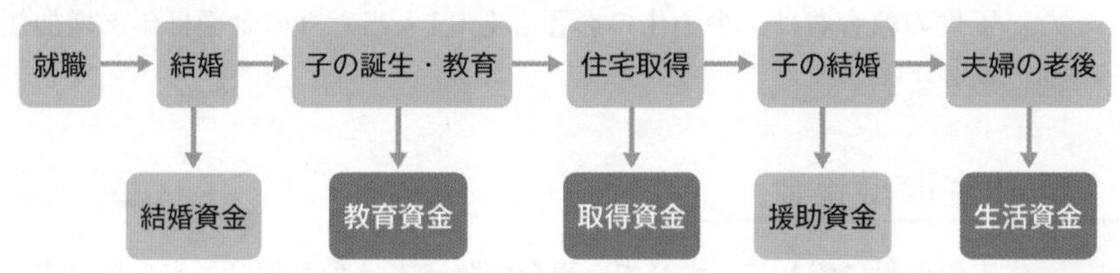

教育資金、住宅取得資金、老後の生活資金を三大必要資金といいます。

図表 1-1-3 資格を有しない（登録をしていない）FPができないこと

税理士	具体的な税務相談（有償無償問わず）や税務書類（確定申告書など）の作成
生命保険募集人	生命保険や損害保険の募集や媒介（仲介）
金融商品取引業	具体的な投資判断（時期、数量、投資方法）の助言
弁護士	具体的な法律相談や法律事務（遺産分割の交渉など）
社会保険労務士	報酬を得て行う、行政機関等に提出する社会保険関係書類の作成

※　金融商品取引業を営むためには、内閣総理大臣の登録が必要です。

図表 1-1-4 資格を有しない（登録をしていない）FPでもできること

税理士	セミナーなどにおける一般的な税法の解説など
生命保険募集人	生命保険や損害保険の一般的な解説や保険証券の説明・必要保障額の計算など
金融商品取引業	金融商品に関する過去のデータや資料の提示など
弁護士	民法など法律の一般的な解説など
社会保険労務士	将来支払われる年金額の計算など

第2節　教育・住宅取得資金計画

頻出度 A

❶ 教育資金と住宅取得資金

チェック ✓✓✓

(1) 教育資金

図表 2-1-1

子供に掛かる教育費は、高校・大学と進学するにつれて高額になり、一度に用意するのは不可能なことから計画的な準備が必要になります。また、子供の教育費は、少子化の影響もあり1人当たりの金額は年々増加傾向にあります。

(2) 住宅取得資金

図表 2-1-2

住宅の取得に際して、すべてを現金で賄う人は少なく、一定の自己資金(頭金)以外の部分は住宅ローンを活用するのが一般的です。

なお、住宅の取得には手数料や税金などさまざまな費用が掛かります。これらの費用は合計すると物件価格の10%程度にも及ぶこともありますので、住宅取得資金としては、この諸費用分も考えて計画しなければなりません。

以上から、住宅販売の現場で無理をしないためにも、住宅を購入する際には、事前に以下の3点を確認しておくことが必要です。

① 購入時点の自己資金の額を確認
② 自分の年収で返済できる住宅ローンの額を確認
③ 諸費用を含めた購入可能額の総額を確認

教育資金

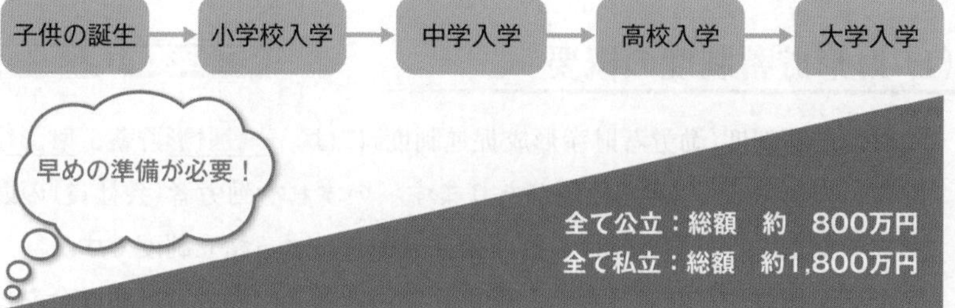

子供が誕生する前後からライフプランの中に組入れ、マネープランを立てて準備しておく必要があります。

図表 2-1-2 **住宅取得資金**

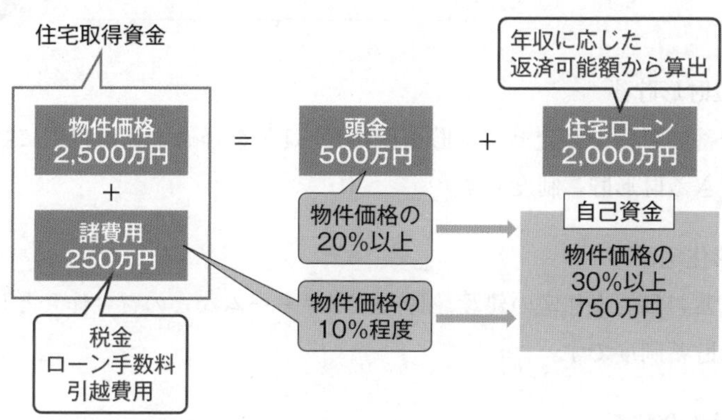

住宅ローンを組んだ場合の年間返済額は、民間の住宅ローンを利用する場合、概ね年収の25%程度が妥当と考えられています。

❷ 財形貯蓄制度

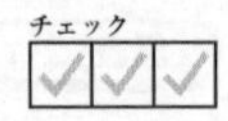

(1) 財形貯蓄制度の概要

図表 2-2-1　図表 2-2-2

財形貯蓄制度(勤労者財産形成促進制度)には、一般財形貯蓄、財形住宅貯蓄、財形年金貯蓄の3種類があります。いずれも勤労者(会社員)の財産形成を促進する目的で設けられた給与天引きによる積立制度です。

企業が銀行や証券会社などと提携している場合、勤労者は預貯金や投資信託などの「貯蓄型商品」により財産形成を行うことができます。

また、企業が保険会社と提携している場合、勤労者は生命保険や損害保険といった「保険型商品」により財産形成を行うことができます。

財形貯蓄制度を福利厚生制度として導入していない企業に勤務している会社員の方は、財形貯蓄制度を活用することはできません。

① 一般財形貯蓄

貯蓄の目的を限定せず、貯蓄開始から1年を経過すれば自由に払い出しもできる財形貯蓄制度です。

② 財形住宅貯蓄

貯蓄の目的を住宅の建設、購入、リフォームなどの資金作りとしている財形貯蓄制度です。

③ 財形年金貯蓄

貯蓄の目的を60歳以降に年金として受け取るための資金作りとしている財形貯蓄制度です。

(2) 非課税制度

暗記

財形住宅貯蓄と財形年金貯蓄の2種類は、使用目的が定められた財形貯蓄制度であるため、その運用益部分について所得税などが非課税となる特典があります。

非課税となる金額は、財形住宅貯蓄と財形年金貯蓄と合わせて、貯蓄残高550万円までの利子等の額です。

図表 2-2-1 財形貯蓄制度の仕組み

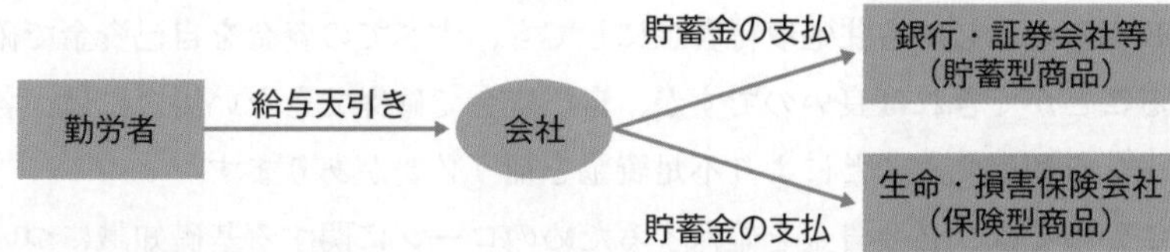

図表 2-2-2 財形貯蓄制度のまとめ

	一般財形貯蓄	財形住宅貯蓄	財形年金貯蓄
資金の使い道	・貯蓄資金の使い道に制限はない	・自己の居住する住宅取得や増改築などの費用に充てること	・60歳以後、5年以上20年以内の期間で年金として受け取ること
契約数	複数契約可能	1人1契約に限る	
年齢制限	制限なし	契約締結時に、満55歳未満	
積立期間	3年以上	5年以上	
非課税 貯蓄型	適用なし（課税扱い）	貯蓄残高（元利合計） 550万円	
非課税 保険型	適用なし（課税扱い）	払込保険料 550万円	払込保険料 385万円
目的外の払い出し	1年経過後、自由に引出し（解約）が可能	・貯蓄型ではその時点から遡って5年間の利子について課税 ・保険型では、積立開始時からの利子相当分のすべてについて課税	

目的外の払い出し時の課税方法について、貯蓄型では財形住宅貯蓄および財形年金貯蓄のいずれも源泉分離課税となりますが、保険型では財形住宅貯蓄は源泉分離課税となり、財形年金貯蓄は一時所得として総合課税となります。

❸ ローンに関する基礎知識

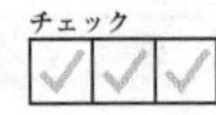

教育資金にしても住宅取得資金にしても、すべての資金を自己資金で確保することができれば良いのですが、自己資金で確保できない場合には、各種ローンを利用することにより不足資金を補う必要があります。

この項では、必要資金を確保するためのローンに関する基礎知識について学習していきます。

(1) 各種ローンの種類

図表 2-3-1

ローンには大きく分けて、資金の使い道が限定される「目的別ローン」と資金の使い道が決められていない「フリーローン」があります。

① 目的別ローン

教育資金を融資する「教育ローン」、住宅取得資金を融資する「住宅ローン」、住宅のリフォーム資金を融資する「リフォームローン」、マイカーの取得資金を融資する「自動車ローン」などがあり、主に銀行や信用金庫を中心とした金融機関での取扱いが一般的です。

② フリーローン

資金の使い道が限定されないため、生活資金や投資資金など自由に利用することが可能なローンであり、消費者金融で扱うローンや銀行およびクレジットカード会社のカードローンなどは、フリーローンが一般的です。

③ 適用金利

一般に、資金の使い道を限定している目的別ローンは、融資手続きの際に資金の使い道を証明する書類が必要であり、融資の審査も厳格に行われる反面、フリーローンと比較して低い金利で融資を受けることができます。

(2) ローン金利の種類

図表 2-3-2

ローン金利の基本は、固定金利型と変動金利型の2種類です。

固定金利型は、当初の契約で定めた借入金利が返済終了時まで変わらないタイプのローンです。

一方、変動金利型は、返済期間中の市場における金利情勢の変化によって、借入金利が年2回見直されるタイプのローンです。

図表 2-3-1 ローンの種類

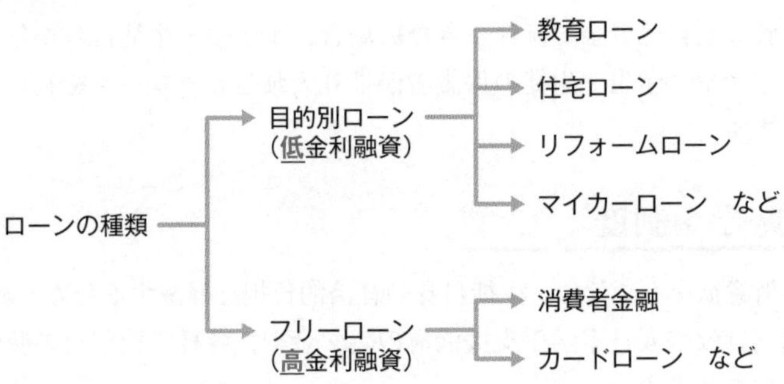

図表 2-3-2 固定金利型と変動金利型の特徴

固定金利型	低金利時	当初の金利で固定されるため有利
	高金利時	当初の金利で固定されるため不利
変動金利型	金利上昇局面	市場金利に連動して上昇するため不利
	金利低下局面	市場金利に連動して低下するため有利

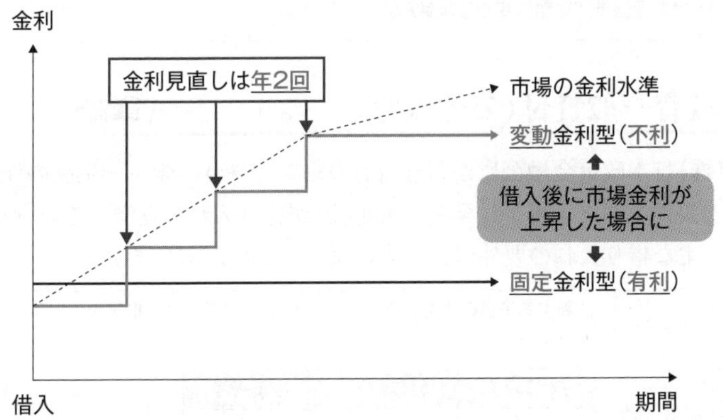

利息制限法

お金の貸借をする契約(金銭消費貸借契約といいます)で設定できる利息の割合(利率)は、利息制限法で上限が決められており、上限を超える部分は無効になります。
上限利率は貸付けるお金(元本)の金額により、次のとおり区分されています。
元本10万円未満…20%、元本10万円以上100万円未満…18%、元本100万円以上…15%

❹ 教育資金のための借入金

重要 チェック

教育資金が自己資金で確保できない場合、(1)学生・生徒自身が借り入れる各種奨学金や(2)学生・生徒の保護者が借り入れる教育ローンを利用することになります。

(1) 奨学金制度（しょうがくきん）

図表 2-4-1

学習意欲をもつ学生・生徒自身の経済的負担を軽減するための制度です。

独立行政法人日本学生支援機構の奨学金や、各種学校独自の奨学金制度などがあります。

第一種奨学金には、返還完了まで定額で返還する「定額返還方式」と、前年の所得に応じてその年の返還額が決まる「所得連動返還方式」という2つの返還方式があります。(第二種奨学金は「定額返還方式」のみ)

奨学金の返還が困難となった場合、一定期間、毎月の返還額を減額するとともに返還期間を延長する「減額返還制度」や一定期間の返還を猶予する「返還期限猶予制度」を利用できます。いずれの場合も、利息を含む返還予定総額は変わりません。

(2) 教育一般貸付(公的教育ローン)

図表 2-4-2

(株)日本政策金融公庫が行う教育ローンであり、学生・生徒の保護者(一定の要件を満たす場合は学生でも可能)が借り入れて返済する教育ローンです。主な借り入れの要件は、次表のようなものがあります。

収入制限	扶養する子供の人数に応じて、利用する保護者の世帯年収に以下の制限があります。

子供の人数	給与収入	事業所得
1人	790万円	590万円
2人	890万円	680万円
3人	990万円	770万円

融資限度額	学生・生徒1名につき350万円(所定の海外留学、自宅外通学、大学院等の場合450万円)
金　利	固定金利
返済期間	18年以内　※　在学期間中は利息のみの返済とすることができます。
資金使い道	受験費用、入学金、学費、通学費、下宿代、パソコン代、国民年金保険料等

図表 2-4-1 **奨学金制度**

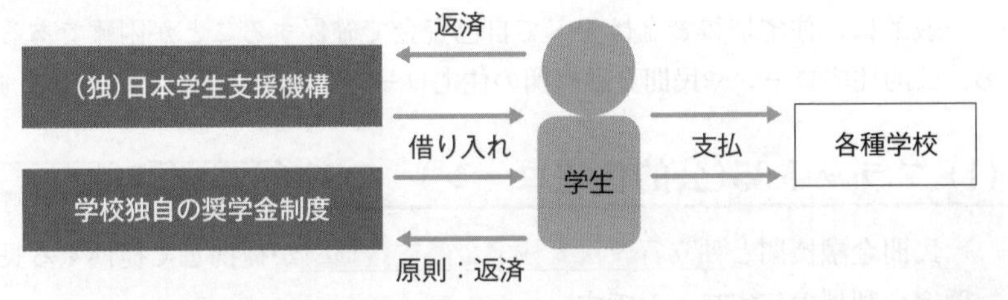

奨学金には、返済義務のある貸与型のほか、返済義務のない給付型もあり、併用も可能です。なお、給付型奨学金の対象者は、授業料と入学金の免除・減額を受けることができます。

＜(独)日本学生支援機構の貸与型奨学金＞

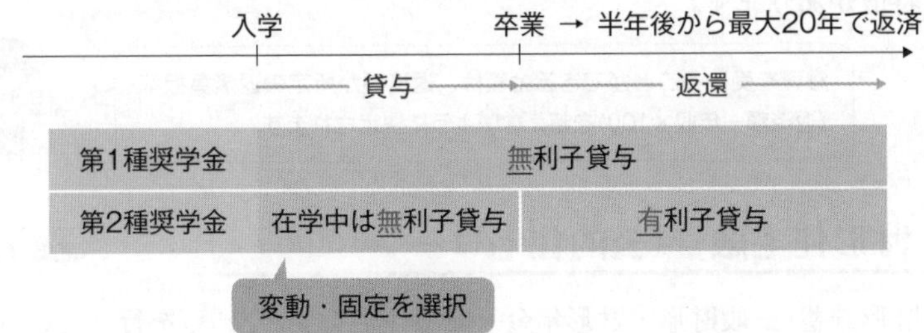

無利子貸与の第1種奨学金と有利子貸与(上限年利3%)の第2種奨学金(在学中は無利子)があり、家計支持者による収入制限があります。なお、第1種奨学金は、学業成績が特に優れた者または経済的に就学困難な者を対象としていますので、第2種奨学金よりも選考基準が厳しくなっています。

図表 2-4-2 **教育一般貸付など**

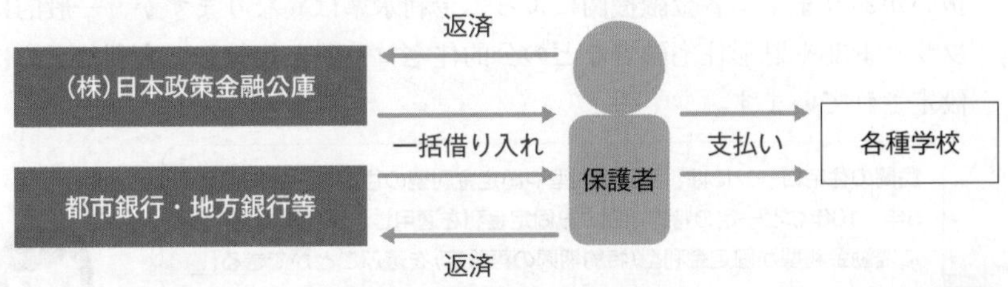

教育一般貸付は、日本学生支援機構の奨学金との併用も可能です。なお、子供の学業成績は問われません。

❺ 住宅取得資金のための借入金

重要　チェック

一般的に、住宅取得資金はすべて自己資金で確保することが困難であるため、公的住宅ローンや民間金融機関の住宅ローンを利用することになります。

(1) フラット35(公的住宅ローン)

図表 2-5-1　図表 2-5-2

民間金融機関と独立行政法人住宅金融支援機構が提携して提供する長期固定金利型の住宅ローンです。

住宅金融支援機構が、民間金融機関の住宅ローン債権を買取り、MBS (Mortgage Backed Security) という証券にして投資家に売却する仕組みを採用しています。この仕組みにより、窓口となっている銀行などの民間金融機関は債務者からの資金回収に関するリスクを回避することができる点に特徴があります。

融資を受けることができる金額は、返済額が所定の返済負担率(返済額÷年収×100)を超えないように決定されます。

(2) 財形住宅融資(公的住宅ローン)

図表 2-5-2

財形貯蓄(一般財形・財形年金・財形住宅を問わない)を行っている勤労者に対して融資を行う制度です。

財形住宅融資は、フラット35との併用も可能です。

(3) 銀行等の住宅ローン(民間住宅ローン)

都市銀行や地方銀行などでも住宅取得資金を目的とした住宅ローンの取扱いがあります。各金融機関によって金利水準は異なりますが、一般的にフラット35や財形住宅融資などの公的住宅ローンと比較して金利は高めに設定されています。

民間の住宅ローンには、変動金利型や固定金利型の住宅ローンに加え、5年・10年など一定の特約期間のみ固定金利を適用し、特約期間終了後に変動金利型か固定金利型(特約期間の再設定)を選ぶことができる「固定金利選択型」という商品もあります。
なお、固定金利型は、固定されている期間が長ければ長い程、設定される金利は高くなります。

図表 2-5-1 フラット35の仕組み

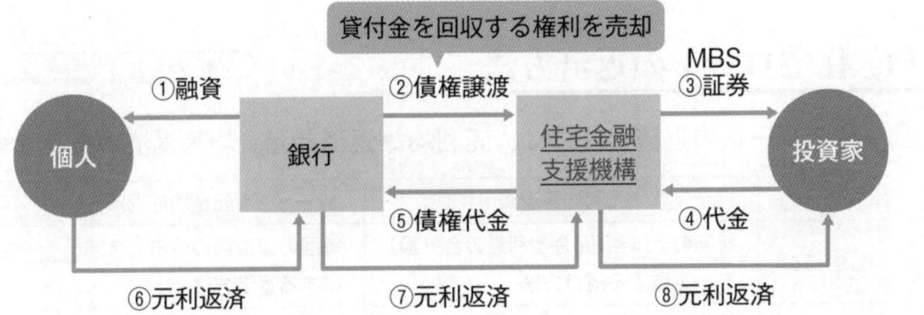

住宅金融支援機構は、融資を実行する金融機関から住宅ローン債権を買い取り、対象となる住宅の第1順位の抵当権者となります。

図表 2-5-2 フラット35と機構財形住宅融資

	フラット35	財形住宅融資
融資条件	・本人が住むための住宅 ・中古住宅も適用可 ・申込日現在、70歳未満 ・一戸建て：70㎡以上 マンション等：30㎡以上 ・ローンの借換えに利用可 ・リフォーム単体での利用不可	・本人が住むための住宅 ・中古住宅も適用可 ・申込日現在、70歳未満 ・一戸建て：70㎡以上 マンション等：40㎡以上 ・財形貯蓄を1年以上継続、かつ、貯蓄残高が50万円以上
返済期間	原則として15年以上 35年以内(1年単位)	原則として10年以上 35年以内(1年単位)
融資限度額	100万円以上 8,000万円以下 (購入価額等×100%以内)	財形貯蓄残高の10倍、かつ、最高4,000万円 (購入価額等×90%以内)
返済負担率	年収400万円以上：35%以下 年収400万円未満：30%以下	年収400万円以上：35%以下 年収400万円未満：30%以下
保証人・保証料・繰上返済手数料	不要 繰上返済は、原則100万円以上(インターネットサービスを利用すると、10万円以上から可能)	原則として不要
金利	・固定金利(利率は金融機関で異なる) ・融資実行時の金利を適用	・5年固定型変動金利 (5年に1回、金利を見直し) ・申込時の金利を適用

フラット35および財形住宅融資の返済方法には、元利均等返済と元金均等返済があります。

❻ 住宅ローンの返済計画

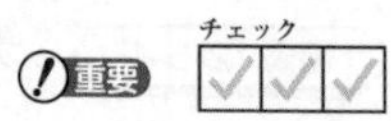

(1) 住宅ローンの返済方法

図表 2-6-1 図表 2-6-2

住宅ローンの返済方法には、元利均等返済と元金均等返済があります。

	元利均等返済	元金均等返済
内　容	毎回の返済額(元金と利息の合計額)を一定にする返済方法	毎回の返済額のうち元金部分を一定にする返済方法
特　徴	元金と利息の返済額の割合は、返済当初は利息部分が大きく、返済するにつれて元金部分が大きくなります	返済当初から一定額の元金が減っていくため、利息を含めた毎回の返済額が減少します

(2) 変動金利型住宅ローンの注意点

変動金利型は、急激な金利上昇局面においては、次のような点に注意をしなければなりません。

金利の見直し	・通常4月と10月の年2回
返済額の変更	・ローン返済者の支払負担をすぐに増加させないため、月額返済額の変更は5年に1回、残債金額に応じて変更(増加)します ・変更後の返済額は、変更前の25%増を上限とします ・元利均等返済の場合、金利の見直しにより利息が増加した分、元金の返済部分が減少しますので、計算された利息が月額返済額を超える場合は未払利息が発生します ・未払利息の清算方法は金融機関ごとに異なります

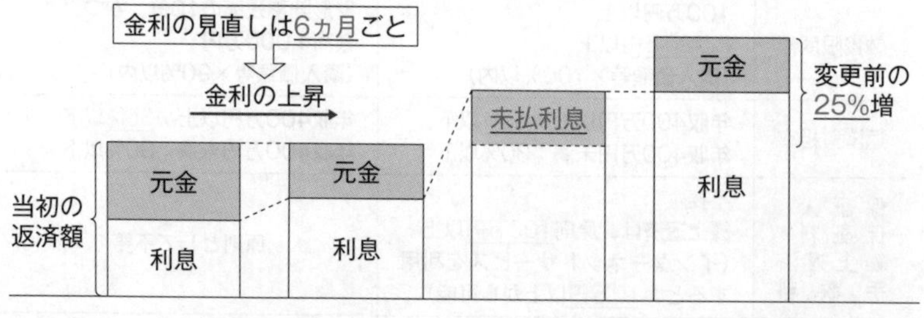

用語解説

元　金：金融機関などから借り入れた金額(債務額)

利　息：元金(返済が進んだ場合は残っている金額—残債—)に対して所定の借入利率を乗じて求めた金額

図表 2-6-1 元利均等返済

（例） 住宅ローン：2,000万円、返済期間：20年、利率年：5%、年1回払い

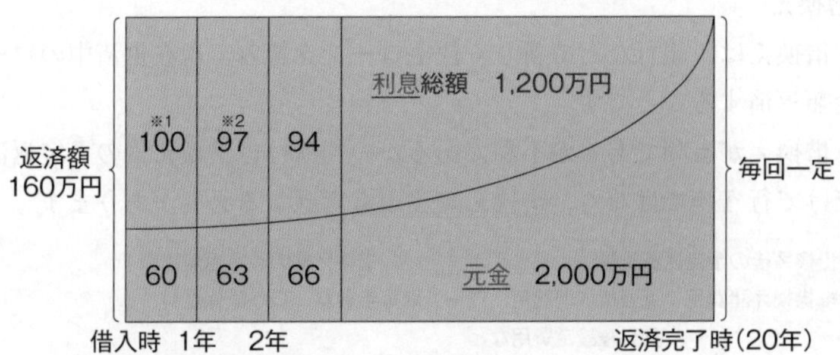

※1 2,000万円×0.05＝100万円

※2 （2,000万円－60万円）×0.05＝97万円

※3 返済総額＝2,000万円＋1,200万円（利息総額）＝3,200万円

※4 必要年収＝160万円÷0.25＝640万円（返済負担率25%の場合）

図表 2-6-2 元金均等返済

（例） 住宅ローン：2,000万円、返済期間：20年、利率年：5%、年1回払い

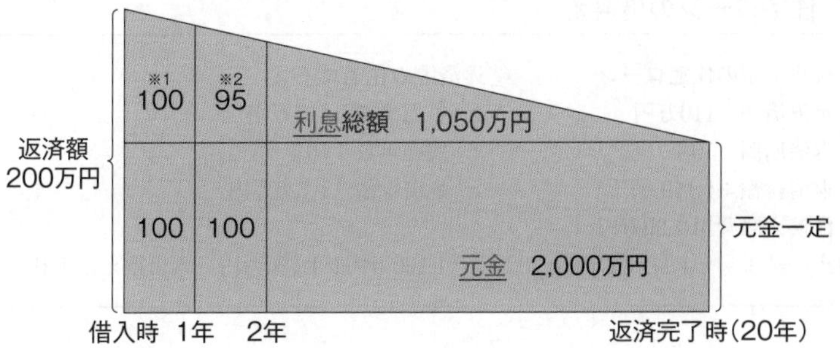

※1 2,000万円×0.05＝100万円

※2 （2,000万円－100万円）×0.05＝95万円

※3 返済総額＝2,000万円＋1,050万円（利息総額）＝3,050万円

※4 必要年収＝200万円÷0.25＝800万円（返済負担率25%の場合）

返済負担率を一定の範囲に押さえるために、元利均等返済を利用している場合が多いですが、金利・返済回数・借入期間などの条件が同じである場合は、元金均等返済の方が元利均等返済に比べて返済総額（利息の支払総額）が少なくなります。

(3) 住宅ローンの借換え(かりかえ)と繰上返済 図表 2-6-3 図表 2-6-4

① 借換え

借換えは、銀行などで新しく住宅ローンを組み、現在返済中のローンを全額返済することです。

借換えが有利であるか不利であるかの判断は、借換え後の予定返済総額だけで行うのではなく、借換え諸費用も考慮する必要があります。

借換え後の予定返済総額 ＋ 借換え諸費用 ＜ 借換え前の予定返済総額
※借換え諸費用：抵当権抹消費用、ローン取扱手数料、ローン保証料、
　抵当権設定費用など

当初借入金利５％で借り入れたＡ銀行の住宅ローンの残債に対して、借入金利２％で借り入れることができるＢ銀行の住宅ローンで全額返済することを「Ａ銀行からＢ銀行に借り換える」といいます。
借換え諸費用として、Ａ銀行の抵当権抹消費用、Ｂ銀行のローン取扱手数料、ローン保証料、抵当権設定費用などが必要になります。

設例 住宅ローンの借換え

①借換え予定の住宅ローン	②返済中の住宅ローン
a 年返済額：110万円	a′年返済額：112万円
b 返済期間：10年	b′残存年数：10年
c 返済総額：1,110万円	c′返済総額：1,120万円
d 借換え諸費用：20万円	

借換えの結果＝ c 1,110万円＋ d 20万円＝1,130万円＞1,120万円　∴借換えは不利

② 繰上返済 暗記

繰上返済は、手元資金に余裕がある場合、元金の一部または全部を繰り上げて返済することです。繰上返済は返済総額の削減に大きな効果を発揮しますが、その方法には、以下の2種類があります。

返済額軽減型	返済期間を変えずに、毎回のローン返済額を少なくする方法
期間短縮型	毎回のローン返済額を変えずに、返済期間を短縮する方法

一般的に、返済額軽減型よりも期間短縮型の方が利息の軽減効果が大きくなります。
また、元利均等返済の場合、借入当初は返済額に占める利息の割合が大きいため、繰り上げの実行時期が早いほど、利息の軽減効果が大きくなります。

図表 2-6-3 返済額軽減型(元利均等返済の場合)

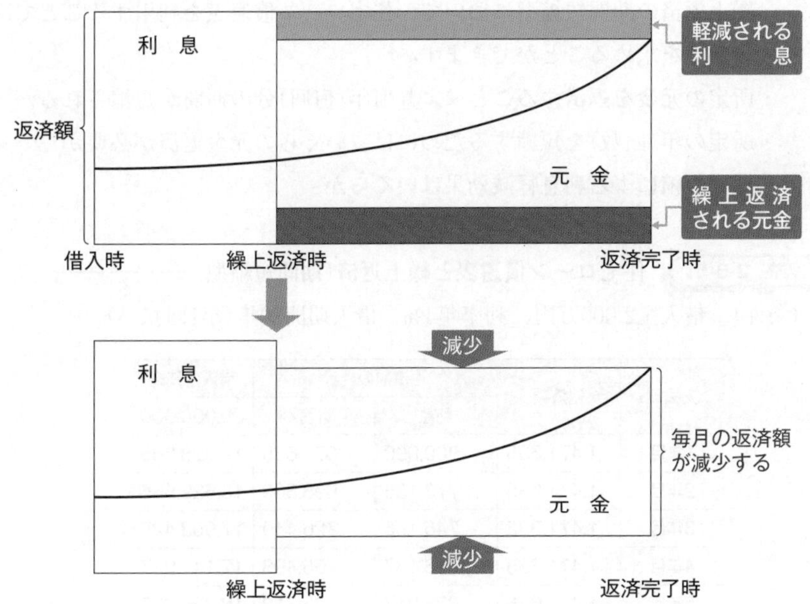

図表 2-6-4 住宅ローンの支払い方法と繰上返済の組み合わせ

暗記 実技(資産)

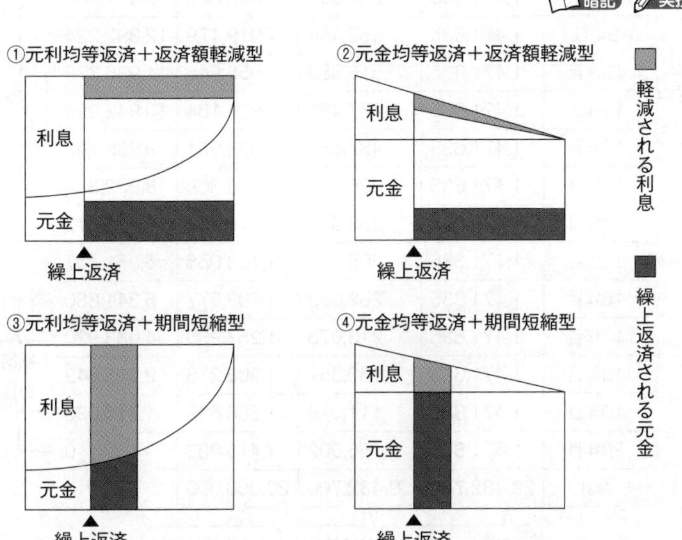

③ 住宅ローン償還表の利用方法 計算 実技(資産) 図表 2-6-5 図表 2-6-6

繰上返済の期間短縮型において、住宅ローン償還表を利用することで次の金額等を求めることができます。

・所定の元金を返済することにより何年(何回)分の期間が短縮されるか

・所定の年(回数)を短縮するためには、いくらの元金返済が必要か

・期間短縮による利息軽減効果はいくらか

図表 2-6-5 住宅ローン償還表と繰上返済(期間短縮型)

(条件) 借入金2,000万円、利率年4%、借入期間20年(年1回払い)

支払日	返済額	返済額の内訳		借入金残高
		利息	元金	20,000,000
1年目	1,471,635	800,000	671,635	19,328,365
2年目	1,471,635	773,135	698,500	18,629,865
3年目	1,471,635	745,195	726,440	17,903,425
4年目	1,471,635	716,137	755,498	17,147,927
5年目	1,471,635	685,917	785,718	16,362,209
6年目	1,471,635	654,488	817,147	15,545,062
7年目	1,471,635	621,802	849,833	14,695,229
8年目	1,471,635	587,809	883,826	13,811,403
9年目	1,471,635	552,456	919,179	12,892,224
10年目	1,471,635	515,689	955,946	11,936,278
11年目	1,471,635	477,451	994,184	10,942,094
12年目	1,471,635	437,684	1,033,951	9,908,143
13年目	1,471,635	396,326	1,075,309	8,832,834
14年目	1,471,635	353,313	1,118,322	7,714,512
15年目	1,471,635	308,580	1,163,055	6,551,457
16年目	1,471,635	262,058	1,209,577	5,341,880
17年目	1,471,635	213,675	1,257,960	4,083,920
18年目	1,471,635	163,357	1,308,278	2,775,642
19年目	1,471,635	111,026	1,360,609	1,415,033
20年目	1,471,635	56,602	1,415,033	0
合計	29,432,700	9,432,700	20,000,000	

図表 2-6-6 **期間短縮型(元利均等返済の場合)**

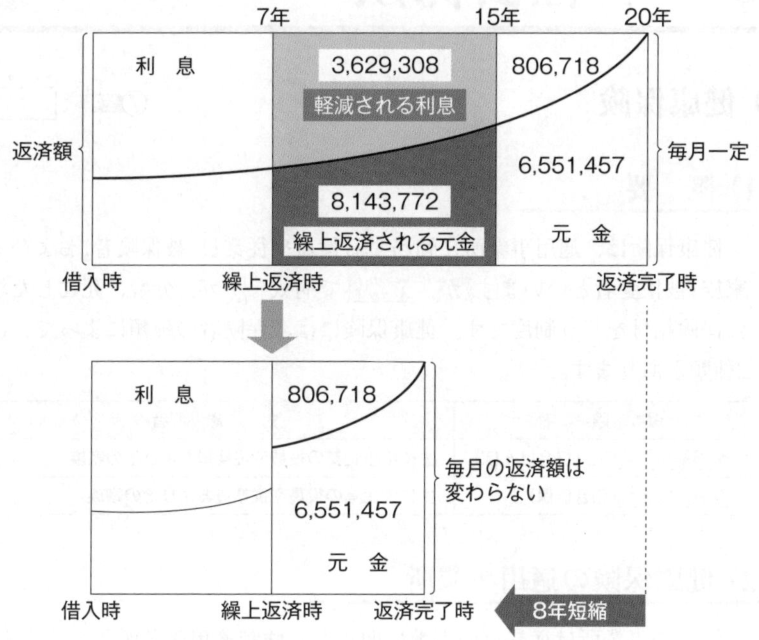

返済額の変更はありませんが、元金の一部を短縮期間の元金に充当するため、その元金に対応する利息部分が軽減されます。

Hint! 繰上返済の仕組み

上記の図解は、図表 2-6-5 の住宅ローン償還表で7年目の返済終了時点(借入金残高は14,695,229円)で、元金8,143,772円(7年終了時から15年終了時までの元金に相当する金額)を繰上返済すると、繰上返済後の借入金残高が6,551,457円になるということを示しています。
つまり、15年－7年＝8年分の元金を一括で返済したことにより、完済時期が8年短縮され、その短縮された期間に支払うべきであった利息相当額3,629,308円を軽減することができます。

第3節　社会保険

❶ 健康保険

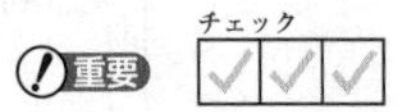

(1) 概　要

健康保険は、適用事業所に勤務する役員や従業員(被保険者)およびその家族(被扶養者といいます)が、業務外で病気・ケガ、分娩、死亡した場合に保険給付を行う制度です。健康保険には、保険者の種類によって、次の2種類があります。

保　険　者	対　象　者
全国健康保険協会(協会けんぽ)	主に中小企業の役員や従業員およびその家族
健康保険組合(組合健保)	主に大企業の役員や従業員およびその家族

(2) 健康保険の適用事業所

法人の事業所は従業員の人数に関係なく強制適用事業所となりますが、個人の事業所は原則として従業員が5人以上の場合に強制適用事業所となります。

(3) 被保険者(ひほけんしゃ)と被扶養者(ひふようしゃ)

暗記

被保険者とは法人などの適用事業所に使用される人をいいます。

また、被扶養者とは被保険者の家族で、生計維持関係にある一定の要件を満たした人(配偶者は内縁関係を含みます)をいい、年収130万円未満(60歳以上は年収180万円未満)で被保険者(扶養者)の年収の2分の1未満であることが必要です。

(4) 保険料

暗記　図表 3-1-1　図表 3-1-2

被保険者の給与を所定の等級表に当てはめて求めた標準報酬月額および標準賞与額に対して所定の保険料率を乗じて計算します。

原則として、保険料は被保険者と事業主が2分の1ずつ負担し、事業主が被保険者分も含めて納付義務を負います。なお、当月分の保険料は翌月分の給料から徴収されます。

図表 3-1-1 標準報酬月額

＜標準報酬月額表―抄―＞

標準報酬		報酬月額		
等級	月　額	円以上		円未満
1	58,000			63,000
2	68,000	63,000	～	73,000
3	78,000	73,000	～	83,000
		（省略）		
17	200,000	195,000	～	210,000
18	220,000	210,000	～	230,000
19	240,000	230,000	～	250,000
		（省略）		
48	1,270,000	1,235,000		1,295,000
49	1,330,000	1,295,000	～	1,355,000
50	1,390,000	1,355,000	～	

標準報酬月額は、4月・5月・6月に支払われた報酬額と支払基礎日数を基に計算され（定時決定）、原則として、その年の9月から翌年の8月まで適用されます。

被扶養者の同一世帯要件

被扶養者になれるのは、被保険者の3親等内の親族です。直系尊属、配偶者、子、孫および兄弟姉妹は、被保険者と同一世帯に属しているか否かにかかわらず被扶養者になれますが、それ以外の3親等内の親族（甥や姪など）は、被保険者と同一世帯に属していることが被扶養者の要件となります。

図表 3-1-2 保険料率（協会けんぽの場合）

月給	標準報酬月額に対する保険料率	平均10.0％（労使折半）
	標準報酬月額の上限・下限	上限　1,390,000円 下限　58,000円
賞与	賞与等に対する保険料率	平均10.0％（労使折半）
	賦課対象の賞与等の上限・下限 （1,000円未満切捨）	上限　5,730,000円（年度累計の上限） 下限　なし

協会けんぽの場合、健康保険の保険料率は全国平均で約10.0％ですが、都道府県ごとの医療費を反映するため、各都道府県単位で異なります。
それに対し、介護保険の保険料率は全国一律となっています。

(5) 保険給付

① 療養の給付

暗記 図表 3-1-3

業務外の事由による病気・ケガについて、病院または薬局などで療養の給付(現物給付)が行われます。被保険者本人およびその家族が診療や薬剤の提供を受ける場合、医療機関等の窓口で一定の自己負担額を負担しますが、被保険者本人およびその家族(被扶養者)の負担割合は原則として3割です。

小学校就学前(6歳に達した最初の年度末までの子)は2割、70歳以上75歳未満は2割(現役並所得者は3割)となっています。

② 高額療養費

計算 実技(資産) 図表 3-1-4

1ヵ月間(1日～月末)に医療機関の窓口で支払う自己負担額が、一定の自己負担限度額を超えた場合、その超えた金額が高額療養費として払い戻されます。

また、70歳未満の人は、あらかじめ保険者から入手した限度額適用認定証(所得区分が明示された書面)を医療機関に提示すれば、医療機関の窓口での支払上限は自己負担限度額となります。

厚生労働大臣が指定する先進医療に係る治療や入院時の食事代・個室差額ベッド代金などは保険が適用されない部分であるため、高額療養費の対象となりません。

③ 傷病手当金

暗記 図表 3-1-5

病気やケガなどで働けず賃金・給料が受けられなかった場合において、連続して勤めを3日以上休んでいるときは、4日目から通算して1年6ヵ月を限度として、支払開始日以前12ヵ月の各標準報酬月額の平均額÷30×3分の2相当額が支給されます。

④ 出産育児一時金

図表 3-1-6

被保険者が妊娠4ヵ月以上の出産をした場合、1児につき原則として50万円が支給されます。

また、被扶養者が出産する場合は、家族出産育児一時金が支給されます。

用語解説

現役並所得者： 原則として標準報酬月額が28万円以上の人

図表 3-1-3 療養の給付

医療・薬剤の
総額1万円

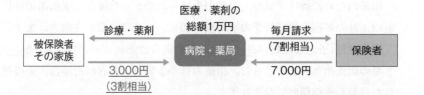

被保険者
その家族

診療・薬剤

3,000円
(3割相当)

病院・薬局

毎月請求
(7割相当)

7,000円

保険者

図表 3-1-4 高額療養費の自己負担限度額＜70歳未満の場合＞

所得区分	自己負担限度額(世帯ごとの1ヵ月の上限額)	多数回該当
標準報酬月額83万円以上	252,600円＋(総医療費－842,000円)×1%	140,100円
標準報酬月額53万円～79万円	167,400円＋(総医療費－558,000円)×1%	93,000円
標準報酬月額28万円～50万円	80,100円＋(総医療費－267,000円)×1%	44,400円
標準報酬月額26万円以下	57,600円	44,400円
低所得者(市町村民税非課税世帯など)	35,400円	24,600円

※ 過去12ヵ月以内に3回以上、自己負担限度額に達した場合には、4回目から多数回該当の金額が上限となります。

図表 3-1-5 傷病手当金

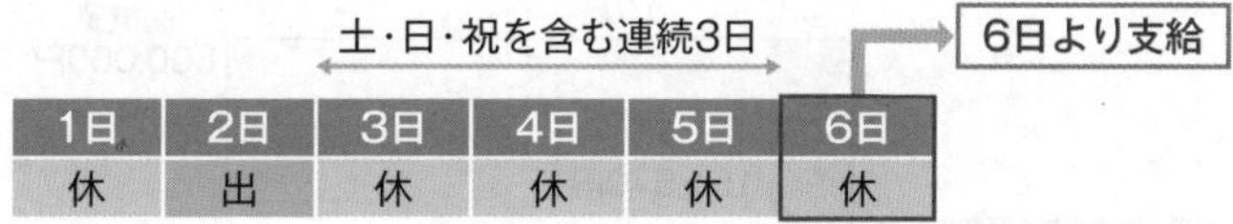

図表 3-1-6 出産育児一時金

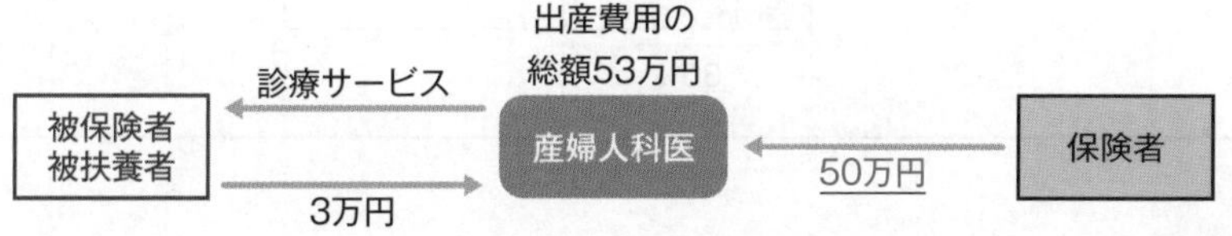

出産育児一時金は、原則として保険者から医療機関に直接支給されますので、被保険者が医療機関の窓口で負担する金額は、出産費用の総額から50万円を控除した金額になります。なお、出産費用の総額が50万円未満だった場合には、差額を保険者に請求することができます。

⑤ 出産手当金

暗記　図表 3-1-7

出産のために働けず賃金・給料が受けられなかった場合、支払開始日以前12ヵ月の各標準報酬月額の平均額÷30×3分の2相当額が支給されます。

出産の日（予定日）以前42日（多胎妊娠の場合は98日）から出産の日後56日までの間支給されます。もし、出産の日が予定日より遅れた場合、その遅れた日数も支給期間に含まれます。

設例　高額療養費

会社員のAさん（標準報酬月額41万円、40歳）は、1月上旬に病気で入院し、医療費の総額は3週間で80万円（自己負担分の医療費は各自推算）かかりました。この場合、Aさんの高額療養費として払い戻される金額を計算しなさい。なお、限度額適用認定証の提示はしていないものとします。

【解答】

・Aさんの窓口支払額　800,000円×3割＝240,000円
・自己負担限度額　80,100円＋（800,000円－267,000円）×1％＝85,430円
・払戻される金額
　240,000円（自己負担額）－85,430円（自己負担限度額）＝154,570円

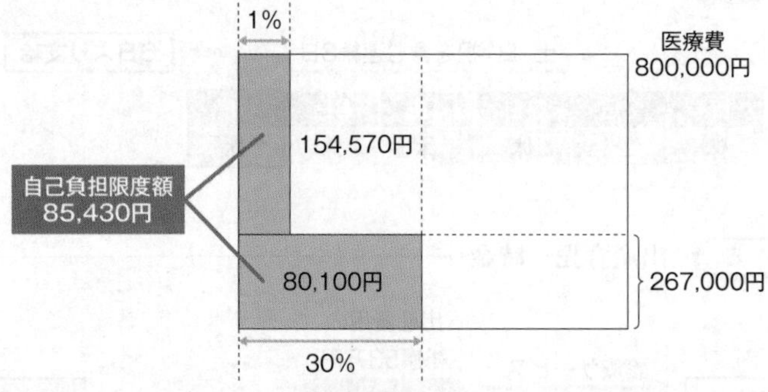

図表 3-1-7 出産手当金

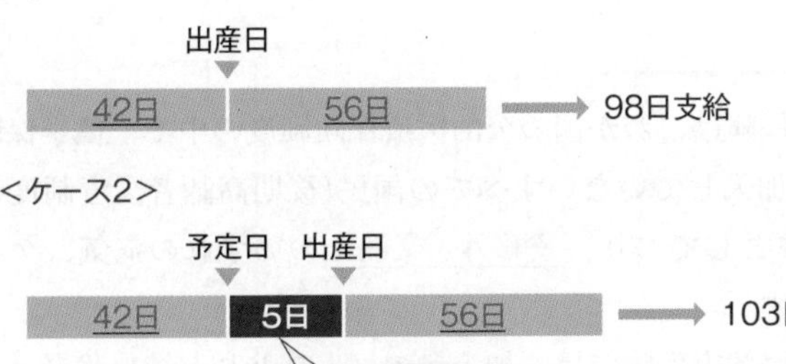

傷病手当金および出産手当金の支給額

被保険者期間が1年以上の人は、原則として支払開始日以前12ヵ月の各標準報酬月額の平均額を基に計算しますが、被保険者期間が1年未満の人は、次の㈠または㈡のいずれか少ない金額を基に計算します。

㈠被保険者期間（1年未満）の各標準報酬月額の平均額

㈡健康保険の全被保険者の標準報酬月額の平均額

なお、賃金・給与が支給されていてもその金額が傷病手当金や出産手当金よりも少ない場合はその差額が支給されます。

70歳以上の高額療養費

70歳以上の高額療養費は、70歳未満の高額療養費と比較して、1ヵ月当たりの限度額が低めに設定されています。また、外来診療は個人単位で、入院＋外来診療の場合は世帯単位で合算して計算する点にも特徴があります。

所得区分	自己負担限度額（世帯ごとの1ヵ月の上限額）	
	外来のみ（個人）	外来＋入院（世帯合算）
現役並所得者	標準報酬月額が28万円以上の人は、70歳未満の高額療養費制度と同様の自己負担限度額を適用します。	
一般	18,000円 （年間上限144,000円）	57,600円（多数回該当：44,400円）
低所得者 Ⅱ・Ⅰ	Ⅱ：8,000円 Ⅰ：8,000円	Ⅱ：24,600円 Ⅰ：15,000円

❷ 国民健康保険

(1) 概　要

図表 3-2-1

国民健康保険は、わが国の公的医療保険制度の中で、健康保険などの被用者保険に加入していないすべての国民(後期高齢者医療制度の対象者を除く)を対象としており、業務外・業務上のいずれの病気、ケガも対象となっています。

なお、国民健康保険では、加入者の一人ひとりが被保険者となっているため、健康保険のような被扶養者という区分は存在しません。

また、国民健康保険は、都道府県および市区町村が保険者となっているものと、医師、税理士、理容美容業、建設業など同種の事業または業務に従事する300人以上で組織される国民健康保険組合が保険者になっているものがあります。

(2) 保険料

国民健康保険の保険料は世帯単位で割り当てられます。したがって、世帯の構成員の数およびその人の所得に応じて計算され、世帯主が納付義務者となります。

なお、保険料は市区町村ごとに計算方法が異なります。

(3) 保険給付

国民健康保険の保険給付は、健康保険の保険給付とほぼ同等の内容となっていますが、健康保険で給付される傷病手当金および出産手当金は支給されません。

被保険者が診療や薬剤の提供を受ける場合、医療機関等の窓口で一定の自己負担額を負担しますが、被保険者の負担割合は原則として3割です。

小学校就学前(6歳に達した最初の年度末までの子)は2割、70歳以上75歳未満は2割(現役並所得者は3割)となっています。

用語解説

現役並所得者： 原則として課税所得金額が145万円以上でありかつ、収入金額が383万円以上の人

図表 3-2-1　健康保険と国民健康保険のまとめ 

	健康保険（健保）	国民健康保険（国保）
対象者	適用事業所に使用される人（被保険者）およびその家族（被扶養者）	健康保険など被用者保険に加入していないすべての国民（自営業者など）
適用範囲	業務外で病気、ケガ、分娩、死亡した場合	業務内、業務外を問わない
保険者	全国健康保険協会（協会けんぽ） 主に中小企業の役員や従業員およびその家族が加入対象	都道府県（財政運営の責任主体） および 市区町村（保険料徴収等の実施主体）
	健康保険組合（組合健保） 主に大企業の役員や従業員およびその家族が加入対象	国民健康保険組合 （医師、税理士等の同業種組合）
保険料	被保険者と事業主が1/2ずつ負担し、事業主が被保険者分も合わせて納付	金額は市区町村ごとに異なる 世帯単位で割り当て 世帯の構成員およびその人の所得に応じて計算
主な保険給付	療養の給付 高額療養費 傷病手当金 出産育児一時金 出産手当金　他	療養の給付 高額療養費 出産育児一時金　他 ※　傷病手当金と出産手当金はなし
自己負担割合	原則：3割 小学校就学前：2割 70歳以上75歳未満：2割 （現役並所得者：3割）	健康保険と同じ

国民健康保険では、加入者の一人ひとりが被保険者になりますので世帯の構成員（妻、子など）の数が増えると保険料も増額されます。会社員の家族は被扶養者として健康保険の保険料を負担する必要はありませんので、区別して理解しておきましょう。

❸ 後期高齢者医療制度

!重要　チェック

(1) 概　要

図表 3-3-1

後期高齢者医療制度は、都道府県を単位とする後期高齢者医療広域連合が保険者となり、75歳以上の人および65歳以上75歳未満で保険者から一定の障害認定を受けた人を対象者とする医療制度です。

対象者は、それまで加入していた国民健康保険や健康保険から脱退して、新たに後期高齢者医療制度に加入することになります。

したがって、被保険者である後期高齢者1人ひとりに後期高齢者医療被保険者証が交付され、被保険者は負担能力に応じて、都道府県単位で異なる保険料を負担します。

(2) 保険料

図表 3-3-2

都道府県を単位とする後期高齢者医療広域連合ごとに金額が計算され、被保険者の老齢年金などからの特別徴収(天引き)、または、市区町村による普通徴収(個別納付)のいずれかの方法によって徴収されます。

(3) 医療費の自己負担割合

図表 3-3-3

被保険者が診療や薬剤の提供を受ける場合、医療機関等の窓口で一定の自己負担額を負担しますが、被保険者の負担割合は原則として1割(一定以上所得のある人は2割、現役並所得者は3割)です。

Hint!　後期高齢者医療制度の対象となった場合

健康保険の被保険者が75歳以上となり、後期高齢者医療制度の被保険者になると、その家族は健康保険の被扶養者の資格を失いますので、何らかの医療保険制度に加入しなければなりません。
その場合、①国民健康保険に加入する、②子など他の健康保険の被保険者の被扶養者となることが考えられます。

用語解説

現役並所得者： 原則として課税所得金額が145万円以上かつ収入金額が383万円以上の人

図表 3-3-1 後期高齢者医療制度

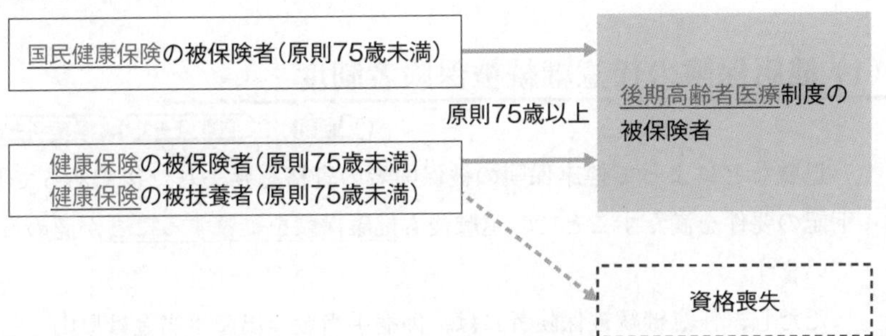

後期高齢者医療制度には、国民健康保険と同様に健康保険のような被扶養者という規定が存在しないため、健康保険の被保険者が後期高齢者医療の被保険者に切り替わると、その人の被扶養者(原則75歳未満)は同時に健康保険の被扶養者の資格を喪失することになります。

図表 3-3-2 医療保険のまとめ

	協会けんぽ	組合健保	国民健康保険	後期高齢者医療
保険者	全国健康保険協会	健康保険組合	都道府県・市区町村 国民健康保険組合	後期高齢者 医療広域連合
対象者	主に中小企業の従業員とその家族	主に大企業の従業員とその家族	被用者保険に加入していない人	75歳以上の人 65歳以上75歳未満の障害認定者
保険料	労使折半 都道府県単位で異なる	労使折半または 会社が半分以上 組合単位で異なる	全額自己負担 世帯単位で割当て 市区町村で異なる	全額自己負担 都道府県単位で 異なる

図表 3-3-3 自己負担割合のまとめ

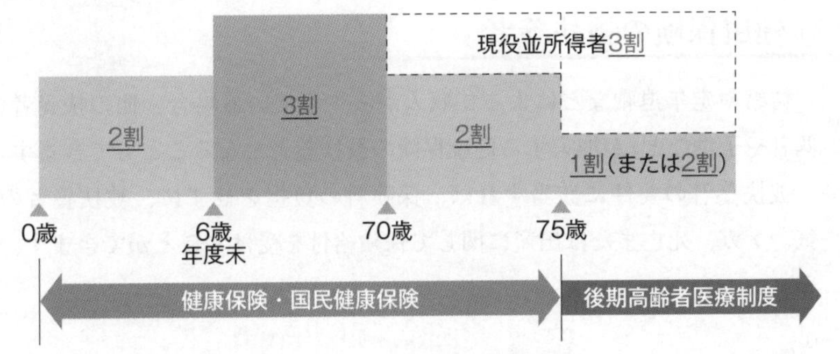

❹ 退職後の医療保険制度

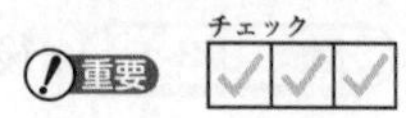

(1) 健康保険の任意継続被保険者制度

暗記 図表 3-4-1 図表 3-4-2

退職などによって健康保険の被保険者の資格を喪失した後であっても、下記の要件を満たすことで、退職後も健康保険を継続することが認められています。

ただし、任意継続被保険者には、傷病手当金、出産手当金は原則として支給されません。

要　件	・継続して2カ月以上、健康保険の被保険者であること ・原則として、資格喪失日から20日以内に届出を行うこと
保険料	・会社負担がないため、全額自己負担 ・退職時の標準報酬月額と健康保険の全被保険者の標準報酬月額の平均額を比較して、いずれか少ない金額を基礎として算定
継続期間	・最長で2年間

組合健保では、健康保険組合の規約により、比較を行わず、退職時の標準報酬月額に保険料率を乗じて保険料を算定することもできます。

(2) 国民健康保険制度

退職などによって健康保険などの被用者保険に加入しない場合には、原則として、資格喪失日から14日以内に届出をして、国民健康保険に加入することになります。

(3) 健康保険の被扶養者

結婚や定年退職などによって収入が減少している場合、他の扶養者(配偶者や子供など)が加入する健康保険の被扶養者となることもできます。

被扶養者の要件に該当すれば、保険料の負担をせずに、被扶養者の病気、ケガ、死亡または出産に関して保険給付を受けることができます。

図表 3-4-1 退職後の医療保険制度

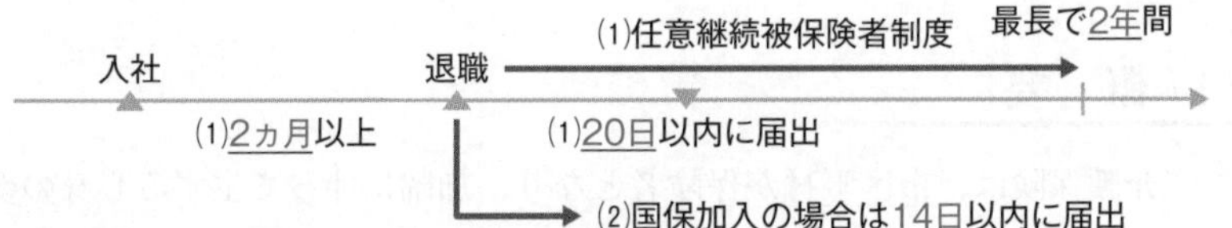

図表 3-4-2 国民が加入する医療保険の全体像

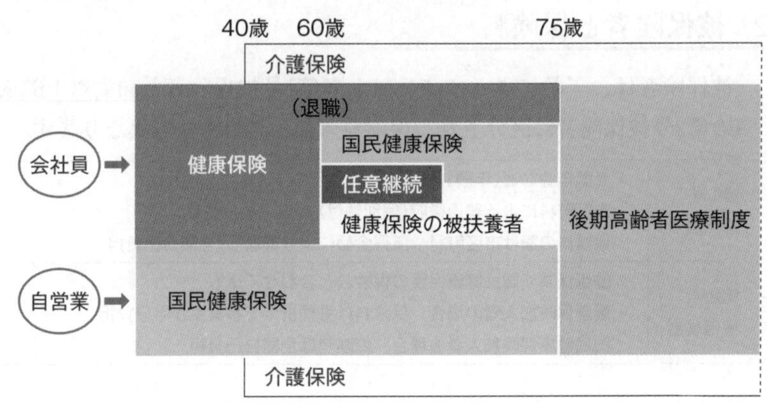

Hint! 退職後の医療保険制度

結婚や定年退職などによって、他の扶養者が加入する健康保険の被扶養者になれる場合、保険料を支払わずに保険給付を受けることができるので、この方法が有利になります。例えば、定年退職をした父親や母親は75歳に達して後期高齢者医療制度に加入するまでは、要件を満たせば子供の被扶養者になることができます。

一方、会社員などが退職して会社などに就職しない場合(独立起業するなど)は、健康保険の任意継続被保険者制度や国民健康保険への加入を検討することになります。

その場合の判断基準は、①被扶養者の有無や②保険料の金額によって判定すればよいでしょう。一般的に配偶者や子供などの被扶養者がいる場合、保険料の負担をせずに給付を受けることができる任意継続被保険者制度が良いとされています。国民健康保険には被扶養者という規定がないため、国民健康保険を選択すると配偶者や子供などの分を加えた保険料を負担しなければならないからです。

なお、任意継続被保険者制度は、保険料を滞納すると加入の継続ができず、国民健康保険に加入することになりますので、保険料の支払期日には注意をしましょう。

❺ 介護保険

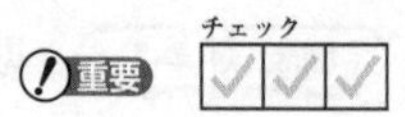

(1) 概　要

介護保険は、市区町村が保険者となり、加齢に伴って生ずる心身の変化に起因する病気などにより要介護状態になった人に対し、その有する能力に応じて自立した生活ができるように支援する制度です。

(2) 被保険者と保険料

被保険者は、年齢によって65歳以上の第1号被保険者と40歳以上65歳未満の第2号被保険者に区分され、保険料の額、納付方法も異なります。

第1号被保険者	・老齢年金など(年額18万円以上)からの特別徴収(天引き) ・市区町村による普通徴収(個別納付) ・保険料の額は市区町村や所得金額により異なる(全額自己負担)
第2号被保険者	・健康保険や国民健康保険の保険料と合わせて徴収 ・健康保険加入者の場合、保険料は労使折半で事業主が半分負担 ・国民健康保険加入者の場合、保険料は全額自己負担

(3) 介護認定

暗記　図表 3-5-1

介護給付(サービス)を受けるためには要介護認定が必要となります。

要介護認定には5段階の要介護と2段階の要支援があり、介護認定審査会という市区町村の付属機関が審査および判定を行い、その結果に基づいて保険者である市区町村が認定(保険証の交付など)をします。

(4) 利用者負担

暗記　図表 3-5-2

在宅サービス	・介護費用の1割※
施設サービス	・介護費用の1割※、食費・居住費用の全額
住宅改修費	・バリアフリー住宅改修費(利用上限20万円)の1割※

※　所得水準の高い第1号被保険者は2割または3割

(5) 介護給付

図表 3-5-3

第1号被保険者と第2号被保険者の区分に応じて、介護給付を受けることができる要介護者または要支援者が異なります。

図表 3-5-1 **介護認定**

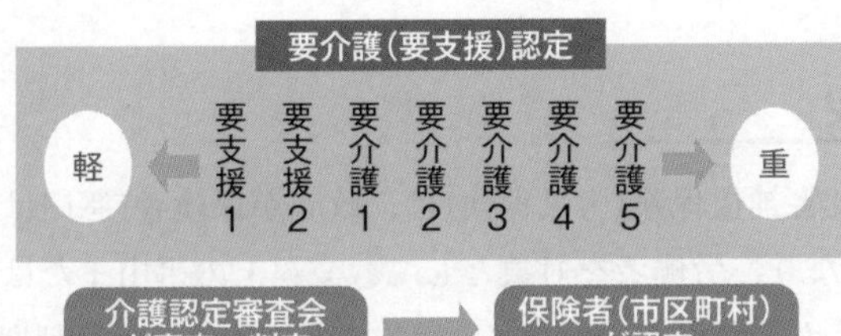

介護認定審査会が審査・判定 → 保険者（市区町村）が認定

図表 3-5-2 **利用者負担**

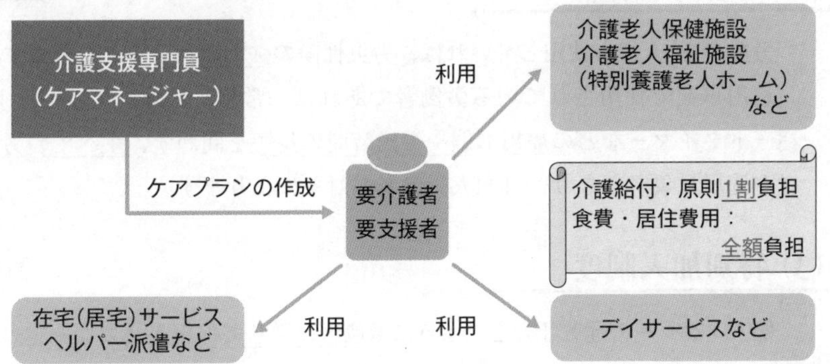

介護支援専門員（ケアマネージャー）によるケアプランの作成については、被保険者本人が作成することもできます。

図表 3-5-3 **介護給付**

第1号 被保険者	入浴、排泄、食事などの日常生活動作で介護が必要な要介護者 日常生活の一部に支援が必要な要支援者
第2号 被保険者	老化を原因とした16種類の特定疾病（末期がん、若年性認知症、パーキンソン病、脳血管疾患など）による要介護者または要支援者

第2号被保険者の人は、交通事故などによって要介護状態になった場合、介護保険の利用はできません。

高額介護サービス費制度

要介護の被保険者が居宅サービスなどの介護サービスを利用し、1ヵ月に支払った利用者負担額（1割～3割）の合計が一定の負担限度額を超えたときは、利用者の申請により、その超えた部分の金額が高額介護サービス費として払い戻される制度です。

❻ 労働者災害補償保険(労災保険)

重要　チェック

(1) 概　要

労働者災害補償保険(労災保険)は、政府が保険者(窓口は労働基準監督署など)となり、労働者を対象として、業務上の事由または通勤途上による病気・ケガ・障害・死亡などに対して保険給付を行う制度です。

(2) 適用対象者

暗記

労働者を1人でも使用していれば、労災保険の強制適用事業となります。

適用事業で使用されている労働者であれば、常用、日雇、アルバイト、パートタイマーなどの雇用形態や労働時間の長短を問わず、すべての労働者が適用対象者となり、外国人労働者も対象になります。

(3) 特別加入制度

暗記

個人タクシーの運転手などのように労働者に準じて保護が必要な一定の中小事業主や自営業者などには、特別加入制度(任意加入)が設けられています。

(4) 保険料

暗記

労災保険の保険料は、労働者に支払った賃金の総額に事業の種類により異なる一定の保険料率を乗じた金額であり、その全額を事業主が負担します。

(5) 労災認定

図表 3-6-1

業務上の事由または通勤途上による病気・ケガ・障害・死亡などに該当するか否かの労災認定については、労働基準監督署が行います。

なお、通常の通勤経路から逸脱・中断があった場合には、逸脱・中断の間および通常の通勤経路に復帰した後も通勤とは認められません。

(6) 主な労災保険給付

図表 3-6-2

労災保険から支給される主な保険給付には、療養(補償)給付、休業(補償)給付、障害(補償)給付、遺族(補償)年金などがあります。

図表 3-6-1 **通勤途上の労災認定**

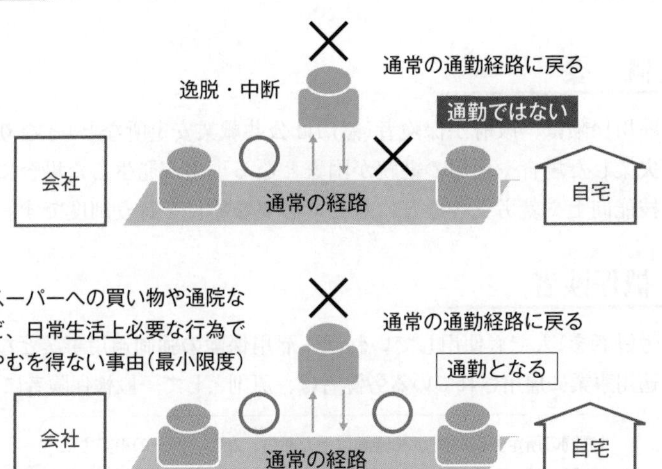

逸脱・中断が、日常生活上必要な行為などやむを得ない事由により行う最小限度のものである場合には、逸脱・中断の間を除き、通常の通勤経路に復帰した後は、通勤と認められます。

図表 3-6-2 **主な労災保険給付**

給付の種類	給　付　内　容
療養補償給付 (療養給付)	労災病院や労災指定病院などで、病気やケガの治療を治癒するまで受けることができます。 業務上災害の場合：受診時の自己負担額なし。 通勤災害の場合：初診時に200円の自己負担が必要。
休業補償給付 (休業給付)	病気やケガの療養のため通算して4日以上会社を休み賃金が支給されない場合に、休業4日目から給付基礎日額の60%が支給されます。業務災害の場合、3日目までは事業主が休業補償をします。
障害補償給付 (障害給付)	病気やケガが治癒したときに身体に一定の障害が残り、その障害の程度が労災保険法に規定する障害等級に該当する場合に支給されます。
遺族補償年金 (遺族年金)	死亡した労働者の遺族に対して支給されます。 支給額は、受給権者(妻など受給資格者のうち最も先の順位にある者)と生計を同じくする受給資格者(遺族給付を受けることができる妻や子など)の人数によって異なります。

通勤災害の場合は使用者(雇主)側に補償責任がないため、「補償」という言葉を除いた名称になります。

❼ 雇用保険

(1) 概　要

雇用保険は、政府が保険者(窓口は公共職業安定所など)となり、労働者が失業した場合や雇用の継続が困難となる事由が発生した場合に、労働者の技能向上や就労支援などに対して必要な給付を行う制度です。

(2) 被保険者

労働者を1人でも使用していれば、雇用保険の強制適用事業となります。適用事業に雇用されている労働者は、原則として一般被保険者になります。

1週間の所定労働時間が20時間以上であり、かつ、同一の事業主に継続して31日以上雇用されることが見込まれる人は、原則として雇用保険の被保険者となります。

(3) 保険料

雇用保険の保険料は、労働者に支払った賃金の総額に事業の種類などにより異なる一定の保険料率を乗じた金額であり、その一部を労働者が負担し、残りを事業主が負担します。

(4) 基本手当

暗記　図表 3-7-1

① 内　容

一般被保険者が失業した場合に支給される雇用保険の最も代表的な給付です。

基本手当は、雇用保険の被保険者が定年、倒産、解雇、自己都合などにより離職した場合に、離職者の申請により一定の条件(年齢、被保険者期間の長短)に従って支給されます。

基本手当の支給は、その人に働く意思や働く能力がある(働ける状態である)ことが前提条件となっているため、病気やケガなどですぐに就職できないときは支給されません。

② 受給資格

離職の日以前2年間に被保険者期間が通算で12ヵ月以上あることが必要です。

図表 3-7-1 基本手当の受給資格(被保険者期間の要件)

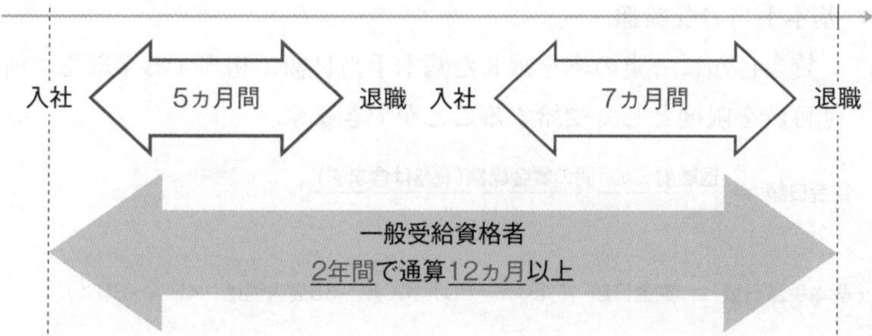

特定受給資格者(倒産、解雇などによる離職者)および特定理由離職者(派遣労働契約の打ち切りや病気などによる離職者)の場合は、離職の日以前1年間に被保険者期間が通算で6ヵ月以上あれば良いことになっています。

雇用保険から支給される給付には、基本手当などの求職者給付、就職促進給付、教育訓練給付、雇用継続給付がありますが、これらの失業等給付には課税されないことになっています。

雇用保険の被保険者

雇用保険では、雇用・失業の実態に合わせた給付を行うという観点から、被保険者を雇用形態と年齢に応じて区分しています。

一般被保険者	下記の高年齢被保険者などに該当しない人
高年齢被保険者	65歳以上の被保険者※

※　複数の事業所における1週間の所定労働時間の合計が20時間以上である者は、申し出により高年齢被保険者となります。

なお、雇用保険の被保険者には、他に短期雇用特例被保険者(季節的に雇用される人など)、日雇労働被保険者(日々雇用される人など)の区分があります。

雇用保険の保険料の詳細

雇用保険の保険料のうち、失業等給付・育児休業給付(基本手当など労働者に支給する給付)の保険料は、事業主と労働者で折半して負担するのに対し、雇用保険二事業の保険料は、事業主が全額を負担します。

なお、雇用保険二事業とは、「雇用安定事業(失業予防に努める事業主を支援するための助成金の支給など)」および「能力開発事業(求職者や退職予定者に対して再就職に必要な知識や技能の講習・訓練の実施など)」をいい、これらは事業主にも利益をもたらすものであるため、保険料は事業主が全額を負担することになっています。

③ 受給額と受給期間 暗記 図表 3-7-2 図表 3-7-3

㈠ 基本手当の受給額

賃金日額に一定の率を乗じた基本手当日額に相当する金額を、所定給付日数を限度として受給することができます。

賃金日額 ＝ 退職前6ヵ月間の賃金総額（賞与は含まず） / 180

基本手当日額 ＝ 賃金日額 × 50%～80%（60歳～65歳未満は、45%～80%）

㈡ 所定給付日数

基本手当が支給される日数の限度であり、離職理由、被保険者期間および年齢によって異なります。

定年退職者や自己都合離職者などの一般の受給資格者の場合は、年齢によって給付日数が異なることはありませんが、被保険者期間によって給付日数は異なり、最高150日となっています。

特定受給資格者および特定理由離職者（有期雇用打ち切り）の場合は、年齢および被保険者期間によって給付日数は異なり、最高330日となっています。

㈢ 受給期間

基本手当の受給期間は、原則として離職の日の翌日から起算して1年間です。1年間の受給期間が経過した後に未支給の所定給付日数が残っていても、その残日数分の基本手当は支給されません。

求職の申込みをした日以後、失業している日が通算7日（待期期間）になるまでは、基本手当は支給されません。
なお、自己都合退職（定年退職を除く）などの場合には、待期期間に加えて最長3ヵ月間（5年間のうち2回目の離職までは2ヵ月間）は基本手当が支給されませんので注意しましょう。
また、基本手当を受け取るためには、4週間ごとに公共職業安定所（ハローワーク）において、失業認定を受ける必要があります。

④ 特別支給の老齢厚生年金などとの選択

特別支給の老齢厚生年金の受給権者（65歳未満の受給権者）は、雇用保険の基本手当を受給している間は、特別支給の老齢厚生年金の支給が停止されます。なお、繰上げ支給を請求した場合の老齢厚生年金にも、同様の制限があります。

図表 3-7-2 所定給付日数

＜一般受給資格者（定年・自己都合）・特定理由離職者（自己都合）＞

年齢＼被保険者期間	10年未満	10年以上20年未満	20年以上
65歳未満	90日	120日	150日

＜特定受給資格者（倒産・解雇など）・特定理由離職者（有期雇用打ち切り）＞

年齢＼被保険者期間	1年未満	1年以上5年未満	5年以上10年未満	10年以上20年未満	20年以上
30歳未満	90日	90日	120日	180日	—
30歳以上35歳未満		120日	180日	210日	240日
35歳以上45歳未満		150日		240日	270日
45歳以上60歳未満		180日	240日	270日	330日※
60歳以上65歳未満		150日	180日	210日	240日

所定給付日数が330日の人は、所定給付日数の全部について受給が可能となるよう、受給期間が1年＋30日に延長されます。

図表 3-7-3 雇用保険の受給期間

受給期間 （原則）1年間 → （病気・ケガ・出産等）＋最長3年間

起算日

離職　翌日　求職（ハローワークへの雇用保険被保険者離職票の提出）

会社都合退職 → 待期期間7日 ｜ 基本手当※1

自己都合退職 → 待期期間7日 ｜ 給付制限（最長3ヵ月※2） ｜ 基本手当※1

※1　所定給付日数分の基本手当
※2　5年間のうち2回目の離職までは2ヵ月間

所定給付日数の残りは支給されません。

病気やケガ、出産などにより30日以上働くことができなくなったときは、最長3年間受給期間を延長することができます。
そのため、受給期間は4年間（1年間＋最長3年間）が限度となります。

(5) 雇用継続給付

① 高年齢雇用継続給付

暗記　図表 3-7-4

被保険者期間が通算で5年以上ある60歳以上65歳未満の一般被保険者が、60歳以降の賃金が60歳時点の賃金に対して75%未満に低下した状態で働いている場合、各月の賃金に最大15%(61%未満に低下した場合)を乗じた額が65歳に達する月まで支給されます。

高年齢雇用継続給付には、次の2種類があります。

高年齢雇用継続基本給付金	基本手当を受給しないで引き続き雇用されている人を対象とする給付
高年齢再就職給付金	基本手当を受給した後で再就職した場合に支給残日数が100日以上の人を対象とする給付

② 育児休業給付

図表 3-7-5

労働者が育児休業を取得しやすくし、その後の円滑な職場復帰を援助・促進することを目的とした給付です。

1歳(一定の理由がある場合は2歳)未満の子を養育するために育児休業を取得する一定の条件を満たした一般被保険者等(夫婦どちらでも可)に支給されます。

産休期間中に健康保険の出産手当金を受給し、その後、引き続き育児休業を取得する場合は、育児休業給付金の規定が適用されます。

③ 介護休業給付

図表 3-7-6

労働者が介護休業を取得しやすくし、その後の円滑な職場復帰を援助・促進することを目的とした給付です。

家族(配偶者の父母を含む)を介護するために介護休業を取得する一定の条件を満たした一般被保険者等に支給されます。

なお、対象家族1人につき93日を限度に3回までの休業が介護休業給付の対象となります。

図表 3-7-4 高年齢雇用継続給付

＜高年齢雇用継続基本給付金＞

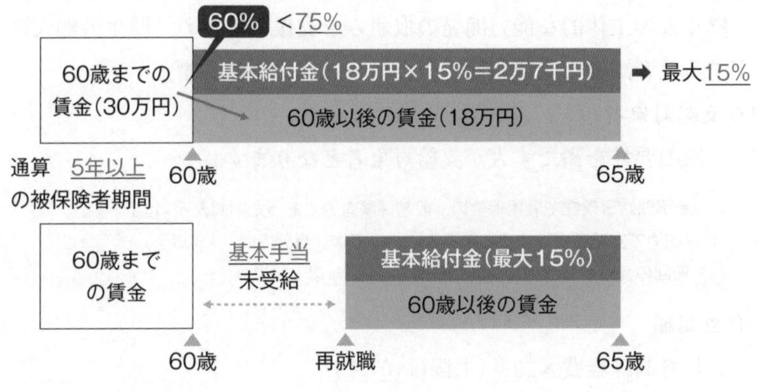

＜高年齢再就職給付金＞

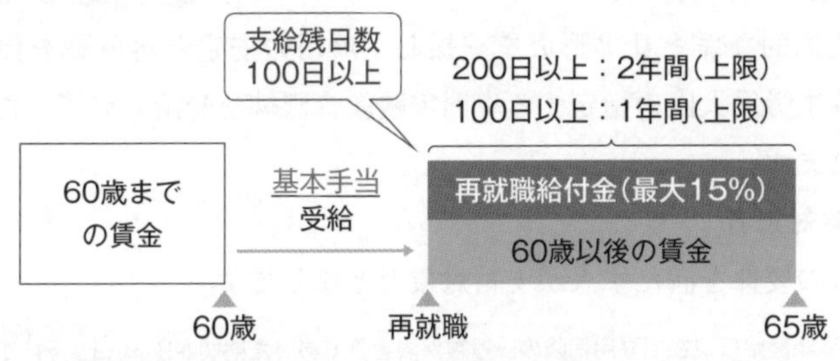

図表 3-7-5 育児休業給付

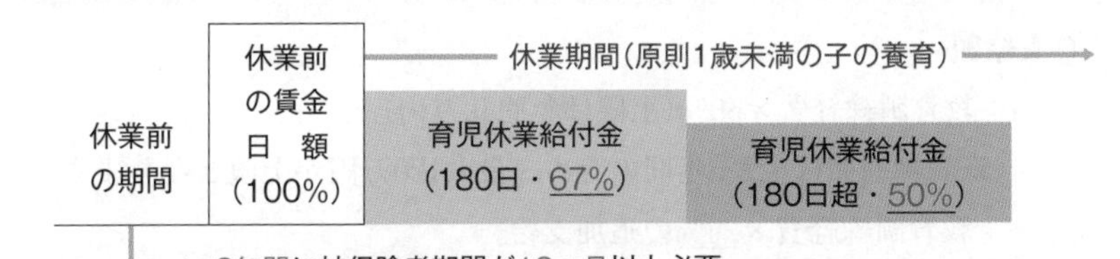

図表 3-7-6 介護休業給付

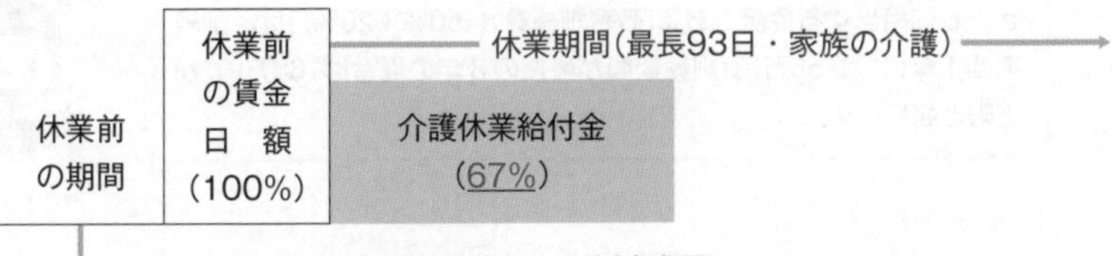

(6) 教育訓練給付

① 一般教育訓練給付

図表 3-7-7　図表 3-7-9

働く人の主体的な能力開発の取組みを支援するため、厚生労働大臣が指定する教育訓練を受講し修了した場合に支給されます。

(ア) 支給対象者

次の要件を満たす人が支給対象者となります。

- 受講開始日現在で雇用保険の一般被保険者等であった期間が3年以上（初めて支給を受けようとする人については、当分の間、1年以上）
- 前回の受給から今回受講開始日前までに3年以上経過

(イ) 支給額

教育訓練経費×20%（上限は10万円）

② 専門実践教育訓練給付

図表 3-7-8　図表 3-7-9

中長期的なキャリア形成を支援し、雇用の安定と再就職を促進するため、厚生労働大臣の指定する専門実践教育訓練を受講し修了した場合に支給されます。

(ア) 支給対象者

次の要件を満たす人が支給対象者となります。

- 受講開始日現在で雇用保険の一般被保険者等であった期間が3年以上（初めて支給を受けようとする者については、当分の間、2年以上）
- 前回の受給から今回の受講開始日前までに3年以上経過

(イ) 支給額

a：教育訓練経費×50%（上限は年間40万円）

※訓練期間は最長3年間のため、最大120万円が上限となります。

b：教育訓練経費×20%の追加支給

※資格取得等をし、かつ、受講修了日の翌日から1年以内に被保険者として雇用された場合に支給されます。

ａ＋ｂに相当する金額である「教育訓練費×（50%＋20%）」は、訓練期間１年につき56万円（訓練期間が最長の３年の場合は168万円）が上限となります。

図表 3-7-7 一般教育訓練給付

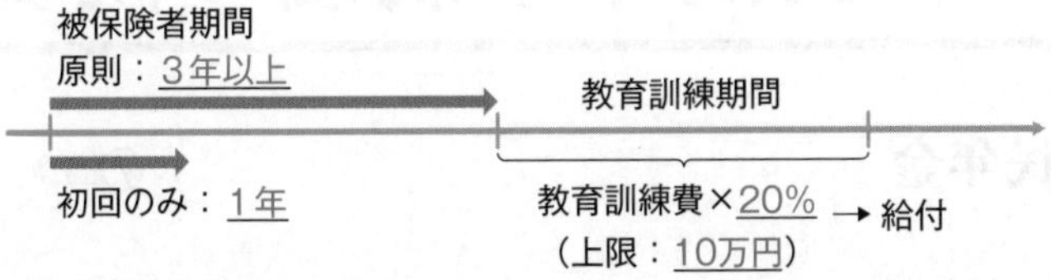

被保険者期間
原則：3年以上
初回のみ：1年
教育訓練期間
教育訓練費×20% → 給付
（上限：10万円）

図表 3-7-8 専門実践教育訓練給付

（例） 年間授業料：70万円、訓練期間：2年間
修了後に資格取得および1年以内に就職をした場合

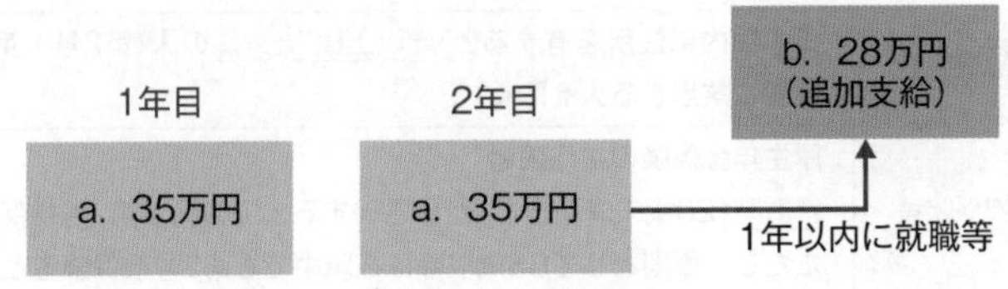

a：70万円×50%＝35万円＜40万円　∴35万円×2年＝70万円
b：（70万円＋70万円）×20%＝28万円
　70万円(a)＋28万円(b)＝98万円＜112万円（＝56万円×2年）　∴28万円

図表 3-7-9 教育訓練給付のまとめ

	一般教育訓練	専門実践教育訓練
被保険者期間	原則3年以上	原則3年以上
支給率	20%	50% （就職等すると20%を追加支給）
支給額の上限	10万円	40万円/年 ※20%追加支給の場合 →56万円/年

特定一般教育訓練給付

労働者の速やかな再就職および早期のキャリアアップ形成を支援し、雇用の安定等を図るため、厚生労働大臣が指定する一定の教育訓練を受講し修了した場合に支給されます。

(ア)支給対象者
　一般教育訓練給付の対象者と同様

(イ)支給額
　教育訓練経費×40%（上限は20万円）

第4節　公的年金制度の概要

頻出度 A

❶ 国民年金

重要　チェック

(1) 被保険者

暗記　図表 4-1-1　図表 4-1-2

① 強制加入被保険者

国民年金の強制加入被保険者には国籍要件はありませんので、外国人であっても次の要件を満たせば、強制加入被保険者となります。

第1号被保険者	日本国内に住所を有する20歳以上60歳未満の人（第2号・第3号被保険者に該当する人を除く）
第2号被保険者	厚生年金保険の被保険者 就職時（20歳未満を含む）から退職するまでの間が第2号被保険者 ただし、原則として65歳以降は在職中でも第2号被保険者とならない
第3号被保険者	第2号被保険者の配偶者であって、主として第2号被保険者の収入により生計を維持する人（第2号被保険者である人を除く。これを被扶養配偶者※という）のうち、20歳以上60歳未満の人 ※　健康保険などの被扶養者の認定基準を勘案して決定

第3号被保険者の国内居住要件

第3号被保険者となる被扶養配偶者には、国内居住要件があります。日本国内に住所を有する者は、原則として国内居住要件を満たし第3号被保険者となりますが、たとえ日本国内に住所がなかったとしても、外国に赴任する第2号被保険者である夫に同行する妻など、日本国内に生活の基礎があると認められる者は、国内居住要件の例外とされ、第3号被保険者となります。

なお、第3号被保険者となる被扶養配偶者は、健康保険などの被扶養者の認定基準を勘案して決定されるため、健康保険の被扶養者にも同様の国内居住要件があります。

② 任意加入被保険者

図表 4-1-3

(ア) 日本国内に住所を有しない日本国籍を有する20歳以上65歳未満の人

(イ) 日本国内に住所を有する60歳以上65歳未満（ｂの場合は70歳未満）の人

a．老齢基礎年金が満額に満たない場合→任意加入で年金額を増加。

b．老齢基礎年金の受給資格期間を満たしていない場合→任意加入で充足。

65歳以上の人であっても、老齢基礎年金の受給資格期間を満たしていない場合には、70歳まで任意加入することができます。

図表 4-1-1 国民年金の強制加入被保険者

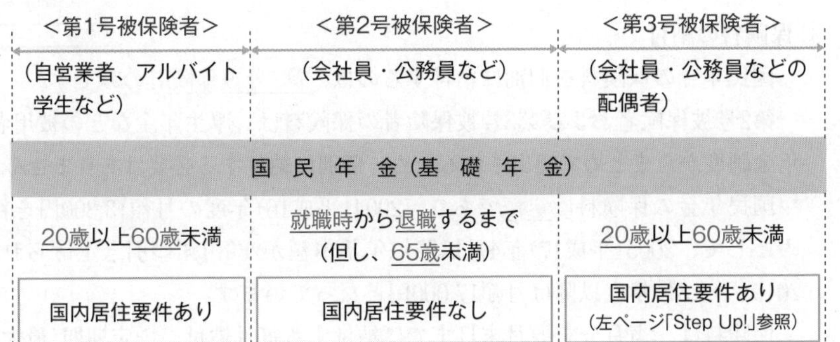

図表 4-1-2 会社員の夫が退職した場合

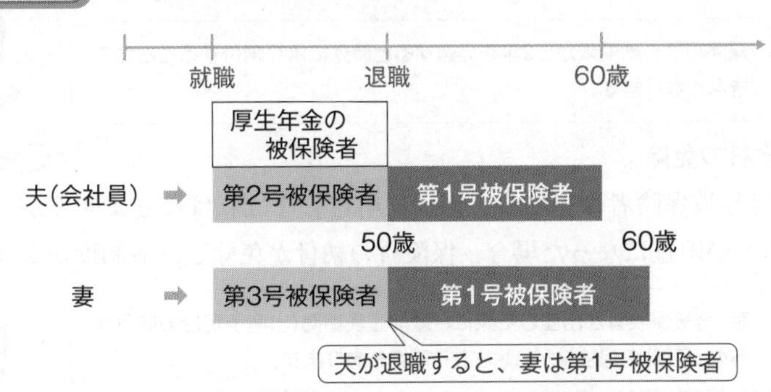

図表 4-1-3 任意加入被保険者

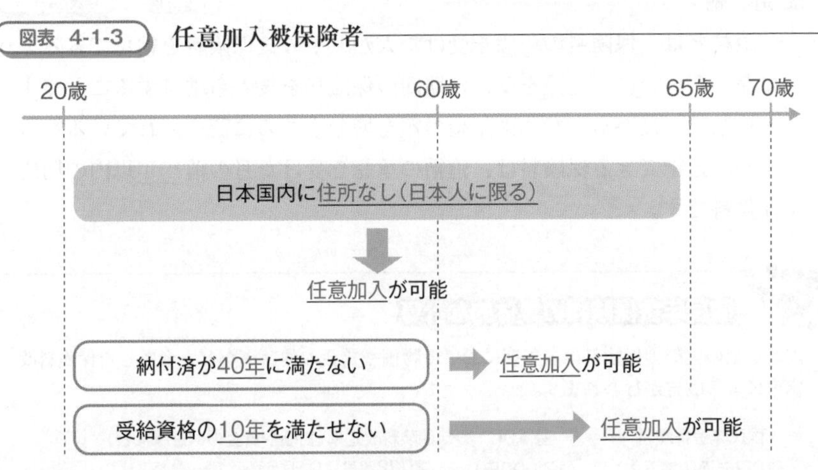

(2) 保険料

① 保険料の納付

図表 4-1-4

国民年金の保険料を個別に納付するのは、第1号被保険者のみです。

第2号被保険者および第3号被保険者の保険料は、厚生年金などの被用者年金制度からまとめて拠出されるため、個別に納付する必要はありません。

国民年金の保険料は定額であり、2004(平成16)年度の月額13,300円を初めとして、2005(平成17)年4月以降毎年基本額が280円ずつ引き上げられ、2019(平成31)年度以降は月額17,000円となっています。

保険料は、当月分を翌月末日までに納付する毎月納付、一定期間(最大2年間)の保険料を一括納付する前納があります。前納を選択した場合、保険料の割引を受けることができます。

保険料は、納期限から2年を経過すると時効により納付することができなくなります。

② 保険料の免除

図表 4-1-5

第1号被保険者は保険料を個別に納付しなければなりませんが、納付することが困難になった場合、保険料の納付が免除される制度があります。

第1号被保険者が出産した際に、産前産後期間(出産予定日の前月から4ヵ月間)の保険料が免除される制度もあります。

③ 追　納

暗記　図表 4-1-6

追納とは、保険料の免除を受けた人が、その後保険料を納付できるようになった場合に、免除を受けた期間の保険料を後から納付することです。

追納は、後から老齢基礎年金の額を増やすために認められているものですが、追納できる保険料は、追納の承認を受けた月の前10年以内の期間の保険料です。

国民年金保険料の具体的な計算

国民年金の実際の保険料は各年度において物価や賃金の伸び率などを考慮した保険料改定率による改定が行われます。

国民年金保険料　＝　基本額　×　保険料改定率(物価や賃金の伸び率など)
(10円未満四捨五入)　(17,000円)　(2022年度：0.976 / 2023年度：0.972 / 2024年度：0.999)

図表 4-1-4 保険料の納付

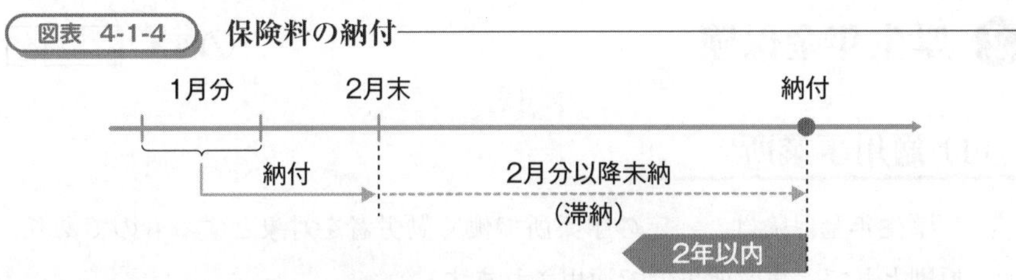

図表 4-1-5 第1号被保険者の保険料免除申請

法定免除	生活保護法による生活扶助を受けている人および障害基礎年金または被用者年金の障害年金(1級・2級)の受給権者は、届出により自動的に保険料納付が免除
申請免除	・保険料の負担が困難な場合には、申請に基づいて保険料が免除 ・申請全額免除、申請3/4免除、申請半額免除、申請1/4免除の4段階
学生納付特例制度	・学生本人の前年の所得が一定額以下である場合、申請することによって保険料の納付が猶予(親の所得要件はない) ・夜間の学生なども対象
保険料納付猶予制度	50歳未満の人で、本人と配偶者の前年の所得が一定額以下の場合は、申請により保険料の納付が猶予(親の所得要件はない)

第2号被保険者および第3号被保険者は保険料を個別納付していないため、保険料納付の免除制度はありません。

図表 4-1-6 追納と年金額の関係

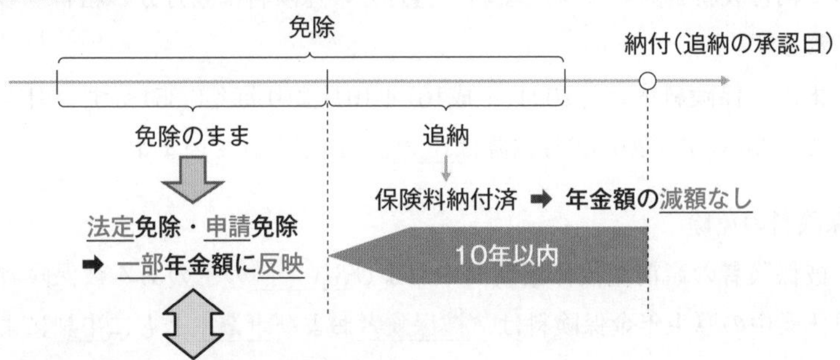

❷ 厚生年金保険

(1) 適用事業所

厚生年金保険は、一定の事業所で働く勤労者を対象とするものであり、原則として、事業所単位で適用されます。

法人の事業所は従業員の人数に関係なく強制適用事業所となりますが、個人の事業所は原則として従業員が5人以上の場合に強制適用事業所となります。

(2) 被保険者

図表 4-2-1

適用事業所に使用される70歳未満の人は被保険者となります。

法人の代表取締役は一般的に法人に使用される人とされるため被保険者になれますが、個人事業主は被保険者にはなれません。

(3) 保険料

暗記 図表 4-2-2 図表 4-2-3

① 標準報酬月額

保険料は、標準報酬月額または標準賞与額にそれぞれ保険料率を乗じて計算し、被保険者と事業主が2分の1ずつ負担し、事業主が被保険者分も含めて納付義務を負います。なお、当月分の保険料は翌月分の給料から徴収されます。

また、保険料率は、2004(平成16)年10月より毎年0.354%ずつ引き上げられ、2017(平成29)年9月以降は18.3%に固定されています。

② 保険料の免除

被保険者の産前産後休業期間中および3歳未満の子のある被保険者の育児休業中の厚生年金保険料は、被保険者および事業主ともに申請により免除されます。

なお、免除期間も加入期間とみなされるため、厚生年金の額にも反映されます。

図表 4-2-1 パートタイマーの取扱い

1ヵ月の勤務日数・1週間の勤務時間		
3/4未満		3/4以上
年収 130万円以上	国民健康保険 国民年金（第1号被保険者）	健康保険 厚生年金保険
年収 130万円未満	健康保険の被扶養者※ 国民年金（第3号被保険者）	

※　扶養者が自営業者の場合は、130万円未満であっても国民健康保険、国民年金となる。

従業員数101人以上の企業では、①週20時間以上、②年収106万円以上、③雇用期間2ヵ月超の労働者（学生を除く）が被保険者になります。
なお、2024年10月より、従業員数51人以上100人以下の企業も対象となります。

図表 4-2-2 保険料率

		2017(H29).9～
月給	標準報酬月額に対する保険料率	18.300% （労使折半）
	標準報酬月額の上限・下限	上限　650,000円 下限　88,000円
賞与	賞与等に対する保険料率	18.300% （労使折半）
	賦課対象の賞与等の上限・下限 （1,000円未満切捨）	上限　1,500,000円（支払ごとの上限） 下限　なし

図表 4-2-3 保険料の免除

産休・育児休業中における免除期間の取扱い

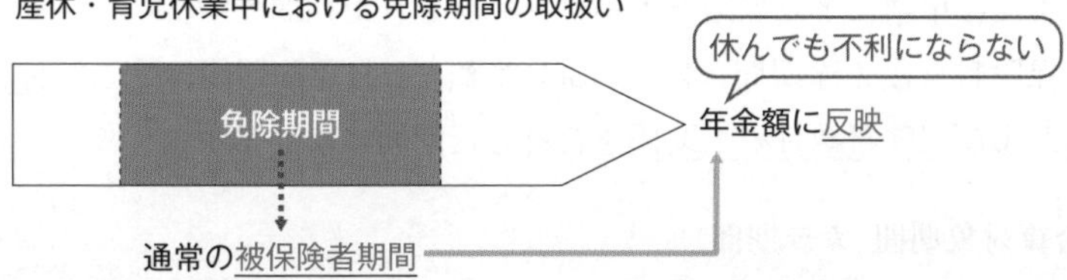

被保険者の産休期間中の健康保険料および3歳未満の子のある被保険者の育児休業中の健康保険料についても、厚生年金保険料と同様に被保険者および事業主ともに申請により免除されます。
したがって、産休期間中や育児休業期間中に病気やケガをした場合でも、健康保険が適用され、医療機関の窓口負担額は原則として3割になります。

第5節　老後の生活資金設計と公的年金

頻出度 A

❶ 老齢基礎年金(1階部分の国民年金)

チェック ☑☑☑

重要　実技(資産・個人・生保)

(1) 受給要件

図表 5-1-1　図表 5-1-2

① 受給資格期間

暗記

老齢基礎年金は、次の受給資格期間を満たした人に対し、原則として65歳から支給されます。

> 受給資格期間 ＝ 保険料納付済期間 ＋ 保険料免除期間 ≧ 10年
>
> (注)　受給資格期間が10年に満たない場合、合算対象期間(カラ期間)を加算して判定することができます。

② 保険料納付済期間

保険料納付済期間とは、被保険者の区分に応じ、次の3つの期間になります。

> ・第1号被保険者としての被保険者期間のうち保険料を納付した期間
> ・第2号被保険者としての被保険者期間のうち20歳以上60歳未満の期間
> ・第3号被保険者としての被保険者期間

③ 保険料免除期間

保険料免除期間とは、第1号被保険者としての被保険者期間のうち、届出または申請により保険料の納付を免除された期間です。

保険料全額免除期間、保険料3/4(半額・1/4)免除期間、学生納付特例期間および保険料納付猶予期間を合計した期間になります。

④ 合算対象期間(カラ期間)

加入期間(受給資格期間)の10年以上の要件を計算する場合には合算されますが、年金額の計算の基礎には算入されない期間です。

> ・サラリーマンの妻として国民年金に任意加入できる期間(1961(昭和36)年4月から1986(昭和61)年3月までの期間)のうち任意加入しなかった20歳以上60歳未満の期間
> ・第2号被保険者としての被保険者期間のうち20歳前の期間と60歳以後の期間

図表 5-1-1 **会社員の妻の合算対象期間**

1958(S33)年生　結婚　1986(S61)年4月　離婚　再婚　2018(H30)年

20歳　28歳　30歳　53歳　60歳

合算対象期間　第3号期間　第1号期間（未納）　第3号期間

8年　2年　7年

保険料を納付していないため、年金額に反映されない

9年＜10年

17年≧10年

図表 5-1-2 **第2号被保険者の保険料納付済期間**

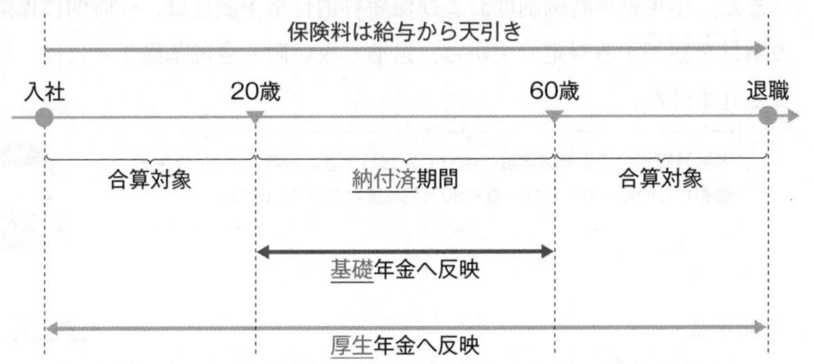

会社員（国民年金の第2号被保険者）の20歳以前と60歳以後の期間は保険料納付済期間とならないため、老齢基礎年金の年金計算上は反映されません。
ただし、老齢厚生年金の被保険者期間となるため、老齢厚生年金の計算上は反映されます。

(2) 老齢基礎年金の年金額 計算 実技(資産・個人・生保) 図表 5-1-3

① 年金額の計算方法

保険料納付済期間が480月(40年)ある場合には、満額(約800,000円)が生涯支給されます(終身年金)。しかし、480月に満たないときは、次の算式で計算した額が支給されます。

$$約800,000円 \times \frac{(納付済期間の月数)+(各免除期間の月数)\times(反映率)}{(480月)}$$

なお、法定免除や申請免除に係る反映率は、国庫負担割合の変更に伴い、2009(平成21)年3月以前の期間と2009(平成21)年4月以後の期間によって異なるため、期間を分けて計算する必要があります。

また、学生納付特例制度および保険料納付猶予制度は、一時的に保険料の納付を猶予する規定ですから、追納しない限り老齢基礎年金には一切反映されません。

老齢基礎年金の満額は年度によって異なります。例年1月頃に厚生労働省から公表されますが、概ね80万円程度となっています。

② 付加年金 図表 5-1-4

第1号被保険者と20歳以上65歳未満の国民年金の任意加入被保険者が、より高い給付を希望する場合に、付加保険料400円(月額)を納付することによって任意に加入することができる終身年金です。

ただし、国民年金の保険料を免除されている場合や滞納している場合は、付加年金の保険料を納付することができません。

受給要件	・付加保険料納付済期間があること ・老齢基礎年金の受給権を取得すること
年金額	・200円×付加保険料納付済期間の月数 ・物価スライド率は適用されない

付加保険料400円を40年間納付(総額は400円×480月=192,000円)した場合、付加年金は毎年200円×480月=96,000円となり、終身にわたって受給することができます。

図表 5-1-3 **免除制度と年金額への反映** 実技（資産・個人・生保）

免除の内容		老齢基礎年金の年金額への反映率		
		追納なし		追納あり
		2009（平成21）年3月以前	2009（平成21）年4月以後	
法定免除（全額免除）		1/3	1/2	納付済期間
申請免除	全額免除	1/3	1/2	納付済期間
申請免除	3/4免除	1/2	5/8	納付済期間
申請免除	半額免除	2/3	3/4	納付済期間
申請免除	1/4免除	5/6	7/8	納付済期間
学生納付特例制度		反映しない		納付済期間
保険料納付猶予制度		反映しない		納付済期間

（例） 納付済期間の月数　300ヵ月
免除期間の月数　全額免除　72ヵ月（反映率1/2）
学生納付特例期間の月数　24ヵ月

約800,000円×(300月＋72月×1/2＋~~24月~~)／480月

＝約560,000円

産前産後期間の保険料免除を受けた期間は、納付済期間となります。

図表 5-1-4 **付加年金**

20歳　60歳　65歳

付加保険料
月額400円

40年（480月）加入
総額：192,000円

付加年金
200円×保険料納付済期間

40年（480月）加入
年額：96,000円

新規裁定者と既裁定者

新たに年金をもらい始める人を新規裁定者といい、既に年金をもらっている人を既裁定者といいます。原則として、新規裁定者の年金額は現役世代の収入の変化に応じた賃金変動率で改定され、既裁定者の年金額は年金額の実質的な価値を維持するため物価変動率で改定されます。そのため、新規裁定者と既裁定者では年金額が異なる場合があります。

(3) 受給開始年齢の繰上げ・繰下げ

図表 5-1-5

受給開始年齢は原則として65歳ですが、受給開始の年齢を早くしたり(繰上げ受給)、遅くしたり(繰下げ受給)する制度が設けられています。

① 受給の繰上げ

繰上げ受給は、60歳まで受給開始の年齢を早めることができます。

繰上げ受給をした場合、老齢基礎年金の額は、繰上げ月数に応じて1ヵ月あたり0.4%減額され、その年金額が生涯支給されます。

なお、繰上げを請求して受給権が発生した後は、65歳になっても増額されず、繰上げの取消や変更もできません。

繰上げ受給の年金額 ＝ 本来の老齢基礎年金 ×（1 － 0.4% × 繰上月数）

※ 繰上月数とは、老齢基礎年金の受給の繰上げを請求した日の属する月から65歳に達する日の属する月の前月までの月数です。

2022年4月1日前に60歳に到達していた人の減額率は、1ヵ月あたり0.5%になります。

② 受給の繰下げ

繰下げ受給は、75歳まで受給開始年齢を遅らせることができます。

繰下げ受給をした場合、老齢基礎年金の額は、繰下げ月数に応じて1ヵ月あたり0.7%増額され、その年金額が生涯支給されます。(取消・変更も不可)

なお、支給の繰下げは65歳から65歳11ヵ月の間は繰下げできず、66歳に達した日以後から繰下げて受給することができます。

繰下げ受給の年金額 ＝ 本来の老齢基礎年金 ×（1 ＋ 0.7% × 繰下月数）

※ 繰下月数とは、老齢基礎年金の受給権を取得した日の属する月から受給繰下げの請求をした日の属する月の前月までの月数(120月が上限)です。

付加年金も連動して繰上げ・繰下げとなり、老齢基礎年金と同率の減額・増額があります。

図表 5-1-5 繰上げ・繰下げの支給率 実技(資産・個人・生保)

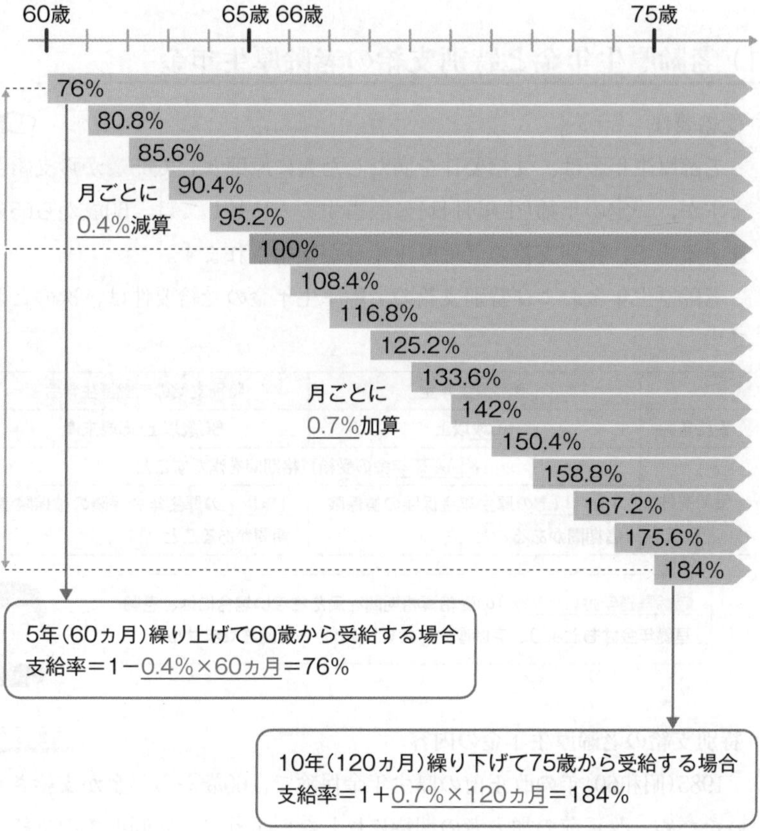

60歳 65歳 66歳 75歳

76%
80.8%
85.6%
90.4%
95.2%
100%
108.4%
116.8%
125.2%
133.6%
142%
150.4%
158.8%
167.2%
175.6%
184%

月ごとに0.4%減算

月ごとに0.7%加算

5年(60ヵ月)繰り上げて60歳から受給する場合
支給率＝1－0.4%×60ヵ月＝76%

10年(120ヵ月)繰り下げて75歳から受給する場合
支給率＝1＋0.7%×120ヵ月＝184%

特例的な繰下げみなし増額制度

65歳以降に年金の請求をする場合、繰下げの申出をせずに、65歳からの年金を一括で請求することもできます。たとえば、68歳になり年金を請求した場合には、65歳から68歳になるまでの3年分の年金を一括で受給でき、68歳からは年金を受給できますが、いずれも増額されません。

なお、年金の受給権には5年の時効があります。70歳以降、たとえば72歳になり年金を請求した場合、直近5年間の年金は一括で受給できますが、65歳から67歳になるまでの2年間の年金は時効のため受給できません。そこで、請求の5年前である67歳時に繰下げの申出があったものとみなし、67歳から増額された5年間の年金を一括して受取った上で、72歳からの年金を増額することとしました。これを、「特例的な繰下げみなし増額制度」といいます。

❷ 老齢厚生年金（2階部分の厚生年金）

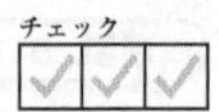

(1) 老齢厚生年金と特別支給の老齢厚生年金

① 受給要件

暗記

老齢厚生年金は、受給要件を満たした人に原則として65歳から支給されますが、一定の年齢（生年月日）に該当する人に対しては、60歳から65歳に達するまで、特別支給の老齢厚生年金が支給されます。

老齢厚生年金および特別支給の老齢厚生年金の受給要件は、次のとおりです。

	老齢厚生年金	特別支給の老齢厚生年金
受給年齢	65歳以上	60歳以上65歳未満
受給要件	老齢基礎年金の受給資格期間を満たすこと	
	1ヵ月以上の厚生年金保険の被保険者期間があること	1年以上の厚生年金保険の被保険者期間があること

老齢基礎年金（1階部分）の受給資格期間を満たさない場合には、老齢基礎年金はもとより、老齢厚生年金（2階部分）も支給されません。

② 特別支給の老齢厚生年金の内容

図表 5-2-1

1985（昭和60）年の改正前の厚生年金保険では60歳から年金が支給されていたため、改正前の加入者の期待に反しないように、新制度での支給開始年齢である65歳に達するまでの間、従来の制度での老齢年金を厚生年金保険で独自に給付します。年金額は、定額部分（加入月数に定額単価を乗じて決定される部分）と報酬比例部分（在職中の給料に比例して決定される部分）から構成されています。

特別支給の老齢厚生年金は、生年月日に応じてまず定額部分の支給開始年齢が段階的に引き上げられ、次に報酬比例部分の支給開始年齢が段階的に引き上げられます。最終的には、新制度の年金制度へ移行が完了するため、60歳台前半での老齢厚生年金の支給は行われなくなります。

図表 5-2-1　特別支給の老齢厚生年金　実技（資産・個人・生保）

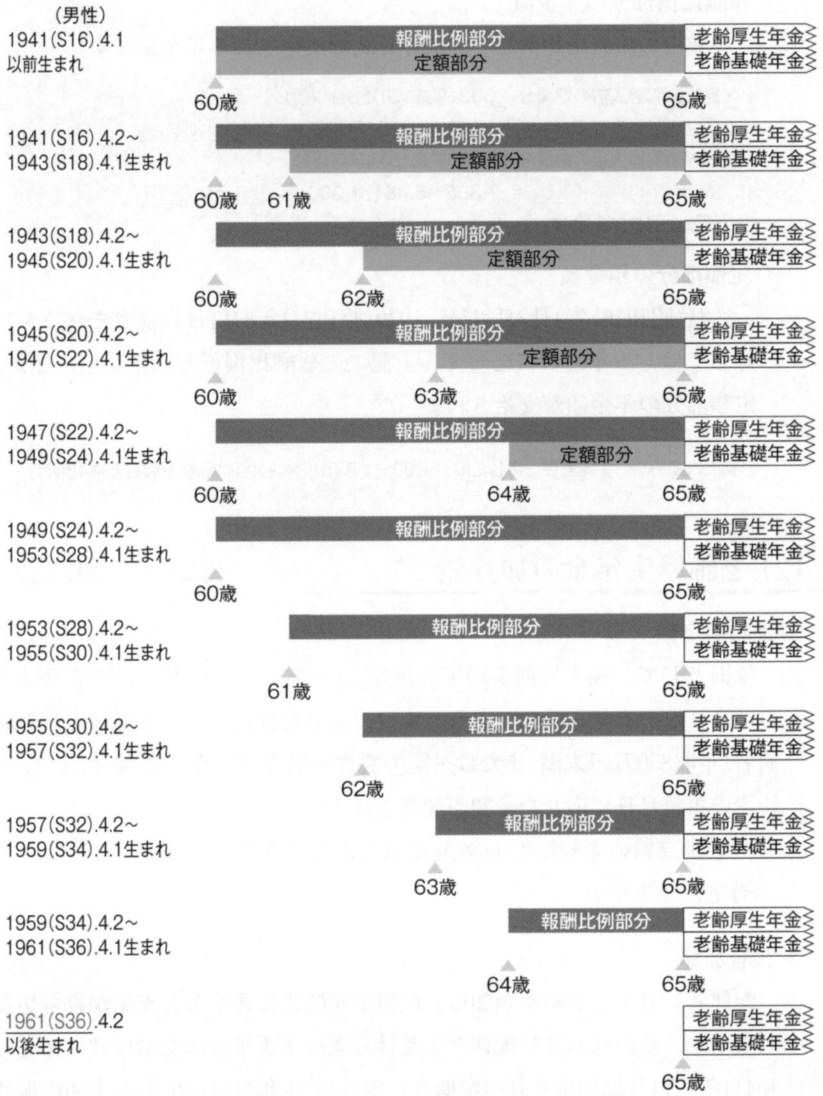

（男性）
1941(S16).4.1
以前生まれ
報酬比例部分
定額部分
老齢厚生年金
老齢基礎年金
60歳
65歳
1941(S16).4.2～
1943(S18).4.1生まれ
報酬比例部分
定額部分
老齢厚生年金
老齢基礎年金
60歳
61歳
65歳
1943(S18).4.2～
1945(S20).4.1生まれ
報酬比例部分
定額部分
老齢厚生年金
老齢基礎年金
60歳
62歳
65歳
1945(S20).4.2～
1947(S22).4.1生まれ
報酬比例部分
定額部分
老齢厚生年金
老齢基礎年金
60歳
63歳
65歳
1947(S22).4.2～
1949(S24).4.1生まれ
報酬比例部分
定額部分
老齢厚生年金
老齢基礎年金
60歳
64歳
65歳
1949(S24).4.2～
1953(S28).4.1生まれ
報酬比例部分
老齢厚生年金
老齢基礎年金
60歳
65歳
1953(S28).4.2～
1955(S30).4.1生まれ
報酬比例部分
老齢厚生年金
老齢基礎年金
61歳
65歳
1955(S30).4.2～
1957(S32).4.1生まれ
報酬比例部分
老齢厚生年金
老齢基礎年金
62歳
65歳
1957(S32).4.2～
1959(S34).4.1生まれ
報酬比例部分
老齢厚生年金
老齢基礎年金
63歳
65歳
1959(S34).4.2～
1961(S36).4.1生まれ
報酬比例部分
老齢厚生年金
老齢基礎年金
64歳
65歳
1961(S36).4.2
以後生まれ
老齢厚生年金
老齢基礎年金
65歳

女性の支給開始年齢の引上げは、旧共済年金の被保険者を除き、男性より5年遅れになります。旧共済年金の被保険者であった女性の年齢引上げは、男性と同じです。

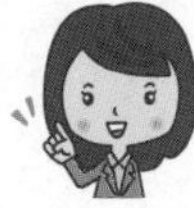

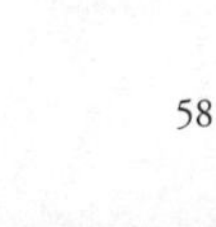

③ 老齢厚生年金の年金額

計算　実技（資産・個人・生保）　図表 5-2-2

㈠ 報酬比例部分の年金額

在職中の給料に比例して、次の算式で決定される年金額です。

・総報酬制導入前の期間分（2003（平成15）年3月以前）
　① ＝ 平均標準報酬月額 × 9.5～7.125/1,000 × 被保険者期間月数
・総報酬制導入後の期間分（2003（平成15）年4月以降）
　② ＝ 平均標準報酬額 × 7.308～5.481/1,000 × 被保険者期間月数
・報酬比例の年金額 ＝ ① ＋ ②

㈡ 定額部分の年金額

1941（昭和16）年4月2日以後、1949（昭和24）年4月1日以前生まれの人に対しては、生年月日に応じて、上記㈠の報酬比例部分の年金額に加え、定額部分の年金額が支給されました。

約1,700円 × 生年月日に応じた率（1.000～1.875） × 被保険者期間月数（上限480月）

(2) 老齢厚生年金の加算額

暗記　図表 5-2-3

① 加給年金額

原則として、加入期間が20年（240月）以上ある受給権者が、㈠または㈡のいずれかの支給を受けており、かつ、生計を維持している65歳未満の配偶者（年収850万円未満）または一定の要件を満たす子がいる場合に、受給権者の生年月日に応じた金額が加算されます。

㈠ 特別支給の老齢厚生年金（定額部分が支給されている場合に限る）

㈡ 老齢厚生年金

② 振替加算

配偶者に対する加給年金額は、配偶者が65歳に達すると支給が打ち切られますが、その代わりに配偶者が受ける老齢基礎年金に受給権者（1966（昭和41）年4月1日以前生まれの配偶者に限る）の生年月日に応じた金額の振替加算が行われます。

図表 5-2-2 老齢厚生年金の年金額（報酬比例部分）

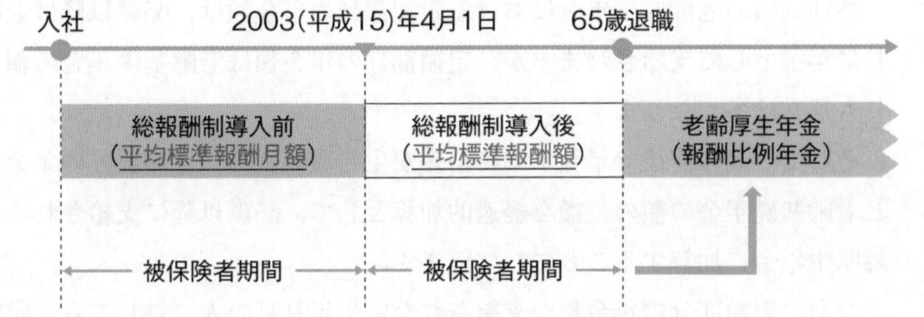

図表 5-2-3 加給年金額と振替加算

（例） 1953（昭和28）年4月2日～1961（昭和36）年4月1日生まれの男性の場合

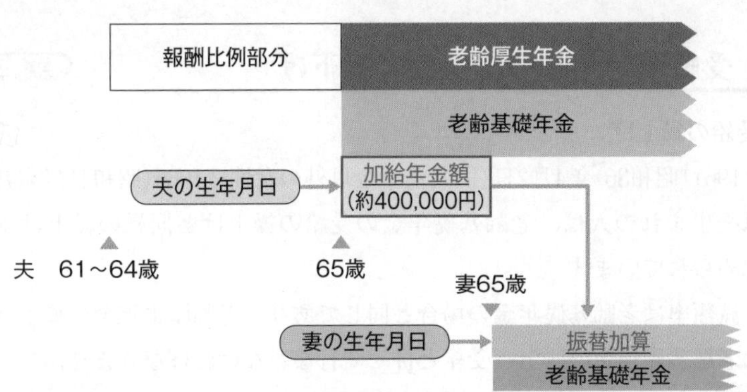

妻に加算される振替加算の金額は、1966（昭和41）年4月1日以前生まれの生年月日に応じて約10,000円～約220,000円となります。

離婚時における厚生年金記録の分割

次の条件に該当するとき、婚姻期間中の厚生年金記録（標準報酬月額・標準賞与額）を当事者間で分割することができる制度です。

1. 婚姻期間中の厚生年金記録がある。
2. 当事者双方の合意または裁判手続により按分割合を定めたこと。
3. 離婚をした日の翌日から2年以内であること。

また、次の条件に該当したときは、国民年金の第3号被保険者であった人からの請求により、2008（平成20）年4月1日以後の第3号被保険者期間における相手方の厚生年金記録を2分の1ずつ、当事者間で分割することができる制度もあります。

1. 2008（平成20）年4月1日以後の第3号被保険者期間中の厚生年金記録があること。
2. 離婚をした日の翌日から2年以内であること。

③ 経過的加算

図表 5-2-4

特別支給の老齢厚生年金における定額部分の年金額は、65歳以降は老齢基礎年金として支給されますが、定額部分の年金額は老齢基礎年金の額よりも通常は多くなります。

そこで65歳の前後で年金水準に格差が生じないよう、定額部分の年金額と老齢基礎年金の額の差額を経過的加算として、65歳以降に支給される老齢厚生年金に加算することにしています。

なお、定額部分の年金額が支給されない生年月日の人に対しても、定額部分の年金額の算式により計算した額と老齢基礎年金の額の差額が、経過的加算として支給されます。

(3) 受給開始年齢の繰上げ・繰下げ

図表 5-2-5

① 受給の繰上げ

暗記

1961(昭和36)年4月2日(旧共済年金以外の女性は1966(昭和41)年4月2日)以後生まれの人は、老齢基礎年金の受給の繰上げと同様の繰上げ受給が認められています。

減額率は老齢基礎年金の場合と同じであり、老齢厚生年金の繰上げ受給は老齢基礎年金の繰上げ受給と併せて行なわなければなりません。

繰上受給の年金額 ＝ 本来の老齢厚生年金 × (1 － 0.4% × 繰上月数)

② 受給の繰下げ

暗記

2007(平成19)年4月1日以降に65歳になる人は、繰下げ受給が認められています。

増額率は老齢基礎年金の場合と同じですが、繰下げ受給の場合は、老齢厚生年金および老齢基礎年金は、それぞれ別々に繰下げ受給することができます。

なお、受給の繰下げは66歳に達した日以後から行うことができます。

繰下受給の年金額 ＝ 本来の老齢厚生年金 × (1 ＋ 0.7% × 繰下月数)

図表 5-2-4 経過的加算

（例） 1941（昭和16）年4月2日～1949（昭和24）年4月1日生まれの男性の場合

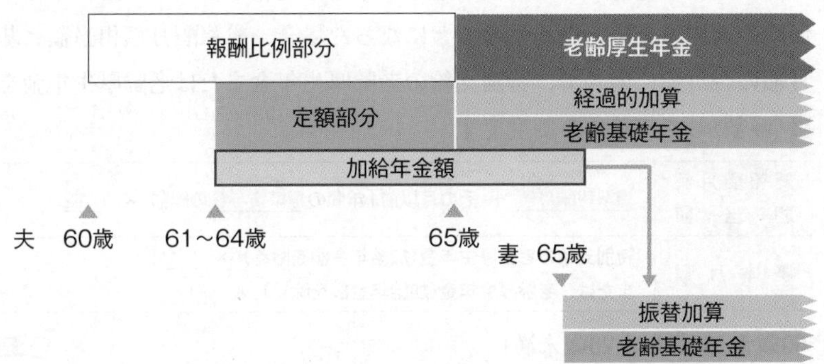

図表 5-2-5 老齢厚生年金の繰上げ受給

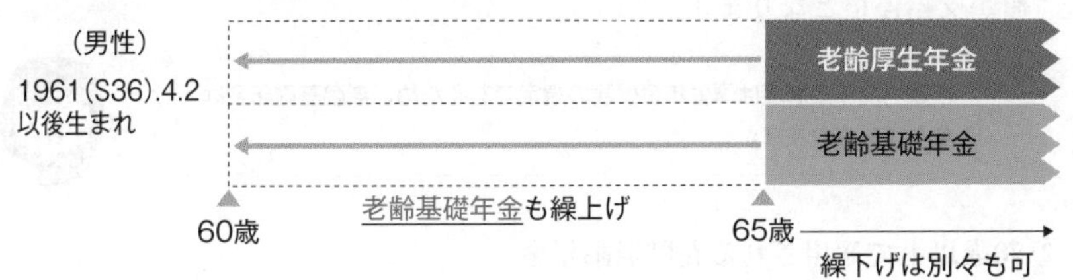

老齢厚生年金の繰上げ受給は、60歳台前半で年金が支給されない方が対象になります。
繰上げに際しては、老齢基礎年金の繰上げと併せて行う必要があること、減額率は老齢基礎年金の繰上げ受給の場合と同じであることに注意しましょう。
また、経過措置として、特別支給の老齢厚生年金の受給対象者についても、報酬比例部分の繰上げ支給が認められています。老齢基礎年金と併せて行う点、減額の率は老齢厚生年金の場合と同じです。

加給年金が加算される老齢厚生年金の繰下げ受給の申出をした場合、加給年金については、増額の対象となりません。
また、繰下げた期間について、加給年金の受給期間が延長されることもありません。

(4) 在職老齢年金制度

図表 5-2-6

特別支給の老齢厚生年金や老齢厚生年金を受給している人が、厚生年金保険の適用事業所で勤務することになった場合、総報酬月額相当額と基本月額の合計額に応じて、特別支給の老齢厚生年金または老齢厚生年金を調整(減額)して支給する制度です。

総報酬月額相当額	標準報酬月額 ＋ その月以前1年間の標準賞与額の総額 × 1/12
基本月額	特別支給の老齢厚生年金(加給年金額を除く) × 1/12 または、老齢厚生年金(加給年金額を除く) × 1/12

① 60歳台(60歳以上70歳未満)

暗記

総報酬月額相当額と基本月額の合計額が、50万円以下の場合には老齢厚生年金が全額支給され、50万円超の場合には老齢厚生年金の一部または全額が支給停止となります。

在職老齢年金制度は厚生年金保険の規定であるため、老齢基礎年金は全額支給されます。

② 70歳以上で適用される在職老齢年金

70歳以上の被用者の老齢厚生年金について、60歳台の在職老齢年金の仕組みによる支給停止が行われます。

70歳に達していることから、厚生年金保険の被保険者にはなりませんが、その人が被保険者であったと仮定して、60歳台と同じ在職老齢年金制度を適用します。

③ 支給停止額(月額相当額)

在職老齢年金の支給停止額は、次の算式により計算されます。

60歳以上	(総報酬月額相当額＋基本月額－50万円)×1/2

図表 5-2-6 在職老齢年金制度

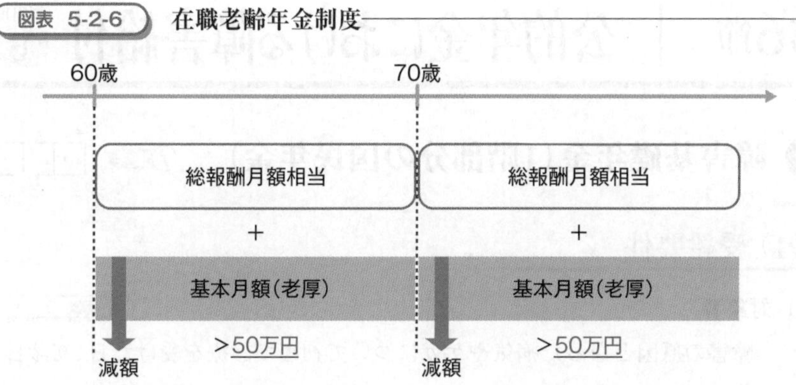

Hint! **在職老齢年金制度の対象者**

在職老齢年金制度は、老齢厚生年金を受給している人が厚生年金の被保険者に該当する場合に適用されます。
したがって、会社を退職して自営業を営む場合や短時間就労などで厚生年金の被保険者に該当しない場合には、老齢厚生年金以外の収入があっても、老齢厚生年金の支給調整は行われないことになります。

Step Up **特別支給の老齢厚生年金と高年齢雇用継続給付**

特別支給の老齢厚生年金など65歳になるまでの老齢年金を受けている人が、雇用保険の高年齢雇用継続給付を受けられるときは、在職老齢年金による年金の支給停止に加えて、年金の一部が支給停止になります。
なお、支給が停止される年金額は、最高で賃金（標準報酬月額）の6%に当たる金額です。

第6節 公的年金における障害給付

頻出度 B

❶ 障害基礎年金(1階部分の国民年金)

重要　チェック

(1) 受給要件

① 対象者

図表 6-1-1

障害の原因となった病気やケガについて初めて診療を受けた日(初診日)において、国民年金の被保険者であること、または、国民年金の被保険者であった人が日本国内に住所を有し、60歳以上65歳未満であることが必要です。

② 障害の状態

暗記

障害認定日に、障害等級1級または2級の障害状態にあることが必要です。

なお、障害認定日は、初診日から起算して1年6ヵ月を経過した日(その期間内に治ったときはその日)です。

③ 保険料納付要件

暗記　図表 6-1-2

(ア) 原　則

初診日の前日において、初診日の属する月の前々月までに国民年金の被保険者期間がある場合には、その被保険者期間のうち保険料納付済期間と保険料免除期間とを合算した期間が3分の2以上あること(保険料を滞納している期間が3分の1以下であること)が必要です。

(イ) 特　例

初診日が2026年4月1日前にある傷病による障害については、初診日の前日において、初診日の属する月の前々月までの1年間のうちに保険料納付済期間および保険料免除期間以外の被保険者期間がないこと(直近の1年間に保険料の滞納がないこと)が必要です。

学生納付特例期間は免除期間に該当するため、その期間中の障害については、障害基礎年金が支給されます。

図表 6-1-1 障害基礎年金の対象者

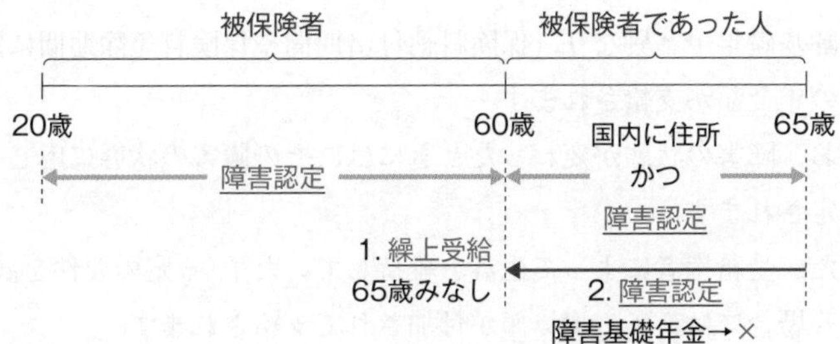

本来65歳から支給される老齢基礎年金を繰上げ受給すると、年金の規定上は65歳に達したものとみなされるため、その後に障害認定を受けたとしても障害基礎年金は支給されません。

図表 6-1-2 保険料納付要件（原則と特例）

（原則）

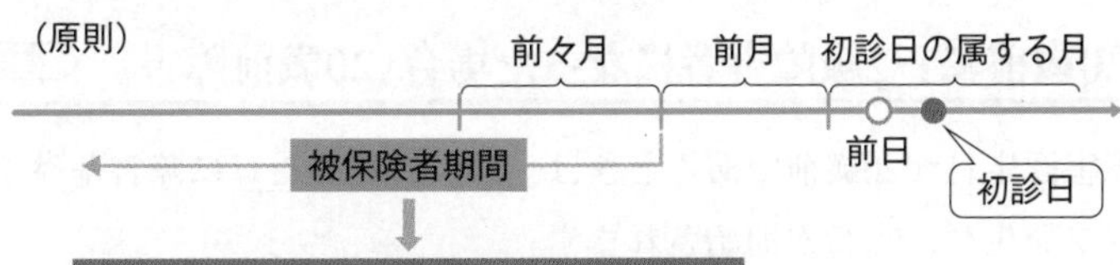

（特例）

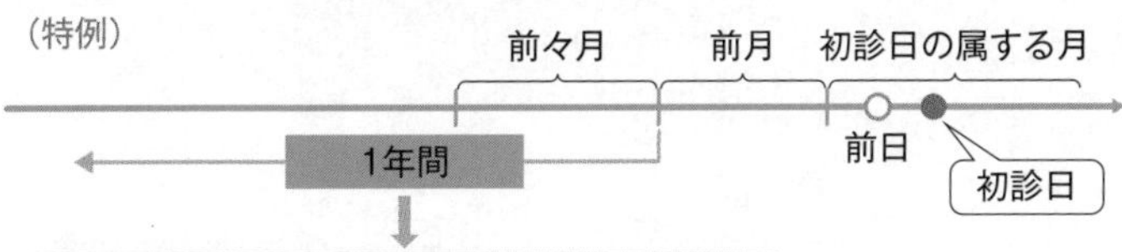

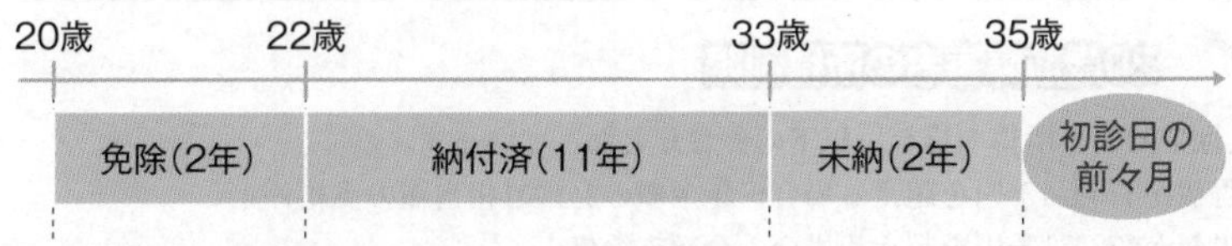

直近の1年間が未納のため、特例による受給は不可。
15年（被保険者期間）×2/3＝10年≦13年　∴原則で受給可能。

(2) 受給できる年金額

暗記　図表 6-1-3

老齢基礎年金と異なり、保険料納付済期間や保険料免除期間に関わらず満額の年金額が支給されます。

なお、障害の状態が変わったときには、その障害の状態に応じて年金額が改定されます。

また、受給権者によって生計を維持していた子(一定の要件を満たす子)がいる場合には、子の加算額が付加されて支給されます。

1級障害	約1,000,000円(＝2級障害の1.25倍) ＋ 子の加算額
2級障害	約800,000円(基本年金額・満額) ＋ 子の加算額

子の加算額は、2人目までは各1人につき約230,000円、3人目以降は各1人につき約80,000円となります。

(3) 20歳前に1･2級障害者になった場合(20歳前障害)

図表 6-1-4

障害認定日が20歳前であるときは、20歳に達した日に障害基礎年金の受給権が発生し、支給が開始されます。

ただし、受給権者本人が保険料を納付していないため、その人の所得が一定額を超えると障害基礎年金の全額または2分の1が支給停止となります。

20歳前障害者の所得制限

2人世帯で給与所得の場合、以下のとおりとなっています。
所得額が370万4千円を超える場合：年金額の2分の1相当額の支給停止
所得額が472万1千円を超える場合：全額支給停止

全額支給	1/2 停止 / 1/2 支給	全額停止
	370.4万円	472.1万円

図表 6-1-3 **一定の要件を満たす子**

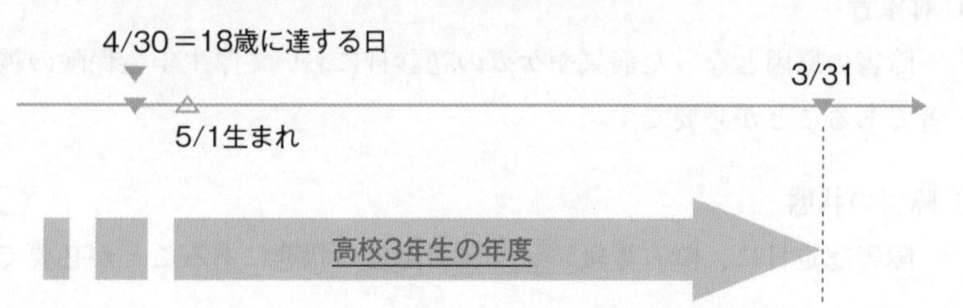

図表 6-1-4 **20歳前障害**

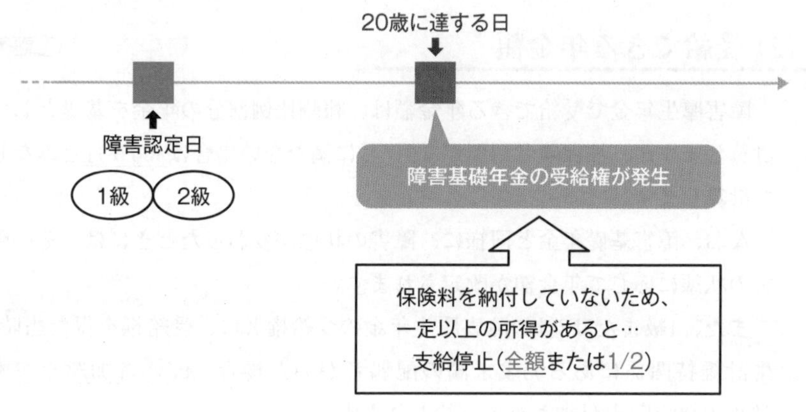

❷ 障害厚生年金（2階部分の厚生年金） ❗重要

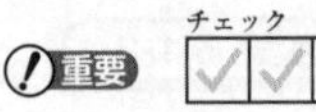

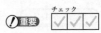

(1) 受給要件

図表 6-2-1

① 対象者

障害の原因となった病気やケガの初診日において厚生年金保険の被保険者であることが必要です。

② 障害の状態

暗記

障害認定日に、障害等級1級〜3級の障害の状態にあることが必要です。

③ 保険料の納付要件

障害基礎年金と同様の保険料納付要件を満たしていることが必要です。

(2) 受給できる年金額

暗記

障害厚生年金で受給できる年金額は、報酬比例部分の年金を基礎として計算しますが、被保険者期間が300ヵ月に満たない場合は300ヵ月とみなして計算します。

なお、障害基礎年金と同様に、障害の状態が変わったときには、その障害の状態に応じて年金額が改定されます。

また、1級または2級の障害厚生年金の受給権者に、受給権を得た当時、生計維持関係にある65歳未満の配偶者がいた場合、配偶者加給年金額（約230,000円）が付加されて支給されます。

1級障害	報酬比例の年金額 × 1.25 ＋ 配偶者加給年金額
2級障害	報酬比例の年金額 ＋ 配偶者加給年金額
3級障害	報酬比例の年金額（最低保障額あり）

(3) 障害手当金（一時金）

初診日から5年以内に病気やケガが治り、障害等級3級の障害よりも軽い障害が残ったときに、厚生年金保険独自の障害手当金（一時金）が支給されます。なお、障害手当金に物価スライド率は適用されません。

図表 6-2-1 障害年金のまとめ 

	障害基礎年金	障害厚生年金
対象者	主に初診日において国民年金の被保険者	初診日において厚生年金の被保険者
保険料の納付要件	(原則) 保険料納付済期間＋保険料免除期間≧直前の被保険者期間×2/3 (特例) 直前1年間＝保険料納付済期間＋保険料免除期間(＝滞納期間なし)	
障害等級	1級・2級	1級・2級・3級
受給額	1級：満額の年金額×1.25 2級：満額の年金額 (保険料納付済の月数は問わない) ※ 一定の子がいる場合 1・2級の金額＋子の加算額	1級：報酬比例の年金額×1.25 2級：報酬比例の年金額 3級：報酬比例の年金額 (最低保障額あり) ※ 一定の配偶者がいる場合 1級･2級の金額＋配偶者加給年金額
一時金	支給なし	障害手当金の支給あり

障害厚生年金と障害補償年金の併給

同一の事由により、障害厚生年金と労災保険法に基づく障害補償年金が支給される場合、障害厚生年金は全額支給され、障害補償年金は所定の調整率により減額されます。

Hint! 障害等級の認定基準

障害等級の主な認定基準は下記のとおりになります。
なお、この認定基準は、身体障害者手帳などに記載される等級の認定基準と異なるため、注意が必要です。

	障害基礎年金	障害厚生年金
1級	他人の介助を受けなければ日常生活が困難 (例) 両目の矯正視力の和が0.04以下	
2級	必ずしも他人の介助は必要ないが日常生活が極めて困難 (例) 両目の矯正視力の和が0.05以上0.08以下	
3級	―	労働が著しい制限を受ける (例) 両目の矯正視力が0.1以下

第7節 | 公的年金における遺族給付

頻出度 B

❶ 遺族基礎年金（1階部分の国民年金）

チェック ✓✓✓

重要 実技（資産・個人・生保）

(1) 受給要件

図表 7-1-1

遺族基礎年金は、次の①から④のいずれかの要件に該当した人が死亡したときに支給されます。

① 国民年金の被保険者
② 国民年金の被保険者であった人で、日本国内に住所を有する60歳以上65歳未満の人
③ 老齢基礎年金の受給権者で保険料納付済期間と保険料免除期間の合計が25年以上の人
④ 保険料納付済期間と保険料免除期間の合計が25年以上の人

①と②の要件による支給の場合、障害年金の「初診日」を「死亡日」と読み替えて判定する保険料納付要件を満たす必要があります。

(2) 対象者

国民年金の被保険者または国民年金の被保険者であった人が死亡した当時、その人によって生計を維持されていた一定の要件を満たす子と生計を同じくしている配偶者（子のある配偶者）または一定の要件を満たす子が遺族となります（配偶者は内縁関係を含みます）。

一定の要件をみたす子は、老齢厚生年金、障害基礎年金で加算対象となる子と同じ、原則として高校卒業までの子です。

(3) 受給できる年金額

子のある配偶者	約800,000円（基本年金額・満額）＋ 子の加算額
子のみ	約800,000円（基本年金額・満額）＋ 2人以上の加算額

子の加算額は、2人目までは各1人につき約230,000円、3人目以降は各1人につき約80,000円となります。
また、子のみの場合における2人以上の加算額は、2人目は約230,000円、3人目以降は各1人につき約80,000円となります。

図表 7-1-1　遺族基礎年金の受給要件

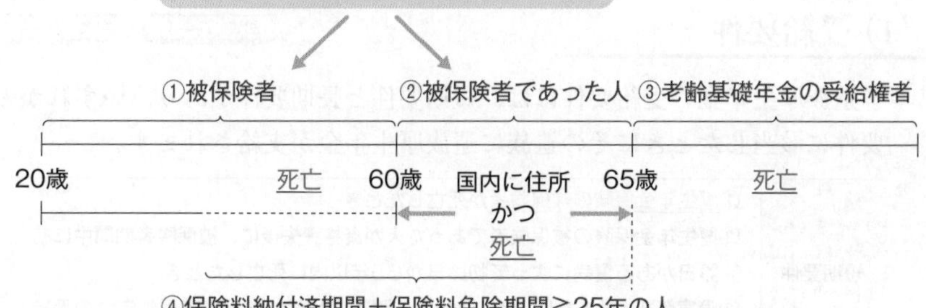

老齢基礎年金の受給資格期間は10年以上ですが、③の受給権者は保険料納付済期間と保険料免除期間の合計が25年以上必要になりますので注意しましょう。

❷ 寡婦（かふ）年金（第1号被保険者の独自給付）　暗記

チェック ✓✓✓

寡婦年金は、夫の掛けた保険料の掛け捨て防止のために支給される年金です。

第1号被保険者で保険料納付済期間（保険料免除期間を含む）が10年以上である夫が老齢年金等を受けずに死亡した場合、婚姻期間10年以上の妻に妻自身の老齢基礎年金が支給されるまでの間（60歳～65歳に達するまで）支給されます。

なお、妻が老齢基礎年金の繰上げ支給を受けている場合は、65歳に達しているものとみなされるため、寡婦年金は受給できません。

❸ 死亡一時金（第1号被保険者の独自給付）

チェック
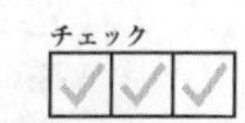

死亡一時金は、第1号被保険者であった人で保険料納付済期間（保険料免除期間を含む）が36ヵ月（3年）以上ある人が死亡した場合に、遺族が遺族基礎年金を受給できないときに保険料の掛け捨てを防止する意味で給付されるものです。

なお、寡婦年金と死亡一時金の両方の受給要件を満たすときは、どちらか一方を選択することになります。

❹ 遺族厚生年金（2階部分の厚生年金）

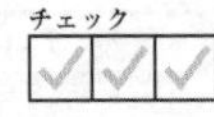

重要　実技（資産・個人・生保）

(1) 受給要件

図表 7-4-1　図表 7-4-2

遺族厚生年金の受給要件には、短期要件と長期要件があり、いずれかの要件に該当したときにその遺族に遺族厚生年金が支給されます。

短期要件	①厚生年金保険の被保険者が死亡したとき ②厚生年金保険の被保険者であった人が資格喪失後に、被保険者期間中に初診日がある傷病によって初診日から5年以内に死亡したとき ③障害等級1級または2級に該当する障害の状態にある障害厚生年金の受給権者が死亡したとき
長期要件	④老齢厚生年金の受給権者で保険料納付済期間と保険料免除期間の合計が25年以上の人が死亡したとき ⑤保険料納付済期間と保険料免除期間の合計が25年以上の人が死亡したとき

①と②の要件による支給の場合、遺族基礎年金と同様の保険料納付要件を満たすことが必要です。
また、短期要件にも長期要件にも該当している場合は、遺族が有利な方を選択して年金額を計算します。

(2) 遺族の範囲

被保険者または被保険者であった人が死亡した当時、その人によって生計を維持されていた次の人が遺族（妻または夫は、内縁関係を含みます）となります。

また、受給順位は、①配偶者または子（妻・子・夫）、②父母、③孫、④祖父母の順となっており、いったん上位者が受給すると下位者は受給することはできません。

- 妻、または一定の要件を満たす子
- 孫
- 被保険者の死亡当時55歳以上の夫、父母、祖父母（支給開始は60歳から）

(3) 受給できる年金額（報酬比例部分の年金）

遺族厚生年金の額は、原則として報酬比例の年金額の4分の3相当額です。

なお、短期要件で支給される場合（厚生年金保険の被保険者が若くして死亡した場合など）には、被保険者期間を300ヵ月とみなして計算します。

図表 7-4-1 遺族厚生年金の受給要件

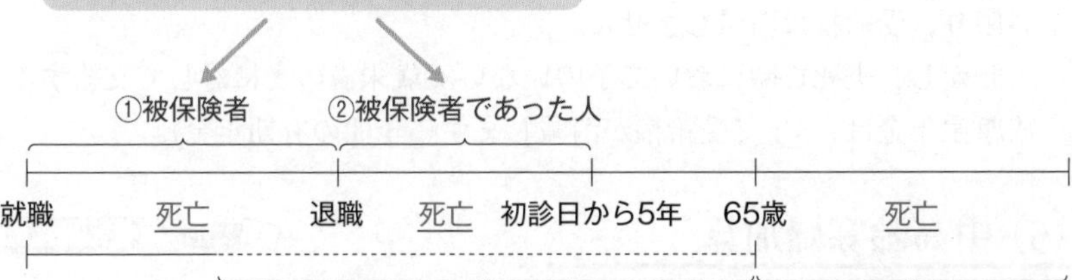

④の受給権者は保険料納付済期間と保険料免除期間の合計が25年以上必要になりますので注意しましょう。

図表 7-4-2 遺族年金のまとめ

	遺族基礎年金	遺族厚生年金
対象者	主に国民年金の被保険者または被保険者であった人が死亡した当時、その人によって生計を維持されていた次の人	主に厚生年金の被保険者または被保険者であった人が死亡した当時、その人によって生計を維持されていた次の人
	子のある配偶者、子 子のない配偶者⇨支給されない	受給順位 ① 妻、子、夫 ② 父母 ③ 孫 ④ 祖父母 （夫・父母・祖父母→被保険者などの死亡時において55歳以上の場合に60歳から支給）
保険料の納付要件	（原則） 保険料納付済期間＋保険料免除期間≧直前の被保険者期間×2/3 （特例） 直前1年間＝保険料納付済期間＋保険料免除期間（＝滞納期間なし）	
受給額	満額の年金額 （保険料納付済の月数は問わない） ※ 一定の子がいる場合 満額の年金額＋子の加算額	原則として、報酬比例の年金額×3/4 （一定の者は、300月とみなして計算）

(4) 子のない30歳未満の妻に対する遺族厚生年金

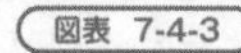

遺族厚生年金は再婚などによってその遺族に新たな扶養者などが現れない限り、受給権は消滅しません。

しかし、夫死亡時において子のいない30歳未満の妻に対して支給する遺族厚生年金は、5年で受給権が消滅します(5年間の有期年金)。

(5) 中高齢寡婦加算

暗記　図表 7-4-4

一定の要件を満たす子のある妻には、国民年金から遺族基礎年金が支給されますが、そのような子のない妻には遺族基礎年金は支給されません。

そこで、両者の不均衡を是正し、中高齢の寡婦に対して重点的に給付を行うように設けられたのが、中高齢寡婦加算です。

中高齢寡婦加算は40歳から65歳までの間に、約600,000円(年額)が支給されます。

夫の受給要件	・(短期要件の場合) 要件なし ・(長期要件の場合) 被保険者期間が20年(240月)以上あること
妻の受給要件	・遺族基礎年金の要件を満たす子がいない場合は、夫の死亡当時40歳以上65歳未満であること ・遺族基礎年金の要件を満たす子がいる場合は、その子の遺族基礎年金の受給権が消滅したときに40歳以上65歳未満であること

Hint! 中高齢寡婦加算の支給停止

中高齢寡婦加算は、遺族基礎年金の支給がある人とない人との不均衡を是正する趣旨で設けられた規定ですから、遺族基礎年金が支給されている間は40歳以上であっても支給されません(支給停止)。

なお、遺族基礎年金は「子のある夫」も支給対象となっていますが、中高齢寡婦加算は「寡婦」が対象となっているため、女性のみが適用対象となります。

図表 7-4-3 子のない30歳未満の妻に対する遺族厚生年金

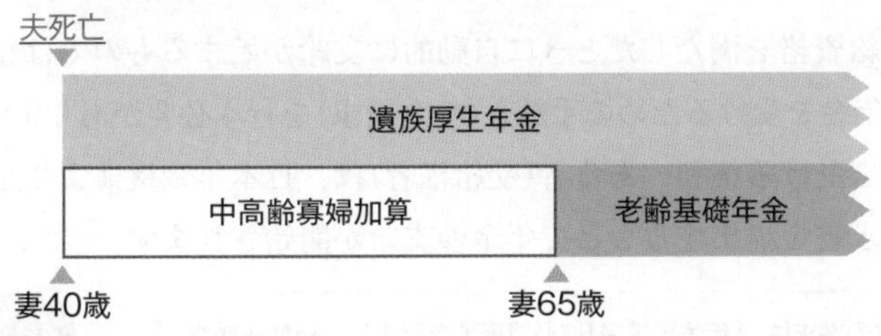

夫死亡時において、妻に遺族基礎年金の要件を満たす子がいる場合は、30歳未満であっても受給権は5年で消滅しません。
しかし、その子が事故等で死亡し、30歳未満で子のない妻に該当した場合は、その時点から5年間で受給権は消滅します。

図表 7-4-4 中高齢寡婦加算 実技（資産・個人）

＜遺族基礎年金の要件を満たす子がいない場合＞

＜遺族基礎年金の要件を満たす子がいる場合＞

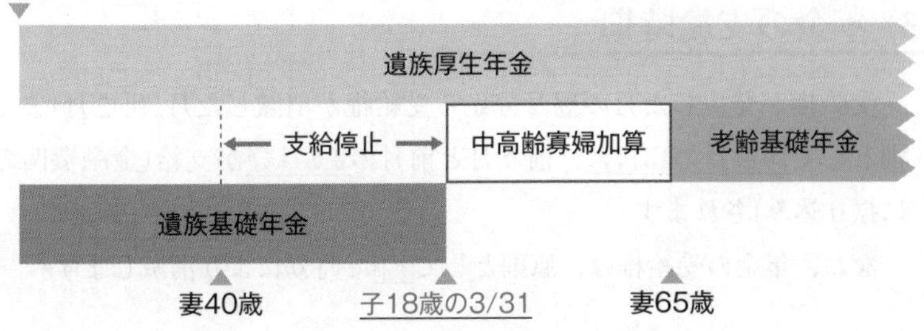

第8節　公的年金制度の共通事項

頻出度
A

❶ 年金給付に関する知識

(1) ねんきん定期便の活用

図表 8-1-1

年金の受給権が発生する65歳までは、毎年誕生日月に送付されるねんきん定期便で受給開始時期や支給される年金見込額を確認することができます。老後の資金計画を設計する上で、この定期便は必要不可欠な資料になります。

(2) 年金給付の請求

図表 8-1-2

年金は、受給資格を満たしたときに自動的に支給が始まるものではないため、自分で年金を受けるための手続き(年金請求)を行う必要があります。

年金の給付を受ける権利のある者(受給権者)は、日本年金機構より送付される年金請求書を提出することで年金の支給が開始されます。

年金給付の請求は、「年金請求書」に必要事項を記入し、必要書類を添えて、年金事務所または年金相談センター宛に提出します。

(3) 年金の支給時期

受給権が発生した月の翌月分から受給権が消滅した月(死亡月)まで、原則として偶数月の15日に、前々月と前月の2ヵ月分が支給(金融機関の口座に振り込み)されます。

なお、年金の受給権は、原則として5年で時効により消滅します。

(4) マクロ経済スライドによる年金額の調整

図表 8-1-3

少子化による被保険者数の減少や高齢化による平均余命の伸びを反映させた改定率を用いて、支給する年金額を自動調節する仕組みです。

図表 8-1-1 ねんきん定期便の記載内容

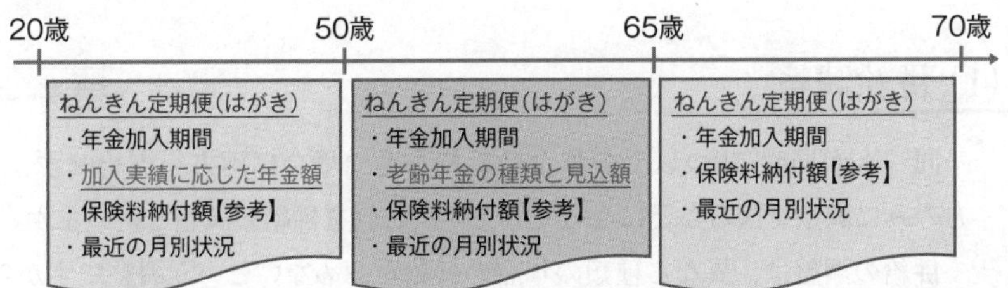

加入期間を確保するための節目にあたる35歳、45歳や年金の請求を間近に控えた59歳の人には、「年金加入記録回答票」などを同封した封書が送付されます。

図表 8-1-2 老齢年金の給付請求

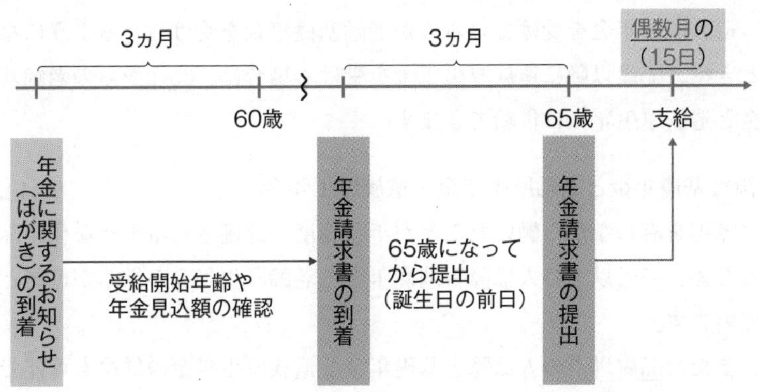

図表 8-1-3 マクロ経済スライドによる年金額の調整

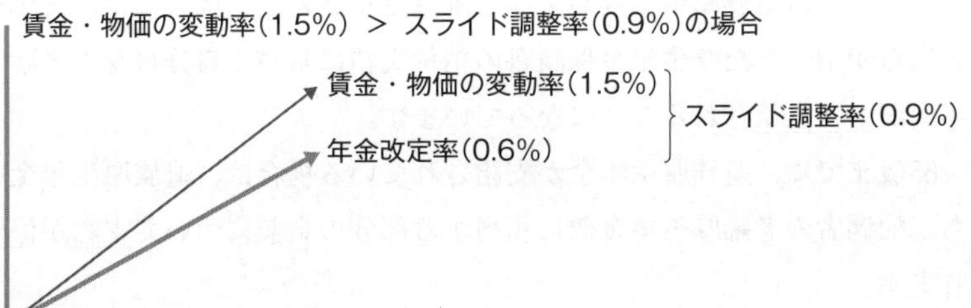

2024年度における実際のスライド調整率は、0.4%となっています。

❷ 年金の併給調整

重要　チェック

(1) 併給調整

図表 8-2-1

同一人が同時に2つ以上の年金受給権をもつ場合は両方を支給せず、一方のみに調整を図ることになっています。これを併給の調整といいます。

併給の調整は、異なる種類の年金の併給を認めないという調整ですから、同一の支給事由に基づいて支給される年金は2つの年金を併給できることになります。

(2) 異なる支給事由で併給される場合

図表 8-2-2　図表 8-2-3

① 老齢基礎年金と遺族厚生年金　暗記

遺族厚生年金を受けている人が老齢基礎年金を受けられるようになったときや、65歳以降に遺族厚生年金を受ける場合は、65歳からの老齢基礎年金と遺族厚生年金は併給できます。

② 障害基礎年金と老齢厚生年金・遺族厚生年金　暗記

障害を有しながら働いたことが年金制度上評価されるような仕組みにするため、65歳以上の人は障害基礎年金と老齢厚生年金の併給が可能となっています。

また、65歳以上の人は障害基礎年金と遺族厚生年金の併給も可能です。

③ 老齢厚生年金と遺族厚生年金　暗記

65歳となる遺族厚生年金および老齢厚生年金の受給権者には、まず配偶者自らが納付した厚生年金保険料の納付実績に基づく自分自身の老齢厚生年金が全額支給されることになっています。

65歳までに、遺族厚生年金が支給されている場合は、遺族厚生年金のうち、配偶者の老齢厚生年金額に相当する部分の金額について支給が停止されます。

異なる支給事由で併給されるのは、65歳以上の場合です。
65歳未満で異なる支給事由による給付が重複した場合は、いずれか一方の年金を選択して受給することになります。

図表 8-2-1 年金の併給調整(同一支給事由の併給)

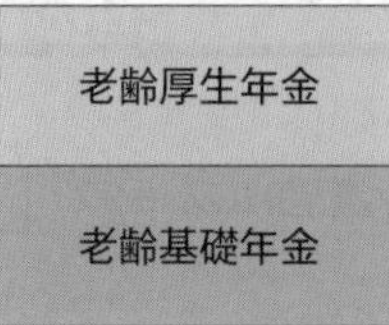

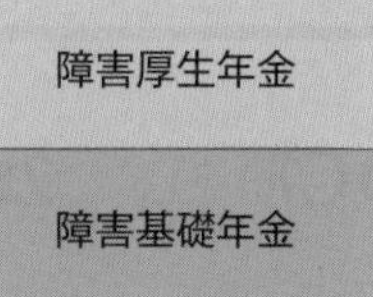

遺族厚生年金
遺族基礎年金

図表 8-2-2 年金の併給調整(異なる支給事由の併給)

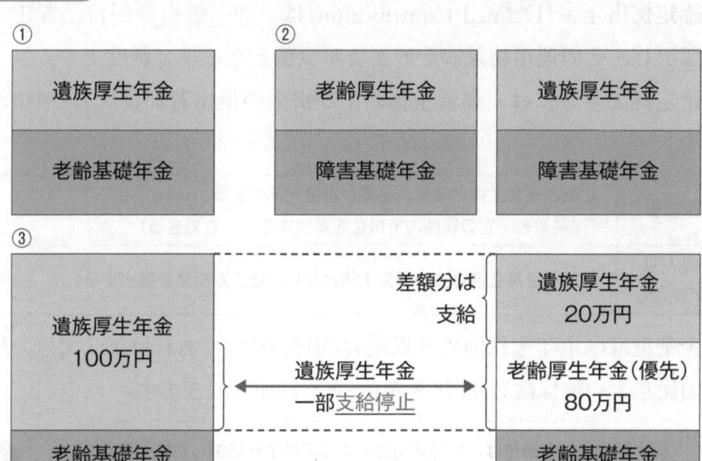

図表 8-2-3 異なる支給事由における年金の併給調整

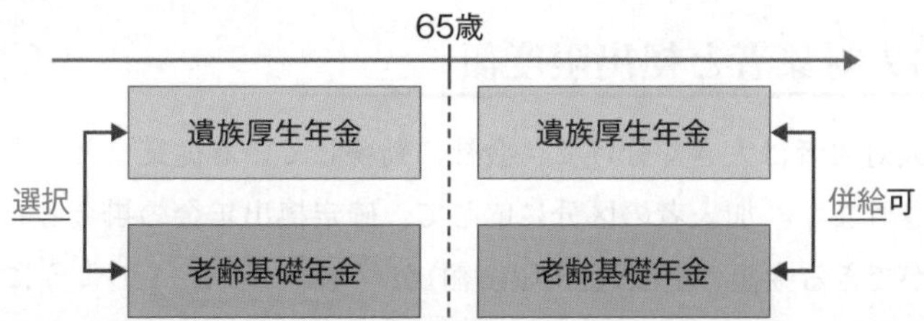

Hint! 併給調整のポイント

65歳以降の併給調整を理解する上では、次の3点を押さえておけばよいでしょう。

PointⅠ：同じ支給事由の場合は併給が可能。(1階：老齢、2階：老齢など)

PointⅡ：1階が障害基礎年金の場合は、いずれの厚生年金とも併給が可能。

PointⅢ：2階が遺族厚生年金の場合は、いずれの基礎年金とも併給が可能。
(但し、65歳以上の配偶者に老齢厚生年金がある場合は一部支給停止)

以上の組み合わせ以外は、併給が認められないと理解しておきましょう。

第9節　企業年金・自営業者のための年金

頻出度 B

❶ 確定拠出年金（DC）

かくていきょしゅつねんきん

！重要　実技（個人・生保）

チェック 

(1) 概　要

図表 9-1-1

確定拠出年金（Defined Contribution）は、加入者自身が自己責任で掛金を運用し、その運用結果がそのまま年金額となる年金制度です。

確定拠出年金には、運営主体および掛金の拠出者別に次の2種類があります。

企業型	企業が運営主体となり、企業が掛金を拠出する。 （従業員も一定の範囲内で掛金を拠出することもできる）
個人型 （iDeCo）	国民年金基金連合会が運営主体となり、個人が掛金を拠出する。

企業型は厚生年金保険の被保険者（70歳未満）であれば加入でき、個人型は国民年金の被保険者（65歳未満）であれば加入できます。

個人型の掛金の納付は、給与天引きにより事業主を経由して納付する方法と、本人名義の口座からの口座振替により納付する方法があります。

(2) 加入対象者と拠出限度額

図表 9-1-2

加入対象者は大きく分けて、会社に勤務している従業員と自営業者等に区分されます。加入者の区分に応じて、確定拠出年金の掛金として支払うことができる金額の上限（拠出限度額）が 図表 9-1-2 のように定められています。

企業型の加入者は、年金規約に定めれば、拠出限度額の範囲内、かつ、事業主の掛金を超えない範囲内で上乗せして拠出することができますが、これをマッチング拠出といいます。
個人型の1号加入者の人は、国民年金基金または付加年金の付加保険料との合計で月額68,000円が拠出限度額となります。
なお、個人が拠出した掛金は、全額を所得税および住民税の計算上、小規模企業共済等掛金控除として控除することができます。

図表 9-1-1 従来の企業年金と確定拠出年金

＜従来の企業年金＞

会社 →(掛金)→ 基金や保険会社などに外部積立運用

会社 ↓ 退職給与規程で定めた退職年金(確定給付)を退職時に支払う。 → 従業員

従来の企業年金は、企業が従業員に対して将来支払う<u>給付額</u>を約束する「確定給付型」でした。
また、運用のリスクは<u>会社</u>が負っています。

＜確定拠出年金(企業型)＞

会社 ↓ 退職給与規程で定めた掛金(確定拠出金)を勤務時に支払う → 従業員

従業員 →(上乗せ可)→ DC口座で積立運用

DC口座で積立運用 →(将来年金)→ 従業員

企業が従業員に対して現在支払う<u>掛金</u>を約束し、将来支払う<u>給付額</u>は約束しません。
したがって、運用のリスクは<u>従業員</u>が負っています。

図表 9-1-2 加入対象者と拠出限度額

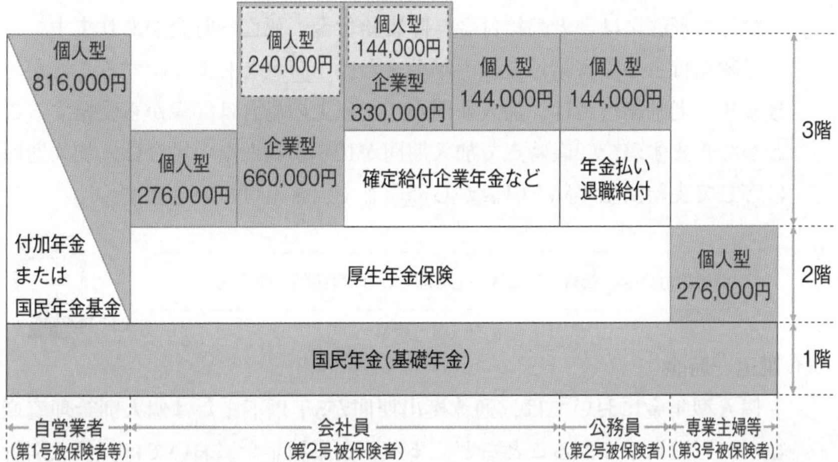

※　金額は年間の拠出限度額です。

※　第1号被保険者のうち、現時点で国民年金の保険料を免除されている人(障害基礎年金の受給権者等を除く)や滞納している人は、原則として掛金を拠出することはできません。

企業型の加入者は、個人型を併用することができます。

(3) 特　徴

図表 9-1-3

① 運　用

暗記

運用商品は、企業や国民年金基金連合会から委託を受けた運営管理機関から、リスクとリターンの特性が異なる3つ以上の商品が選択肢として提示されます。加入者は、提示された商品の中から運用商品を選択し、運営管理機関に対して運用の指図を行ないます。

また、運用期間中の運用収益は、給付時まで課税が繰延べされます。

② ポータビリティー

暗記　図表 9-1-4

年金資産が個人別に管理されているため、就職、転職または離職の際に持ち運びができます。

たとえば、企業型年金の加入者の場合、転職先に企業型年金がある場合には、加入者の転職時の申請に基づいて年金資産をその年金制度に移換します。

転職先に企業型年金がない場合は、個人別管理資産を国民年金基金連合会に移換し、個人型年金（iDeCo）に加入することができます。

③ 給　付

給付の形態には、老齢給付金、障害給付金、死亡一時金があります。

老齢給付金と障害給付金は、年金または一時金として受給することができます。老齢給付金は、加入期間が10年以上の場合は60歳から受給することができますが、60歳時点で加入期間が10年に満たない場合は、加入期間に応じて支給開始年齢を61歳から65歳まで引き上げていきます。

老齢給付金は、75歳までには受給を開始しなければなりません。

④ 脱退一時金

個人型年金においては、通算拠出期間が5年以下または個人別管理資産額が25万円以下であることなど、また、企業型年金においては、個人別管理資産額が1万5,000円以下であること（1万5,000円超の場合は個人型年金の脱退一時金の要件を満たすこと）など所定の条件に該当する場合には、確定拠出年金から脱退して脱退一時金を受給することができます。

なお、確定拠出年金から脱退できない場合には、個人別管理資産を国民年金基金連合会に移換して運用の指図のみを継続することになります。

図表 9-1-3 運用商品

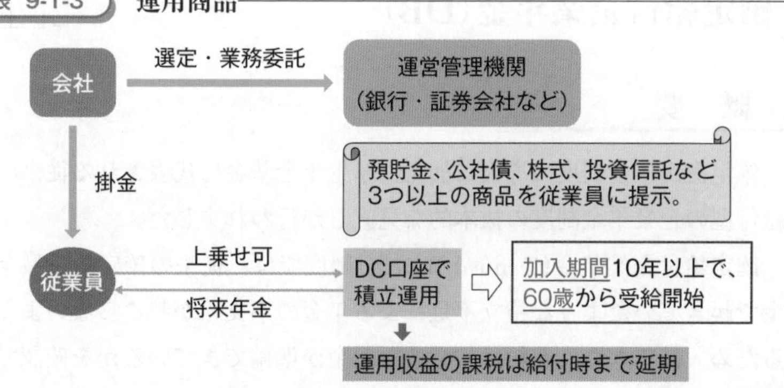

確定拠出年金の加入者が運用の方法として選択した預貯金も、加入者の預貯金として、預金保険制度による保護の対象となります。

図表 9-1-4 ポータビリティー

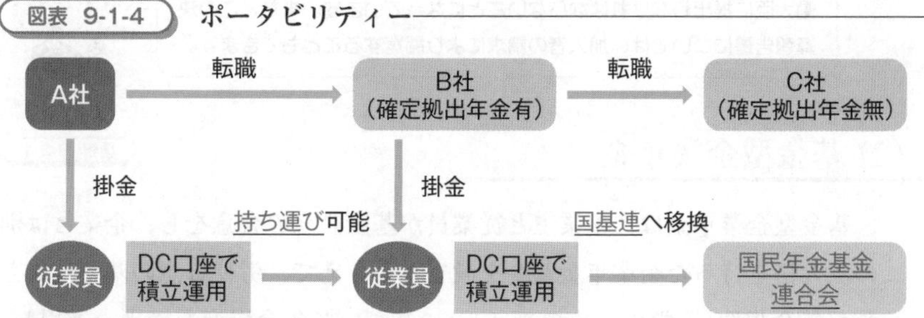

Step Up

拠出限度額の改正

2024年12月より、確定給付企業年金や年金払い退職給付などの確定給付型年金制度に加入する第2号被保険者については、個人型(iDeCo)の拠出限度額が次のとおり改正されます。

▶確定給付型の他制度に加入する場合（公務員を含む）のiDeCoの拠出限度額が1.2万円から2万円に引き上げられます。

▶iDeCoの掛金額は、各月の企業型DCの事業主掛金額と確定給付型ごとの他制度掛金相当額（公務員の場合は共済掛金相当額）と合算して月額5.5万円を超えることはできません。

	企業型DCと確定給付型の他制度に加入する場合
iDeCoの掛金額	月額5.5万円－（各月の企業型DCの事業主掛金額＋他制度掛金相当額） ※iDeCoの拠出限度額の上限は2万円

例：① 企業型DCと確定給付型の他制度に加入していて、各月の掛金額を合算した額が4万円の場合
月額5.5万円－4万円（企業型DCの事業主掛金額＋他制度掛金相当額）
＝1.5万円（iDeCoの拠出限度額は1.5万円）

② 確定給付型の他制度のみに加入していて、各月の他制度掛金相当額が2万円の場合
月額5.5万円－2万円（他制度掛金相当額）＝3.5万円（iDeCoの拠出限度額は2万円）

（厚生労働省の資料より）

❷ 確定給付企業年金(DB)

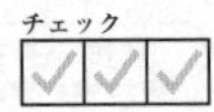

(1) 概　要

確定拠出年金制度の導入に加え、厚生年金基金に代表される従来の確定給付型の企業年金制度の抜本的な見直しが行われました。

確定給付企業年金(Defined Benefit)制度では、従来の確定給付型企業年金で起きていたような積立不足による年金の不支給が起こらないようにするため、毎年きちんと給付に必要なお金が準備できているかを確認できる仕組み(情報開示)が採用されています。

確定給付企業年金には、以下の基金型と規約型の2種類があります。

DBでは、毎事業年度終了後4月以内に決算報告書を作成し、厚生労働大臣に提出しなければならないことになっています。また、この決算報告書については、加入者の請求により閲覧することもできます。

(2) 基金型企業年金

図表 9-2-1

基金型企業年金は、事業主と従業員が基金設立の合意をし、企業とは別の法人格を持った企業年金基金を設立したうえで、労使合意の基で作成された年金規約(運営のためのルール)に基づいて年金資産を管理・運用し、給付を行う企業年金です。

(3) 規約型企業年金

図表 9-2-2

規約型企業年金は、事業主と従業員が年金規約を作成し、資産管理運営機関である生命保険会社や信託銀行などと契約を締結して掛金を拠出することにより、生命保険会社などが会社に代わって年金資産を管理・運用し、給付を行う企業年金です。

図表 9-2-1 基金型企業年金

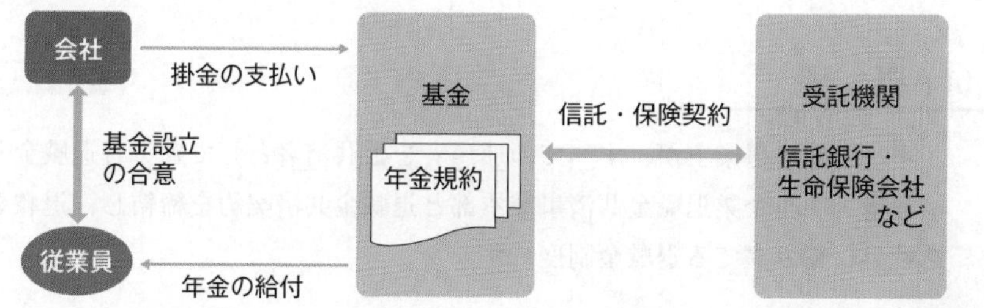

基金の設立にあたっては厚生労働大臣の許可、年金規約の作成にあたっては、厚生労働大臣の承認がそれぞれ必要です。

図表 9-2-2 規約型企業年金

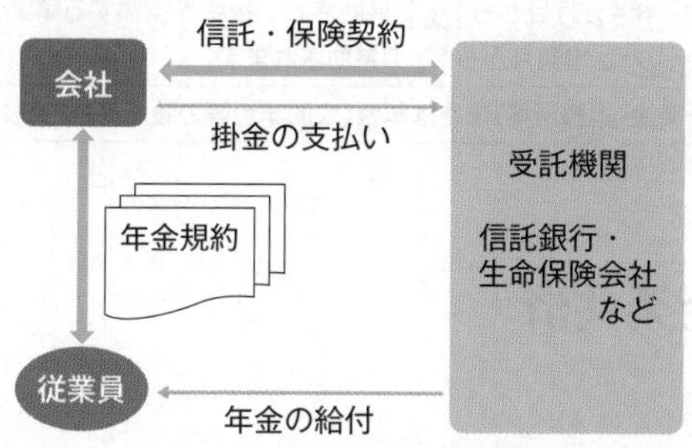

年金規約の作成にあたっては、厚生労働大臣の承認が必要です。

❸ 中小企業退職金共済

(1) 概　要

図表 9-3-1

中小企業の事業主が、すべての雇用者を被共済者として勤労者退職金共済機構・中小企業退職金共済事業本部と退職金共済契約を締結し、退職金を社外に積み立てる退職金制度です。

(2) 特　徴

掛　金	・掛金は全額事業主が負担します。 ・毎月の掛金は5,000円以上、30,000円以内で定められた16種類の中から選択できます。 ・新規加入の事業主には、国の助成として、掛金の2分の1(上限5,000円)が加入後4ヵ月目から1年間補助され、掛金を増額する事業主には、増額分の3分の1が増額月から1年間補助されます。
共済金	・一時金(退職所得)または年金(公的年金等の雑所得)で受取り(併用も可能)

❹ 小規模企業共済

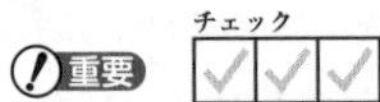

(1) 概　要

図表 9-4-1

従業員が20人以下(一定の商業とサービス業では5人以下)の個人事業主やその経営に携わる共同経営者、会社等の役員が退職や事業を廃業した場合に、生活の安定や事業の再建を図るための資金準備などを図るために、個人事業主などが自ら資金を拠出して行う共済制度です。

(2) 特　徴

掛　金	・毎月の掛金は1,000円から70,000円までの範囲(500円刻み)で、自由に選択できます。 ・事業主などのための退職金制度であるため、掛金につき国の助成はありませんが、支払った掛金の全額を所得税および住民税の計算上、小規模企業共済等掛金控除として控除することができます。 ・加入後は500円刻みで増減ができます(減額の場合は理由が必要)。
共済金	・一時金(退職所得)または年金(公的年金等の雑所得)で受取り(併用も可能)

図表 9-3-1 中小企業退職金共済の掛金

＜新規加入掛金助成＞

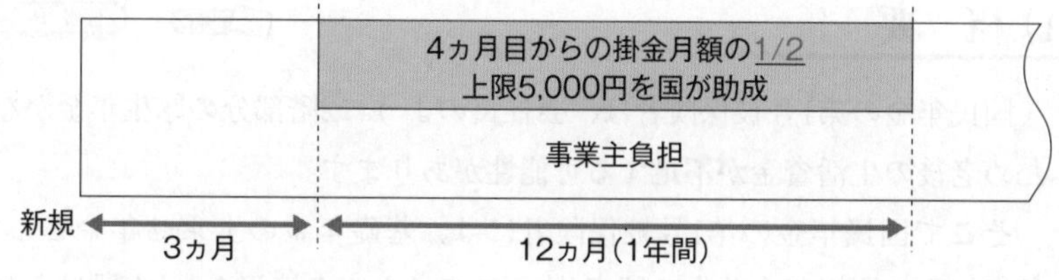

＜月額変更(増額)助成＞

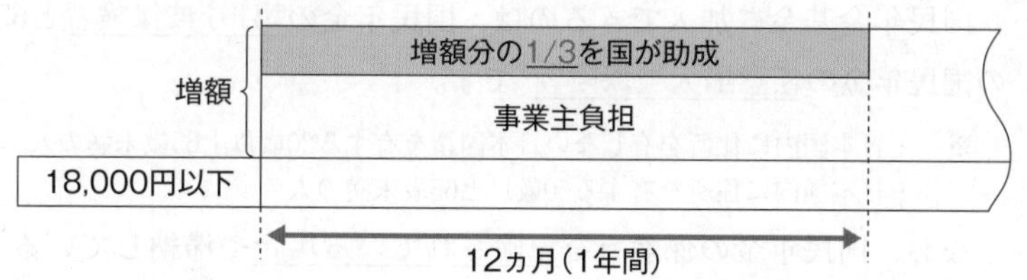

図表 9-4-1 小規模企業共済

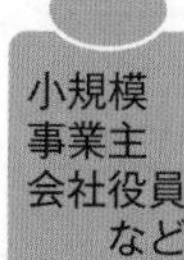

掛金の拠出 →

← 退職・廃業など 共済金の受取り

独立行政法人
中小企業基盤整備機構

中小企業退職金共済および小規模企業共済のいずれの共済金も、一時金で受け取った場合は「退職所得」として、年金で受け取った場合は「公的年金等に係る雑所得」として課税されます。

❺ 国民年金基金

重要　実技（個人・生保）

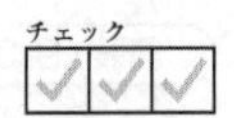

(1) 概　要

暗記　図表 9-5-1

国民年金の第1号被保険者は、会社員のように2階部分の厚生年金がないため老後の生活資金が不足する可能性があります。

そこで国民年金の第1号被保険者には、基礎年金の上乗せ年金として、任意加入の国民年金基金の制度（物価スライド率の適用なし）が設けられています。

国民年金基金に加入できるのは、国民年金の第1号被保険者と65歳未満の国民年金の任意加入被保険者※です。

※　・日本国内に住所を有しない日本国籍を有する20歳以上65歳未満の人
　　・日本国内に住所を有する60歳以上65歳未満の人

なお、国民年金の保険料を免除されている場合や滞納している場合は、国民年金基金の掛金を納付することはできません。

国民年金基金と付加年金は同時に加入することはできませんので、どちらか1つを選択することになります。

(2) 掛金の徴収

暗記　図表 9-5-2

国民年金基金は、規約で定められた額の掛金を基金の加入員から毎月徴収することにしていますが、この掛金には月額68,000円の上限額（確定拠出年金の個人型掛金がある場合はその合計額）があります。

支払った掛金は、全額を所得税および住民税の計算上、社会保険料控除として控除することができます。

(3) 年金の種類と掛金

図表 9-5-3

国民年金基金の掛金は、加入員が選択した終身年金・確定年金の年金月額に応じて加入員が口数を選択して納付することになります。

掛金は、加入者の年齢・性別・加入する口数に応じて異なります。

図表 9-5-1 国民年金基金

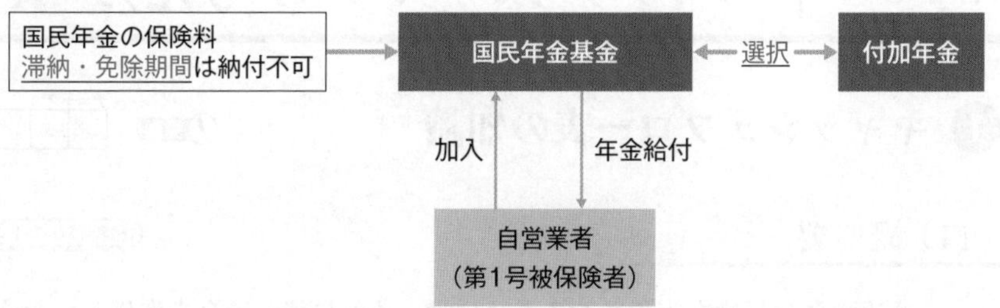

図表 9-5-2 掛金の上限額

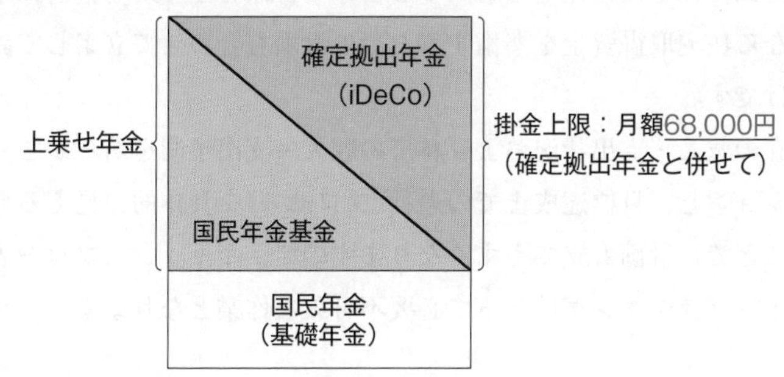

図表 9-5-3 年金の種類

1口目	終身年金	A型	65歳～（80歳までの保証期間あり）	年金額は口数に応じて加入時に確定
		B型	65歳～（保証期間なし）	
2口目以降	確定年金	Ⅰ型	65歳～80歳（15年保証）	
		Ⅱ型	65歳～75歳（10年保証）	
		Ⅲ型	60歳～75歳（15年保証）	
		Ⅳ型	60歳～70歳（10年保証）	
		Ⅴ型	60歳～65歳（5年保証）	

国民年金基金には終身年金と確定年金がありますが、国民年金の不足分を補う制度であるため、加入者は1口目に必ず終身年金に加入しなければなりません。2口目以降は、終身年金または確定年金の選択が可能です。
なお、国民年金基金の給付は、老齢年金と遺族一時金の2つがあります。

第10節｜ライフプランニングの考え方

頻出度 A

❶ キャッシュフロー表の知識

重要　チェック

(1) 概　要

図表 10-1-1

将来の夢や目標を実現させるためには、それに伴う資金を準備しておく必要があります。

例えば、10年後に住宅を購入するという目標を立てた場合、10年後に必要となる住宅取得資金を準備するための計画も合わせて立案しておくとよいわけです。

現在の収入・支出状況および将来の収入・支出予測をあらかじめシミュレーションし、目標達成までの過程（プロセス）を具体的に見える形にしておくことで、計画も立てやすくなりますので、キャッシュフロー表の作成はライフプランニングにとって必要不可欠な作業となります。

(2) キャッシュフロー表の作成

計算　実技（資産）

キャッシュフロー表は、対象者の家族構成、年齢、将来の目標（ライフイベント）、現在から将来にわたる収入・支出の状況、年間収支、各年における貯蓄残高で構成されています。

なお、キャッシュフロー表を作成する上で使用する各要素の計算式は、以下の通りです。

① 収入金額（実際に使える可処分所得で計上）

可処分所得 ＝ 税込年収 － 社会保険料 －（所得税 ＋ 住民税）

② n年目の収入金額・支出金額

n年目の収入または支出額 ＝ 現在の収入または支出額 ×（1 ＋ 変動率）^{n年目}

③ 各年末の貯蓄残高

各年末の貯蓄残高 ＝ 前年の貯蓄残高 ×（1 ＋ 運用利率）± 年間収支

図表 10-1-1 キャッシュフロー表の作成

（単位：万円）

経過年数			現在	1	2
家族年齢					
	神田　太郎様		54	55	56
	花子様		53	54	55
	一郎様		25	26	27
	二郎様		17	18	19
家族のイベント					
	神田　太郎様				
	花子様				
	一郎様				
	二郎様			大学	
収入	給与収入	0.00%	654	654	654
	老齢基礎年金	—			
	老齢厚生年金	—			
	退職金	—			
		収入合計	654	654	654
支出	基本生活費	1.00%	284	287	290
	住宅ローン	—	119	119	119
	住宅維持費	1.00%	24	24	24
	教育費	—	63	153	123
	A生命保険料	—	21	21	21
	B生命保険料	—	24	24	24
	C生命保険料	—	2	2	2
	D火災保険料	—	2	2	2
	E地震保険料	—	2	2	2
	F自動車保険料	—	5	5	5
	車の維持費	1.00%	25	25	26
	車の買換え	1.00%			
	レジャー費	1.00%			
	結婚資金援助	1.00%			
		支出合計	571	664	638
年間収支			83	−10	16
貯蓄残高（運用率）		0.50%	1,000	995	1,016

(3) 各種複利係数の意味と活用

将来の目標を達成するための準備資金を考える上で、各種複利係数の使い方を理解しておくことは重要です。

FPが使用する6つの複利係数は、①将来の金額を計算する複利係数と、②現在の金額を計算する複利係数に区分することができます。

① 将来の金額を計算する複利係数 図表 10-1-2

(ア) 年金終価係数（積立の係数）

毎年所定の金額を積み立てた場合、一定期間後の元利合計がいくらになっているかを計算するための係数です。

177,400円を年利6%の複利運用で毎年5年間積み立てた場合、年利6%、5年の年金終価係数は5.6371であるため、5年後の元利合計は177,400円×5.6371≒1,000,000円となります。

(イ) 終価係数（運用の係数）

積立をせずに所定の金額を複利運用した場合、一定期間後の元利合計がいくらになっているかを計算するための係数です。

1,000,000円の元本を年利6%で5年間複利運用した場合、年利6%、5年の終価係数は1.3382であるため、5年後の元利合計は1,000,000円×1.3382＝1,338,200円となります。

(ウ) 資本回収係数（年金額・ローン返済額の係数）

所定の金額を預けた場合、一定の期間に毎年いくらずつ受け取れるかを計算するための係数です。

1,338,200円を年利6%の複利運用で預けた場合、年利6%、5年の資本回収係数は0.2374であるため、5年間の毎年の受取額は1,338,200円×0.2374≒317,690円となります。

また、この係数は、所定の金額を借りた場合、一定の期間に毎年いくらずつ返済すべきかを計算するための係数としても利用できます。

1,338,200円を年利6%で5年間借りた場合、5年間の毎年の返済額は1,338,200円×0.2374≒317,690円となります。

図表 10-1-2 将来の金額を計算する複利係数

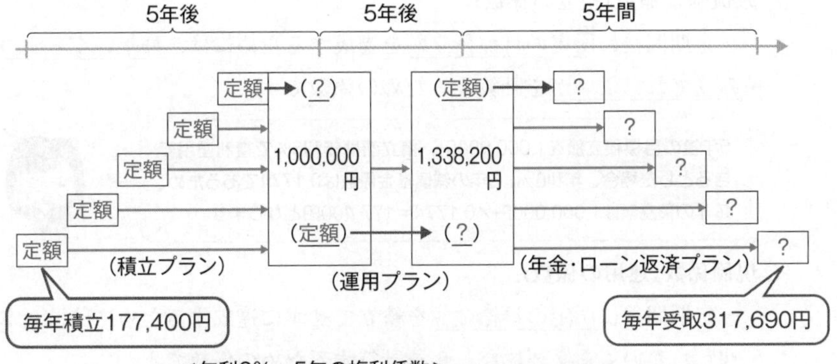

<年利6%、5年の複利係数>

年金終価係数	終価係数	資本回収係数
5.6371	1.3382	0.2374

複利係数①

(ア)50歳から10年間、毎年120万円ずつ貯蓄したいと考えている。年利2.0%で複利運用するものとした場合、60歳時の貯蓄額(元利合計)はいくらになっているか。

(イ)5年後に海外旅行に行きたいと考えている。現在200万円の手持ち資金があるが、これを年利2.0%で複利運用すると、5年後の元利合計はいくらになっているか。

(ウ)事業資金として800万円を借り入れた。6年間、年利2.0%で毎年年末に元利均等で返済する場合、毎年の返済額はいくらになるか。

計算結果は万円未満を四捨五入し、万円単位で解答すること。

<参考>　係数早見表(年利2.0%)

係数	終価係数	現価係数	減債基金係数	資本回収係数	年金終価係数	年金現価係数
5年	1.104	0.906	0.192	0.212	5.204	4.713
6年	1.126	0.888	0.159	0.179	6.308	5.601
10年	1.219	0.820	0.091	0.111	10.950	8.983

【解答】

(ア)120万円×10.950(10年の年金終価係数)＝1,314万円

(イ)200万円×1.104(5年の終価係数)＝221万円

(ウ)800万円×0.179(6年の資本回収係数)＝143万円

② 現在の金額を計算するための複利係数

図表 10-1-3

㈠ 減債基金係数(積立の係数)

一定期間後に所定の目標積立額を達成するためには、毎年いくらずつ積み立てればよいかを計算するための係数です。

5年後の目標積立額を1,000,000円、積立額は年利6%で複利運用できるとした場合、年利6%、5年の減債基金係数は0.1774であるため、毎年の積立額は1,000,000円×0.1774＝177,400円となります。

㈡ 現価係数(運用の係数)

一定期間後に所定の目標金額を積立てせずに達成するためには、元本(一時金)がいくら必要になるかを計算するための係数です。

5年後の目標金額を1,338,200円、元本(一時金)は年利6%で複利運用できるとした場合、年利6%、5年の現価係数は0.7473であるため、必要な元本(一時金)は1,338,200円×0.7473≒1,000,000円となります。

㈢ 年金現価係数(年金原資額・ローン借入額の係数)

一定期間にわたって所定の金額を毎年受け取るためには、元本(一時金)がいくら必要になるかを計算するための係数です。

年利6%の複利運用をしながら、5年間にわたって毎年317,690円ずつ受け取る場合、年利6%、5年の年金現価係数は4.2124であるため、元本(一時金)は317,690円×4.2124≒1,338,200円となります。

また、この係数は、一定期間にわたって所定の金額を返済するとした場合、一時金としていくら借りることができるかを計算するための係数としても利用できます。

年利6%で5年間にわたって毎年317,690円ずつ返済する場合、年利6%、5年の年金現価係数は4.2124であるため、借り入れることができる一時金は317,690円×4.2124≒1,338,200円となります。

Hint! p.16 図表 2-6-1 における住宅ローンの返済額

期間20年、年利5%の資本回収係数は0.080、年金現価係数は12.462です。2,000万円を借り入れた場合の年間返済額は、2,000万円×0.080≒160万円となり、逆に、年間160万円の返済ができる人が借り入れることができる金額は、160万円×12.462≒2,000万円となります。

図表 10-1-3 現在の金額を計算する複利係数

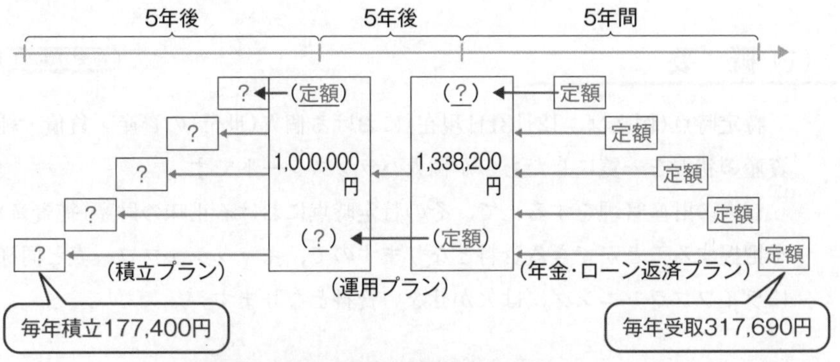

＜年利6%、5年の複利係数＞

減債基金係数	現価係数	年金現価係数
0.1774	0.7473	4.2124

設例 複利係数②

(ア)子どもの教育資金として、これから毎年年末に1回ずつ積み立てて、10年後に400万円を準備したいと考えている。その間、年利2.0%で複利運用するとした場合、いくらずつ積み立てればよいか。

(イ)8年後にマイホームを建替える予定である。建替え予算を1,500万円とすると、仮に年利2.0%で複利運用するものとした場合、現時点でいくらの元本があればよいか。

(ウ)60歳から5年間、毎年240万円ずつ年金方式で受取りたいと考えている。仮に年利2.0%で複利運用するものとした場合、60歳時にいくら準備すればよいか。

計算結果は万円未満を四捨五入し、万円単位で解答すること。

＜参考＞ 係数早見表(年利2.0%)

係数	終価係数	現価係数	減債基金係数	資本回収係数	年金終価係数	年金現価係数
5年	1.104	0.906	0.192	0.212	5.204	4.713
8年	1.172	0.854	0.117	0.137	8.583	7.325
10年	1.219	0.820	0.091	0.111	10.950	8.983

【解答】

(ア)400万円×0.091(10年の減債基金係数)＝36万円

(イ)1,500万円×0.854(8年の現価係数)＝1,281万円

(ウ)240万円×4.713(5年の年金現価係数)＝1,131万円

❷ 個人バランスシートの知識

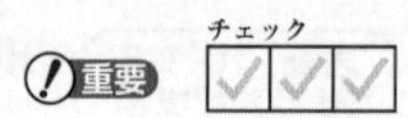

(1) 概　要

図表 10-2-1

特定時点(例えば、12月31日現在)における個人(世帯)の資産・負債・純資産の状況を一覧にしたものが個人バランスシートです。

個人の財産管理をする上で、その特定時点における正味の財産(純資産)を把握することができる資料となりますので、キャッシュフロー表と同様にライフプランニングには欠かせない資料となります。

(2) 個人バランスシートの作成

実技(資産)

個人バランスシートは、個人(世帯)が保有している、資産(現金預金、投資信託、動産、不動産など)と、負債(自動車ローンや住宅ローンなどの借入金)、資産から負債を控除して求める純資産(正味の財産)で構成されています。

なお、個人バランスシートを作成する上で注意しなければならないことは、資産項目を購入時の取得価格ではなく、特定時点における評価額(時価)で計上しなければならない点です。

個人バランスシートを作成する目的は、その個人(世帯)に正味の財産がいくらあるかを把握することにありますので、資産を全て処分(換金)し、負債をすべて返済した場合に、手元資金としていくら残るかを確認しなければなりません。

したがって、投資信託や不動産など経済状況等によって値動きのある資産については、適切な時価を見積もって資産に計上する必要があります。

図表 10-2-1 個人バランスシートの作成 

個人バランスシート
20XX年12月31日現在

資産		金額	負債	金額
金融資産			自動車ローン	100万円
普通預金		500万円	住宅ローン	1,000万円
定期預金		300万円	負債合計	1,100万円
定額貯金		200万円		
上場株式	(時価)	150万円		
株式投信	(時価)	400万円		
生命保険	(時価)	100万円	純資産	3,700万円
不動産・動産				
自宅(土地)	(時価)	2,000万円		
自宅(家屋)	(時価)	1,000万円		
車	(時価)	150万円		
資産合計		4,800万円	負債・純資産合計	4,800万円

純資産 ＝ (資産合計)4,800万円 − (負債合計)1,100万円 ＝ 3,700万円

生命保険の時価は、特定時点で解約した場合の価値となりますので、解約返戻金相当額を計上することになります。

第11節 中小法人の資金計画

頻出度 B

❶ 資金計画

チェック ✓✓✓

中小企業にとって事業の運転資金や設備投資資金などに関する資金計画は、円滑な事業運営にとって避けて通れない重要な問題ですが、資金計画の際には、次の財務諸表などを把握、検討する必要があります。

(1) 財務諸表

図表 11-1-1

会社法に定められている計算書類には、次のものがあります。

貸借対照表	一定時点における企業の資産、負債、純資産の状態を示す計算書類
損益計算書	一定期間における企業の経営成績を示す計算書類

(2) 資金繰り

資金の流れを把握する書類には、次のものがあります。

資金繰り表	日々(日次・月次)の資金の動きを把握するために作成される書類
資金運用表	資金の調達状況や運用状況を把握するために作成される書類

❷ 資金調達の方法

重要

チェック ✓✓✓

事業主が銀行などからの借入金に頼らず、投資家などから直接資金調達する方法を直接金融といいます。

(1) 社債の発行

図表 11-2-1

社債を発行して資金を調達する方法として、次の発行方法があります。

私募債の発行	特定少数の投資家(通常は50人未満)を対象に発行して資金を調達
公募債の発行	不特定多数の投資家(通常は50人以上)を対象に発行して資金を調達

(2) 株式の発行

暗記

株式を発行して資金を調達する方法として、次の方法があります。

株主割当	既存の株主に対して株式を割り当てて資金を調達
第三者割当	取引先、金融機関や自社の社員など特定の人(株主も含む)に対して株式を割り当てて資金を調達
公募増資	不特定多数の投資家に株式取得を募集して資金を調達

図表 11-1-1 財務諸表

貸借対照表
20XX年3月31日

<資産の部>		<負債の部>	
流動資産	×××	流動負債	×××
固定資産	×××	固定負債	×××
有形固定資産			
無形固定資産		負債合計	×××
投資その他の資産		<純資産の部>	
繰延資産	×××	株主資本	
		評価・換算差額等	
		新株予約権	
		純資産合計	×××
資産合計		負債・純資産合計	

損益計算書
自 20XX年4月 1日
至 20XX年3月31日

売上高		×××
売上原価	(−)	×××
売上総利益		×××
販売費及び一般管理費	(−)	×××
営業利益		×××
営業外収益	(+)	×××
営業外費用	(−)	×××
経常利益		×××
特別利益	(+)	×××
特別損失	(−)	×××
税引前当期純利益		×××
法人税等	(−)	×××
当期純利益		×××

会社法上の計算書類ではありませんが、金融商品取引法に基づき上場企業が作成する「キャッシュ・フロー計算書」もあります。

図表 11-2-1 資金調達の方法

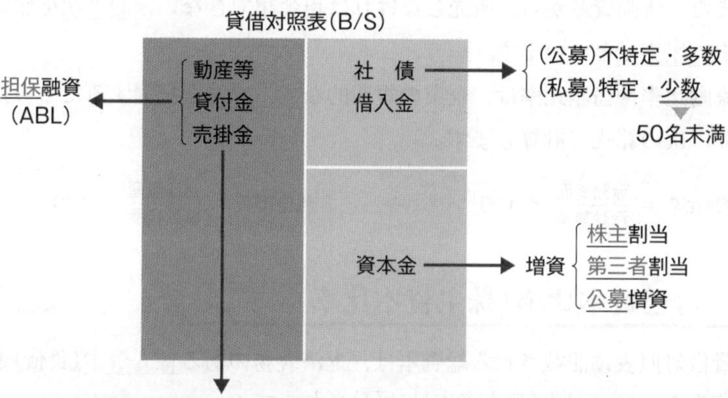

社債や株式を発行して資金調達をする以外にも、近年では棚卸資産や売掛債権などを担保にして融資を行ってもらうABL(アセット・ベースト・レンディング)や売掛債権を買取業者に売却して資金調達を行うファクタリングなども行われるようになっています。

第12節 | 決算書の分析

頻出度 B

企業の財務状況や経営状況を把握する上で、決算書の内容を把握し、分析および評価をすることは大切です。

企業の決算書を分析する手法には、①安全性分析や②収益性分析などがあります。

❶ 安全性分析

チェック ✓✓✓

(1) 流動比率と当座比率

図表 12-1-1

貸借対照表(B/S)のうち、原則として1年以内に現金化できる資産を流動資産といい、1年以内に返済期限が到来する負債を流動負債といいます。

具体的には、次に掲げる資産や負債が該当します。

流動資産	現金、預金、売掛金、受取手形、棚卸資産　など
流動負債	買掛金、支払手形、短期借入金　など

また、流動資産から、販売しなければ現金化できない棚卸資産を除いた資産を当座資産といいます。

流動比率や当座比率は、企業の短期的な支払能力を把握するための指標であり、次の算式で計算します。

$$流動比率 = \frac{流動資産}{流動負債} \times 100$$

$$当座比率 = \frac{当座資産}{流動負債} \times 100$$

(2) 自己資本比率(株主資本比率)

図表 12-1-2

貸借対照表に記載される総資本は、返済義務のある他人資本(負債)と返済義務のない自己資本(株主資本)に区分されます。

自己資本比率は、企業における資本調達のバランスを把握するための指標であり、次の算式で計算します。

$$自己資本比率 = \frac{自己資本}{総資本} \times 100$$

図表 12-1-1 流動比率と当座比率 暗記

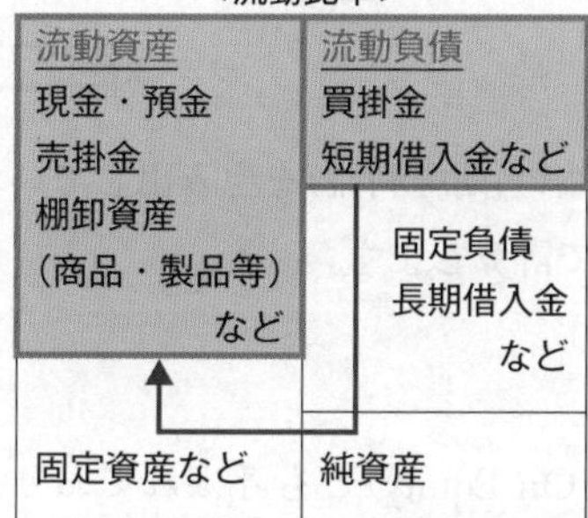

＜当座比率＞
当座資産
現金・預金
売掛金　など
流動負債
買掛金
短期借入金など
棚卸資産
（商品・製品等）
固定負債
長期借入金
など
固定資産など
純資産

流動比率や当座比率が高い企業は、短期的な支払能力が高いと判断されます。なお、流動比率は200%以上、当座比率は100%以上が望ましい水準といわれています。

図表 12-1-2 自己資本比率 暗記

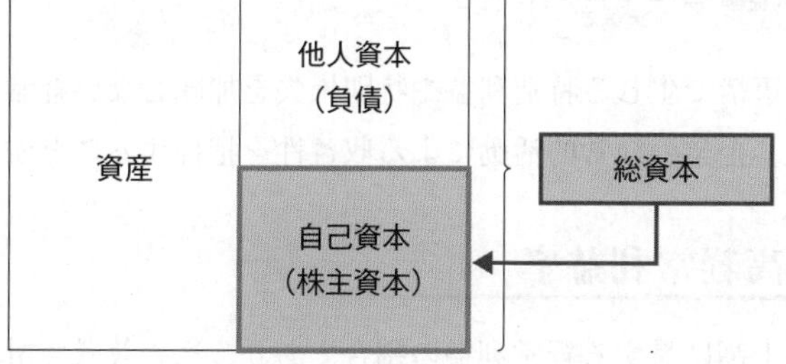

自己資本比率が高い企業は、返済義務のない資金の割合が高いため、資本調達面の安全性が高いといえます。一般的に50%以上が望ましい水準といわれています。

Hint!

算式を理解するための図解では、矢印の始点が各算式の分母に、矢印の終点が各算式の分子になるように配置しています。学科試験の問題文では「○○（分母）に対する××（分子）の割合」や「××（分子）を○○（分母）で除して求める」という表記がされることもあるため、算式を丸暗記するのではなく、内容を理解しながら覚えるようにしましょう。

❷ 収益性分析

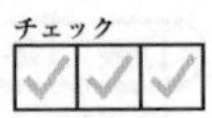

(1) 自己資本利益率

図表 12-2-1

自己資本を活用して、どれだけ最終利益(当期純利益)を生み出しているかを把握するための指標であり、次の算式で計算します。

$$自己資本利益率 = \frac{当期純利益}{自己資本} \times 100$$

なお、自己資本利益率はROE(Return On Equity)とも呼ばれており、この割合が高ければ経営効率が良いと判断されます。

(2) 総資本経常利益率

図表 12-2-2

総資本を活用して、どれだけ経常的に利益を生み出しているかを把握するための指標であり、次の算式で計算します。

$$総資本経常利益率 = \frac{経常利益}{総資本} \times 100$$

突発的な事情で生じる特別利益や特別損失を加味しない経常利益を用いることにより、企業の経常的活動による収益性を把握することができます。

(3) 売上高経常利益率

図表 12-2-3

企業の売上高に対する経常利益の割合であり、次の算式で計算します。

$$売上高経常利益率 = \frac{経常利益}{売上高} \times 100$$

なお、売上高を総資本で除した指標を総資本回転率といい、上記(2)の総資本経常利益率は、次の算式に分解することができます。

$$\frac{経常利益}{総資本} = \frac{経常利益}{売上高} \times \frac{売上高}{総資本} = 売上高経常利益率 \times 総資本回転率$$

借入金の返済などで総資本をスリムにすると、総資本回転率が向上し、総資本経常利益率の改善を図ることができます。

図表 12-2-1 **自己資本利益率**

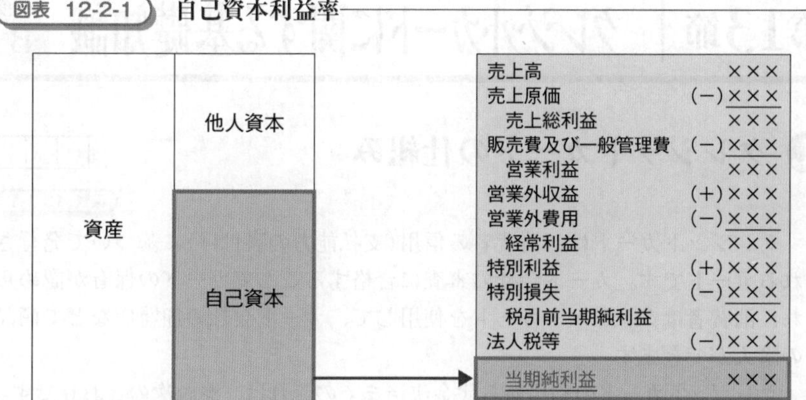

図表 12-2-2 **総資本経常利益率** 暗記

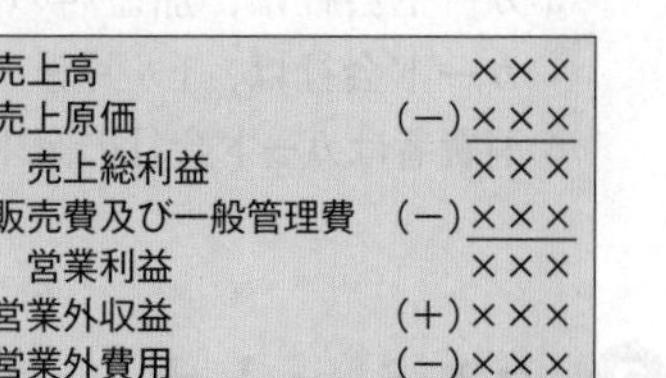

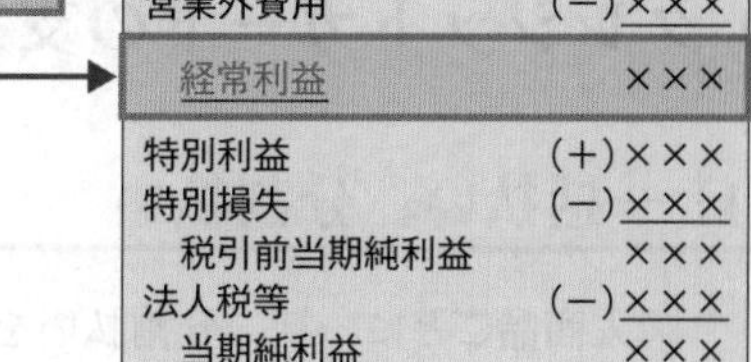

図表 12-2-3 **売上高経常利益率** 暗記

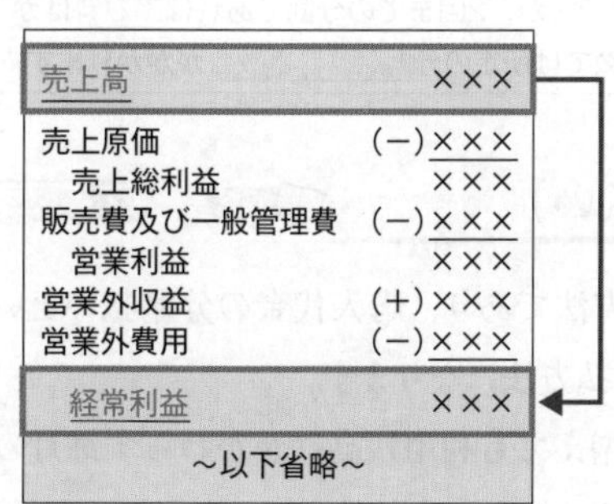

第13節 | クレジットカードに関する基礎知識

頻出度 B

❶ クレジットカードの仕組み

チェック

図表 13-1-1

クレジットカードは、消費者の信用(支払能力の裏付け)に基づいて発行されるカードです。カード会社の審査に合格することでカードの保有が認められ、消費者はクレジットカードを使用して、カード会社の加盟店などで商品の購入ができます。

クレジットカードの利用から代金決済までの流れは、概ね次のとおりです。

①消費者が加盟店で商品を購入し、決済としてクレジットカードを使用。
②加盟店はカード会社に対し、消費者が購入した商品の代金を請求。
③カード会社は、加盟店の請求に基づき商品代金を立替払い。
④カード会社は、1ヵ月分の利用代金をまとめて消費者に請求。
⑤消費者はカード会社の請求に応じて、利用代金を支払う(ポストペイ方式)。

❷ クレジットカードの支払い方法

重要　チェック

(1) 一括払い、分割払い

暗記

購入商品ごとに一括、分割払いをする方法です。それぞれ下表の特長があります。

一括払い	1回で支払う方法であり、手数料はかかりません。
分割払い	2回以上に分割して支払う方法ですが、2回までの分割であれば手数料はかかりません。3回以上の支払回数では所定の分割(金利)手数料がかかります。

(2) リボルビング払い(リボ払い)

毎月決められた一定金額を支払う方法であり、購入代金の分割払いというよりも、むしろローンの返済に近い支払方法になります。

定額方式の場合、商品の購入量が増えても利用残高にかかわらず毎月の支払額が定額に保たれます。この方式は、毎月の支払管理がしやすい反面、返済総額(支払回数)が増え続けます。

図表 13-1-1 クレジットカードの仕組みと支払方法

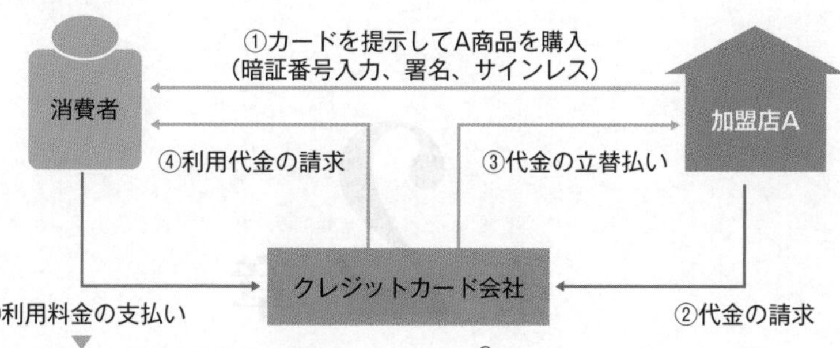

手数料なし：一括払い、2回分割払い
手数料あり：３回以上の分割払い・リボ払い

クレジットカードは、カード会社から貸与される（借りている）ものです。したがって、本人名義のクレジットカードを人に貸したり、売却したりすることはできません。

図表 13-2-1 リボルビング払い

外食 1万円
洋服 2万円
バッグ 3万円

複数の商品を購入しても、支払額はリボで設定した毎月5,000円で一定

リボ払いは、購入商品の分割払いではなく、合計6万円の資金をカード会社から借り入れて商品を購入し、その返済を毎月していると理解しましょう。
金利（手数料率）は各社概ね年利14%～16%と高率になっていますので、返済計画で破綻しないよう注意が必要です。
なお、自分の信用情報は、カード会社が加盟している信用情報機関で確認することもできます。

クレジットカードによるキャッシング（無担保借入）と総量規制

クレジットカードを利用して所定の限度額までお金を借り入れることができますが、借り入れることができる金額は、他の貸金業者（消費者金融など）からの借入金と合わせて、年収額の3分の1が上限となります（総量規制）。

第2章

リスクク管理

章のテーマ

世帯主の死亡・入院などにより収入が減少する、火災によりマイホームが失われるなど、人生には様々なリスクがあり、FPはそのリスクに応じた保障・補償プランを提案することが求められます。この章では、このプランの提案のために必要な保険の基礎知識を学習します。

Point

頻出項目ポイント

第1節 ❶ わが国の保険制度

第3節 ❷ 保障重視の保険
❹ 貯蓄重視の保険
❽ 特約の種類と内容

第5節 ❶ 火災に関する保険
❷ 自動車に関する保険
❸ ケガに関する保険

第6節 ❷ 生命保険料控除

第7節 ❶ 保険料の経理処理

第8節 ❶ 第三分野の保険

第1節 | 保険制度全般

❶ わが国の保険制度

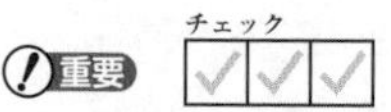

(1) 社会保険と民間保険

保険制度は、①一定の保険集団の偶発的な事故に備え、②不特定多数の人々で保険料を出し合い、③事故が発生した場合に一定の給付を行う相互扶助制度です。

保険制度には、健康保険、年金保険、介護保険のような公的な社会保険と生命保険や損害保険のような私的な民間保険とがあります。社会保険は強制加入が原則となっていますので、リスクマネジメントでは、社会保険で不足している部分を民間保険で補完することが有効になります。

(2) 保険の募集形態

保険の募集形態には、保険会社の職員が直接募集を行う形態のほか、保険代理店を通じて募集を行う形態などがあります。

保険代理店は、保険会社の委託を受け、保険会社のために保険契約の代理または媒介を行います。保険会社は、この代理店方式により支店や営業所を設けるコストを削減することができ、各地域の特殊事情に精通した者を利用することができます。

銀行などの代理店を経由して販売された生命保険や損害保険も、保険会社が破綻した場合に、各保険契約者保護機構の補償対象となります。

用語解説

代　理：主に損害保険に見られる委託方法で、保険募集人(保険代理店)が保険契約の承諾をすればその契約が成立する形態

媒　介：主に生命保険に見られる委託方法で、保険募集人(保険代理店)が保険契約の勧誘のみを行って保険契約の成立は保険会社の承諾に委ねる形態

(3) 契約者保護に関する制度および規制(保険業法)

保険業法は、保険業を行う者の業務運営および保険募集の公正を確保することによって、保険契約者の保護を図ることを目的とした法律です。

① 保険契約者保護機構

暗記

保険契約者保護機構は、保険会社が破綻した場合に、破綻保険会社の契約者の保護を図るために設立されました。

保険契約者保護機構は、破綻保険会社の保険契約を引き継ぐ救済保険会社が現れた場合には、その救済保険会社に対して資金援助を行い、破綻保険会社の保険契約の円滑な継続を図ります。また、救済保険会社が現れる見込みがない場合には、自ら破綻保険会社の保険契約を引き継ぎ、破綻保険会社の保険契約の円滑な継続を図ります。

保険会社(外資系を含む)は、原則として生命保険契約者保護機構または損害保険契約者保護機構のいずれかに強制加入となります。
会員保険会社から支払われた負担金が、資金援助の財源です。

破綻保険会社の契約者が補償される範囲は、以下のとおりです。

生命保険契約者保護機構	原則として責任準備金の90%を補償(高予定利率契約は減額) ※ 共済、少額短期保険業者が販売する保険は対象外
損害保険契約者保護機構	自賠責・家計地震保険：100%を補償 疾病等に関する保険：90%を補償 その他の損害保険：80%(破綻後3ヵ月以内は100%)を補償 ※ 共済、少額短期保険業者が販売する保険は対象外

※1 責任準備金とは、保険会社が将来の保険金・年金・給付金の支払いに備え、保険料や運用収益などを財源として積み立てているものです。

※2 その他の損害保険には、自動車保険や火災保険などがあります。

※3 少額短期保険業者とは、少額(原則として保険金総額1,000万円以下)であって、保険期間が短期間(生命・医療保険1年以内、損害保険2年以内)の保険のみを引き受ける事業者をいいます。

用語解説

高予定利率契約：破綻時から過去5年間で常に予定利率が基準利率を超えていた契約

② ソルベンシー・マージン比率

ソルベンシー・マージン比率とは、保険会社の財務体質の健全性を測る尺度の1つであり、通常の予測を超えるリスクに対する支払い余力を示す指標です。

200%以上の場合は保険金などの支払能力の状況が適当であり、健全性は高いと判断され、200%未満の場合は、監督当局(金融庁)による早期是正措置の対象となります。

$$\text{ソルベンシー・マージン比率(\%)} = \frac{\text{保険会社の自己資本相当額}}{\text{通常の予測を超えるリスク相当額} \times 1/2} \times 100$$

＜早期是正措置＞

経営状態が悪化している保険会社に対して、ソルベンシー・マージン比率に応じ、金融庁長官より次の命令がなされます。

200%未満100%以上…経営改善計画の提出およびその実行命令
100%未満　0%以上…配当または役員賞与の禁止、業務の縮小などの命令
0%未満　…業務の全部または一部の停止命令

③ クーリング・オフ(契約撤回請求権)

暗記

契約者が契約の取消しなどを希望する場合には、契約の申し込みがあった後でも、書面(電磁的記録を含む)により申し込みの撤回、契約の解除をすることができます。これをクーリング・オフといいます。契約者は、「クーリング・オフの内容を記載した書面の交付を受けた日」と「申し込みをした日」のいずれか遅い日から起算して8日以内(郵送の場合は消印有効)であれば、申し込みの撤回、契約の解除ができます。

＜クーリング・オフができない場合＞

- 法人契約
- 医師の診査が終了した場合
- 営業所における契約の場合
- 保険期間が1年以内の契約(自動車保険や火災保険など)
- 法律上加入が義務付けられている契約(自賠責保険)　等

 クーリング・オフ

A社の代表取締役のB氏は、9月20日に申し込みをした次の生命保険契約を9月25日に撤回するつもりである。下記の資料に基づき、クーリング・オフ制度の適用にならないものはどれか。なお、クーリング・オフの内容を記載した書面は、それぞれの申し込みと同時に受取っている。

	保険種類	契約者	診査・告知の日
①	一時払養老保険(5年満期)	B氏	9/20(書面による告知)
②	定期保険特約付終身保険	B氏	9/22(医師による診査)
③	逓増定期保険	A社	9/22(書面による告知)

【解答】

②と③

①は書面による告知をしており、8日以内の撤回であるため、適用される。

②は8日以内の撤回であるが、医師による診査が終了しているため、適用されない。

③は法人契約(契約者はA社)のため、適用されない。

クーリング・オフは、書面(ハガキ等)だけではなく、電磁的記録により行うこともできます。電磁的記録による通知の例としては、電子メールのほか、USBメモリ等の記録媒体や事業者が自社のウェブサイトに設ける専用フォーム等による通知が該当します。また、FAXによる通知も可能です。

保険業法と保険法

保険業法と似た名前の法律に保険法があります。

保険業法は保険契約者の保護を目的として、保険会社に対する監督(免許の内容、業務内容の規制、罰則等)について定めているのに対し、保険法は契約当事者間における保険等の一般的な取引ルールを定めています。したがって、両者は役割が異なりますので、併存して適用されます。

保険会社が破綻した場合の保険契約

保険会社が破綻した場合には、保険契約者保護機構による救済措置がありますが、その際には、早期解約控除制度(早期に解約をすると解約返戻金が減額される制度)が導入されたり、予定基礎率の変更などが行われます。

第2節　生命保険の概略

頻出度

❶ 生命保険の仕組み

重要　チェック

(1) 生命保険の機能

① 保険と預貯金　図表 2-1-1

生命保険は、死亡、疾病、負傷など人に関するリスクを金銭で備える「保障機能」を有しており、預貯金にはない特色を持っています。

② 保障機能と貯蓄機能　図表 2-1-2

生命保険には、「保障機能」重視の保険、「貯蓄機能」重視の保険および「保障機能」と「貯蓄機能」を兼ね備えている保険があります。

(2) 生命保険料の仕組み

暗記

生命保険料は、「大数の法則」と「収支相等の原則」に基づき、3つの予定基礎率である予定死亡率、予定利率、予定事業費率により計算されます。

① 大数の法則

個々の事故の発生は、全く偶然ですが、多数の集団の中では一定の確率で発生していることが分かります。これを「大数の法則」といいます。

② 収支相等の原則　図表 2-1-3

保険会社は、将来支払う保険金や事業経費の合計額が、契約者から受取る保険料とその運用収益の合計額と等しくなるように保険料を決定します。これを「収支相等の原則」といいます。

③ 予定基礎率　図表 2-1-4

予定基礎率には、予定死亡率、予定利率、予定事業費率の3つがあります。

図表 2-1-1 保険と預貯金

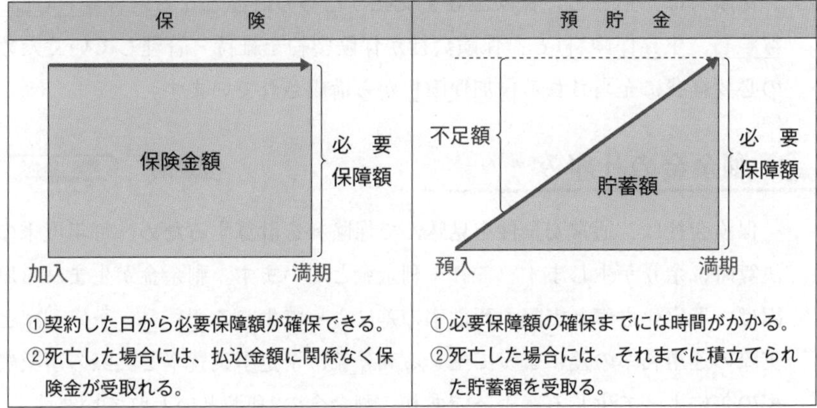

保険	預貯金
①契約した日から必要保障額が確保できる。 ②死亡した場合には、払込金額に関係なく保険金が受取れる。	①必要保障額の確保までには時間がかかる。 ②死亡した場合には、それまでに積立てられた貯蓄額を受取る。

図表 2-1-2 保障機能と貯蓄機能

保障機能	万が一途中で死亡した場合、生命保険では払込金額に関係なく、契約した保険金を受取ることができる。
貯蓄機能	無事に満期を迎えた場合には積立額に応じた満期保険金を、長期の契約を解約した場合には解約返戻金を受取ることができる。

図表 2-1-3 収支相等の原則

収入	保険料		運用収益
	＝		
支出	事業費	死亡保険金	満期保険金

図表 2-1-4 予定基礎率

予定死亡率	保険会社は過去の統計を基に、年齢・性別ごとの死亡率を予測し、将来の保険金支払額を算定しており、その死亡率を予定死亡率といいます。
予定利率	保険会社に払込まれた保険料は保険会社で運用されており、一定の収益をあらかじめ見込んで保険料が割引かれていますが、この割引率を予定利率といいます。
予定事業費率	保険会社は運営上の必要経費を見込んで保険料を算定しており、その見込んだ事業費の割合を予定事業費率といいます。

④ **保険料の構成**　図表 2-1-5

保険料は、主として保険金等を支払うための財源となる純保険料(死亡保険料、生存保険料)と、保険会社が保険契約を維持・管理していくための必要経費に充当される付加保険料から構成されています。

(3) 剰余金の仕組み

暗記　図表 2-1-6

保険会社は、通常安全性を見込んで保険料を計算するため、毎年度末の決算時に余りが生じます。これを剰余金といいます。剰余金が生まれる原因は、予定死亡率と実際の死亡率の差によって生じる死差益(しさえき)、予定利率と実際の運用利率の差によって生じる利差益(りさえき)、予定事業費率と実際の事業費率の差によって生じる費差益(ひさえき)であり、剰余金の3利源といわれています。

(4) 配当金

図表 2-1-7

保険会社は、決算で確定した剰余金を配当金として契約者に分配します。

配当金は、毎年度末の決算日に契約してから1年を超えている契約に対して割り当てられ、原則として、その後に到来する契約応当日に支払われます。つまり、実際には契約後3年目から支払われることになります。

契約者に分配された配当金は、契約者が支払った営業保険料が返還されたものであるため配当所得には該当せず、生命保険料控除などの計算上は、保険料の控除項目となります。

なお、剰余金を配当金として分配することを前提にするかどうかで、生命保険の商品は、有配当保険、準有配当保険(5年利差配当付保険など)、無配当保険に分類できます。

有配当保険は剰余金を配当金として分配することを前提としているため、無配当保険よりも保険料が高めに設定されています。

剰余金の分配方法

相互会社の場合、会社の定款(会社の目的などを定めたもの)に剰余金の分配方法について記載することになっています。また保険業法では、剰余金の20%以上は配当を行うための準備金として積立てておくことが義務づけられています。

図表 2-1-5 保険料の構成

死亡保険料	死亡保険金の支払原資となる保険料
生存保険料	満期保険金の支払原資となる保険料
付加保険料	保険会社運営上の必要経費に充当される保険料

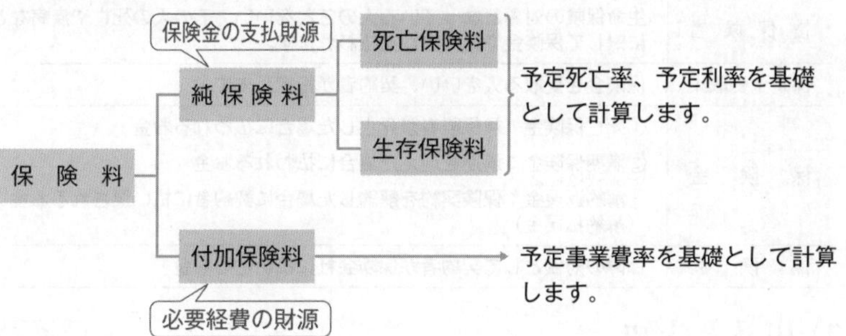

図表 2-1-6 剰余金の構成

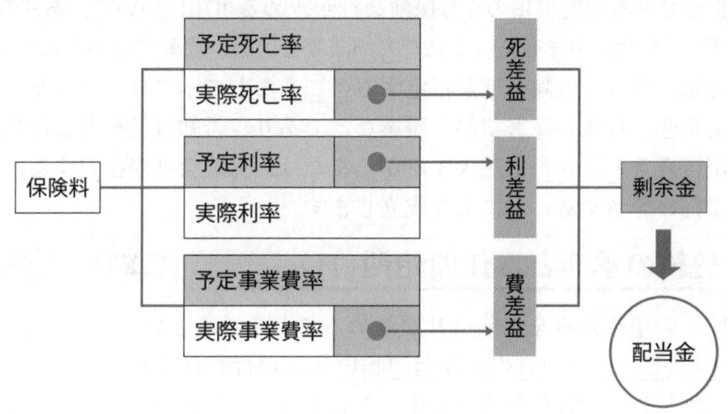

図表 2-1-7 配当金

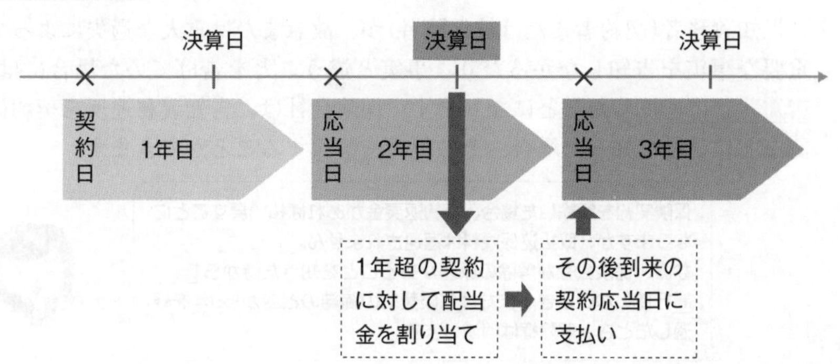

❷ 生命保険の契約

(1) 生命保険の基本用語

図表 2-2-1

契約者	保険契約上の権利と保険料の支払義務を負う人
被保険者	生命保険の対象となっている人のことをいい、その人の死亡や疾病などに対して保険金や給付金が支払われます。
保険金受取人	保険金を受取る人をいい、契約者が指定します。
保険金	①死亡保険金：被保険者が死亡した場合に払われるお金 ②満期保険金：満期を迎えた場合に払われるお金 ③解約返戻金（かいやくへんれいきん）：保険契約を解約した場合に契約者に払い戻されるお金（解約払戻金）
保険料	保障の対価として契約者が保険会社に払い込むお金

(2) 申込と告知

図表 2-2-2

契約を申し込む際、契約者または被保険者は、保険会社が危険度を判断する要素である重要事項のうち保険会社が求める事項について、ありのままを告げなければなりません。これを告知義務といい、約款で定められています。

告知内容は、保険会社が指定する告知書などで示された既往歴や現在の健康状態、身体の障害状態、職業などであり、告知は契約者または被保険者が自らその告知書に記入するか、または、保険会社が指定する医師に口頭で行い署名することにより成立します。

(3) 契約の承諾と責任開始期(日)

暗記　図表 2-2-3

加入の申し込みを保険会社が認めることを承諾といいます。申し込み、告知(診査)、第1回目の保険料の払い込みが行われると、原則として保険会社は契約上の責任を負います。これを責任開始期(日)といいます。

(4) 告知義務違反

告知義務者(契約者または被保険者)が、故意または重大な過失によって重要な事実を告知しなかったり、事実と違うことを告げていた場合には、告知義務に違反したことになります。保険会社は、告知義務違反を契約確認などによって知った場合、その契約を解除することができます。

保険契約を解除した場合、解約返戻金があれば払い戻すことになりますが、既払込保険料は返還されません。
なお、保険会社が解除の原因があることを知った時から1ヵ月間行使しないとき、または保険契約の締結のときから5年を経過したとき、解除権は消滅します。

図表 2-2-1 **生命保険の基本用語**

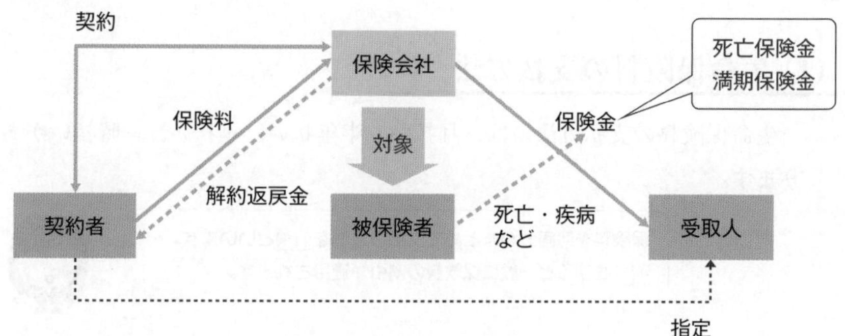

図表 2-2-2 **告知書の記載例**

告知書（質問事項の抜粋）

・3ヵ月以内に医師の診察等を受けましたか。
・5年以内に病気やケガで入院をしましたか。
・5年以内に病気やケガで手術を受けましたか。
・2年以内の健康診断で異常はなかったですか。

等

図表 2-2-3 **契約の承諾と責任開始期（日）**

（例1）

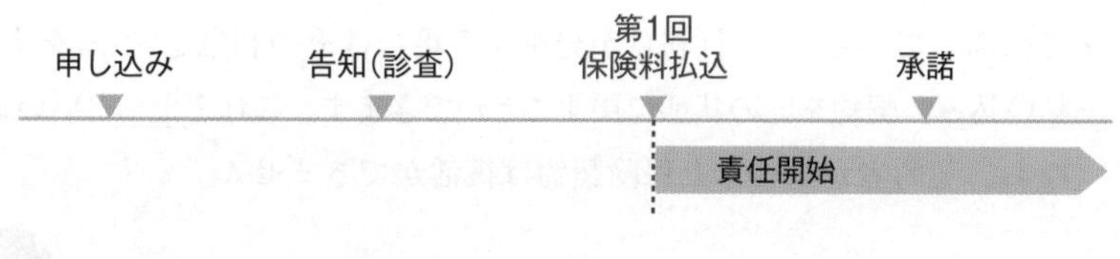

（例2）

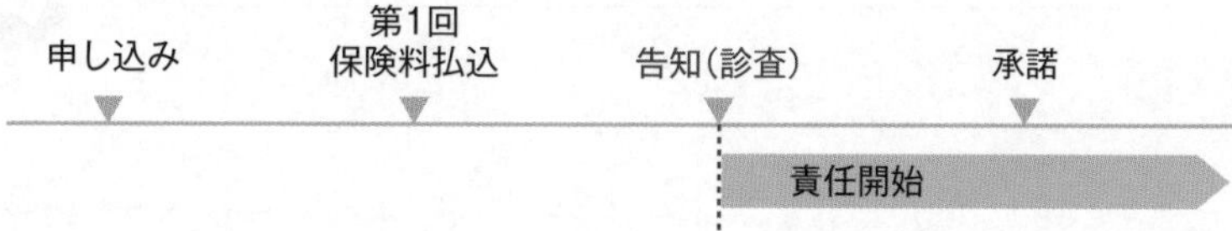

❸ 保険料の払い込み

(1) 生命保険料の支払方法

生命保険料の支払方法には、月払い、半年払い、年払い、一時払いがあります。

保険料を何回分かまとめて支払う方法を前納といいます。
前納をすると一般に保険料の割引が適用されます。

(2) 保険料の払込猶予期間

図表 2-3-1

契約者は保険料を払込期月までに払い込まなければなりません。

しかし、保険会社が保険料の払い込みを一定期間(月払いの場合は翌月末日まで、半年払い・年払いの場合は翌々月の月単位の契約応当日まで)待ってくれることになっており、その一定期間を払込猶予期間といいます。

なお、保険料の払込猶予期間中に、入院や死亡などの保険事故が発生した場合、入院給付金や死亡保険金の支払いは行われます。

(3) 契約の失効と復活

暗記　図表 2-3-2

払込猶予期間を過ぎても保険料の払い込みがない場合は、自動振替貸付が適用されない限り、契約は効力を失います。これを失効といいます。

いったん失効した契約でも、失効してから原則として3年以内で、被保険者の健康状態に異常がないことを前提に、保険会社の承諾を得て、それまでに滞っている保険料(利息が発生する場合はその利息を含む)をまとめて払い込み、契約を元の状態に戻すことができます。これを復活といいます。

なお、契約者が解約した保険契約は復活ができません。

復活により契約を継続した場合、保険料は失効前と変わりません。

図表 2-3-1 保険料の払込猶予期間

＜月払い＞20XX年5月20日に契約

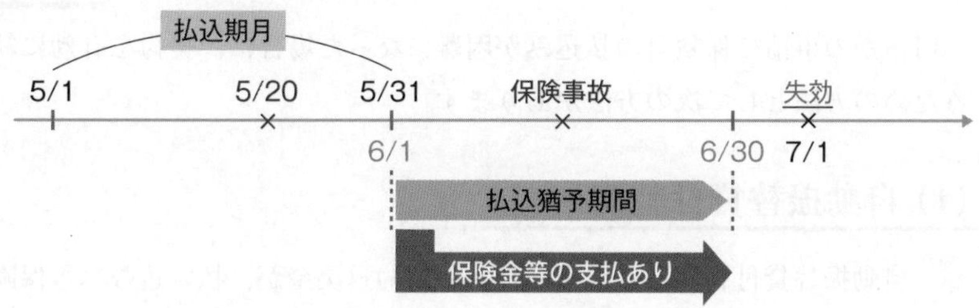

＜年払い＞20XX年5月20日に契約

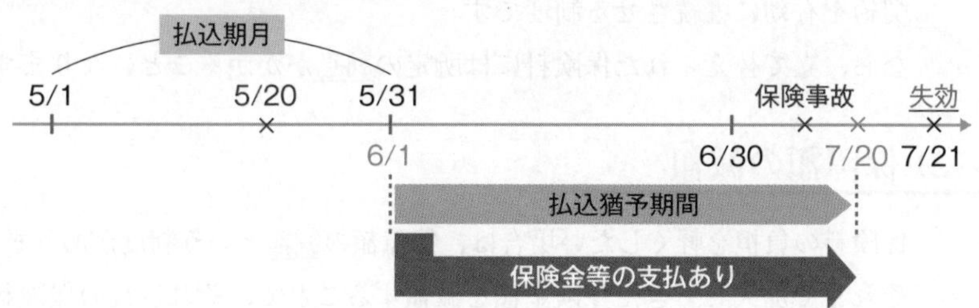

図表 2-3-2 契約の失効と復活

・被保険者の健康状態に異常なし
・保険会社の承諾あり
・遅延保険料と利息の支払い

保険業法における禁止行為

保険契約または募集に関して、保険募集人などは保険契約者または被保険者に対して次のような行為を行ってはいけないこととされています。

・重要な事項について虚偽の告知をするように勧めること
・重要な事実を告げるのを妨げ、または告げないことを勧めること
・不利益となるべき事実を告げずに、すでに成立している保険契約を消滅させて、新たな保険契約の申込みをさせること
・保険料の割引、割戻しその他特別の利益の提供を約束すること
・他の保険契約との比較において誤解させるおそれのある比較表示や説明を行うこと
・顧客が支払うべき保険料を立替払いすること　など

❹ 契約の継続

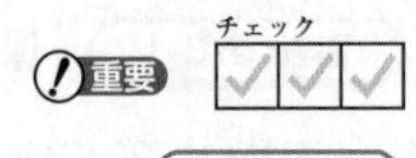

図表 2-4-1

何らかの事情で保険料の払込みが困難になった場合に、契約を有効に続けるための方法として次の方法があります。

(1) 自動振替貸付制度

自動振替貸付制度とは、その契約の解約返戻金が、払い込むべき保険料とその利息の合計額より多い時に、保険会社が自動的に保険料を立て替えて契約を有効に継続させる制度です。

なお、立て替えられた保険料には所定の利息がかかることになります。

(2) 保障額の減額

保険料の負担を軽くしたい場合は、保障額の減額という制度があります。

それまで加入してきた保険金額を減額することで、それ以後の保険料の負担を軽くできます。

(3) 払済保険（はらいずみほけん）

暗記　図表 2-4-2

払済保険とは、保険料の払い込みを中止して、その時点での解約返戻金を基に、元の契約の保険期間を変えずに、一時払いの養老保険等(または、元の契約と同じ種類の保険)に切り換えたものをいいます。保険期間を変えずに保険料の支払いを中止するわけですから、保障額は以前の契約よりも小さくなります。

(4) 延長(定期)保険

暗記　図表 2-4-3

延長(定期)保険とは、保険料の払い込みを中止して、その時点での解約返戻金を基に、元の契約の保障額を変えずに、一時払いの定期保険に切り換えたものをいいます。保障額を変えずに保険料の支払いを中止するわけですから、保険期間は以前の契約よりも短くなります。

特約の付いた契約を払済保険または延長(定期)保険に変更した場合、特約部分は消滅します。

図表 2-4-1 契約の継続

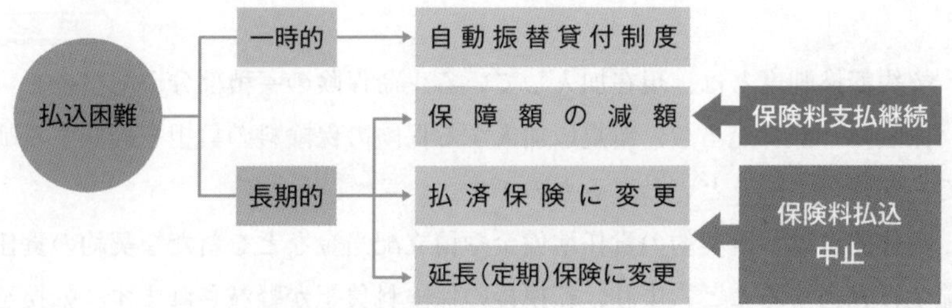

図表 2-4-2 払済保険

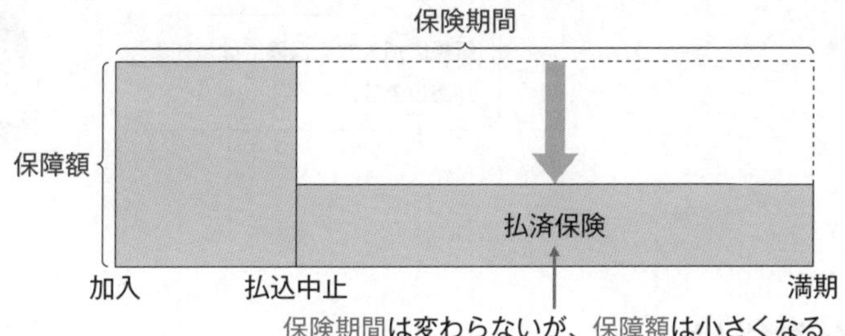

図表 2-4-3 延長(定期)保険

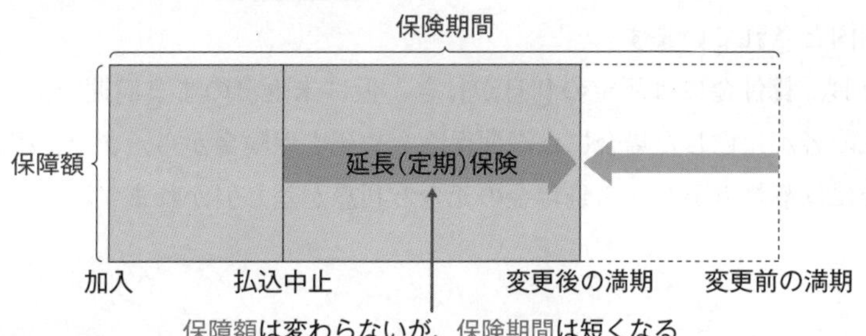

❺ 契約転換制度

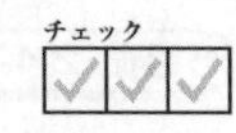

図表 2-5-1

契約転換制度とは、現在加入している生命保険の蓄積部分や配当金を新しい保険の一部に充当し、新規に加入する保険の保険料の負担を軽減する制度で、保険の下取りといわれるものです。

具体的には、既契約の責任準備金や積立配当金などを新たな契約の責任準備金に充当することにより、転換後の保険料負担が軽減されます。転換を利用すると、新規に契約するよりは有利な条件で加入することができますが、転換時の年齢、保険料率で計算されるため注意が必要です。

新規に加入する保険には告知義務があります。

❻ 契約者貸付

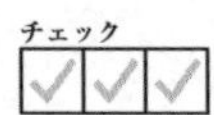

保険契約を基に保険会社からお金を借りる制度を契約者貸付といいます。

また、借りられる額は、その時点での解約返戻金の90％以内など、一定範囲内とされています。

なお、貸付金には所定の利息が付き、仮に未返済のまま満期を迎えたり、被保険者が死亡した場合には満期保険金や死亡保険金から、また、解約した場合には解約返戻金から貸付金の元金と利息が差し引かれます。

図表 2-5-1　契約転換制度

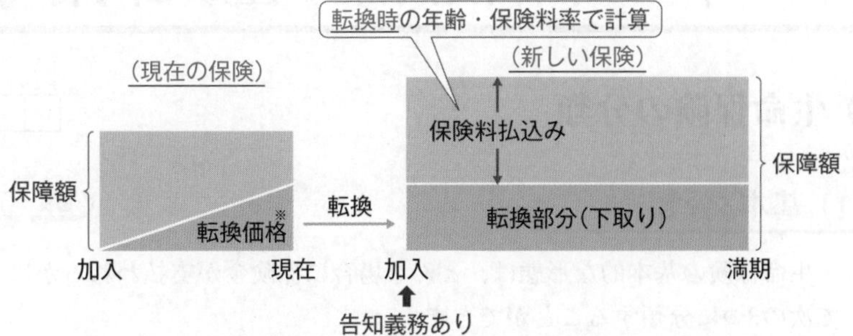

※ 転換価格とは、転換前契約の転換時における責任準備金、積立配当金などの合計額のうち、転換後の保険契約へ充当できる金額のことをいいます。

契約転換制度の種類

契約転換制度には、転換価格を新しい契約のどの部分に充当するかによって、いくつかの種類があります。

・基本転換……転換価格のすべてを転換後の保険の主契約部分（終身保険や養老保険部分）に充当する方式

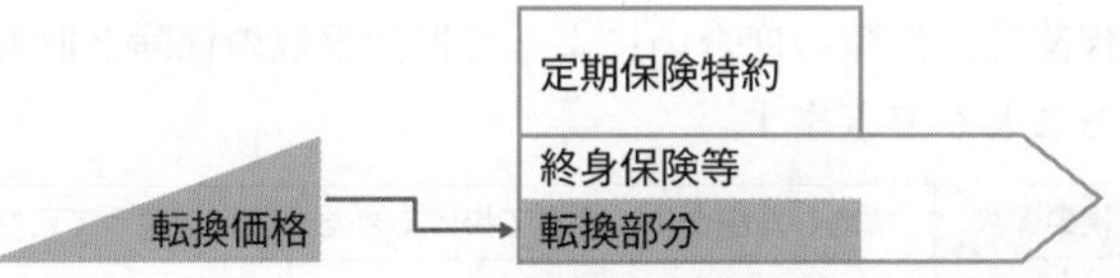

・定特転換……転換価格のすべてを転換後の保険の定期保険特約部分に充当する方式

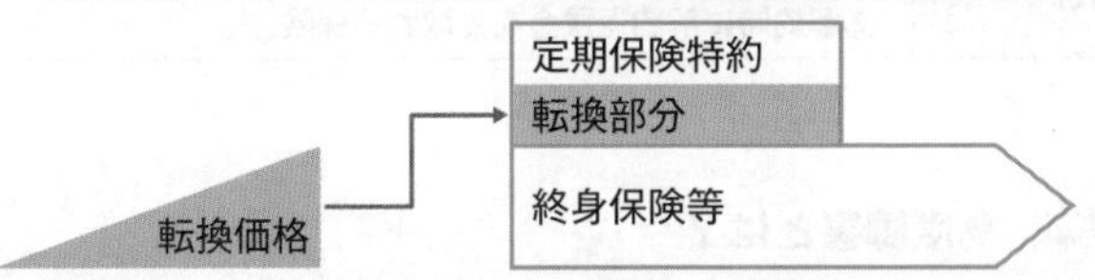

・比例転換……転換価格を一定の割合をもって転換後の保険の主契約と定期保険特約部分に配分して充当する方式

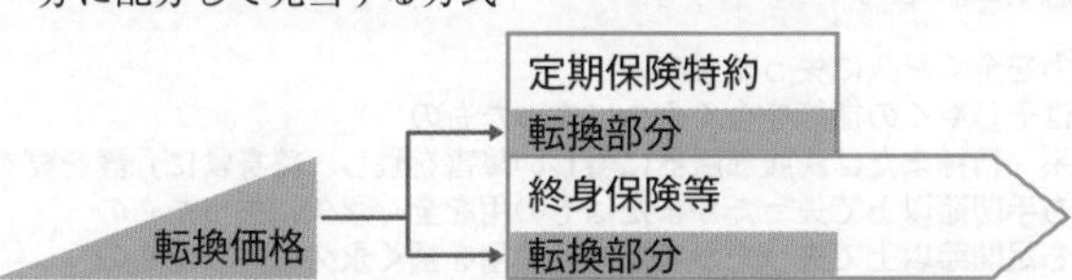

また、転換後の予定利率は新契約時点の予定利率が適用されるため、予定利率の高かった時代（一般的には平成8年以前）の契約を転換する際には注意が必要です。

第3節 ｜ 生命保険商品の種類と内容

頻出度 A

❶ 生命保険の分類

(1) 基本3分類

図表 3-1-1

生命保険の基本的な形態は、どんな場合に保険金が支払われるかによって次の3つに分類することができます。

死亡保険	被保険者が死亡または高度障害になった場合に限り、保険金が支払われる保険
生存保険	被保険者が生存していた場合に年金や満期保険金が支払われる保険
生死混合保険	死亡保険と生存保険を組合わせた保険

一般に死亡保険金または高度障害保険金が支払われるとその保険契約は消滅します。

(2) 保障重視型と貯蓄重視型による分類

図表 3-1-2

生命保険は、保障の度合いによって保障重視の保険と貯蓄重視の保険に分類することができます。

保障重視の保険	解約した場合に、今まで掛けてきた保険料が戻ってこない保険
貯蓄重視の保険	①満期保険金が受取れる保険 ②解約時に解約返戻金を受取れる保険

Hint! 高度障害とは？

死亡保険において保険金（高度障害保険金）の支払対象となる高度障害とは、次のいずれかの障害状態をいいます。

- 両眼の視力を全く永久に失ったもの
- 言語またはそしゃくの機能を全く永久に失ったもの
- 中枢神経系・精神または胸腹部臓器に著しい障害を残し、終身常に介護を要するもの
- 両上肢とも手関節以上で失ったかまたはその用を全く永久に失ったもの
- 両下肢とも足関節以上で失ったかまたはその用を全く永久に失ったもの
- 1上肢を手関節以上で失い、かつ、1下肢を足関節以上で失ったか、またはその用を全く永久に失ったもの
- 1上肢の用を全く永久に失い、かつ、1下肢を足関節以上で失ったもの

（生命保険文化センター「高度障害保険金の受取対象となる高度障害状態」より抜粋）

図表 3-1-1 基本3分類

図表 3-1-2 保障重視型と貯蓄重視型による分類

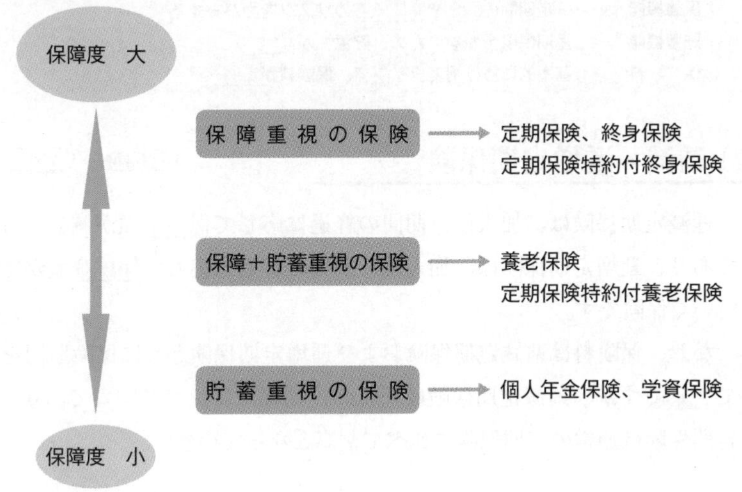

❷ 保障重視の保険

!重要

(1) 定期保険

図表 3-2-1

定期保険は、保険期間中に被保険者が死亡または高度障害になった場合に限り死亡保険金または高度障害保険金が支払われる保険であり、満期保険金はありません。

定期保険の保険期間は、5年、10年、20年、30年などがあります。更新型の場合、契約期間が終了すると被保険者の健康状態にかかわらず自動的に更新され告知等も不要ですが、更新時点での年齢が考慮されるために保険料が高くなります。

・保障機能 → 一定期間の死亡や高度障害のリスクをカバーする
・貯蓄機能 → 満期保険金がないため、貯蓄性がない
・保 険 料 → 基本的に掛け捨てタイプで、保険料が安い

(2) 逓減（ていげん）・逓増（ていぞう）定期保険

暗記 図表 3-2-2

逓減定期保険は、加入後、期間の経過に応じて保険金額が減少する保険であり、逓増定期保険は、加入後、期間の経過に応じて保険金額が増加していく保険です。

なお、保険料は逓減定期保険および逓増定期保険ともに保険期間を通じて一定ですが、逓減定期保険は通常の定期保険に比べて割安であり、逓増定期保険は通常の定期保険に比べて割高となっています。

図表 3-2-1 定期保険

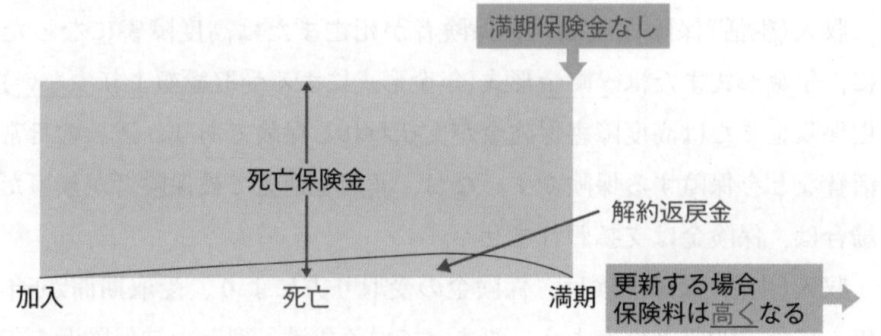

図表 3-2-2 逓減・逓増定期保険

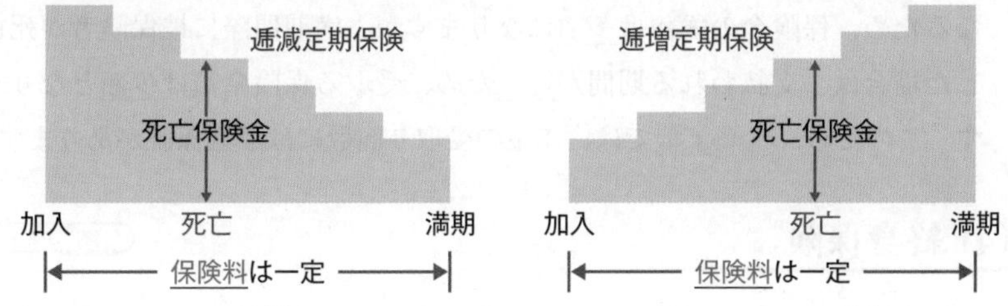

(3) 収入(生活)保障保険

暗記　図表 3-2-3

収入(生活)保障保険は、被保険者が死亡または高度障害になった場合に、年金形式または一時金形式(年金形式による受取総額より少ない)で死亡保険金または高度障害保険金が支払われる保険であり、遺族の日常の生活費などを保障する保険です。なお、満期を迎えて被保険者が無事だった場合は、保険金は支払われません。

収入(生活)保障保険は、保険金の受取り方により、受取期間が5年、10年、15年、20年というように決まっている年満了型と、被保険者の年齢による満期が来るまで保険金が支払われる歳満了型の2つがあります。

歳満了型では、早期に被保険者が死亡した場合は支払われる期間が長くなるため、保険金の総額は多額になりますが、満期間際に被保険者が死亡した場合は、支払われる期間が短いため、受取る保険金額は少額となります。このため、歳満了型では、年金の受取り回数には最低保証があります。

(4) 終身保険

図表 3-2-4

終身保険は、保険期間を定めず生涯にわたって保障が続き、死亡または高度障害になった場合に死亡保険金または高度障害保険金が支払われる保険です。

なお、保険料の払い込みには一定期間で払い込みが満了する有期払込み型と、死亡するまで払い込む終身払込み型の2つがあります。

・保障機能　→　一生涯の死亡や高度障害のリスクをカバーする
・貯蓄機能　→　解約返戻金があるため、貯蓄性がある
・保 険 料　→　定期保険に比べ、保険料が高い

契約者が支払う営業保険料は、有期払込み型よりも終身払込み型の方が払込み1回当たりの保険料の金額は安くなります。
また、終身保険を中途解約した場合には、期間の経過に応じた解約返戻金を受取ることができますが、最近では保険料払込期間中(60歳払済の場合は60歳まで)の解約返戻金を低く抑えた低解約返戻金型終身保険も販売されています。
低解約返戻金型は、通常の終身保険よりも保険料が割安に設定されていますが、払込期間中に解約すると、既払保険料を大きく下回る解約返戻金しか戻って来ないため、注意が必要です。

図表 3-2-3 収入（生活）保障保険

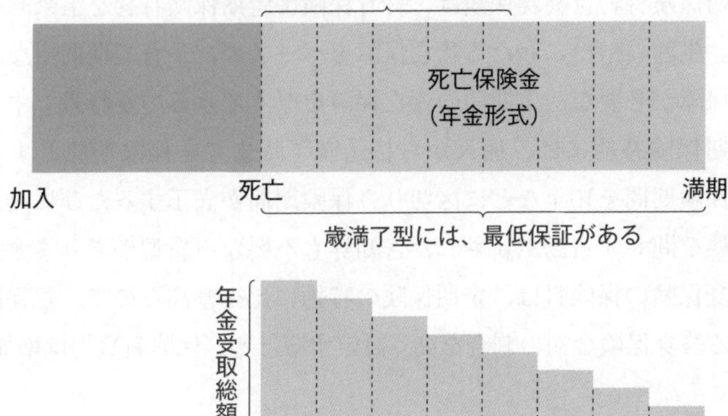

図表 3-2-4 終身保険

＜有期払込み型＞

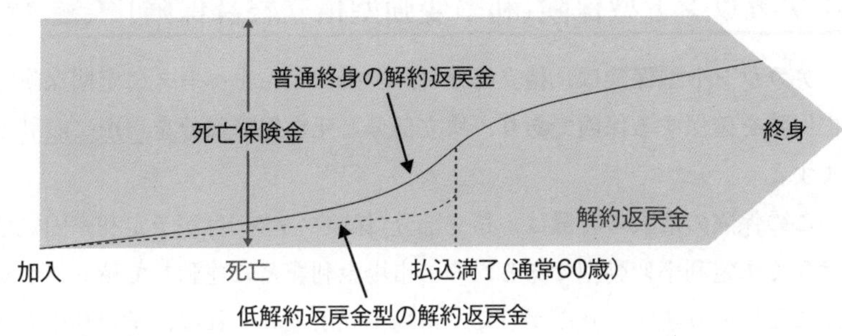

＜終身払込み型＞

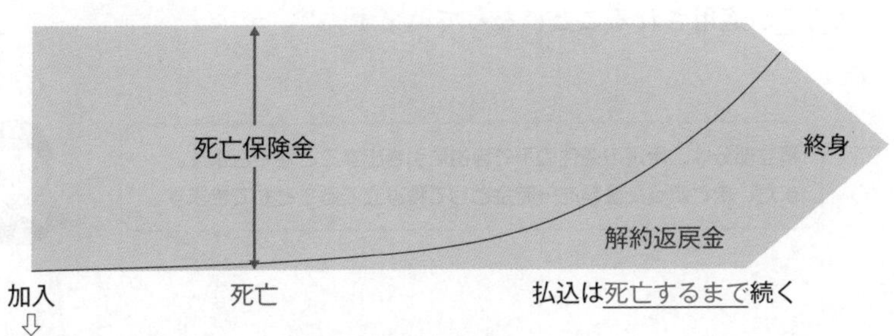

(5) 定期保険特約付終身保険 図表 3-2-5

定期保険特約付終身保険は、終身保険に定期保険特約を上乗せした保険です。生涯(終身)にわたる死亡保障をベースに、子育て期間中など働き盛りで保障が必要な一定期間の死亡保障を厚くできるのが特徴です。

定期保険特約には、加入から払込満了時までを保険期間とする全期型と、保険期間を10年などに区切り、保険期間が満了するたびに更新時の健康状態を問わず自動更新され、告知等も不要な更新型があります。

終身保険の保険料は、定期保険の特約に比べ割高なので、総保険金額に対する終身保険金額の割合を高く設定するほど、保険料負担は増加します。

特約部分の定期保険が全期型の場合、特約部分の保険料は払込満了時まで変わりませんが、更新型の場合、保険料は更新時の年齢で計算されるため、更新の都度、保険料が高くなります。

(6) アカウント型保険(利率変動型積立終身保険) 図表 3-2-6

アカウント型保険は、積立部分(保険ファンド)をベースに定期保険で死亡保障を確保する保険であり、積立部分と死亡保障部分を自由に設計できます。

この保険の最大の特徴は、積立部分(保険ファンド)が予定利率固定型ではなく予定利率変動型であるため、市場金利などに連動して積立額が変わることにあります。したがって、市場金利が上昇すれば、予定利率も上昇して積立額も増加します。なお、市場金利が低下した場合であっても最低保証利率が適用されることになっています。

積立部分は、所定の条件の下で自由に引き出すことができます。
また、まとまった金額を一時金として積み立てることもできます。

図表 3-2-5 定期保険特約付終身保険

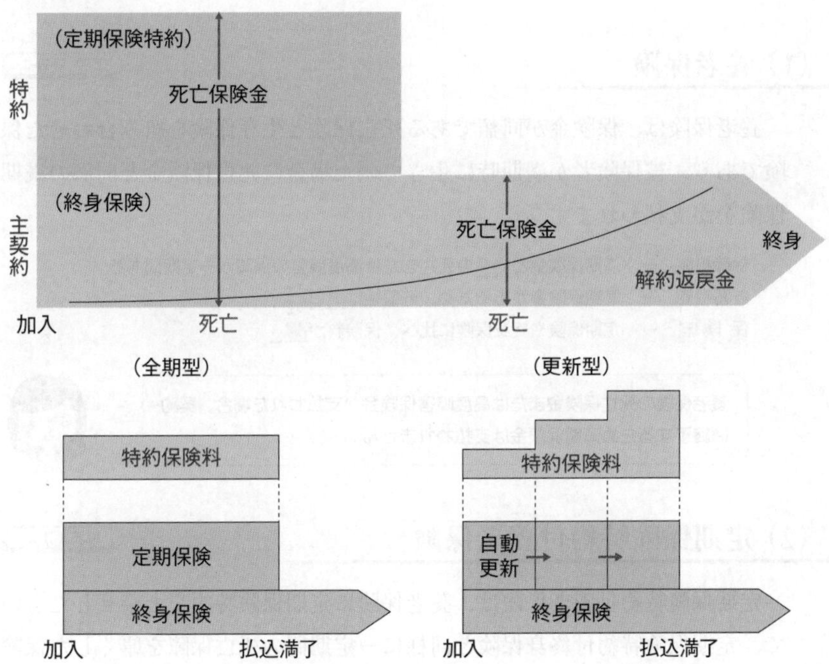

図表 3-2-6 アカウント型保険（利率変動型積立終身保険）

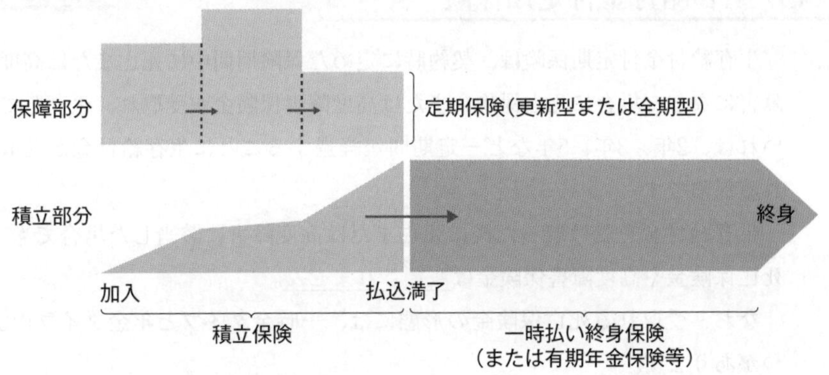

❸ 保障と貯蓄を組み合わせた保険

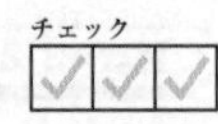

(1) 養老保険

図表 3-3-1

養老保険は、保険金が同額である死亡保険と生存保険を組み合わせた保険であり、被保険者が満期時に生きていた場合に死亡保険金と同額の満期保険金が支払われます。

・保障機能 → 満期保険金と同額の死亡または高度障害の保障が一定期間ある
・貯蓄機能 → 満期保険金があるため、貯蓄性は高い
・保 険 料 → 定期保険や終身保険に比べ、保険料が高い

養老保険の死亡保険金または高度障害保険金が支払われた場合、契約は終了するため満期保険金は支払われません。

(2) 定期保険特約付養老保険

図表3-3-2

定期保険特約付養老保険は、養老保険に定期保険特約を上乗せしたもので、定期保険特約付終身保険と同様に一定期間の死亡保障を厚くした保険です。

(3) 生存給付金付定期保険

図表3-3-3

生存給付金付定期保険は、契約時に定めた保険期間中に死亡または高度障害になった場合に死亡保険金または高度障害保険金が受取れ、生存していれば、2年、3年、5年など一定期間が経過するごとに生存給付金が受取れる保険です。

生存給付金を受け取った後に死亡または高度障害に該当した場合でも、死亡保険金や高度障害保険金は減額されません。

なお、受取れる死亡保険金の形態には、一時金タイプと年金タイプの2つがあります。

図表 3-3-1 養老保険

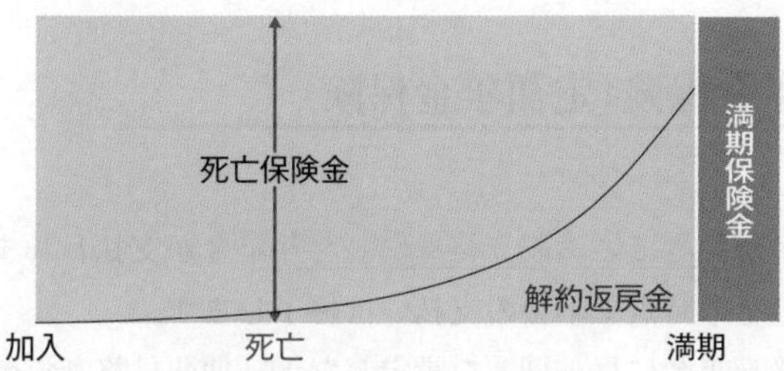

図表 3-3-2 定期保険特約付養老保険

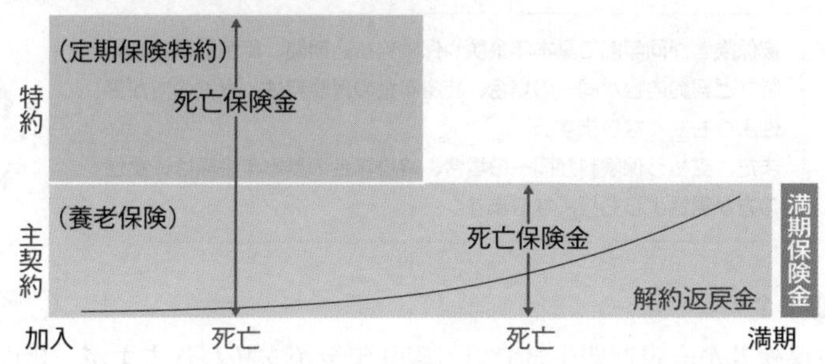

図表 3-3-3 生存給付金付定期保険

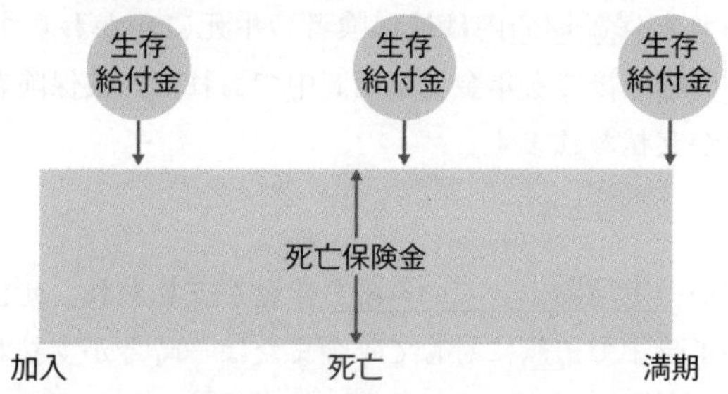

❹ 貯蓄重視の保険

(1) 個人年金保険(定額年金保険)

① 終身年金

図表 3-4-1

被保険者が生きている限り終身にわたり年金が支払われますが、死亡した場合にはその時点で年金の支払いは終了します。

なお、終身年金に保証期間を設定した保証期間付終身年金保険では、あらかじめ定められた保証期間内は被保険者の生死にかかわらず年金が支払われ、保証期間経過後は被保険者が生存している限り年金が支払われます。

> 被保険者が同年齢で基本年金額や保険料払込期間、年金受取開始年齢など契約内容が同一の場合、終身年金の保険料は、女性の方が男性よりも高くなります。
> また、支払う保険料が同一の場合、終身年金の基本年金額は、女性の方が男性よりも低くなります。

② 有期年金

図表 3-4-2

被保険者が一定期間生きている限り年金が支払われますが、死亡した場合にはその時点で年金の支払いは終了します。

なお、有期年金に保証期間を設定した保証期間付有期年金では、あらかじめ定められた保証期間内は被保険者の生死にかかわらず年金が支払われ、保証期間経過後でも年金支払期間中であれば、被保険者が生存している限り年金が支払われます。

③ 確定年金

図表 3-4-3

被保険者が一定期間生きている限り年金が支払われ、死亡した場合には年金契約終了時まで遺族に対して年金または一時金が支払われます。

④ 夫婦(連生)年金

暗記

夫婦(連生)年金は、終身年金の一種であり、どちらか一方が生きている限り年金が支払われますが、年金額が3割程度減額される場合もあります。

なお、保証期間中に夫婦の両方が死亡した場合は、遺族に対して年金が支払われます。

図表 3-4-1 **終身年金**

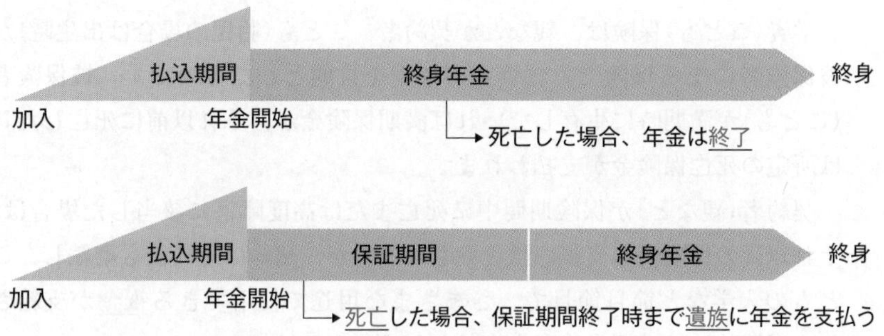

図表 3-4-2 **有期年金**

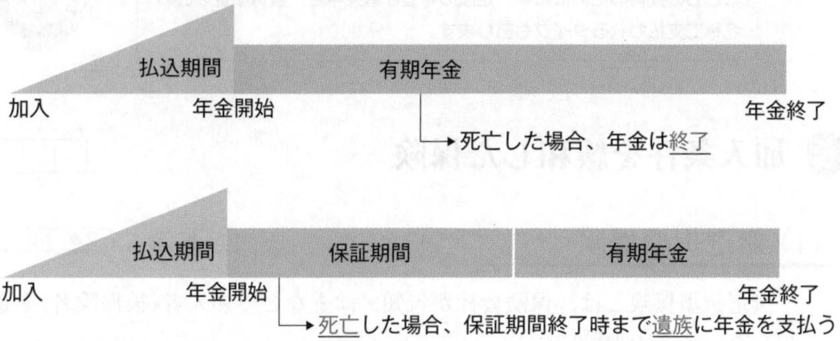

図表 3-4-3 **確定年金**

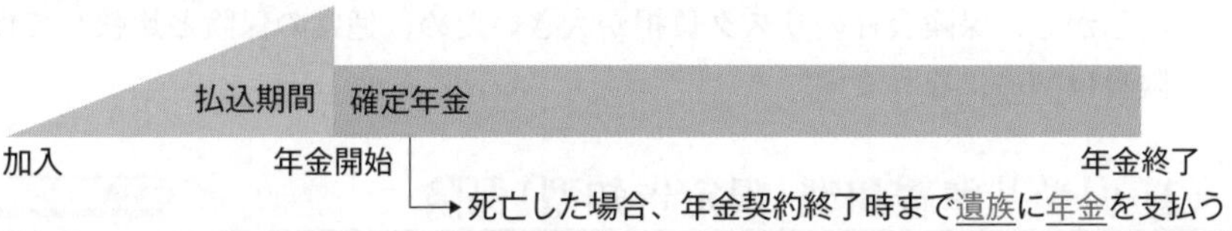

個人年金保険では、年金支給開始前に被保険者が死亡した場合には、原則として、既払保険料相当額の死亡給付金が支払われます。

(2) 学資(こども)保険

暗記　図表 3-4-4

学資(こども)保険は、親などが契約者、こども(胎児の場合は出生時)が被保険者になる保険で教育資金の準備を目的としたものです。被保険者(こども)が満期時に生存していれば満期保険金が、それ以前に死亡した時は所定の死亡保険金が支払われます。

契約者(親など)が保険期間中に死亡または高度障害に該当した場合は、それ以降の保険料の支払いは免除されますが、契約はその後も継続し、こどもの入学など節目節目で、さまざまな用途で使用できる祝金が支給され、満期時には満期保険金も支払われます。

保険期間中に契約者(親など)が死亡した場合、満期までの期間、そのこどもの養育のために毎年一定額の年金が育英年金・養育年金などの名称で支払われるタイプもあります。

❺ 加入条件を緩和した保険

チェック

(1) 無選択型保険

暗記　図表 3-5-1

無選択型保険とは、保険会社が告知・診査などで加入者(被保険者)を選択しない形式の保険です。

年齢など保険会社が定める所定の条件を満たせば、健康状態に関係なく加入することができます。

しかし、保険会社のリスク負担が大きいため、通常の保険と比較して保険料は割高になります。

(2) 引受基準緩和型(限定告知型)保険

図表 3-5-2

引受基準緩和型(限定告知型)保険とは、保険会社が保険契約を引き受ける基準を緩和した保険です。

通常の保険と無選択型保険の中間的な存在であり、契約時に医師による診査はなく、通常の保険に比べて健康状態に関する告知事項が概ね3つ程度に限定されています。

保険料は健康状態について限定された告知を行っているため、無選択型保険の保険料と比較すると割安ですが、通常の保険の保険料と比較すると割高になります。

図表 3-4-4 学資(こども)保険

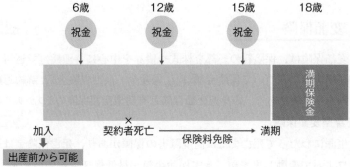

6歳 祝金
12歳 祝金
15歳 祝金
18歳 満期保険金

加入
出産前から可能
×
契約者死亡 → 満期
保険料免除

図表 3-5-1 無選択型保険

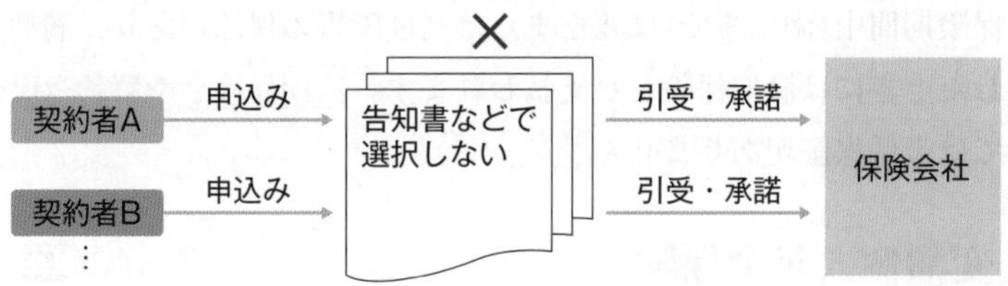

図表 3-5-2 引受基準緩和型(限定告知型)保険

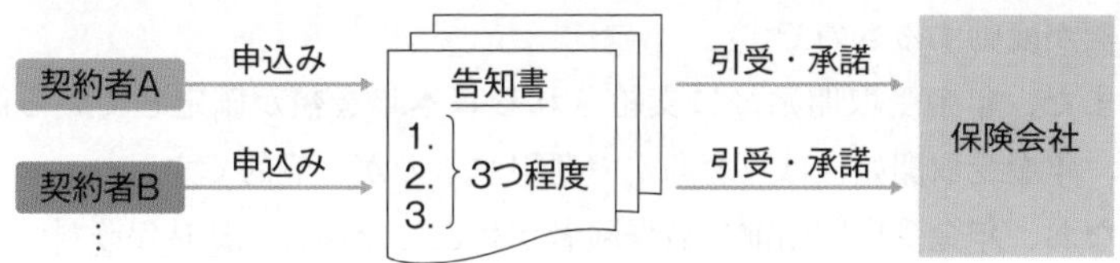

無選択型保険や引受基準緩和型保険は、一定期間内の保険事故について保障額が減額されるなど、通常の保険に比べて給付面でも制約がある点にも注意が必要です。

❻ 投資性のある保険

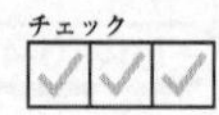

(1) 変額保険

図表 3-6-1

変額保険は、保険料の一部を株式や債券を中心に特別勘定で運用し、その運用実績に基づいて保険金額(死亡保険金・満期保険金)と解約返戻金が変動する保険であり、終身型変額保険と有期型変額保険の2つがあります。

① 終身型変額保険

図表 3-6-2

生涯にわたって死亡または高度障害の保障があり、死亡保険金は運用実績によって変動しますが、基本保険金額が最低保証されています。なお、解約返戻金については最低保証がありません。

② 有期型変額保険

図表 3-6-3

保険期間中(満期まで)は死亡または高度障害の保障があり、満期まで生存したときには満期保険金が支払われます。満期保険金や解約返戻金については最低保証がありません。

(2) 変額個人年金保険

図表 3-6-4

変額個人年金保険は、変額保険と同様に保険料の一部を年金受取開始前まで特別勘定で運用し、その運用実績に基づいて死亡給付金および年金原資額が変動するものです。

また、年金受取開始後に支給される基本年金額が確定している商品では、年金受取開始後は一般勘定で運用するのが一般的です。

なお、年金受取開始前に被保険者が死亡した場合、払込保険料程度を最低保証とする死亡給付金が支払われる商品が主流ですが、死亡時点の積立金(運用により変動)を基準に支払う商品では払込保険料を下回る場合もあります。

用語解説

特別勘定：将来の保険金額・年金額が保証されていない変額型の保険・個人年金などに係る資産を管理・運用するための勘定です。多くの場合、特別勘定には運用対象や運用方針の異なる複数の投資信託(ファンド)が使われています。

一般勘定：将来の保険金額・年金額が保証されている定額型の保険・個人年金などに係る資産を管理・運用するための勘定です。

図表 3-6-1 変額保険

	終身型	有期型
死亡保険金	資産の運用実績に基づいて変動 最低保証あり	
満期保険金	―	最低保証なし
解約返戻金	最低保証なし	

図表 3-6-2 終身型変額保険

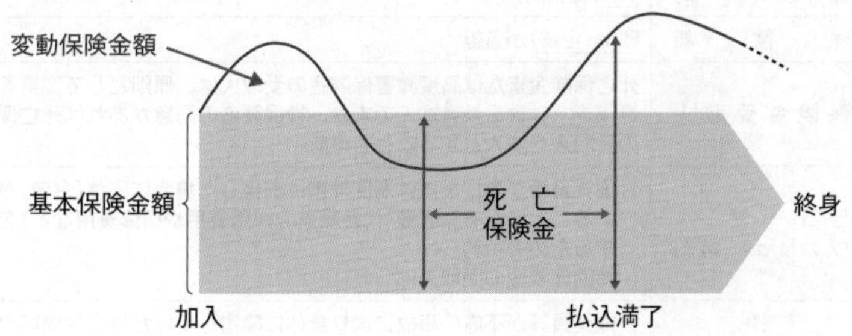

図表 3-6-3 有期型変額保険

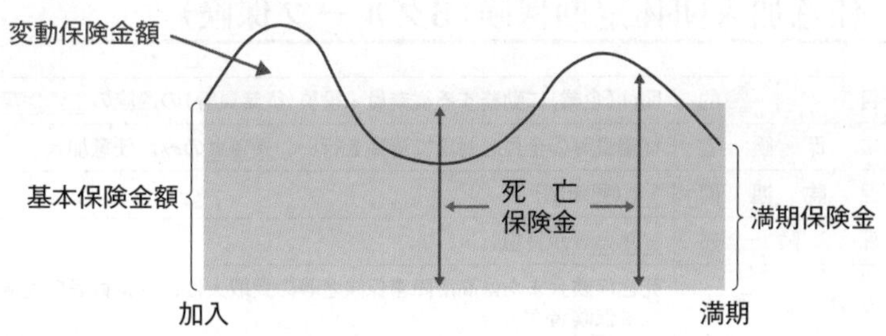

図表 3-6-4 変額個人年金保険

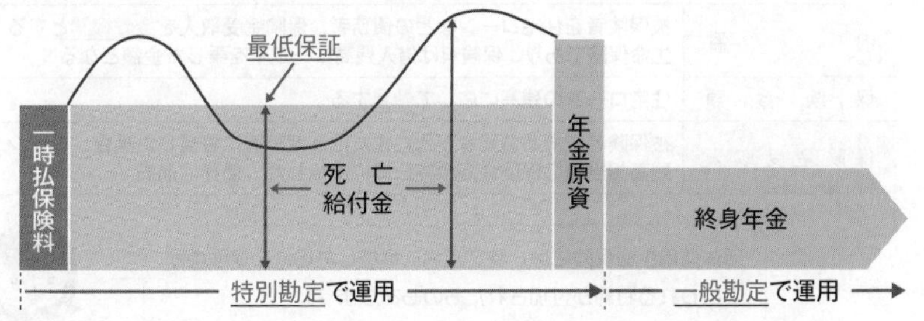

❼ 団体保険

重要 チェック

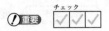

団体保険は、企業などの団体を通じて保険に加入します。団体で加入するため、保険料は個人単独で加入するより割安となります。

(1) 総合福祉団体定期保険

暗記

目的	団体(企業)に勤務する従業員・役員(従業員等)の遺族の生活保障
被保険者	従業員等の全員を加入対象とし、同意を得た従業員等のみ
保険期間	1年(更新制)
保険料	団体(企業)が負担
保険金受取人	死亡保険金または高度障害保険金の受取人は、原則として従業員等の遺族または被保険者本人ですが、被保険者の同意があれば死亡保険金の受取人を法人とすることも可能
ヒューマン・ヴァリュー特約	・従業員等が死亡または高度障害に該当した場合に団体(企業)が負担することになる諸経費(代替職員の採用費用や研修費用など)を確保するための特約 ・特約保険金の受取人は団体(企業)
災害総合保障特約	・従業員等が不慮の事故により身体に障害を受けた場合や傷害の治療を目的として入院した場合に障害給付金や入院給付金を支払う特約 ・特約給付金の受取人は、原則として従業員等

(2) 任意加入団体定期保険(Bグループ保険)

目的	団体(企業)に勤務する従業員・役員(従業員等)の遺族の生活保障
被保険者	従業員等の全員を対象に募集を行い、希望者のみが任意加入
保険期間	1年(更新制)
保険料	従業員等が負担
保険金受取人	死亡保険金または高度障害保険金等の受取人は、従業員等の遺族または被保険者本人

(3) 団体信用生命保険

内容	被保険者を住宅ローンなどの債務者、保険金受取人を金融機関とする生命保険であり、保険料は借入残高に一定率を乗じた金額となる
保険金額	住宅ローンの残高に応じて逓減する
保険金受取人	被保険者である債務者が死亡または高度障害に該当した場合、ローン残高相当額の保険金が金融機関に支払われ、債務は消滅

団体信用生命保険には、特定疾病に罹患(りかん)した場合に保険金が支払われる特約が付加されたものもあります。

❽ 特約の種類と内容

(1) 主契約と特約の関係

生命保険には保障内容をより充実させるために、主契約に任意に付加する各種の特約(オプション)があります。しかし、これらの特約は単独では加入できません。

また、主契約を解約したり、払済保険や延長(定期)保険に変更した場合、特約は消滅します。

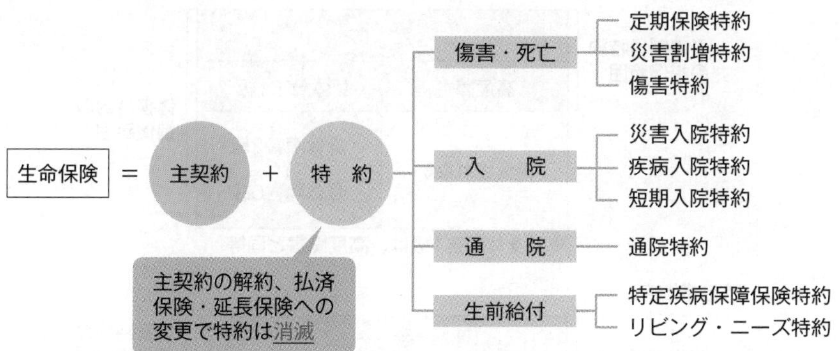

(2) 傷害・死亡特約

① 定期保険特約

暗記

一定期間内に死亡または高度障害になったとき、主契約の死亡保険金または高度障害保険金に上乗せして死亡保険金または高度障害保険金が支払われます。

② 災害割増特約

暗記

不慮の事故で死亡もしくは高度障害になったとき(事故から180日以内のものに限る)、または特定感染症で死亡もしくは高度障害になったときは、主契約の死亡保険金に上乗せして災害割増保険金が支払われます。

不慮の事故とは、交通、火災、自然災害などが原因となっている事故をいいます。

③ 傷害特約

不慮の事故で死亡(事故から180日以内の死亡に限る)または特定感染症で死亡したときは、主契約の死亡保険金に上乗せして災害保険金が支払われます。

また、不慮の事故による傷害を原因として180日以内に所定の身体障害になったときは、障害の程度に応じて災害保険金の1割から10割の障害給付金が支払われます。

<災害割増特約と傷害特約の補償範囲>

(不慮の事故)

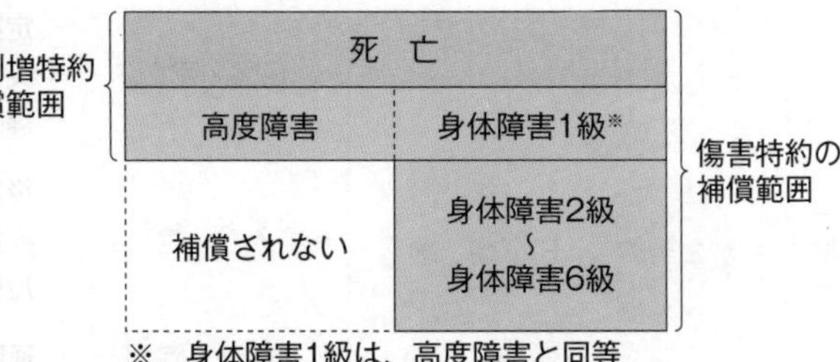

※　身体障害1級は、高度障害と同等

(特定感染症)

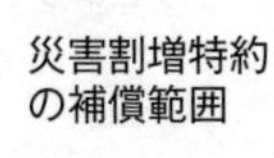

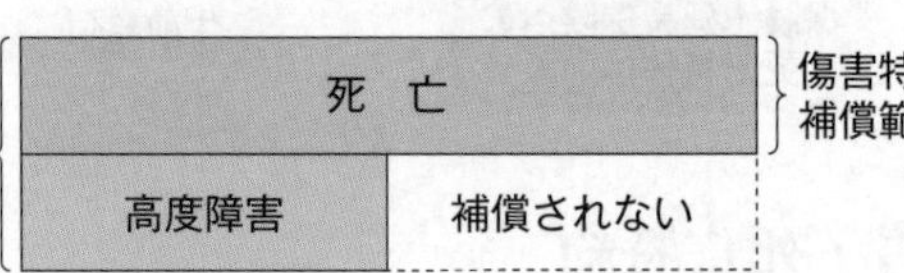

(3) 入院特約

不慮の事故によるケガや病気などの治療を目的として、継続して5日以上入院した場合に、5日目から災害入院給付金や疾病入院給付金(妻型・家族型は所定割合の給付)が支払われ、治療を目的とする手術をした場合には、入院日額に所定の倍率(10倍、20倍、40倍など)を乗じた手術給付金が支払われます。また、継続して2日以上入院した場合に、初日から入院給付金が支払われる短期入院特約(4日の免責日数を補てんする特約)や日帰り入院からでも給付金が支給されるタイプの特約も販売されています。

なお、入院給付金は無制限に受取れるものではなく、1入院(退院後180日以内に再入院した場合を含む)の支払日数および通算支払日数には限度があります。

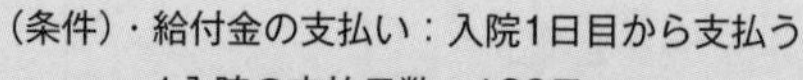

（条件）・給付金の支払い：入院1日目から支払う
・1入院の支払日数：120日

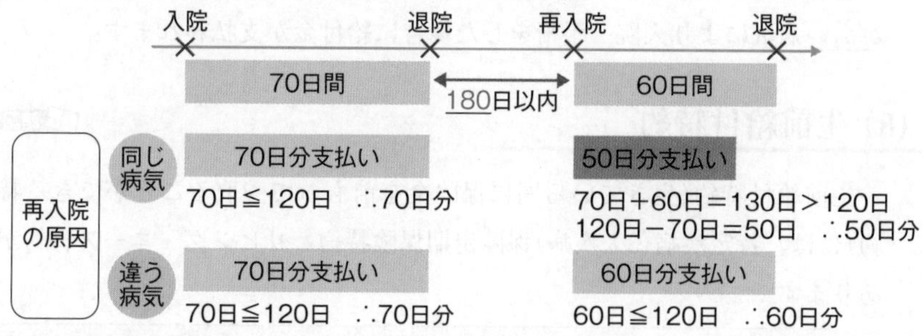

(4) 通院特約

一般的に災害入院給付金や疾病入院給付金が支払われる事由に該当する入院をし、その退院後にその治療のために通院した場合に、通院給付金が支払われます。また、入院前の通院についても給付金が支払われるタイプや、ガン治療など通院保障を手厚くしている保険では入院していなくても給付金が支払われるタイプも販売されています。

(5) 生活習慣病（成人病）入院特約

暗記

がん、脳血管疾患、心疾患、高血圧性疾患、糖尿病で入院した場合に、所定の入院や手術に対して給付金が支払われます。

(6) 先進医療特約

暗記

厚生労働大臣に承認された高度な医療技術の施術を受けた場合に給付金が支払われます。

なお、先進医療特約の対象となる先進医療とは、契約日時点ではなく、療養を受けた時点において厚生労働大臣が承認しているものとなります。

(7) 女性医療特約

乳ガン・子宮筋腫など女性特有の病気や甲状腺の障害など女性の発症率が高い病気により入院・手術をした場合に給付金が支払われます。

(8) 生前給付特約

暗記

生前給付特約(生きている間に保険金を前もって受取ることができる特約)には、特定疾病(3大疾病)保障定期保険特約とリビング・ニーズ特約があります。

	特定疾病(3大疾病)保障定期保険特約	リビング・ニーズ特約
前払事由	ガン・急性心筋梗塞・脳卒中	余命6ヵ月以内
保険料	必要	不要
指定代理請求	可能	
特徴	・3つの疾病以外の原因で死亡、高度障害になった場合でも、死亡保険金、高度障害保険金の受取りが可能 ・保険金が支払われると、保険特約は消滅	・請求した保険金額から6ヵ月分の保険料と利息相当分が差し引かれて支払われる ・生前給付金は、主契約の死亡保険金の一部または全部(3,000万円などの上限あり)

(9) 円換算特約

外貨建ての保険契約に付加する特約です。

支払保険料や受取保険金等について、保険会社が予め定めた換算基準日における為替レートで円に換算した金額を受払いします。保険料の支払時に為替相場が円安水準で推移しており、保険金などの受取時に為替相場が円高水準で推移している場合は、受取金額が払込保険料を下回ることもあるため、為替リスクを回避することができる特約ではありません。

指定代理請求

傷害または疾病により、保険金等を請求する意思表示ができない場合や治療上の都合により、傷病名または余命の告知を受けていない場合など、被保険者が受取人となる保険金等について、受取人(被保険者)に請求できない特別な事情があるとき、あらかじめ指定された受取人の代理人(指定代理請求人)が、保険金等の受取人(被保険者)に代わって保険金等を代理請求することができます。

設例 生命保険証券

計算 実技（資産・保険）

次の資料に基づき、①急性心筋梗塞で死亡した場合の死亡保険金、②交通事故で死亡した場合の死亡保険金、③糖尿病で20日入院した場合の給付金を答えなさい。

保険証券（一部抜粋）

保険種類	終身保険
契約日	20XX年9月20日

主契約の保険料払込期間	60歳満了

払込期間および保険期間		
特約	10年払込	10年満了

主契約および特約の内容	
終身（主契約）保険金額	2,000万円
定期保険特約保険金額	5,000万円
災害割増特約保険金額	2,000万円
傷害特約保険金額（本人型）	（本人）500万円
入院医療特約（本人型） （5日以上入院した場合に、入院5日目からお支払いします）	日額（本人）5,000円
生活習慣病入院特約（本人型） （5日以上入院した場合に、入院5日目からお支払いします）	日額（本人）5,000円

＜保険の設計書＞

【解答】

①急性心筋梗塞（病気）で死亡した場合には、終身（主契約）保険金額の2,000万円、定期保険特約保険金の5,000万円を加えた7,000万円が支払われます。

②交通事故（不慮の事故）で死亡した場合には、終身（主契約）保険金額の2,000万円に、定期保険特約保険金の5,000万円、災害割増特約保険金額の2,000万円、傷害特約保険金額の500万円を加えた9,500万円が支払われます。

③糖尿病（生活習慣病に該当）で20日間入院した場合には、5日以上の入院をしているため入院給付金は支払われますが、4日間の免責があることから、入院医療特約から（20日－4日）×5,000円＝80,000円、生活習慣病入院特約から（20日－4日）×5,000円＝80,000円の合計160,000円が支払われます。

第4節 | 損害保険の概略

頻出度 B

❶ 損害保険の仕組み

重要　チェック

(1) 損害保険の仕組み

損害保険は、偶然の事故や災害に対して、多数の人が保険料を出し合い、相互にリスクを負担することで、万が一の場合の経済的な負担を軽減し、家計を安定させる制度です。

(2) 利得禁止(りとくきんし)の原則

損害保険のうち物に対する保険(火災保険など)の保険金額は、保険金の支払いによって利益を得てはならないという利得禁止の原則に基づき、実損てん補の考え方が採用されています。

(3) 契約形態

① 全部保険　暗記　図表 4-1-1　図表 4-1-2

全部保険とは、保険金額と保険価額が同額の保険をいい、保険金額の全額を限度として実際の損害額が保険金として支払われます。(実損てん補)

＜保険価額と保険金額＞

保険価額とは、保険の対象の評価額を示すものであり、保険事故が生じたときに被保険者が被る損害の最高見積額のことをいい、次の算式で計算されます。

保険価額 ＝ 再調達価額(新価) － 経年劣化による減価相当額

また、保険金額とは、契約者が損害保険会社と契約した金額であり、支払われる保険金の限度額となります。

なお、価額協定保険特約や新価保険特約を付加することによって、損害額を保険価額(時価)ではなく、再調達価額(新価)を基に実損払いすることもできます。

図表 4-1-1　全部保険

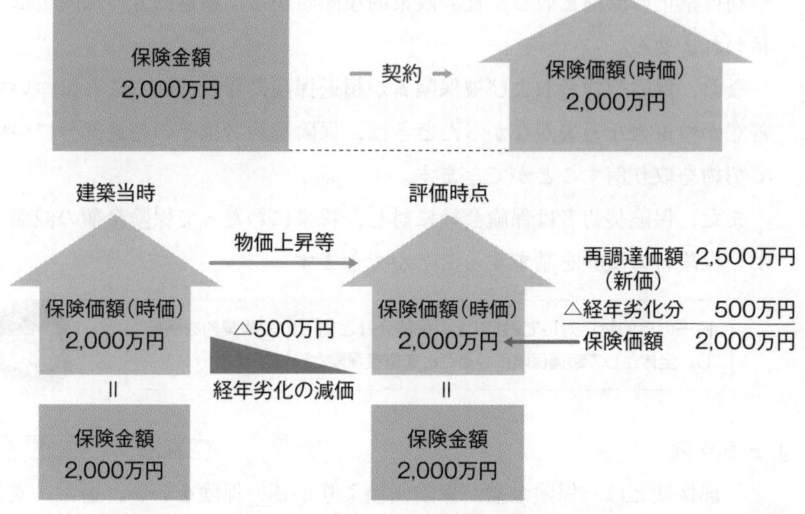

上記のケースで家屋が全焼した場合、全部保険として2,000万円の保険金が支払われますが、同じグレードの家屋を建築するには再調達価額の2,500万円が必要であり、500万円の資金不足が生じます。

図表 4-1-2　価額協定保険特約・新価保険特約

保険金額
2,500万円

契約
（特約）

再調達価額（新価）
2,500万円

保険価額（時価）
2,000万円

価額協定保険特約や新価保険特約を付加する場合、保険金額は再調達価額（新価）での契約となります。
なお、築年数が相当程度経過し、経年劣化による減価割合が50％を超える物件について、この特約を付加することはできません。

② 超過保険

図表 4-1-3

超過保険とは、保険金額が保険価額より大きい保険をいい、実損てん補や利得禁止の原則といった社会政策的な配慮から、超過部分の保険金は支払われません。

なお、保険契約者および被保険者が超過保険になっていることについて善意かつ重大な過失がなかったときは、保険契約者はその超過部分について契約を取り消すことができます。

また、保険契約者は保険会社に対し、将来にわたって保険金額の減額および保険料の減額を請求することができます。

同一の目的物に対して2社以上の保険会社と同一の保険契約を締結し、全体として超過保険になることを重複保険といいます。

③ 一部保険

暗記 図表 4-1-4

一部保険とは、保険金額が保険価額より小さい保険をいい、通常、支払保険金は保険金額と保険価額(時価)との割合(付保率)によって算定されます。(比例てん補)

比例てん補とは、簡単にいえば、時価の2分の1しか保険金額を掛けていなければ、損害額の2分の1しか支払われないということです。

(4) 火災保険で支払われる保険金

保険金額と保険価額との比較により次のようになります。

・保険金額が保険価額の80%以上の場合

保険金支払額 ＝ 損害額

・保険金額が保険価額の80%未満の場合

$$\text{保険金支払額} = \text{損害額} \times \frac{\text{保険金額}}{\text{保険価額} \times 80\%}$$

いずれの場合も、保険金支払額は保険金額が限度となります。

図表 4-1-3 **超過保険**

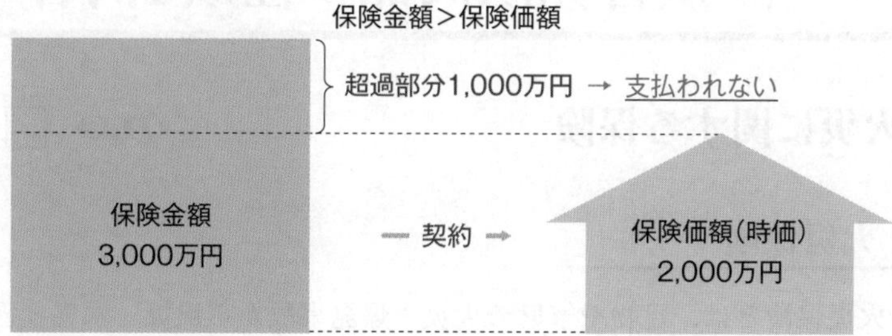

図表 4-1-4 **一部保険**

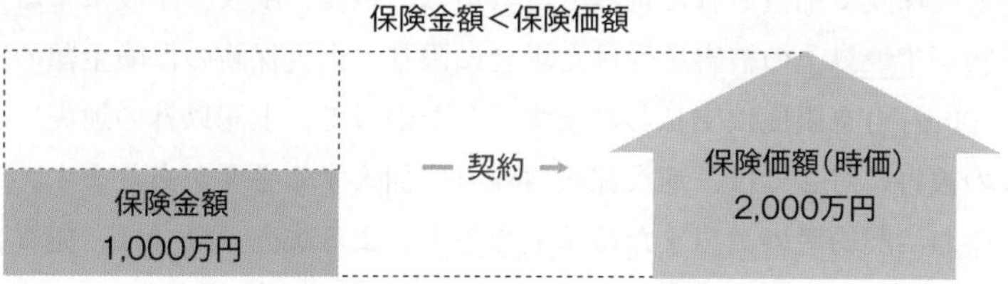

保険金額＜保険価額

保険金額
1,000万円

契約

保険価額(時価)
2,000万円

設例 火災保険金支払額の計算

次の資料に基づき、①建物の保険契約額が1,800万円の場合、②建物の保険契約額が1,000万円の場合のそれぞれについて、建物に関する火災保険の支払額を求めなさい。

建物の保険価額(時価)：2,000万円
火災により半焼(損害額1,000万円)

【解答】

①1,000万円

建物の保険契約額(1,800万円)が、保険価額(2,000万円)の80%以上のため、保険金支払額は、損害額と同額の1,000万円となります。

②625万円

建物の保険契約額(1,000万円)が、保険価額(2,000万円)の80%未満のため、次の算式により求めます。

$$1{,}000\text{万円} \times \frac{1{,}000\text{万円}}{2{,}000\text{万円} \times 80\%} = 625\text{万円}$$

第5節 損害保険商品の種類と内容

頻出度 A

❶ 火災に関する保険

重要　チェック

(1) 火災保険

火災保険とは、建物や家財の火災・爆発事故から風災・水害・雪災といった自然災害までを補償し、事故・災害時に発生する臨時費用や残存物の取り片付け費用・失火見舞い費用・地震火災費用なども補償する保険です。

火災保険で補償される地震火災費用は、地震、噴火、津波による火災で建物が半焼以上の被害を受けた場合に限り、火災保険の保険金額の5%(最高300万円)を限度に支払われます。したがって、上記以外の地震による直接の被害に対しては、地震保険(特約)に加入する必要があります。

なお、契約者の故意または重大な過失による失火の場合は、免責事項として保険金の支払いはありません。

① 住宅火災保険

・住宅(建物)および家財が対象
　※　家財のうち、1個または1組の価値が30万円を超える貴金属、宝石、書画、骨董品など(明記物件)は、保険証券に明記されている場合に補償対象となります。
・火災(消防による水濡れ・破壊を含む)、落雷、爆発、風災・ひょう災・雪災に対して損害保険金が支払われます(水害は補償されません)。

② 住宅総合保険

・住宅火災保険の補償範囲を拡げた商品
・住宅火災保険の補償範囲に加えて物の落下・飛来・衝突・倒壊、床上浸水や土砂崩れなどの水害、給排水設備の事故などによる水濡れ、現金などの盗難、持ち出し家財の損害に対しても保険金が支払われます。

③ 普通火災保険

・店舗、事務所などの建物および設備・什器などが対象
・火災、落雷、爆発、風災・ひょう災・雪災に対して損害保険金が支払われます(水害は補償されません)。

④ 店舗総合保険

・普通火災保険の補償をよりワイドにした商品
・住宅総合保険とほぼ同じ補償内容をカバーすることができます。

(2) 地震保険(特約)

暗記

地震保険は、地震保険法による官民協同運営の保険であり、火災保険では補償しない地震、噴火またはこれらによる津波を原因とする火災、損壊、埋没、流失によって、建物もしくは家財が全損、大半損、小半損または一部損になった場合に保険金が支払われます。

損害※の程度	支 払 額
全　損(50%以上)	保険金額の100%　(時価額が限度)
大半損(40%以上50%未満)	保険金額の60%　(時価額の60%が限度)
小半損(20%以上40%未満)	保険金額の30%　(時価額の30%が限度)
一部損(3%以上20%未満)	保険金額の5%　(時価額の5%が限度)

※　建物の基礎や柱などの主要構造部の損害

① 対象物件

居住用建物(店舗併用住宅を含む)および生活用動産(家財)に限定

※　1個または1組の価値が30万円を超える貴金属、宝石、書画、骨董品など(明記物件)および通貨、有価証券は保険証券に明記されていても対象となりません。

② 申込方法

地震保険は単独では申し込むことができず、火災保険の特約として契約しなければなりません。また、火災保険の保険期間中であれば、途中で付加することもできます。

なお、地震保険の保険期間は、最長で5年の自動更新制となっています。

地震保険の保険期間は、1年ごとの自動更新か、主契約である火災保険の保険期間が2年～5年であれば、火災保険の保険期間と同様に2年～5年で設定できます。

③ 保険料

保険料は、建物の構造と地域によって地震保険独自の料率が決まっており、建物の築年数や免震・耐震性能に基づき、建築年割引(10%)、耐震等級割引(耐震等級に応じて10%、30%、50%)、免震建築物割引(50%)および耐震診断割引(10%)の4種類の割引制度が設けられています。

建物の構造と地域、補償内容が同じであれば、保険会社間で保険料が異なることはありません。また、各種割引は併用することはできません。

④ **保険金額**

・建物、家財ごとに主契約の火災保険金額の30％～50％の範囲内で任意に決定

・契約限度額　　建物の場合　→　5,000万円
　　　　　　　　家財の場合　→　1,000万円

＜火災保険と地震に関する保険の補償範囲＞

住宅総合保険

住宅火災保険

火災（消防による水濡れ等を含む）、
落雷、爆発、風災・ひょう災・雪災

物の落下・飛来・衝突・倒壊、
床上浸水や土砂崩れなどの水害、
給排水設備の事故などによる水濡れ、
盗難、持ち出し家財の損害

地震保険（特約）

地震、噴火、
これらによる津波を原因とする
火災、損壊、埋没、流失

店舗総合保険

普通火災保険

住宅火災保険の補償範囲と
ほぼ同じです。

住宅総合保険の補償範囲と
ほぼ同じです。

地震危険（拡張）担保特約

地震、噴火、
これらによる津波を原因とする
火災、損壊、埋没、流失

店舗や事務所は地震保険の対象外となっているため、地震危険（拡張）担保特約のような各損害保険会社独自の特約があります。

火災保険と地震保険の建物の構造区分

火災保険	地震保険	材質
M構造（マンション構造）	イ構造	主として 鉄骨・コンクリート造
T構造（耐火構造）		
H構造（非耐火構造）	ロ構造	主として木造

(3) 火災事故に伴う損害賠償と法律知識

① 隣家に対する賠償責任

過失によって他人へ損害を与えた場合は、民法709条に定める不法行為責任の規定により、損害賠償責任を負うことになります。

しかし、失火により隣家へ損害を与えた場合は、民法の特別法である「失火の責任に関する法律(失火責任法)」が適用され、軽過失(ちょっとした不注意)による失火で隣家に損害を与えた場合には損害賠償責任は負いません。ただし、失火の原因が重過失または故意であった場合には、不法行為責任が適用され、隣家への損害賠償責任を負うことになります。

このような損害賠償責任に備える特約が、
個人賠償責任担保特約です。

② 家主に対する賠償責任

賃貸住宅に居住している借家人と家主との間には入居時に賃貸借契約が結ばれているので、一般的に借家人は家主に対し、建物またはその戸室を原状に復して返還する義務(借用物返還義務)があります。

借家人が火災を発生させた場合、家主に対しては民法415条に定める「債務不履行」(借用物返還義務の履行不能)による損害賠償責任が発生するため、借家人は家主への損害賠償責任を負います。

このような損害賠償責任に備える特約が、
借家人賠償責任担保特約です。

＜火災事故に伴う賠償責任のまとめ＞

失火原因	隣家への賠償	家主への賠償
軽過失	損害賠償責任を負わない	損害賠償責任を負う
重過失または故意	損害賠償責任を負う	

❷ 自動車に関する保険

車の保険は、自動車損害賠償保障法の規定によってすべての車に加入が義務づけられている自賠責保険(強制保険)と加入が任意の自動車保険(任意保険)に分けられます。

なお、自動車保険(任意保険)は、補償する内容により対人賠償保険、対物賠償保険、人身傷害補償保険などに分けられ、それぞれの性格は次のようになります。

＜自動車に関する保険＞

	相手への賠償	自分への補償
人の死傷	・自賠責保険 ・対人賠償保険	・人身傷害補償保険 ・搭乗者傷害保険 ・無保険車傷害保険 ・自損事故保険
物の損壊	・対物賠償保険	・車両保険

(1) 自賠責(じばいせき)保険(強制保険)

自賠責保険では自動車事故において、他人(運転者の配偶者、子、父母を含む)にケガをさせたり、死亡させた場合の損害賠償額が補償されます。したがって、ドライバー自身のケガや車など物に対する損害賠償額は補償されません。

・すべての車(原動機付自転車を含む)に加入が義務付けられている強制保険
・死傷事故のみが対象
・死傷者1名当たりの支払限度額
　死亡による損害　　3,000万円
　傷害による損害　　120万円
　後遺障害による損害　後遺障害の程度により最高4,000万円まで

後遺障害による損害

後遺障害による損害では、障害の程度により第1級～第14級の等級があります。支払保険金の限度額は等級別に第1級(最高4,000万円)～第14級(75万円)の範囲で定められています。

(2) 自動車保険(任意保険)

暗記

任意保険は、補償する内容によって次のように分けられます。

種類	内容
対人賠償保険	自動車事故によって他人(運転者の配偶者、子、父母を除く)を死傷させ、法律上の損害賠償責任を負った場合、自賠責保険で支払われる金額を超える部分に対して保険金が支払われます。 なお、被害者救済の観点から、運転者に酒気帯び運転・免許失効中などの不注意があった場合においても、保険金は支払われます。
対物賠償保険	自動車事故によって他人の財物に損害を与え、法律上の損害賠償責任を負った場合、その損害に対して保険金が支払われます。
自損事故保険	自賠責保険では保険金が支払われない自損事故(運転ミスで電柱に衝突したり、崖から転落したような場合)により、ドライバーや同乗者などが死傷した場合に保険金が支払われます。
無保険車傷害保険	対人賠償をつけていないなど、賠償資力が十分でない他の車に衝突されてドライバーや同乗者が死亡または後遺障害を負った場合、保険金が支払われます。
搭乗者傷害保険	ドライバーや同乗者など、自動車の搭乗者が事故によって死傷した場合、過失割合に関係なく、契約により予め定めた保険金(定額)が支払われます。
人身傷害補償保険	ドライバーや同乗者など、自動車の搭乗者が事故によって死傷した場合、過失割合に関係なく、実際の損害に対して保険金が支払われます。なお、被保険者が歩行中や他の自動車に搭乗中の事故も含めて補償するものがあります。
車両保険	衝突、接触、転覆、物の飛来、物の落下、火災、爆発、盗難、台風、洪水、高潮その他偶然な事故によって自分の自動車に生じた損害に対して保険金が支払われます。地震・噴火・津波による損害については、特約を付加しないと支払われません(免責事項)。

＜搭乗者傷害保険と人身傷害補償保険の違い＞

	搭乗者傷害保険	人身傷害補償保険
補償の範囲	被保険自動車に搭乗中の事故	被保険自動車に搭乗中の事故 ＋ 他の自動車に搭乗中の事故 歩行中の自動車事故
保険金	過失割合に関係なく定額	過失割合に関係なく実際の損害額

搭乗者傷害保険や人身傷害補償保険は、賠償金額が減額(過失相殺)される被害者の過失部分を支払うことで、被害者の損害額を補てんするための保険です。

❸ ケガに関する保険

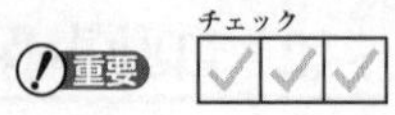

(1) 傷害保険等

暗記

傷害保険は、偶然の事故による死亡およびケガを補償する保険です。掛け捨てタイプが主流ですが、積立タイプもあります。

① 掛捨て型の傷害保険等

保険名	内容
普通傷害保険	・国内外を問わず日常生活(就業中を含む)の傷害を補償します。 ・被保険者の職業、職務により保険料が異なります。 <補償されないケース> ・細菌性(ウイルス性)食中毒、日射病、心臓発作 ・山岳登山、スカイダイビング等による傷害 ・無免許、酒酔い等による自動車運転中の傷害 ・地震、津波、噴火による傷害
家族傷害保険	・普通傷害保険の対象を被保険者の家族まで含めたもの。 ・本人、配偶者、生計一の同居親族および別居で未婚の子が対象。
交通事故傷害保険	・国内外を問わず交通事故、交通乗用具(電車、自動車、船舶、エレベーター、エスカレーターなど)に搭乗中の傷害、交通乗用具の乗降場構内(駅の改札内など)での傷害、交通乗用具の火災による傷害を補償します。 ・被保険者の職業、職務による保険料の差はありません。 ・ファミリー交通傷害保険は交通事故傷害保険のファミリー版。 →本人、配偶者、生計一の同居親族および別居で未婚の子が対象。
国内旅行傷害保険	・国内旅行中(住居を出発して帰宅するまで)の傷害を補償します。 ・細菌性(ウイルス性)食中毒を補償します。
海外旅行傷害保険	・海外旅行中(住居を出発して帰宅するまで)の傷害・疾病を補償します。 ・細菌性(ウイルス性)食中毒、地震、津波、噴火による傷害を補償します。
所得補償保険	・病気やケガで就業が不能になった時、入院の有無にかかわらず、その所得を補償します。 ・一定の業務を行うことにより収入を得る人が被保険者の要件となるため、不動産の貸付や年金などの不労所得のみで生計を立てている人は被保険者にはなれません。

家族傷害保険やファミリー交通傷害保険の家族の範囲は、事故発生時における続柄で判定します。また、保険期間中に出生した被保険者本人(記名被保険者)の子も追加保険料なしに被保険者となります。

② 積立型の傷害保険

損害保険でいう積立型とは、満期返戻金が付いた保険をいいます。

保 険 名	内 容
積立普通傷害保険	・普通傷害保険に満期返戻金が付いた保険。 ・払込方法は、月払い、半年払い、年払いから選択するものと、一時払いのものがあります。
年金払積立傷害保険	・一定期間に保険料を積み立て、老後に給付金を年金払い（確定型・保証期間付有期型）で受取る保険。 ・保険期間中の事故で死亡・後遺障害のときに、保険金が支払われます。 ・死亡や後遺障害により保険金が100％支払われると、それ以降の年金は支払われません。
利率保証型積立傷害保険	・確定拠出年金制度向けの積立傷害保険で、拠出金に対して設定した予定利率を一定期間（5年・10年）保証します。

＜傷害保険のまとめ＞

補償内容	普通傷害	国内旅行傷害	海外旅行傷害
疾病	×	×	○
細菌性（ウイルス性）食中毒	×	○	○
地震、津波、噴火による傷害	×	×	○

所得補償保険と就業不能保険

病気やケガで就業が不能になった時の収入等を補償する保険としては、所得補償保険のほか、就業不能保険という保険もあります。一般に所得補償保険は損害保険会社の商品ですが、就業不能保険は生命保険会社の商品です。
なお、団体（企業）に勤務する従業員等が病気やケガで就業が不能になった時、団体（企業）は休業補償規程に基づいて従業員等に対し休業の補償に係る給付を行うことがありますが、その原資を準備するための団体保険として、団体就業不能保険があります。

❹ 賠償責任・企業活動に関する保険

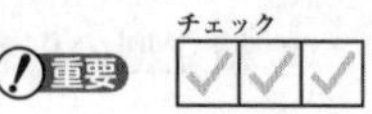

(1) 賠償責任保険

暗記

賠償責任保険は、偶然の事故により他人を死傷させたり、他人の物に損害を与えたときに、その損害賠償責任を補償するための保険です。

保険名	内容
個人賠償責任保険	・個人が、居住している住宅の所有、使用または管理によって起きた事故や日常生活の事故により、他人に損害を与えたり、他人の物に損害を与えた場合の賠償責任を補償します。 (例)「飼い犬が他人に噛みついてケガをさせた場合の賠償責任」「買い物中に高価な商品を壊してしまった場合の賠償責任」「自転車で他人にケガをさせた場合の賠償責任」など ・本人、本人の配偶者、生計一の同居親族および別居で未婚の子が対象 <補償されないケース> ・仕事中の賠償事故 ・自動車(原動機付き自転車を含む)を運転中の賠償事故 ・他人から預かっている物に対する賠償責任 ・故意により生じた損失
ゴルファー保険	・プレー中や練習中のゴルファー自身の傷害や第三者への賠償責任、ゴルフ用品の損害および盗難などを補償する保険。 ・特約によりホールインワンなどを達成した場合の出費に対しても保険金が支払われます。
生産物賠償責任保険(PL保険)	・企業が製造、販売したものが原因で、他人に損害を与えた場合の賠償責任を補償します。 (例)「製造した仕出し弁当が原因で、客が食中毒になった場合の賠償責任」「製造したテレビが発火して火災が発生した場合の賠償責任」など
会社役員賠償責任保険(D&O保険)	・会社役員として業務上行った行為に起因して生じた賠償責任を補償します。
施設所有(管理)者賠償責任保険	・ビルや劇場、学校などの施設の所有者や管理者が負うその所有または管理する施設の欠陥や、管理運営上の不備に起因する賠償責任を補償します。 (例)「映画館の看板が落下して通行人がケガをした場合の賠償責任」「学校で理科の実験中にアルコールランプが倒れ、生徒がやけどをした場合の賠償責任」「従業員が顧客にケガをさせた場合の賠償責任」など <補償されないケース> ・施設の修理、取り壊しなどの工事に起因する賠償責任 ・エレベーターやエスカレーターによる事故(昇降機賠償責任保険を契約することが多い) ・施設で販売した商品や飲食物を原因とする食中毒その他の事故

保険名	内容
店舗賠償責任保険	・飲食店、喫茶店、小売店、卸売店の所有者や管理者が負うその所有または管理する店舗の業務に起因する賠償責任や、販売物の品質・取り扱いにより生じた事故に起因する賠償責任を補償します。 (例) 「飲食店の看板が落下して通行人がケガをした場合の賠償責任」「飲食店で提供した料理が原因で客が食中毒になった場合の賠償責任」「店員が顧客にケガをさせた場合の賠償責任」など <補償されないケース> ・バーやキャバレー、薬局等の店舗、ガソリンスタンドなどで発生した事故 ・店舗の修理、取り壊しなどの工事に起因する賠償責任 ・エレベーターやエスカレーターによる事故(昇降機賠償責任保険を契約することが多い)
請負業者賠償責任保険	・建設や土木などの請負業者が請負業務を遂行する場合や、工事期間中の施設の欠陥、管理の不備に起因する賠償責任を補償します。 (例) 「クレーンが倒れ駐車中の自動車が壊れた場合の賠償責任」「工事現場の管理不備により、子どもが入り込みケガをした場合の賠償責任」など
受託者賠償責任保険	・他人の物を保管する施設内で、預かった物に対して損害を与えた場合の賠償責任を補償します。 (例) 「修理のため預かった時計が盗まれた場合の賠償責任」「クロークで預かった客の荷物を汚してしまった場合の賠償責任」など

(2) 企業費用・利益総合保険、労働災害総合保険

企業は、偶然の事故などにより製造・販売活動を休止せざるを得ないときもあります。このような場合に備える保険は、個人にはない企業特有の保険といえます。

保険名	内容
企業費用・利益総合保険 店舗休業保険	・偶然の事故などにより、施設・設備などの活動または営業が休止した場合に被る喪失利益などを補償します。 <補償されないケース> ・故意もしくは法令違反、戦争、地震などによる損害
労働災害総合保険	・従業員が業務上の災害(労災事故)によって損害を受けた場合に、労災保険の上積みの補償をします。
機械保険	・機械・機械設備または装置が、火災および火災または化学反応による爆発・破裂以外の不測かつ突発的な事故によって損害を被った場合、必要な修理費用をてん補します。 (例) 「フォークリフトが衝突し、倉庫内の機械設備が破損した」「異物の巻き込みにより機械が破損した」など ・火災による損失は補償されないので、別途火災保険に加入する必要があります。

第6節　個人の契約に関する税金

頻出度 B

❶ 生命保険契約に関する課税関係

重要　チェック

(1) 死亡保険金

暗記

死亡保険金を受取った場合には、契約者(保険料負担者)、被保険者、保険金受取人が誰かによって課税される税金が異なります。

契約者※	被保険者	受　取　人	受取人の課税関係
夫	夫	妻または子供(法定相続人)	相続税 500万円×法定相続人の数が非課税となる特典あり。
		上記以外	相続税
	妻	夫	所得税(一時所得)
		子　供	贈与税

※　特に指示がなければ、契約者＝保険料負担者となります。

(2) 満期保険金

満期保険金を受取った場合には、被保険者に関係なく、契約者(保険料負担者)と保険金受取人が誰かによって課税される税金が異なります。なお、解約返戻金の課税関係は、満期保険金の場合と同じです。

契約者※	被保険者	受　取　人	受取人の課税関係
夫	―	夫	所得税(一時所得)
		妻または子供	贈与税

※　特に指示がなければ、契約者＝保険料負担者となります。

(3) 高度障害保険金、障害給付金、入院給付金等

身体の傷害や疾病に基因して支払いを受ける「高度障害保険金」「障害給付金」「入院給付金」「手術給付金」「通院給付金」は、被保険者本人が受取る場合だけではなく、配偶者や直系血族、生計を一にする親族が受取る場合も非課税となります。

(4) 生前給付保険金

特定疾病保険金やリビング・ニーズ特約の保険金など、生前に受取る保険金は、高度障害保険金と同様の取り扱いとなり非課税となります。

・高度障害保険金 ・障害給付金 ・入院給付金 ・手術給付金 ・通院給付金 ・生前給付保険金 　・特定疾病保険金 　・リビング・ニーズ特約保険金	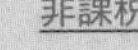 非課税

年金受給権

契約者(＝保険料負担者)：夫、被保険者：夫、年金受取人：夫とする保証期間付終身年金保険契約において、保証期間中に夫が死亡したときは、残りの年金部分に係る年金受給権が、相続税の課税対象となります。
また、契約者(＝保険料負担者)：夫、被保険者：妻、年金受取人：妻とする個人年金保険契約では、妻の年金支払開始日において、年金受給権が贈与税の課税対象となります。

❷ 生命保険料控除

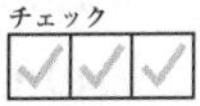

(1) 生命保険料控除

暗記　実技(生保)

① 内　容

生命保険料控除とは、次に掲げる生命保険契約などに係る保険料を12月までに支払った場合、その支払った保険料について一定の金額を課税標準から控除することをいいます。

遺族保障等の保険	定期保険、終身保険など	保険金の受取人のすべてを納税者本人またはその配偶者その他の親族とする契約
介護・医療保障の保険	介護保険、医療保険など	
老後保障の保険	終身年金、確定年金など	年金の受取人を納税者本人またはその配偶者とする契約

(注)・傷害のみを保障する保険および特約(傷害保険、傷害特約、災害割増特約など)は、原則として対象となりません。
・団体信用生命保険は、受取人が金融機関であるため対象となりません。
・少額短期保険業者が販売する保険は対象となりません。

② 2011(平成23)年以前に契約した生命保険の生命保険料控除

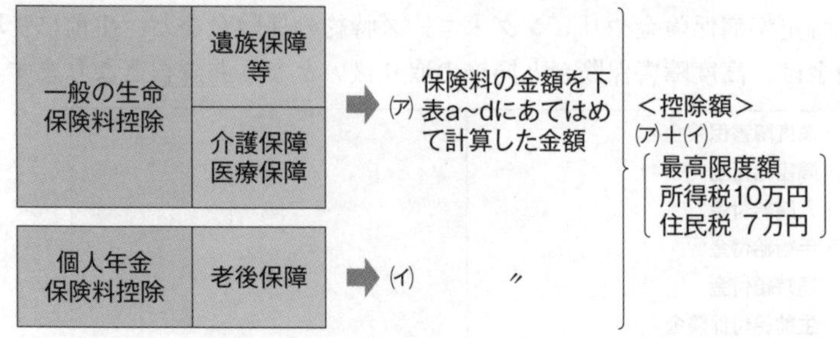

		年間正味払込保険料		控除される金額
所得税	a		25,000円以下	支払保険料の全額
	b	25,000円超	50,000円以下	支払保険料×1／2+12,500円
	c	50,000円超	100,000円以下	支払保険料×1／4+25,000円
	d	100,000円超		50,000円
住民税	a		15,000円以下	支払保険料の全額
	b	15,000円超	40,000円以下	支払保険料×1／2+7,500円
	c	40,000円超	70,000円以下	支払保険料×1／4+17,500円
	d	70,000円超		35,000円

③ 2012(平成24)年以後に契約した生命保険(更新、増額等の契約改定を含む)の生命保険料控除

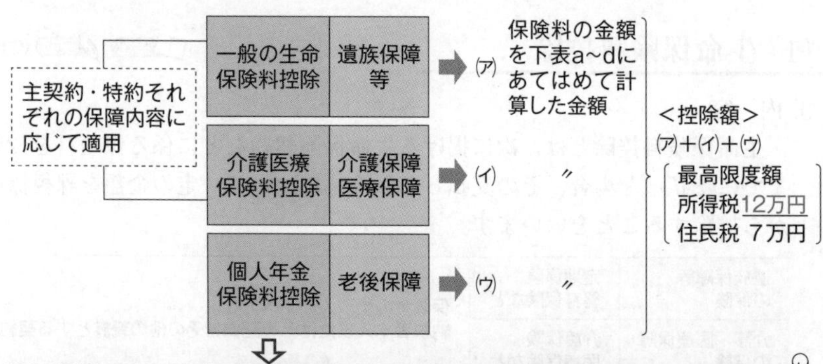

<個人年金保険料税制適格特約の条件>

1. 年金受取人は契約者(＝保険料負担者)またはその配偶者のいずれかであること。
2. 年金受取人は被保険者と同一であること。
3. 保険料払込期間が10年以上であること。
4. 確定年金・有期年金であるときは、年金受け取り開始日の年齢が60歳以上で、かつ、年金受取期間が10年以上の契約であること。　など

		年間正味払込保険料		控除される金額
所得税	a		20,000円以下	支払保険料の全額
	b	20,000円超	40,000円以下	支払保険料×1／2+10,000円
	c	40,000円超	80,000円以下	支払保険料×1／4+20,000円
	d	80,000円超		40,000円
住民税	a		12,000円以下	支払保険料の全額
	b	12,000円超	32,000円以下	支払保険料×1／2+6,000円
	c	32,000円超	56,000円以下	支払保険料×1／4+14,000円
	d	56,000円超		28,000円

④ 保険料の支払方法と生命保険料控除

保険料を一時払いした場合は、その年に全額が保険料として充当されるため、その年1回に限り生命保険料控除の対象となります。

全期前納の場合は、毎年の支払期日に保険料として充当されるため、毎年生命保険料控除が受けられます。

また、自動振替貸付の適用を受けた場合は、返済した年ではなく、適用を受けた年(貸付を受けた年)の生命保険料控除が受けられます。

全期前納と一時払い

生命保険料控除を適用する場面の他、保険期間中に死亡や高度障害が発生した場合の取扱いも異なります。全期前納の場合、死亡や高度障害が発生した以後の未経過分の保険料は返還されますが、一時払いは返還されません。

生命保険料控除の適用

次に掲げる保険(特約)の保険料は、一般の生命保険料控除の対象または原則として生命保険料控除の対象外となります。

保険(特約)	取扱い
・特定(三大)疾病保障定期保険 ・変額個人年金保険 ・一時払定額個人年金保険	一般の生命保険料控除の対象
・傷害保険(特約)、災害割増特約 ・団体信用生命保険 ・少額短期保険 ・財形貯蓄(保険型)	原則として生命保険料控除の対象外

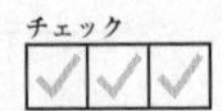

❸ 損害保険契約に関する課税関係

(1) 火災保険

家屋や家財の損害により受取った損害保険金は、非課税となります。

保険金等	課税関係
火災保険金	非課税

(2) 傷害保険等

「後遺障害保険金」「入院給付金」「手術給付金」「通院給付金」は、本人あるいは家族が受取った場合、保険料負担者に関係なく非課税となります。

「死亡保険金」は、契約形態によって課税の仕方が異なり、相続税、所得税、贈与税が課税されます。

保険金等	課税関係
後遺障害保険金 入院給付金 手術給付金 通院給付金	非課税
死亡保険金	契約形態により、相続税、所得税、贈与税
所得補償保険金	非課税

＜死亡保険金の課税関係（例）＞

契約者※	被保険者	受取人	受取人の課税関係
夫	夫	妻または子供 （法定相続人）	相続税 500万円×法定相続人の数が非課税となる特典あり。
		上記以外	相続税
	妻	夫	所得税（一時所得）
		子供	贈与税

※　特に指示がなければ、契約者＝保険料負担者となります。

(3) 自動車保険

「賠償保険」により被害者が受取った損害賠償金、見舞金は、人身事故、物損事故のいずれによるものであっても非課税となります。

「車両保険」により受取った保険金は、非課税となります。

「搭乗者傷害保険」「自損事故保険」により受取った保険金は、傷害保険と同様の取り扱いとなります。

「無保険車傷害保険」により被保険者や被保険者の父母、配偶者、子が受取った保険金は、賠償金と同様に取り扱われ、非課税となります。

保険金等	課税関係
損害賠償金 見舞金	非課税
車両保険金	非課税
搭乗者傷害保険による保険金	傷害保険と同様の取り扱い
自損事故保険による保険金	傷害保険と同様の取り扱い
無保険車傷害保険による保険金	非課税

❹ 地震保険料控除

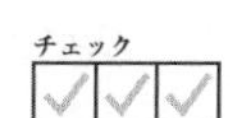

(1) 内　容

納税者本人またはその人と生計を一にする配偶者その他の親族が有する居住用家屋または家財を保険の目的とする地震保険の保険料を支払った場合、その支払った金額（店舗併用住宅の場合は住居部分の金額）を支払った納税者の課税標準から控除します。

(2) 控除額

所得税：地震保険料の全額（最高5万円）
住民税：地震保険料の半額（最高2.5万円）

第7節 ｜ 法人の契約に関する税金

頻出度 A

❶ 保険料の経理処理

重要　チェック

(1) 事業保険と福利厚生保険

法人を契約者とする生命保険契約は、法人を受取人とする事業保険と、役員や従業員およびその遺族を受取人とする福利厚生保険に分類されます。

(2) 事業保険

暗記　実技(生保)

契約者	被保険者	受取人		保険の種類	経理処理	
		死亡保険金	満期保険金		費用処理	資産計上
法人	役員・従業員	(法人)	――	定期保険	(支払保険料)	――
		(法人)	(法人)	養老保険 終身保険	――	(保険料積立金)

① 解約返戻金がない定期保険または第三分野保険

解約返戻金がない(または少額である)定期保険または第三分野保険は掛け捨てのため、保険料の全額を費用(損金)として処理します。

借　方		貸　方	
支払保険料 (費用)	××	現金預金	××

② 養老保険・終身保険

養老保険について、死亡保険金および満期保険金を法人が受取る場合は、保険料の全額を保険料積立金として資産に計上し、費用(損金)としては処理できません。また、終身保険については、養老保険に準じて処理します。

借　方		貸　方	
保険料積立金 (資産)	××	現金預金	××

用語解説

損　金：法人税を計算する際に経費として計上できる金額

(3) 福利厚生保険

暗記 実技（生保）

契約者	被保険者	受取人		保険の種類	経理処理	
		死亡保険金	満期保険金		費用処理	資産計上
法人	役員・従業員	（遺族）	——	定期保険	（福利厚生費）	——
		（遺族）	〔役員・従業員〕	養老保険 終身保険	（給与）	——

① 解約返戻金がない定期保険または第三分野保険

解約返戻金がない（または少額である）定期保険または第三分野保険は掛け捨てのため、保険料の全額を費用（損金）として処理します。なお、特定の人のみを被保険者とする場合は、その人に対する給与として処理され、源泉徴収の対象となります。

借　方		貸　方	
福利厚生費 （費用）	××※	現金預金	××

※特定の人のみの場合は給与勘定で処理します。

② 養老保険・終身保険

養老保険について、死亡保険金を遺族、満期保険金を役員・従業員が受取る場合は、保険料の全額を被保険者に対する給与として処理します。また、終身保険については、養老保険に準じて処理します。

借　方		貸　方	
給　与 （費用）	××	現金預金	××

Hint!　養老保険・終身保険

死亡保険金の受取人を遺族、満期保険金の受取人を役員・従業員とする養老保険などは、本来であればその役員や従業員が自分達のために個人的に加入すべき保険です。その保険料の全額を会社が負担している場合は、形を変えた給与として支払っていると理解しておきましょう。

役員・従業員を被保険者とする積立普通傷害保険を活用する場合もあります。傷害保険金の受取人を役員等、死亡保険金の受取人を遺族、満期返戻金の受取人を法人とした場合、原則として支払保険料のうち積立部分を資産計上、残りの部分を損金の額に算入します。

(4) 1/2養老保険(ハーフタックス・プラン、福利厚生プラン)

暗記 実技(生保)

契約者	被保険者	受取人		保険の種類	経理処理	
		死亡保険金	満期保険金		費用処理	資産計上
法人	役員・従業員	(遺族)	(法人)	養老保険	(福利厚生費)※	(保険料積立金)

※　特定の人のみの場合は給与勘定で処理します。

1/2養老保険については、死亡保険金を遺族、満期保険金を法人が受取るため、保険料の2分の1を保険料積立金として資産に計上し、残りの2分の1を福利厚生費として費用(損金)として処理します。

借　方		貸　方	
保険料積立金(資産)	×× ※1	現金預金	××
福利厚生費(費用)	×× ※2		

※1　保険料の2分の1を資産計上します。
※2　保険料の2分の1を費用(損金)処理します。

(5) 個人年金保険

契約者	被保険者	受取人		保険の種類	経理処理	
		死亡給付金	年　金		費用処理	資産計上
法人	役員・従業員	(遺族)	(法人)	個人年金	(福利厚生費)※	(保険料積立金)

※　特定の人のみの場合は給与勘定で処理します。

死亡給付金を遺族、年金を法人が受け取る個人年金保険は、保険料の10分の9を保険料積立金として資産に計上し、残りの10分の1を福利厚生費として費用(損金)として処理します。

借　方		貸　方	
保険料積立金(資産)	×× ※1	現金預金	××
福利厚生費(費用)	×× ※2		

※1　保険料の10分の9を資産計上します。
※2　保険料の10分の1を費用(損金)処理します。

(6) 最高解約返戻率が50％超の定期保険または第三分野保険

暗記 計算 実技（生保）

法人が契約者、役員または使用人等を被保険者とする定期保険または第三分野保険に加入して保険料を支払った場合には、原則として、最高解約返戻率の区分に応じて処理します。

なお、次の①〜③は、保険金等の受取人が法人の場合の処理となります。

最高解約返戻率とは、保険期間中の解約返戻率（＝解約返戻金÷支払保険料の合計額）のうち、最も高くなる解約返戻率をいいます。なお、最高解約返戻率が50％以下の場合の処理は、「解約返戻金がない定期保険または第三分野保険」の処理と同様です。

① 最高解約返戻率が50％超70％以下

保険期間の前半4割に相当する期間は、保険料×40％を前払保険料として資産に計上し、残額を費用（損金）として処理します。

（例） 保険料：100万円

借　方		貸　方	
前払保険料（資産）	40万円 ※	現金預金	100万円
支払保険料（費用）	60万円		

※ 保険料100万円×40％＝40万円

② 最高解約返戻率が70％超85％以下

保険期間の前半4割に相当する期間は、保険料×60％を前払保険料として資産に計上し、残額を費用（損金）として処理します。

（例） 保険料：100万円

借　方		貸　方	
前払保険料（資産）	60万円 ※	現金預金	100万円
支払保険料（費用）	40万円		

※ 保険料100万円×60％＝60万円

③ **最高解約返戻率が85％超**

保険期間のうち最高解約返戻率となる期間の終了日等までは、保険料×最高解約返戻率×70％（当初10年は90％）を前払保険料として資産に計上し、残額を費用（損金）として処理します。

（例）　保険料：100万円、最高解約返戻率：95％、保険期間の当初10年の処理

借　　方		貸　　方	
前払保険料（資産）	85.5万円 ※	現金預金	100万円
支払保険料（費用）	14.5万円		

※　保険料100万円×最高解約返戻率95％×90％＝85.5万円

①～③のいずれの場合でも、所定の期間が経過した後は、資産に計上した前払保険料を取り崩して、費用（損金）として処理します。

(7) 解約返戻金のない短期払いの定期保険または第三分野保険

暗記　計算　実技（生保）

法人が契約者、役員または使用人等を被保険者とする解約返戻金のない（または少額である）短期払いの定期保険または第三分野保険の保険料は、その金額のうち当該事業年度に対応する部分の金額を費用（損金）として処理し、残額は資産に計上します。

ただし、その事業年度に支払った保険料の額が被保険者ひとり当たり30万円以下の場合、その全額を費用（損金）として処理することができます。

短期払いとは、保険料の払込期間が保険期間より短いものをいいます。

第三分野保険（終身保障タイプ）の経理処理

解約返戻金のない短期払いの定期保険または第三分野保険のうち、保険期間が終身である第三分野保険については、保険期間の開始の日から被保険者の年齢が116歳に達する日までを計算上の保険期間とし、次のように処理します。

（例）契約年齢：40歳、保険期間：終身、保険料払込期間：20年、
　　保険料：38万円、給付金受取人：法人

借　　方		貸　　方	
前払保険料（資産）	28万円	現金預金	38万円
支払保険料（費用）	10万円 ※		

※　$38万円 \times \frac{20年}{116歳 - 40歳} = 10万円$

なお、保険料払込期間が経過した後は、資産に計上した前払保険料を取り崩して、費用（損金）として処理します。

❷ 保険金受取時の経理処理

チェック

法人を契約者とする死亡保険金や満期保険金を受取った場合は、受取人の違いにより、経理処理も異なります。

(1) 法人が受取人の場合

資産に保険料積立金(または前払保険料)が計上してあれば、それを取り崩して受取った保険金額との差額を雑収入(益金)として処理します。

借　方		貸　方	
現金預金	××	保険料積立金(資産)	××
		雑収入	××

なお、支払った保険料を資産として計上せず費用(損金)処理していた場合は、受取った保険金の全額が雑収入(益金)となります。

借　方		貸　方	
現金預金	××	雑収入	××

(2) 本人および遺族が受取人の場合

本人が満期保険金を受取った場合および遺族が死亡保険金を受取った場合には、その受取りについて法人としての経理処理は特に必要ありません。

(3) 法人および遺族が受取人(1/2養老保険)の場合

遺族が死亡保険金を受取った場合には、保険料のうち、保険料積立金として資産に計上していた部分の金額を雑損失(損金)として処理し、貸借対照表から除外します。

借　方		貸　方	
雑損失	××	保険料積立金(資産)	××

なお、法人が満期保険金を受取った場合には、受取った保険金とその資産(保険料積立金)の差額を雑収入(益金)として処理します。

第8節 | 第三分野の保険・共済

頻出度 B

❶ 第三分野の保険

重要　チェック

保険は、人の生死に関する生命保険と、偶然の事故に備える損害保険に大別できます。しかし、最近では、ケガや病気、介護に対するニーズも高まっています。これらを対象とする保険を第三分野の保険といいます。

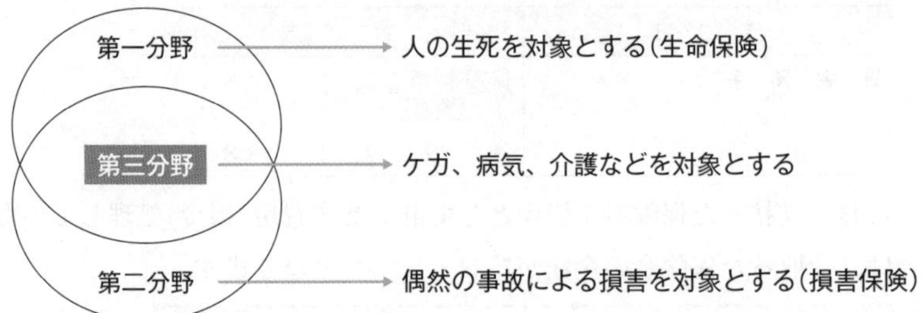

(1) 医療保険

暗記

医療保険は、病気やケガに伴う入院費や通院費の保障を基本とした独立型の保険です。医療保障は終身保険などの主契約に付加する特約型もありますが、医療保険は単独で加入することができます。なお、死亡給付金は少額または支払われないのが一般的です。

また、治療を目的とする入院や手術が給付の対象となるため、検査入院や介護のための入院、正常分娩による入院などは、給付の対象にはなりません。

1入院（退院後180日以内に再入院した場合を含む）の支払日数や通算支払日数に所定の限度がある点は、特約型の医療保障と同じです。

(2) 医療費用保険

医療費用保険は、病気やケガにより健康保険や国民健康保険などの公的医療保険を利用した場合、公的医療保険では給付されない自己負担した治療費、差額ベッド代などの入院諸費用、先進医療費用に対して保険金が支払われる保険です。

この保険は主に損害保険会社が販売しているため、生命保険会社の医療保険のようにあらかじめ定められた「日額」はなく、契約した保険金額の範囲内で自己負担分を受取る実損てん補型の保険です。

自由診療など公的医療保険を利用しない場合でも、保険金を支払うタイプもあります。

(3) 介護保障(費用)保険

介護保障(費用)保険は、病気やケガにより保険会社が定める所定の要介護状態になり、その状態が契約に定める一定の期間(180日など)継続したとき、一時金や年金などを受取れる保険です。

公的介護保険の要介護認定とは別の基準で寝たきりなどを認定しますが、公的介護保険の要介護認定(要介護2以上など)に連動して給付を受けられる種類の保険も販売されています。

なお、死亡した場合には死亡保険金が受取れますが、金額は少額です。

Hint! 介護保障保険と介護費用保険

介護保障保険は、要介護状態になった場合に一定金額の保険金を受取れるという生命保険会社の介護保険です。
それに対して、介護費用保険は、要介護状態になった場合に介護に要した費用を一定の限度額内で受取れるという損害保険会社の介護保険です。

(4) がん保険(ガン保険)

がん保険は、がんと診断された場合に診断給付金が、がんで入院、手術をしたときに入院給付金や手術給付金が受取れ、死亡したときは死亡保険金が受取れる保険です。保障期間別に「定期型」と「終身型」の2タイプに区分されます。

一般にがん保険の保障が開始されるのは、契約日から90日間(または3ヵ月)経過後となり、保障の開始までにがんと診断確定された場合には、契約は無効となります。

満期保険金はありませんが、いつでも解約でき、保険料の払込期間に応じて解約返戻金が支払われることもあります。がん保険は、がんのみを対象とするため、一般の医療保険に比べ保険料は割安となります。また、がんによる入院給付金の支払日数に限度がないのもがん保険の特徴です。

なお、がんの種類によっては支払対象とならない場合があるので、契約の際は約款などで確認が必要です。

設例　ガン保険の保険証券

次の資料に基づき、神田花子さんが乳ガンと診断され、10日間入院した場合、花子さんが受け取ることができる給付金の合計額を答えなさい。

終身ガン保険　　保険証券記号番号　○○－○○○○○

		保険契約者印
保険契約者	神田　花子　様	神田
被保険者	神田　花子　様 昭和53年 4月23日生　女性	
受取人	給付金　被保険者　様 死亡給付金　神田　太郎　様(夫)	受取割合 10割

◇契約日
平成18年8月1日
◇主契約の保険期間
終身
◇主契約の保険料払込期間
終身

◇ご契約内容

ガン診断給付金	初めてガンと診断されたとき	100万円
ガン入院給付金	1日目から	日額　1万円
ガン手術給付金	1回につき	20万円
死亡給付金	ガンによる死亡	20万円
死亡給付金	ガン以外による死亡	10万円

◇お払い込みいただく合計保険料
毎回　△△△△円
[保険料払込方法]
月払い

【解答】

100万円(診断給付金)＋1万円×10日(ガン入院給付金)＝110万円

チェック ✓✓✓

❷ 共　済

共済制度は、民間の保険と異なり、営利を目的とした保険ではないため掛金が割安になっているのが特徴です。一般的に一つの共済制度で生命保険に相当する生命共済と損害保険に相当する損害共済の両方を取り扱っています。

(1) こくみん共済coop(全労済)

全国労働者共済生活協同組合連合会が運営する共済制度であり、加入するには職場を経由するか、地域において100円程度の出資金を支払って組合員になる必要があります。主な商品は「こくみん共済」「新火災共済」「マイカー共済」などです。

(2) JA共済

全国共済農業協同組合連合会が運営する共済制度であり、原則として農業に従事している組合員を対象としています。なお、1事業年度における組合員の利用量の5分の1を超えない範囲で組合員以外の者も利用できます。主な商品は「終身共済」「医療共済」「建物更生共済」「自動車共済」などです。

(3) 都道府県民共済

全国生活協同組合連合会が運営する共済制度であり、加入するには200円程度の出資金を支払って組合員になる必要があります。主な商品は「県民共済」「府民共済」「都民共済」「新型火災共済」などです。

(4) CO-OP共済

日本コープ共済生活協同組合連合会が運営する共済制度であり、全国の生活協同組合の組合員になる必要があります。主な商品は「あいぷらす」「ずっとあい」「自然火災共済」などです。

自然火災共済は、通常の火災共済に加え「地震・噴火・津波」による災害まで補償範囲を拡げたものです。

第3章

金融資産運用

章のテーマ

ライフイベントを実現するためには、あらかじめ資金を準備しておく必要があります。
この章では、資金準備で必要となる金融資産について学習します。また、金融資産を取り巻く経済環境を知ることも大切ですから、景気、物価および金利などの動きについても学習します。

Point

頻出項目ポイント

第1節
- ❷ 景気の判断指標
- ❹ 為替市場
- ❺ 景気対策

第3節
- ❺ 債券価格の変動要因

第4節
- ❸ 個別銘柄の投資指標
- ❺ 株式の取引

第5節
- ❻ 株式投資信託

第6節
- ❷ オプション取引

第7節
- ❷ 期待収益率と投資上のリスク

第9節
- ❶ 預金保険制度

第1節　マーケット環境の理解

頻出度 A

金融資産運用を考える上で、金利や市場（マーケット）に影響を及ぼす経済活動や景気動向について理解をすることが必要です。実際の金融商品の選択は、経済活動や景気の先行きを判断しながら行う必要があります。

❶ 経済活動

重要　チェック

(1) 国内総生産(GDP)

暗記　図表 1-1-1

経済活動の規模を表すものにGDP(Gross Domestic Product)があります。

GDPは、一定期間にその国の国内で生産されたすべての財・サービスの付加価値の総額をいいます。

国内で生産されたものになりますので、日本企業の現地法人が海外で生産した財・サービスは含まれません。

国内で生産された財およびサービスは、最終的に個人や政府によって消費されたり、企業の設備投資および輸出に充てられます。

したがって、国内総生産（供給面）は国内総支出（需要面）と一致します。

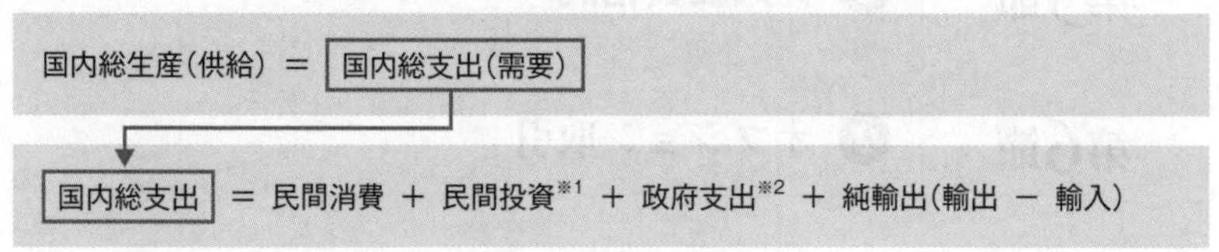

国内総生産（供給）＝ 国内総支出（需要）
国内総支出 ＝ 民間消費 ＋ 民間投資※1 ＋ 政府支出※2 ＋ 純輸出（輸出 － 輸入）

※1　民間投資 → 住宅投資＋設備投資＋在庫品増加
※2　政府支出 → 政府消費＋政府投資

(2) 経済成長率

図表 1-1-2

GDPで景気を判断する場合は、数値そのものよりGDPの変化率（経済成長率）を用いることが多いです。経済成長率が高ければ景気は上向き（高成長）、低ければ横ばい（低成長）ということになります。

経済成長率には、名目成長率（計算上の数値を加工せずにそのまま示したGDPの変化率）と実質成長率（物価変動率を考慮したGDPの変化率）の2つがあります。

図表 1-1-1 GDP

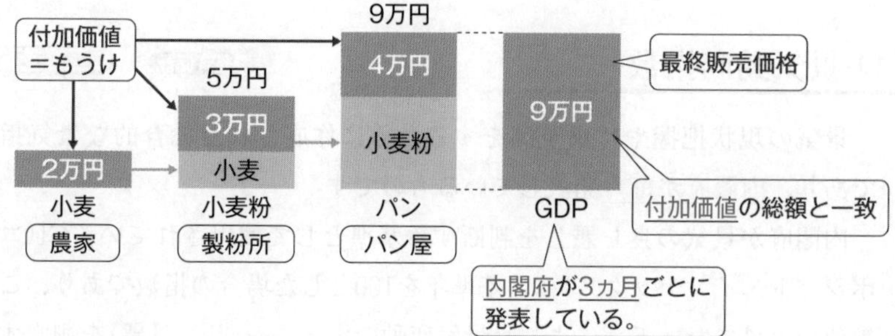

民間消費(個人消費)は、GDPに占める割合が5割～6割程度あるため、経済活動の規模に与える影響が大きくなります。

図表 1-1-2 名目成長率と実質成長率の関係

	名目成長率	－	物価上昇率	＝	実質成長率
(例)	5%	－	3%	＝	2%
	3%	－	3%	＝	0%
	1%	－	△3%	＝	4%

物価が上昇している場合には、名目成長率は実質成長率よりも高くなりますが、物価が下落している場合(物価上昇率がマイナス)には、名目成長率は実質成長率よりも低くなります。

前年実績		本年実績		経済成長率	
財・サービスの価格	生産量	財・サービスの価格	生産量		
@5,000円	10,000個	@5,150円	10,000個		
名目GDP ＝@5,000円×10,000個 ＝50,000,000円		名目GDP ＝@5,150円×10,000個 ＝51,500,000円		名目成長率	3%
				物価上昇率	3%
				実質成長率	0%

❷ 景気の判断指標

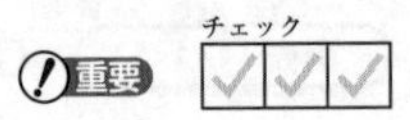

(1) 景気動向指数

暗記　図表 1-2-1

景気の現状把握や将来予測をするために作成された総合的な景気指標であり、内閣府が毎月発表しているものです。

内閣府が景気の良し悪しを判断する基準として使用されているCI(コンポジット・インデックス)は、基準年を100とした場合の指数であり、この数値の上昇または下落により、景気変動の大きさや速度(量感)を測定することができます。

なお、景気動向指数には先行指数、一致指数、遅行指数の3つの分類があります。

CIを計算する際の基になるDI(ディフュージョン・インデックス)は、多くの経済指標から景気に敏感な系列(指標)を選定し、それらの系列のうち3ヵ月前に比べて改善されているものの数と悪化しているものの数のバランスにより、各経済部門への波及の程度(波及度)を測定するものです。

(2) 全国企業短期経済観測調査(日銀短観)

暗記　図表 1-2-2

日本銀行が全国約1万社の企業に対して、現状の業績や今後の見通し(設備投資計画や受注高の予測)など、景気全般についての判断を直接調査し、3ヵ月(四半期)ごとに年4回発表しているものです。

日銀短観の中で最も注目されているのが業況判断DIという指標です。業況判断DIは、業況について「良い」と判断する企業の割合から「悪い」と判断する企業の割合を差し引いた値です。

経営者が景気の現状と先行きをどのように見ているかを示す数値であるため、非常に注目される景気指標となっています。

業況判断DIの種類

業況判断DIは、会社の規模別・業種別に区分されて集計されています。
会社の規模は「大企業(資本金10億円以上)、中堅企業(資本金1億円以上10億円未満)、中小企業(資本金2,000万円以上1億円未満)」に区分され、業種は「製造業(17業種)、非製造業(14業種)」に区分されます。

図表 1-2-1 景気動向指数

景気先行指数 （全11系列）	景気の動きに先行して動く性質をもつ先行系列で、景気の先行きを判断するために使用します。 ・新規求人数（学卒を除く） ・東証株価指数（TOPIX） 等
景気一致指数 （全10系列）	景気とタイミングを同じくして動く性質をもつ一致系列で、景気の現状を判断するために使用します。 ・耐久消費財出荷指数 ・有効求人倍率（学卒を除く） 等
景気遅行指数 （全9系列）	景気の動きに遅れて動く遅行系列で、過去の景気を確認するために使用します。 ・家計消費支出（全国勤労者世帯） ・完全失業率 ・消費者物価指数（生鮮品を除く総合） 等

有効求人倍率

厚生労働省によるハローワークでの調査結果であり、前月繰越分と当月の新規分を合算した月間有効求人数と月間有効求職者数に基づき、次の算式で計算されます。

$$\text{有効求人倍率}=\frac{\text{月間有効求人数}}{\text{月間有効求職者数}}=\times\times\text{倍}$$

有効求人倍率は、好況期には上昇し、不況期には低下する傾向があります。

図表 1-2-2 業況判断DI

業況判断DI(%) ＝「良い」と回答した企業の割合 －「悪い」と回答した企業の割合

業況判断DIがプラスの場合は、現在および将来の景気が好況であることを示しており、マイナスの場合は、現在および将来の景気が不況であることを示しています。

その他の景気指標

景気動向指数や日銀短観の他に、内閣府が毎月発表している次の指標があります。

消費動向調査	消費者の暮らし向きに関する意識の変化や物価の見通しなどを調査し、「消費者態度指数」などを発表
景気ウォッチャー調査	地域の景気に関連の深い動きを観察できる立場にある人々の協力を得て、地域別に景気動向を的確かつ迅速に把握し、「景気の現状・先行き判断DI」を発表

(3) 物価指数

暗記　図表 1-2-3

物価とは、個々の商品やサービスの市場価格を示したものです。景気が低迷すると物価は下落する傾向にあり、反対に景気が過熱すると物価は上昇する傾向にあるため、景気の動向を把握するには物価の動きも合わせて把握する必要があります。

物価変動を示す代表的な指標として、消費者物価指数と企業物価指数があります。

① 消費者物価指数（CPI：Consumer Price Index）

全国の消費者世帯（家計）が購入する商品やサービスの価格を指数化し、総合的な物価の変動をとらえるもので、総務省が毎月発表しています。

生鮮食品は天候などに左右されて価格変動が激しくなるため、「生鮮食品を除く総合指数」が注目されています。

② 企業物価指数（CGPI：Corporate Goods Price Index）

企業間や貿易で取引される商品（サービスを除く）の価格変動をとらえるもので、日本銀行が毎月発表しています。

企業物価指数は、国際商品価格や為替動向の影響を受けやすくなるため、消費者物価指数に比べて短期的な変動が激しくなる傾向があります。

(4) マネーストックとマネタリーベース

① マネーストック

図表 1-2-4

金融機関および中央政府以外の部門（個人・一般法人・地方公共団体）が保有する通貨の総量（市場経済に供給されるお金の量）をいい、日本銀行が毎月発表しています。

マネーストックの増減は景気や物価の変動と密接に関係しているため、景気や物価の先行きを判断するための指標として注目されています。

② マネタリーベース

図表 1-2-5

日本銀行が金融市場を通じて世の中に供給するお金の量です。マネーストックの基になる通貨という意味から「ベースマネー」とも呼ばれています。

一般的に、マネタリーベースが増加するとマネーストックも増加すると考えられているため、日本銀行は金融政策を行うことによりマネタリーベースを増減させ、マネーストックを調整して景気や物価をコントロールします。

図表 1-2-3 物価指数

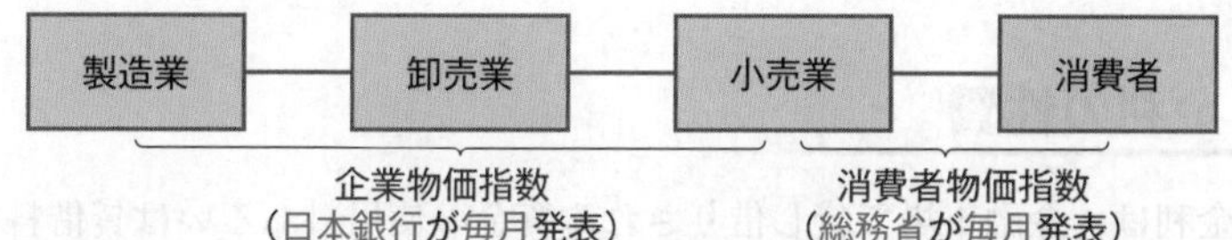

図表 1-2-4 マネーストック

マネーストック（M3） ＝ 現金通貨 ＋ 預金通貨 ＋ 準通貨 ＋ CD

※1 現金通貨→日銀券および補助貨幣
※2 預金通貨→現金と同様の機能をもつ流動性預金（普通預金・通常貯金など）
※3 準通貨→定期性預金（定期預金・定額貯金など）
※4 CD→譲渡性預金（銀行が資金調達のため発行する預金証書）

図表 1-2-5 マネタリーベース

マネタリーベース ＝ 流通現金（金融機関保有分を含む） ＋ 日本銀行当座預金

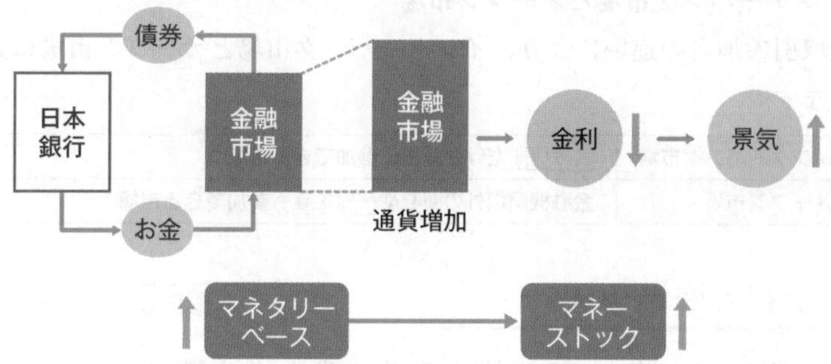

Hint! マネーストックとマネタリーベース

日本銀行が買いオペなどの金融緩和をして供給するお金の量を増加させれば、金利が低下しマネーストックも増加すると考えられています。
しかし、低金利時においても企業や個人がお金を借りなければ、企業や個人が保有するマネーストックが増加せず、景気の改善につながらない場合もあります。マネタリーベースの増加だけではなく、企業や個人の資金需要も増加し、マネーストックの増加を伴って初めて景気の好転が見込まれることを理解しておきましょう。

❸ 金利の変動要因

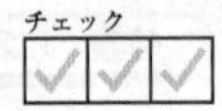

(1) 金利の性質

金利は、金融市場で貸し借りされる資金の使用料あるいは貸借料です。

資金の貸し借りが行われた場合に、資金の借主から貸主に対して支払われる対価が金利となります。

(2) 金融市場

① 短期金融市場と長期金融市場

図表 1-3-1

取引期間の長短により、短期金融市場と長期金融市場に分類されます。

短期金融市場	取引期間が1年未満の短期資金を調達する市場 代表的な金利は、無担保コール翌日物金利(金融機関が担保なしで資金を借り、翌日に返済する取引で使用される金利)で、日本銀行の政策金利になっています。
長期金融市場	取引期間が1年以上の長期資金を調達する市場 代表的な金利は、新発10年物国債利回りです。

② インターバンク市場とオープン市場

取引参加者の違いにより、インターバンク市場とオープン市場に分類されます。

インターバンク市場	金融機関だけが取引に参加できる市場
オープン市場	金融機関以外の商社や一般企業も参加できる市場

(3) 金利の変動要因

図表 1-3-2 図表 1-3-3

金利は、主に資金の需要(借りる側)と供給(貸す側)のバランス(需給バランス)によって変動します。

資金の需給バランスは、景気、物価、為替相場、海外金利などの要因によって変化します。

政策金利

各国の中央銀行が金融政策を行う際の基準となる金利です。
例えば、米国ではFRB(連邦準備制度理事会)がフェデラル・ファンド金利を政策金利としています。

図表 1-3-1 金融市場

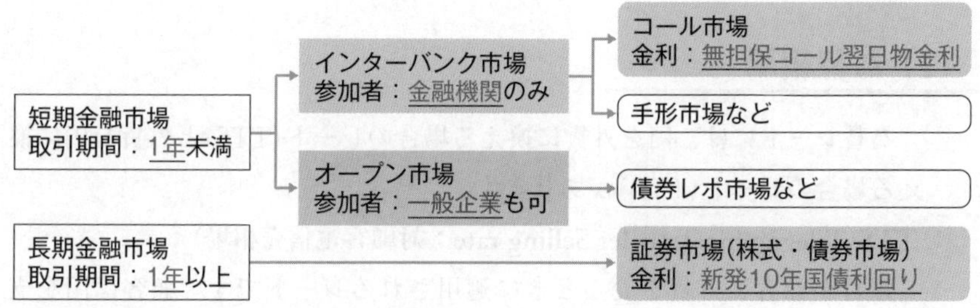

図表 1-3-2 金利の変動

資金需要（借りたい金額）が資金供給（貸したい金額）よりも大きい場合、貸借料である金利は上昇します。

図表 1-3-3 金利の変動要因

要因	金利の上昇	金利の下降
景　気	景気の拡大 →資金需要が増加し、金利が上昇する	景気の後退 →資金需要が減少し、金利が下降する
物　価	物価の上昇 →インフレ懸念からお金から物へのシフトが生じ、借入増加による資金需要の増加と日銀による売りオペにより、金利が上昇する	物価の下落 →デフレ懸念から物からお金へのシフトが生じ、資金需要の減少と日銀による買いオペにより、金利が下降する
為　替(注)	為替が円安 →輸入原材料・製品が値上がりするため物価の上昇が生じて、金利が上昇する	為替が円高 →輸入原材料・製品が値下がりするため物価の下落が生じて、金利が下降する
海外金利(注)	ドル金利の上昇 →アメリカの金融商品を買う動き（ドル買い・円売り）が強まり、ドル高・円安が進み、金利が上昇する	ドル金利の下落 →日本の金融商品を買う動き（ドル売り・円買い）が強まり、ドル安・円高が進み、金利が下降する

（注） マーケットにおける他の要因により、異なる動きをすることもあります。

❹ 為替市場

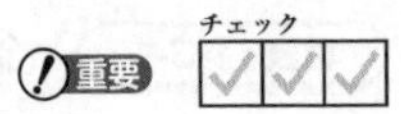

(1) 為替相場

為替レートには、円を外貨に換える場合のレート(TTS)と外貨を円に換える場合のレート(TTB)があります。

① TTS(Telegraphic Transfer Selling rate：対顧客電信売相場)

銀行が顧客に外貨を売るときに適用されるレートです。顧客は円を支払って銀行から外貨を購入しますが、銀行からみると顧客に外貨を売ったことになるため、売相場(Selling rate)と呼ばれます。

② TTB(Telegraphic Transfer Buying rate：対顧客電信買相場)

銀行が顧客から外貨を買い取るときに適用されるレートです。顧客は外貨を支払って銀行から円を購入しますが、銀行からみると顧客から外貨を買ったことになるため、買相場(Buying rate)と呼ばれます。

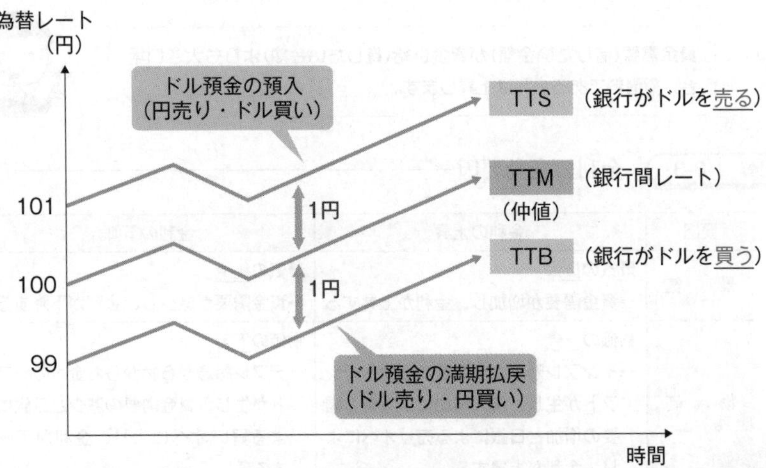

TTBとTTSとの開きは、通常、米ドルで2円程度ですが、金融機関や通貨の種類によって異なります。

外貨預金の円転額の計算

計算 実技（資産）

次の外貨定期預金（預入額：10,000ドル、預入期間：6ヵ月）について、満期時の外貨ベースの元利合計額を円転した金額を計算しなさい。なお、円転した金額について円未満の端数が生じる場合は切り捨てること。

＜条件＞

・預金金利：3.0％（年率）

・為替レート（満期時）　TTS：128円　　TTM：129円　　TTB：130円

※利息の計算に際しては、預入期間は月単位で計算する。

※為替差益・為替差損に対する税金については考慮しない。

※利息に対しては20％（復興特別所得税は考慮しない）の税率による源泉分離課税とする。

【解答】

満期時の外貨ベースの元利合計額を円転した金額を求めるため、TTBレート（130円）を適用する。

①外貨ベースの元利合計額

10,000ドル＋10,000ドル×3.0％×6/12×（1－0.2）＝10,120ドル

②円転した金額

10,120ドル×130円＝1,315,600円

外貨預金の利回り計算

下記の外貨定期預金（預入期間3ヵ月）に10,000ドルを預け入れた場合、満期時における円ベースでの税引後の実質年利回り（％）はいくらになるかを計算しなさい。なお、復興特別所得税は考慮せず、外貨預金の利子は20％の税率による源泉分離課税とし、小数点以下第3位を四捨五入すること。

＜条件＞

・外貨預金の表面利率　　　年2.0％（利子は月割りで計算すること）

・預入時の為替レート　　　TTS：119円　　TTM：118円　　TTB：117円

・利払時、満期時の為替レート　TTS：122円　　TTM：121円　　TTB：120円

【解答】

預入時にはTTSレート（119円）を適用し、満期時にはTTBレート（120円）を適用する。

①円ベースの預入額

10,000ドル×119円＝1,190,000円

②円ベースの元利合計

｛10,000ドル＋10,000ドル×2.0％×3/12×（1－0.2）｝×120円＝1,204,800円

③円ベースでの税引後の実質年利回り

$$\frac{1{,}204{,}800\text{円} - 1{,}190{,}000\text{円}}{1{,}190{,}000\text{円}} \times 100 \times \frac{12\text{月}}{3\text{月}} = 4.97\%$$

(2) 為替相場の変動要因

図表 1-4-1

為替レートは主に景気、金利水準、物価などで変動しますが、自国通貨と外国通貨の交換価値(交換比率)であるため、海外の経済状況なども含めたさまざまな要因によって変動します。

<為替相場の変動－円安になる場合－>

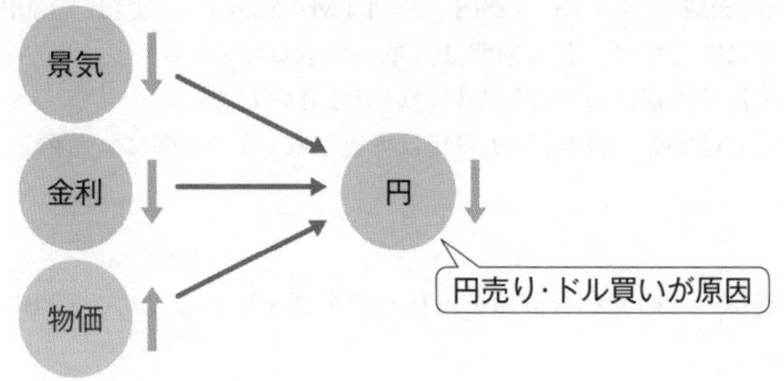

❺ 景気対策

景気変動が極端に行き過ぎると、企業の活動や雇用情勢など国民生活に大きな影響を与えることになります。たとえば、景気が過熱しすぎると物価上昇などが起こり、景気が悪すぎると失業が増加して社会不安が起こります。したがって、景気変動の波が大きくならないように、好況期には景気抑制策が、また不況期には景気刺激策などの景気対策が必要となります。

(1) 金融政策

日本銀行は、物価の安定と金融システムの安定を図るために金融政策を行います。従来は公定歩合操作、預金準備率操作、公開市場操作の3つを実施していましたが、現在は公開市場操作(オペレーション)を中心に実施しています。

① 公開市場操作(オープンマーケット・オペレーション)

暗記　図表 1-5-1　図表 1-5-2

日本銀行が短期金融市場で有価証券(主に国債など)を売買することによって、市場の資金量を調節する政策です。日本銀行が債券などを売却して資金を吸収する操作を売りオペレーション(金融引締)、債券などを買入して資金を供給する操作を買いオペレーション(金融緩和)といいます。

図表 1-4-1 為替相場の変動要因

要因	円高	円安
景気	景気が拡大すると、海外の企業による日本支店の開設などで円を買ってドルを売る動きが強まる →円高・ドル安	景気が後退すると、日本の企業が海外に進出するようになり、円を売ってドルを買う動きが強まる →円安・ドル高
金利 （運用面）	国内金利が上昇して相対的に日本の金融商品の魅力が増してくると、海外の円需要が増え円を買ってドルを売る動きが強まる →円高・ドル安	国内金利が下降して相対的に海外の金融商品の魅力が増してくると、国内のドル需要が増え円を売ってドルを買う動きが強まる →円安・ドル高
物価 （価格面）	物価の下落（デフレ）は、貨幣価値を高めるため、価値の高い円を買ってドルを売る動きが強まる →円高・ドル安	物価の上昇（インフレ）は、貨幣価値を低下させるため、価値の低い円を売ってドルを買う動きが強まる →円安・ドル高

Hint! **購買力平価説**

二国間の通貨における交換比率を決めるために、通貨の持つ購買力に着目して決定する考え方があります。
例えば、米国でハンバーガー1個を購入するのに1ドル必要であり、日本で同じハンバーガー1個を購入するのに150円が必要であった場合、ハンバーガー1個を購入する力で比較すると1ドルと150円の価値は等しくなります（1ドル＝150円のレートが成立）。しかし、日本の物価だけが下落し、ハンバーガー1個が100円で購入できるようになると、通貨の価値は1ドル＝100円となって為替レートは円高に推移します。

図表 1-5-1 公開市場操作

好況期：売りオペ（債券などを売却） → マネーストックの減少 → 金利上昇 → 景気抑制
不況期：買いオペ（債券などを買入） → マネーストックの増加 → 金利下降 → 景気刺激

図表 1-5-2 不況期の買いオペ（金融緩和）

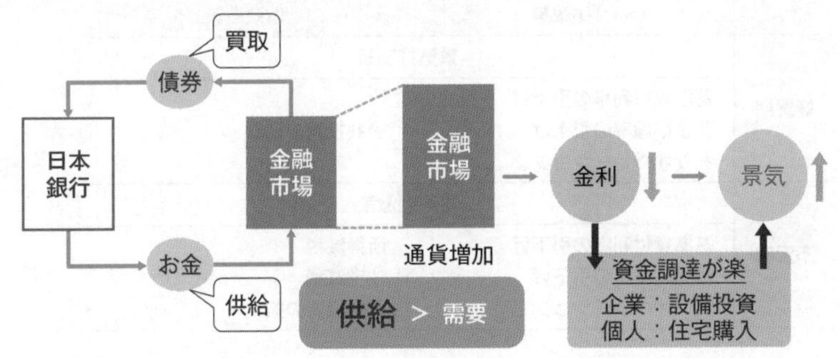

② **預金準備率操作** 図表 1-5-3

日本銀行が預金準備率(市中銀行が日本銀行に預金の一定割合を預けておく割合)を上下させることで、銀行の貸出しに影響を与える政策です。

③ **公定歩合操作** 図表 1-5-4

公定歩合は日本銀行が金融機関に資金を貸し付ける際の基準金利です。

かつてはこの金利を上下させることによって市場の金利をコントロールすることができましたが、現在では市場の金利はコール市場の需給バランスで決定されることになったため、公定歩合操作は実施されていません。

公定歩合は「基準割引率および基準貸付利率」に名称が変更され、補完貸付制度(市中銀行が日本銀行から短期資金を調達する仕組み)の適用金利となっています。

(2) 財政政策 図表 1-5-5

財政政策は、持続的な経済成長を達成するために国の裁量で行うものであり、公共投資、所得減税などがあります。

① **公共投資**

財政資金を道路などの公共施設の建設に投入することによって経済的な波及効果を狙い、景気を回復させる政策です。

なお、公共投資の財源として大量の国債を発行する場合、国債価格の下落による長期金利の上昇を招くこともあります。

② **所得減税**

住宅減税を始めとする個人所得税の減税は、個人の可処分所得を増加させて消費の拡大を図り、景気を回復させる政策です。

＜景気政策のまとめ＞

	金融政策	財政政策
	景気抑制策	
好況期	基準貸付利率の引上げ 預金準備率の引上げ 売りオペレーション	公共投資の削減
	景気刺激策	
不況期	基準貸付利率の引下げ 預金準備率の引下げ 買いオペレーション	所得減税 住宅減税 公共投資の拡大

図表 1-5-3　預金準備率操作

好況期：預金準備率の引上げ → 市中銀行の貸出余力縮小 → 金利上昇 → 景気抑制
不況期：預金準備率の引下げ → 市中銀行の貸出余力増大 → 金利下降 → 景気刺激

図表 1-5-4　基準割引率および基準貸付利率

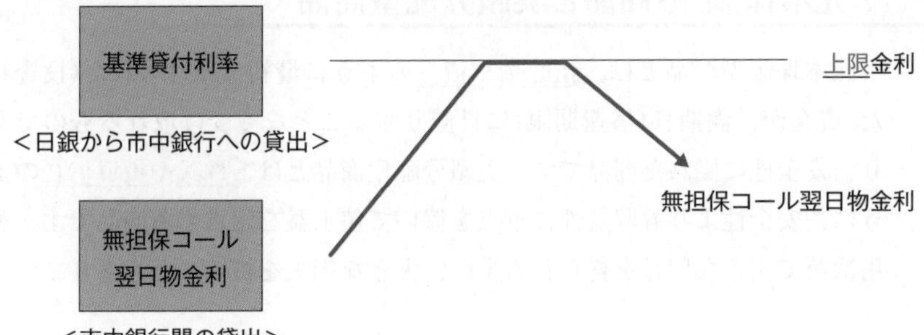

短期金利が急激に上昇した場合、市中銀行は補完貸付制度を利用して日銀から基準貸付利率での借入が可能となります。
基準貸付利率は無担保コール翌日物金利より高いため、基準貸付利率は実質的に短期金利（無担保コール翌日物金利）の上限という役割を果たしています。

図表 1-5-5　不況期における景気刺激策

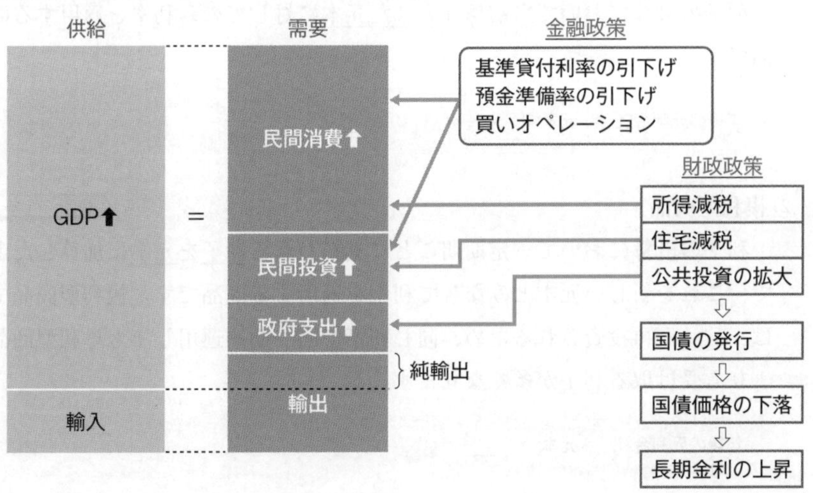

第2節　預貯金等

❶ 金融商品の分類基準

チェック

(1) 元本保証型商品と実績分配型商品

元本保証型商品とは、預貯金や債券のように最初に預け入れた(投資した)資金が、満期日(償還期限)に目減りすることなく受け取れるものであり、安全性に優れた商品です。実績分配型商品とは、株式や投資信託のように、安全性よりも収益性に重点を置いて値上益を追求する商品です。運用次第で大きな収益を得られる半面、大きな損失を被ることもあります。

(2) 固定金利型商品と変動金利型商品

固定金利型商品とは、当初の預入時に約束された金利が満期まで変わることなく固定されている金融商品です。変動金利型商品は、金利水準の変化に連動して預入期間中に適用金利が変動する金融商品です。

(3) 単利型商品と複利型商品

① 単利型商品　図表 2-1-1

利子の計算において当初預け入れた元本に対してのみ利率を適用する商品です。

n年後の元利合計 ＝ 元本 ＋ 元本 × 利率 × n年

② 複利型商品　図表 2-1-2

利子の計算において一定期間ごとに支払われる利子を元本に加算した上で、これを新しい元本とみなして利率を適用する商品です。複利型商品では、利子が再投資されるため、同じ利率で同一期間運用しても単利型商品よりも受け取る利子が多くなります。

n年後の元利合計 ＝ 元本 × $(1 + \text{利率})^n$

図表 2-1-1 **単利型商品**

単利計算

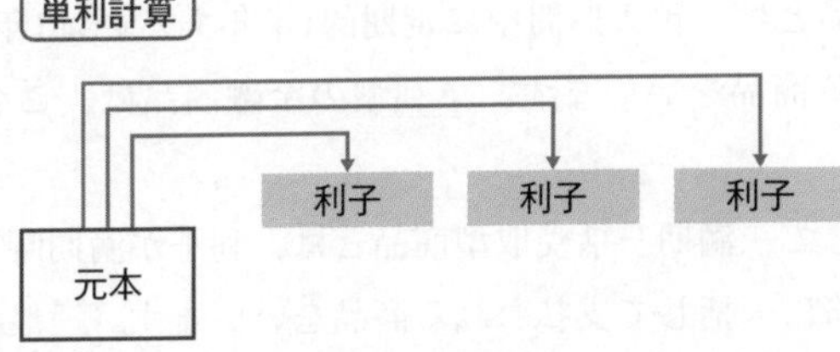

元本＋元本×利率×n年＝n年後の元利合計

1,000,000＋1,000,000×4％×5年＝1,200,000

図表 2-1-2 **複利型商品**

複利計算

（例） 元本1,000,000円を年利率4％（1年複利）で5年間運用した場合の元利合計金額（手数料等は考慮しない）

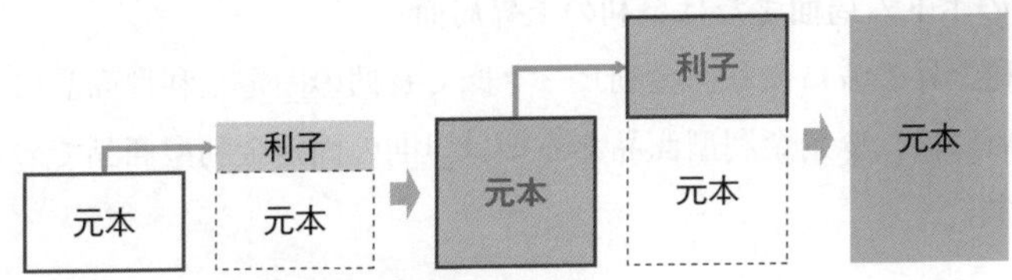

元本×（1＋利率）^{n}＝n年後の元利合計

1,000,000×（1＋0.04）^{5} ＝1,216,653

1.04×1.04×1.04×1.04×1.04

（1＋0.04）^{5}＝1.04×1.04×1.04×1.04×1.04＝1.216652･･･

電卓で計算する場合は、まず1.04と打ち（これで1乗となる）、次に ☒ を2回打ちます（同じ数字を掛ける定数計算の指示ですがメーカーによって異なります）。

最後に ⊟ を4回打ちます（⊟ を1回打つと2乗、⊟ を2回打つと3乗になります）。

1.04 ☒ ☒ ⊟ ⊟ ⊟ ⊟ →1.216652･･･

(4) 利払型商品と満期一括受取型商品

利払型商品とは、預入期間中に定期的(半年あるいは1年に一度)に利子が支払われる商品をいいます。単利型の金融商品は、この利払型商品に該当します。

これに対して、満期一括受取型商品とは、利子が満期時もしくは解約時に元本と一緒に一括して支払われる商品をいいます。一般的に複利型の金融商品は、満期一括受取型商品に該当します。

(5) 金利サイクルと金融商品の選択

① 金利のピーク局面または金利の低下局面

将来にわたって現在の高金利を享受するため、長期の固定金利型商品での運用が有効です。

② 金利のボトム局面または金利の上昇局面

金利上昇の波に乗り、金利ピーク圏で長期の固定金利型商品に乗り換えるためには、変動金利型商品あるいは短期の固定金利型商品での運用が有効です。

＜金利サイクルと金融商品の選択＞

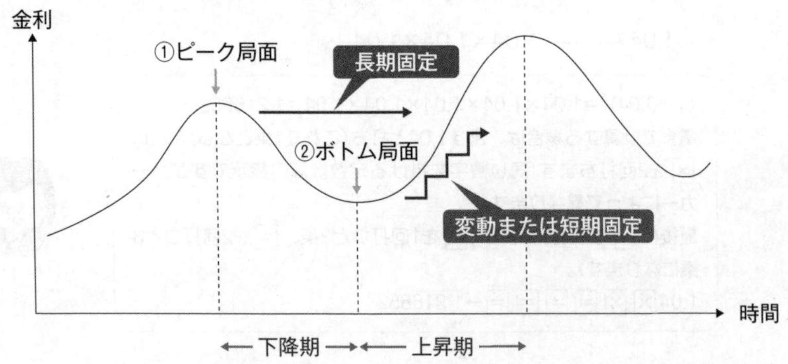

❷ 預貯金の種類

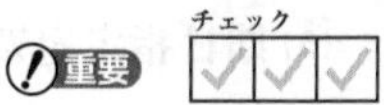

(1) 銀行等で利用できる預貯金

① 普通預金

換金性、利便性に優れ、日常の生活資金の出し入れに適しています。普通預金に定期預金などがセットされたものを総合口座といいます。総合口座では、普通預金が残高不足となった場合に定期預金などを担保として自動融資されます。

預入金額	原則として1円以上1円単位
金　　利	変動金利（半年複利）

② 貯蓄預金

流動性に優れていますが、給与・年金などの自動受取り、公共料金などの自動支払口座として利用できません。

預入金額	原則として1円以上1円単位
金　　利	・変動金利（1年複利） ・預金残高が、基準残高以上の日は普通預金を上回る金利を適用、基準残高未満の日は普通預金金利かそれを下回る金利を適用する場合もあります。

③ スーパー定期預金

大口定期預金を除く小口定期預金の個人向けの主流商品であり、最長預入期間は10年です。預入金額が300万円未満と300万円以上で適用金利が異なることもあります。

預入金額	原則として1円以上1円単位
金　　利	固定金利（3年未満：単利、3年以上：単利/半年複利を選択）

④ 大口定期預金

市場金利を基準として、自由に金利が決められる商品です。預入金額は1,000万円以上で、利率は各金融機関の窓口に表示される標準金利を基準に預金者との交渉で決定します。

預入金額	1,000万円以上1円単位
金　　利	固定金利（単利）

⑤ 期日指定定期預金

1年間の据置期間を経過すれば、預金者が満期日を指定することができる定期預金です。利子は1年ごとの複利計算で、最長預入期間は3年です。

預入金額	原則として1円以上1円単位、300万円未満
金　利	固定金利（1年複利）

⑥ 変動金利定期預金

預入時から満期までの利率が年2回見直しされる新しいタイプの定期預金です。

預入金額	原則として1円以上1円単位
金　利	・変動金利（3年未満：単利、3年以上：単利/半年複利を選択） ・預入れ後6ヵ月ごとに金利を見直します。

(2) ゆうちょ銀行で利用できる預貯金

① 通常貯金

銀行の普通預金とほぼ同様の換金性と利便性を持ちます。

総合口座は、通常貯金に定額貯金や定期貯金などがセットされたもので、通常貯金が残高不足となった場合には定額貯金などを担保として自動融資されます。

預入金額	1円以上1円単位
金　利	変動金利（半年複利）

② 通常貯蓄貯金

流動性に優れていますが、給与・年金などの自動受取り、公共料金などの自動支払口座として利用できません。

預入金額	1円以上1円単位
金　利	・変動金利（半年複利） ・貯金残高が、基準残高以上の日は通常貯金を上回る金利を適用、基準残高未満の日は通常貯金金利かそれを下回る金利を適用する場合もあります。

③ 定期貯金

暗記

スーパー定期預金のゆうちょ銀行版です。スーパー定期預金の最長預入期間は10年ですが、定期貯金の最長預入期間は5年となっています。

預入金額	1,000円以上1,000円単位
金　利	固定金利(3年未満：単利、3年以上：半年複利のみ)

④ 定額貯金

定額貯金は、半年複利方式によるゆうちょ銀行の主力商品です。

6ヵ月の据置期間を経過すれば払戻しが可能で、最長預入期間は10年となっています。半年複利計算で、しかも3年までは預入期間が長くなるに従って利率も高くなります。

預入金額	1,000円以上1,000円単位
金　利	・固定金利(半年複利) ・半年複利の金利は6段階の固定金利

個人がゆうちょ銀行に預けることができる貯金の預入限度額は、通常貯金で1,300万円、定期性貯金で1,300万円の合計2,600万円です。なお、財形貯金、振替貯金(決済用預金)は上記の限度額には含まれません。

仕組預金

仕組預金とは、オプション取引などのデリバティブ(金融派生商品)を組み込むことなどにより、通常の預金金利よりも高い金利を提示している預金商品をいいます。仕組預金には、金融機関の判断によって満期日までの期間が変更されるものがあります。また、仕組預金は原則として中途解約はできません。
なお、国内銀行に預け入れられている円建ての仕組預金は、その元本、利息のいずれも預金保険制度による保護の対象となります。

❸ 金融商品のリスク

!重要 実技（個人）

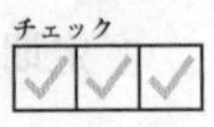

図表 2-3-1

金融商品には以下に掲げるさまざまなリスクが存在します。

金融商品共通のリスク	価格変動リスク	金融商品の価格自体が上下して、金融商品の価値が増減するリスク。 マーケット（株式市場、債券市場、為替市場）で収益を得るすべての金融商品には、価格変動リスクが存在します。
	為替リスク	為替相場の変動によって、金融商品の価値が増減するリスク。 外貨預金、外国債券、外国株式など外国の通貨で取引する商品（外貨建て金融商品）には、為替リスクが存在します。
	インフレリスク	物価の上昇により貨幣価値が下落するリスク。 金融商品の元利金は、すべて表面上の価格で評価するため、インフレによる貨幣価値の下落を回避することはできません。
	流動性リスク	換金できない、または中途換金できても解約手数料が大きく手取金額が減少するリスク。
	地政学的リスク（カントリーリスク）	投資先である相手国で戦争などが発生したり、相手国政府が為替取引を制限することなどによって、投資資金が回収不能となるリスク。
債券特有のリスク	金利変動リスク	金利の変動によって金融商品の価値が増減するリスク。 特に債券は金利の上昇によって債券価格が下落しますので、債券投資には金利変動リスクが存在します。
	途中償還リスク	債券が繰上償還などにより途中償還され、当初予定していた投資期間や利回りでの運用ができなくなるリスク。
	信用リスク（デフォルトリスク）	債務者が債務不履行になり、元利金の全部または一部が回収できなくなるリスク。

図表 2-3-1 信用リスク 暗記

債券を発行している企業の信用リスクについては、ムーディーズ、S&Pグローバル・レーティング(旧スタンダード&プアーズ)などの民間の格付会社が評価しています。

ムーディーズ	S&P	適否分析	債券価格	信用リスク・リターン
Aaa	AAA	投資適格債	高	低リスク・低リターン
Aa	AA		↑	↑
A	A			
Baa	BBB			
Ba	BB	投機的債券 (ジャンク債)		中リスク・中リターン
B	B			
Caa	CCC			
Ca	CC			
C	C		↓	↓
—	D		低	高リスク・高リターン

格付が低い債券ほど安全性が低いため、債券価格が低くなり、リターン(利回り)は高くなります。
また、同じ発行会社が発行する債券であっても、発行時期や残存期間、格付会社の評価基準によっても格付は異なります。

Hint! 格付とデフォルト率の関係

債券の格付が低いほど、また経過年数が長くなるほど債務不履行になる可能性(デフォルト率)が高くなります。
一般的に投資適格債(Baa、BBB以上)に分類される債券のデフォルト率は、5年経過時点で1%前後、10年経過時点で2%前後です。一方、投機的債券(Ba、BB以下)に分類される債券のデフォルト率は、5年経過時点で15%前後、10年経過時点で20%前後となります。

第3節　債　券

頻出度 A

❶ 債券の概要

図表 3-1-1　図表 3-1-2

債券とは、資金の調達が必要となる国、企業(発行体)などが、多数の人々から資金を借りる手段として発行するものです。国が発行する債券を国債、企業が発行する債券を社債といいます。

債券は、9割以上が証券取引所を通さずに証券会社などと投資家が直接相対取引する店頭市場で流通しています。

❷ 発行条件

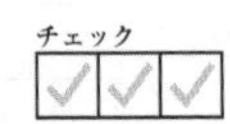

(1) 表面利率(クーポンレート)

図表 3-2-1

債券に記載された額面金額に対して毎年支払われる1年間の利子の割合を表面利率(クーポンレート)といいます。なお、利子は通常年2回支払われます。

(2) 発行価格

図表 3-2-2

債券の発行時における、額面金額に対する払込金額のことを発行価格といいます。

	額面金額100円に対する発行価格
パー発行(平価発行)	100円
アンダーパー発行(割引発行)	100円未満
オーバーパー発行(打歩発行)	100円超

(3) 償還期限

債券の額面金額が償還される期日のことを償還期限といいます。

図表 3-1-1 債券の種類

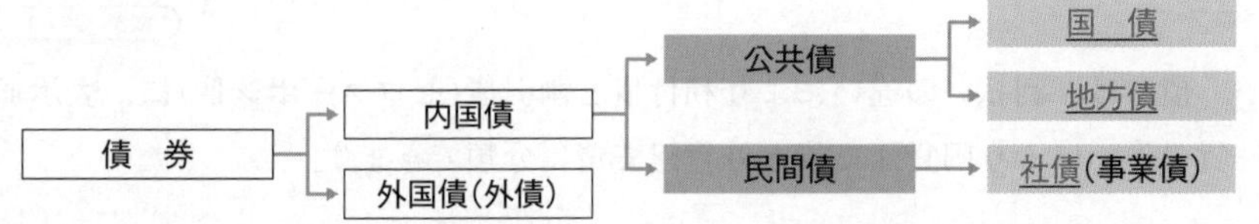

図表 3-1-2 債券の特徴

・一定の時点において利子が支払われ、満期償還日に元本が支払われます。
・満期償還日まで保有すると元本が保証されています。

図表 3-2-1 債券の発行条件

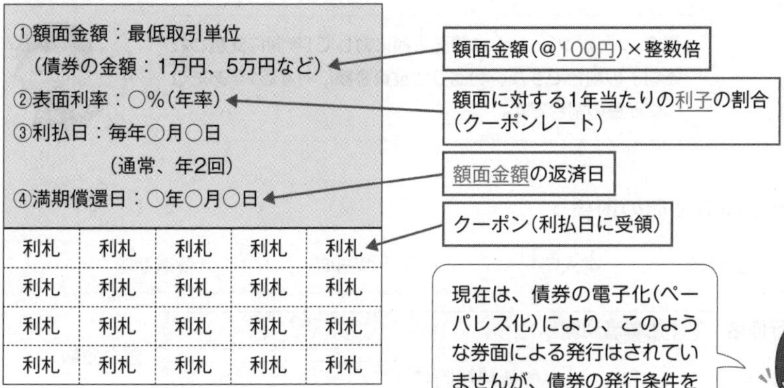

①額面金額：最低取引単位
（債券の金額：1万円、5万円など）← 額面金額(@100円)×整数倍
②表面利率：○%(年率) ← 額面に対する1年当たりの利子の割合(クーポンレート)
③利払日：毎年○月○日
（通常、年2回）
④満期償還日：○年○月○日 ← 額面金額の返済日

利札	利札	利札	利札	利札
利札	利札	利札	利札	利札
利札	利札	利札	利札	利札
利札	利札	利札	利札	利札

利札 ← クーポン(利払日に受領)

現在は、債券の電子化(ペーパレス化)により、このような券面による発行はされていませんが、債券の発行条件を理解する上で、確認しておいても良いでしょう。

図表 3-2-2 発行価格と償還差損益

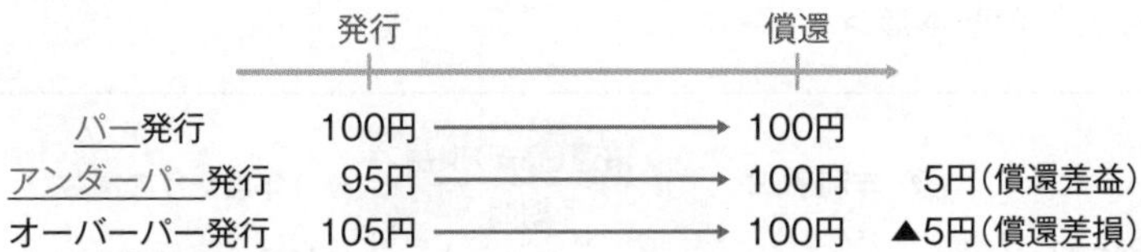

満期日まで保有した場合、アンダーパー発行の場合には償還差益が発生し、オーバーパー発行の場合には償還差損が発生します。

❸ 債券の分類基準

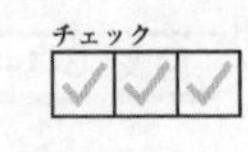

図表 3-3-1

債券は、利払いの違いにより利付債と割引債(ゼロクーポン債)に、表示通貨の違いにより円貨建て債と外貨建て債に分類できます。

❹ 利付債の利回り(単利計算)

図表 3-4-1

債券の利回りとは、当初の投資金額に対して、1年当たりの総収益(利子収入と償還差損益や売買損益の合計)がどのくらいの割合であるかを示したものです。

利率(クーポンレート)は額面金額に対して1年間に支払われる利子の割合ですが、利回りは投資金額に対する1年あたりの総収益の割合です。

<利回りと所有期間の関係>

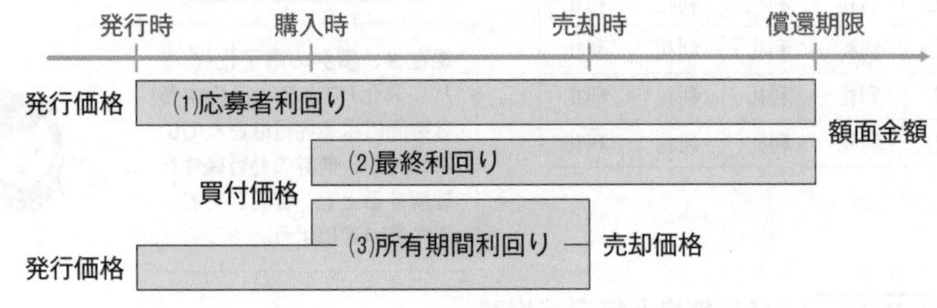

<利回り計算の基本形>

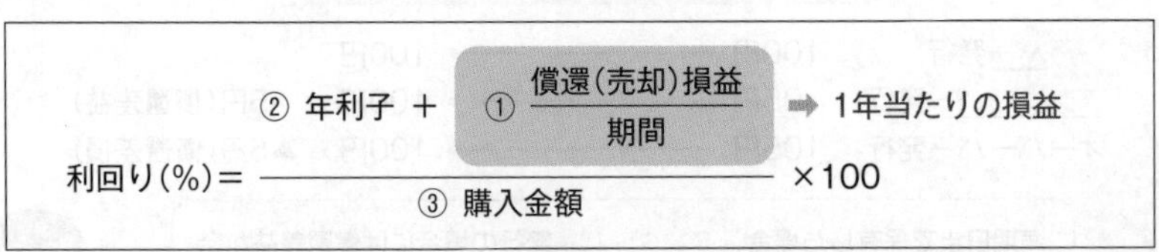

電卓で計算をする時には、①で1年当たりの損益を計算し、その答えに②の年利子をプラスし、その答えを③の購入金額で割るという手順で行うと、計算がしやすいです。

図表 3-3-1 債券の分類基準

利付債	毎年決まった時期に利子が払われる債券 利付債でも、平価発行、割引発行および打歩発行の3種類がある。
割引債 （ゼロクーポン債）	利子が支払われないかわりに、割引発行のみで発行され、満期時に額面（普通は@100円）で償還される債券
円貨建て債	発行通貨が円貨である債券（発行体は問われない）
外貨建て債	発行通貨が外貨である債券（発行体は問われない）

図表 3-4-1 利付債の利回り計算

（資産・個人）

（1）応募者利回り

新発債を償還期限まで所有した場合の1年当たりの利回りです。

$$\text{応募者利回り（\%）} = \frac{\text{年利子} + \dfrac{\text{額面金額} - \text{発行価格}}{\text{償還期間}}}{\text{発行価格}} \times 100$$

（2）最終利回り

既発債を償還期限まで所有した場合の1年当たりの利回りです。

$$\text{最終利回り（\%）} = \frac{\text{年利子} + \dfrac{\text{額面金額} - \text{買付価格}}{\text{残存期間}}}{\text{買付価格}} \times 100$$

（3）所有期間利回り

債券を償還期限前に売却した場合の1年当たりの利回りです。

$$\text{所有期間利回り（\%）} = \frac{\text{年利子} + \dfrac{\text{売却価格} - \text{買付価格（発行価格）}}{\text{所有期間}}}{\text{買付価格（発行価格）}} \times 100$$

（4）直接利回り

単純に毎年受け取ることができる利子が投資金額に対してどの程度の割合になるのかを計るものです。

$$\text{直接利回り（\%）} = \frac{\text{年利子}}{\text{買付価格（発行価格）}} \times 100$$

❺ 債券価格の変動要因

重要

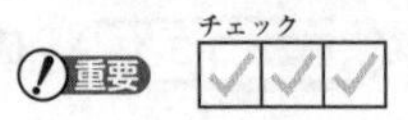

(1) 債券価格の変動要因

図表 3-5-1

債券は償還期限まで保有すれば額面金額で償還されるため、元本が保証されています。しかし、途中換金する場合には債券市場において時価で売却することになるため、価格変動リスクが存在します。

債券の価格変動リスクは、債券の金利変動リスクに起因しています。たとえば、市場の金利が上昇すると、既発債は同程度の利回りを確保しなければ売却できないため、債券価格は下落します。

(2) 金利変動と債券価格

暗記　図表 3-5-2

金利が上昇した場合に債券価格は下落しますが、その下落の変動幅は債券の利率や償還期限までの期間によって異なります。

要素		価格の変動
表面利率（クーポンレート）	低い	大きい
	高い	小さい
残存期間	短い	小さい
	長い	大きい

❻ 個人向け国債

重要　チェック

1万円単位から個人のみが保有できる国債であり、次の3種類があります。

暗記

	変動金利型10年満期	固定金利型5年満期	固定金利型3年満期
金利水準	10年固定利付国債の基準金利×0.66	5年固定利付国債の基準金利－0.05%	残存期間3年の5年固定利付国債の基準金利－0.03%
利払い	年2回		
最低金利	0.05%		
中途換金	1年を経過すれば、いつでも中途換金可能		
中途換金調整額	直前2回分の税引前利子相当額×80%(注)		
手取額	額面金額－中途換金調整額		
発行頻度	毎月発行		

（注）　復興特別所得税が加算される場合、直前2回分の税引前利子相当額×79.685%（＝1－20.315%）となります。

図表 3-5-1 債券価格の変動要因

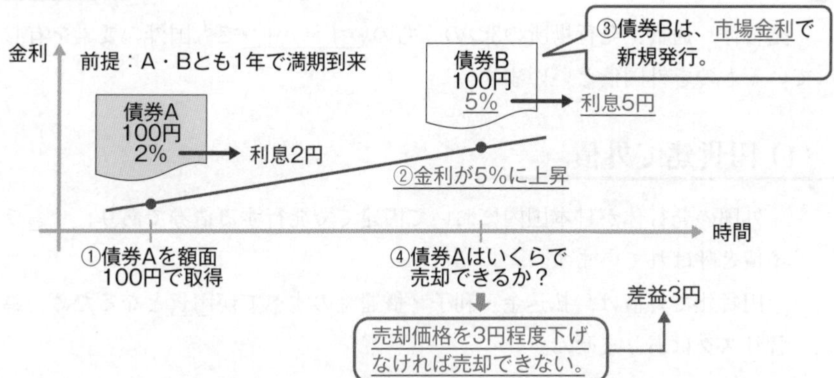

図表 3-5-2 金利変動と債券価格

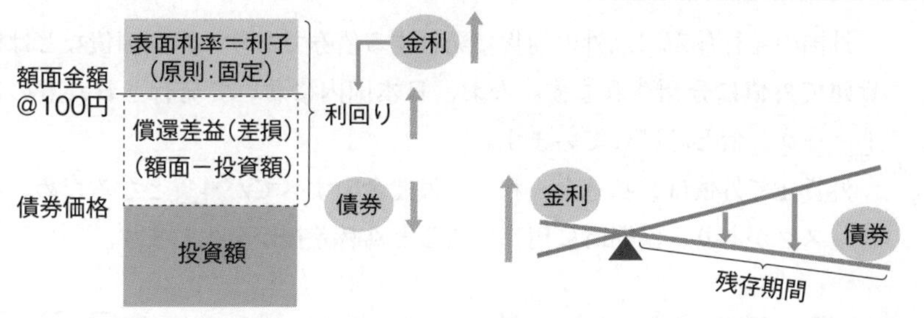

クーポンレートは原則として固定されていますので、クーポンレートが低い債券ほど債券価格を下げて利回りを確保する必要があります。また、残存期間が長いほど、債券価格はより大きく反応するため、金利上昇局面では大きく下落します。

設例 個人向け国債の中途換金

変動金利型10年満期の個人向け国債（額面100万円）を20X1年4月16日に購入した。この個人向け国債を第2回利払日（20X2年4月15日）の翌日に中途換金した場合の手取額を求めなさい。なお、復興特別所得税、経過利子は考慮しないこと。

・第1回利払日の年利率　0.5%　　・第2回利払日の年利率　0.3%

【解答】

①第1回目利払日　1,000,000円×0.5%×6月/12月×（1－20%）＝2,000円（税引後）

②第2回目利払日　1,000,000円×0.3%×6月/12月×（1－20%）＝1,200円（税引後）

③解約時（手取額）　1,000,000円－（2,000円＋1,200円）＝996,800円

中途換金調整額として直前2回分の税引後利子相当額が差し引かれますが、①～③の受取総額は100万円であり、1年以上保有すれば投資額を下回ることはありません。

❼ 外国債

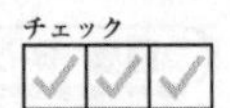

発行体、通貨、発行場所の3つのうちのいずれか1つでも国外の要素を有しているものを外国債といいます。

(1) 円貨建て外債

外国の発行体が日本国内において円建てで発行する債券であり、サムライ債と呼ばれています。

円貨建て外債は、払込金・利子・償還金のすべてが円貨となるため、為替リスクはありません。

(2) 外貨建て外債

外国の発行体が円以外の通貨で発行する債券であり、米国国債などは外貨建て外債に分類されます。なお、日本国内において発行されたものはショーグン債と呼ばれています。

外貨建て外債は、払込金・利子・償還金のすべてが外貨となるため、為替リスクがあり、満期時に円高になると為替差損が発生します。

(3) デュアルカレンシー債

図表 3-7-1

払込金と利子が円貨、償還金が外貨となる債券であり、二重通貨債とも呼ばれています。

償還金が外貨となるため為替リスクのある商品ですが、利子が円貨であるため、外貨建て外債よりも為替リスクが軽減されます。

なお、払込金と償還金が円貨、利子が外貨となる債券をリバース・デュアルカレンシー債といいます。

償還金が円貨であるため、一般的にデュアルカレンシー債よりも為替リスクが低くなる傾向があります。

(4) ユーロ円債

ユーロ市場(自国市場以外で取引される金融市場)で発行される円貨建て債券であり、払込金・利子・償還金のすべてが円貨となるため、為替リスクはありません。

図表 3-7-1 デュアルカレンシー債

＜デュアルカレンシー債＞

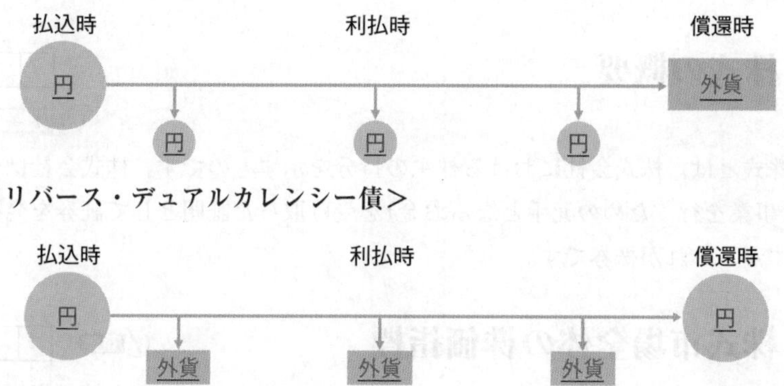

＜外国債のまとめ＞

外国債の種類	払込金	利子	償還金
円貨建て外債(サムライ債)	円	円	円
外貨建て外債	外貨	外貨	外貨
デュアルカレンシー債	円	円	外貨
リバース・デュアルカレンシー債	円	外貨	円
ユーロ円債	円	円	円

外国債券を国内の金融機関で取引する場合には、外国証券取引口座の開設が必要です。

Hint! **デュアルカレンシー債とリバース・デュアルカレンシー債**

為替リスクの大きさは、償還金の金額と利子の合計金額の大きさによって決定されます。一般的に償還金額の方が利子の合計金額よりも大きいため、償還金額が外貨であるデュアルカレンシー債は、リバース・デュアルカレンシー債よりも為替リスクが大きくなります。
反対に、利子の合計金額の方が償還金額よりも大きい場合には、デュアルカレンシー債はリバース・デュアルカレンシー債よりも為替リスクが小さくなります。

第4節 ｜ 株　式

頻出度

❶ 株式の概要

チェック

図表 4-1-1

株式とは、株式会社における株主の持分を示すものです。株式会社は資本金(事業を行うための元手となるお金)を受け取った証明として証券を発行しますが、これが株券です。

❷ 株式市場全体の株価指標

重要　チェック

株価の動向を市場全体として把えるために、現在さまざまな株価指標が用いられています。

(1) 株価水準を表す株価指標

① **単純平均株価**　図表 4-2-1

単純平均株価は、上場銘柄の株価を単純に合計し、それを銘柄数で割ったものです。

② **日経平均株価**　暗記　図表 4-2-2

日経平均株価は、株式市場の動きを見る最もポピュラーな指標で、東京証券取引所プライム市場上場銘柄のうち市場を代表する225銘柄を対象に計算されています。

③ **東証株価指数(TOPIX)**　暗記　図表 4-2-3

東証株価指数(Tokyo Stock Price Index)は、東京証券取引所に上場している銘柄のうち、流通株式時価総額100億円以上など一定の要件を満たす銘柄の時価総額を基準時点の株価水準を100とすることにより指数化したものです。

(2) 売買高と時価総額　暗記

売買高(出来高)とは、証券取引所で売買契約が成立した株式の総数をいい、出来高ともいいます。売り100万株と買い100万株の取引が成立すると、売買高は100万株になります。

時価総額とは、上場している各個別銘柄の時価(終値)にそれぞれの発行済株式総数を乗じて合計したものです。

図表 4-1-1 株式の概要

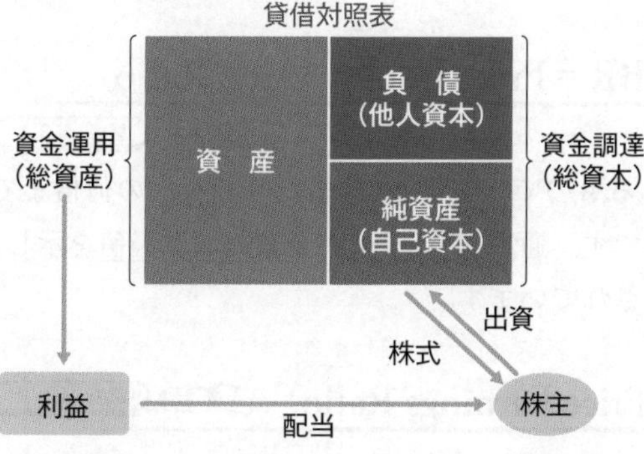

現在、上場企業の株券は電子化(ペーパレス化)されており、株券の発行はありません。
電子化は、株券の紛失、盗難および偽造の防止や株券の保管や運搬に伴うリスクやコストの削減に役立っています。

図表 4-2-1 単純平均株価

算定式	単純平均株価 ＝ 上場銘柄の株価を単純合計 / 銘柄数
長　所	市場全体の平均的な株価水準を知るのに有効です。
短　所	株式分割などによる株価の下げを修正しないため、指標としての連続性が失われます。

図表 4-2-2 日経平均株価

算定式	日経平均株価 ＝ 東証プライム市場上場の225銘柄の株価合計 / 除数(修正される)
長　所	株式分割などがあっても指標としての連続性が失われません。
短　所	値がさ株(株価水準の高い株)の値動きに影響を受けやすくなります。

図表 4-2-3 東証株価指数

算定式	東証株価指数 ＝ 東証上場銘柄のうち一定要件を満たす銘柄の時価総額 / 基準時(1968.1.4)の時価総額 × 100
長　所	株価と発行済株式総数を加味した加重平均株価の考え方を採用しています。
短　所	時価総額の大きい株式の影響を受けやすくなります。

❸ 個別銘柄の投資指標

(1) 株価純資産倍率（PBR＝Price Book－value Ratio）

暗記　図表 4-3-1

株価と純資産の関係をみるもので、株価が1株当たり純資産の何倍まで買われているかを示す指標です。通常、PBR 1倍が企業の解散価値を示し、株価下落時の下値の目処とされています。

(2) 株価収益率（PER＝Price Earnings Ratio）

暗記　図表 4-3-2

株価と利益の関係をみるもので、株価が1株当たりの当期純利益の何倍まで買われているかを示す指標です。

一般的に、PBRやPERが高ければ株価が割高、低ければ割安であるといわれています。なお、「何倍だから妥当」ということではなく、同業種平均のPBRやPERと比較して判断します。

(3) 自己資本利益率（ROE＝Return On Equity）

図表 4-3-3

自己資本（純資産）に対してどれだけ利益（当期純利益）をあげたかを示す指標です。

(4) 配当利回り

暗記　図表 4-3-4

株価に対して何％の配当金を支払っているかを示す指標です。

(5) 配当性向

図表 4-3-5

当期純利益に対して何％の配当金を支払っているかを示す指標です。

＜具体例＞　計算　実技（資産・個人）

株価	500円
1株当たり当期純利益	10円（当期純利益40万円/発行済株式数4万株）
1株当たり純資産	200円（純資産800万円/発行済株式数4万株）
1株当たり配当金	5円（配当金20万円/発行済株式数4万株）

図表 4-3-1 **株価純資産倍率**

$$\text{PBR(倍)} = \frac{\text{株価}}{\text{1株当たり純資産}} = \frac{\text{500円}}{\text{200円}} = 2.5\text{(倍)}$$

図表 4-3-2 **株価収益率**

$$\text{PER(倍)} = \frac{\text{株価}}{\text{1株当たり当期純利益}} = \frac{\text{500円}}{\text{10円}} = 50\text{(倍)}$$

図表 4-3-3 **自己資本利益率**

$$\text{ROE(\%)} = \frac{\text{当期純利益}}{\text{自己資本(純資産)}} \times 100 = \frac{\text{40万円}}{\text{800万円}}\left[\text{または}\frac{\text{10円}}{\text{200円}}\right] \times 100 = 5\text{(\%)}$$

図表 4-3-4 **配当利回り**

$$\text{配当利回り(\%)} = \frac{\text{1株当たり配当金}}{\text{株価}} \times 100 = \frac{\text{5円}}{\text{500円}} \times 100 = 1\text{(\%)}$$

図表 4-3-5 **配当性向**

$$\text{配当性向(\%)} = \frac{\text{配当金}}{\text{当期純利益}} \times 100 = \frac{\text{20万円}}{\text{40万円}}\left[\text{または}\frac{\text{5円}}{\text{10円}}\right] \times 100 = 50\text{(\%)}$$

Hint! 東京証券取引所の市場区分

東京証券取引所には、プライム市場、スタンダード市場、グロース市場などがあります。各市場区分のコンセプトの概要は次のとおりです。

・プライム市場
　グローバルな投資家との建設的な対話を中心に据えた企業向けの市場
・スタンダード市場
　公開された市場における投資対象として十分な流動性とガバナンス水準を備えた企業向けの市場
・グロース市場
　高い成長可能性を有する企業向けの市場

なお、日本の証券取引所は、東京のほか、札幌、名古屋、福岡にもあり、名古屋証券取引所には、プレミア市場、メイン市場、ネクスト市場の3つの市場区分があります。

❹ 株価の変動要因

(1) 企業業績による変動

図表 4-4-1

株価の主な変動要因は企業業績であり、上場企業が四半期ごと(3ヵ月ごと)に発表する企業業績の上方修正や下方修正などの情報により、株価が上昇したり下落したりします。

企業の業績は、借入金利や為替相場、景気の動向によって変化します。

＜企業業績の変動要因＞

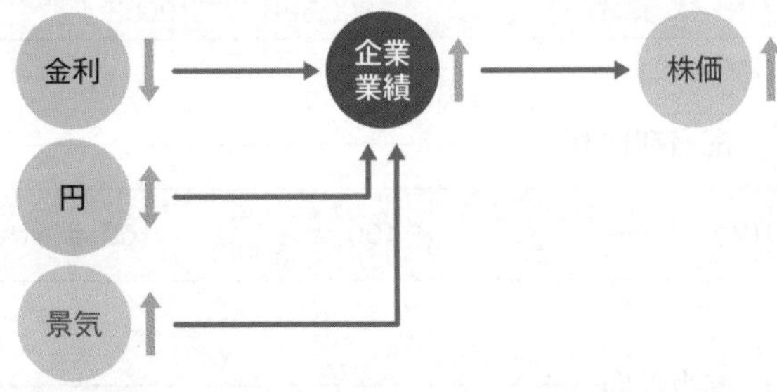

(2) 株式分割に伴う変動

図表 4-4-2

企業が発行済みの株式について、1株を複数の株式に分割することを株式分割といいます。

例えば、1株を2株に分割する場合、発行済株式総数は2倍になり、既に株式を保有している人は、その持ち株数も2倍になります。その反面、その企業の株価は2分の1になります。

なお、株式分割が実施されると、日経平均株価の計算の基となる除数(分母)も修正され、指標としての連続性が失われないような調整がされます。

株式分割によって1株あたりの株価が少額になり、投資家がその企業の株式を取得しやすくなります。その結果、株式分割には、株主数を増加させたり、株式の流動性を高めたりする効果があるといわれています。

図表 4-4-1 株価の変動要因

要因	株価の上昇	株価の下落
金利	金利の低下 →資金調達コストの低下により金利負担が減少するため、企業収益が増加し、株価の上昇要因になります。	金利の上昇 →資金調達コストの上昇により金利負担が増加するため、企業収益が低下し、株価の下落要因になります。
為替	為替が円安 →一般に、輸出企業の収益を増加させるため輸出企業の株価は上昇しますが、輸入企業の収益を減少させるため、輸入企業の株価は下落します。	為替が円高 →一般に、輸出企業の収益を減少させるため輸出企業の株価は下落しますが、輸入企業の収益を増加させるため、輸入企業の株価は上昇します。
景気	景気の拡大 →企業収益を増加させるため、個々の企業の株価は上昇します。	景気の後退 →企業収益を減少させるため、個々の企業の株価は下落します。

図表 4-4-2 株式分割に伴う日経平均株価の修正

（例） A社の株価3,000円、B社の株価2,000円、A社が1株を2株に株式分割

	単純平均株価	日経平均株価
株式分割前	A社株価 $\frac{3{,}000円+2{,}000円}{2銘柄}$＝2,500円	$\frac{3{,}000円+2{,}000円}{2(除数)}$＝2,500円
株式分割後	A社株価 $\frac{1{,}500円+2{,}000円}{2銘柄}$＝1,750円	$\frac{1{,}500円+2{,}000円}{1.4(除数)}$＝2,500円

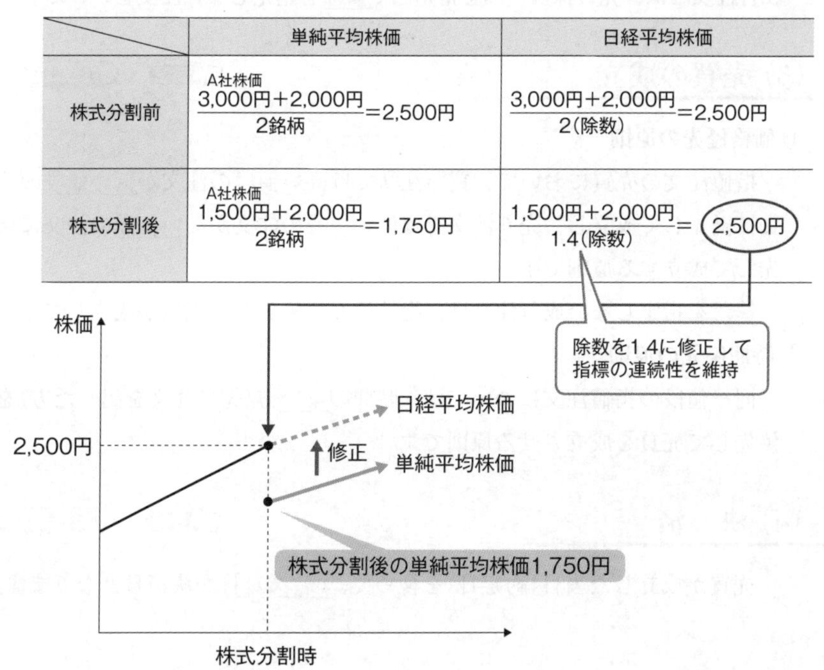

❺ 株式の取引

重要　チェック

(1) 売買単位(単元株制度)

株式の売買単位を1単元といい、証券取引所に上場されている銘柄は100株が1単元の株数となります。また、原則として1単元の取得が1議決権(株主総会で1票を投じる権利)の取得となります。

たとえば、株価が5,000円の場合、1単元(100株)を購入するには50万円の資金(約定代金)と証券会社への手数料(消費税込)が必要です。

(2) 売買注文の種類

図表 4-5-1

売買注文には、指値注文と成行注文とがあります。

指値注文とは、買い値段、売り値段と売買株数を指定する注文をいい、成行注文とは、売買株数のみを指定して値段を指定しない注文をいいます。

(3) 売買の成立

図表 4-5-2

① 価格優先の原則

指値注文の売買において、買い注文では高い値段の注文が低い値段の注文に優先して成立し、売り注文では低い値段の注文が高い値段の注文に優先して成立する原則です。

値段を指定しない成行注文は、指値注文に優先して売買が成立します。

② 時間優先の原則

同一値段の指値注文については、時間の早い方(先に注文を出した方)を優先して売買を成立させる原則です。

(4) 決　済

暗記　図表 4-5-3

売買が成立した当日(約定日)を含めて、3営業日目が決済日となります。

図表 4-5-1 指値注文と成行注文

	指値注文	成行注文
長所	希望した値段以下で購入または希望した値段以上で売却することができます。	ほぼ確実に売買が行われます。
短所	・買い注文の場合、指値よりも株価が高ければ売買が成立しない場合があります。 ・売り注文の場合、指値よりも株価が安ければ売買が成立しない場合があります。	予想外の値段で売買される可能性があります。

図表 4-5-2 売買の成立

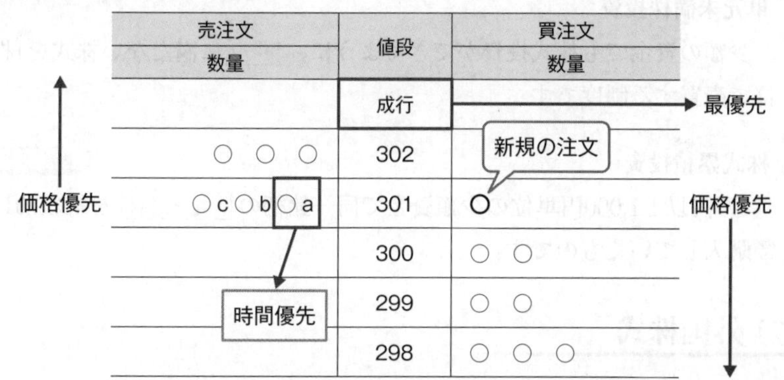

○印は1単元。新規の買注文(1単元)が301円で入ると、価格優先、時間優先の原則から○aとの取引が成立します。

図表 4-5-3 決　済

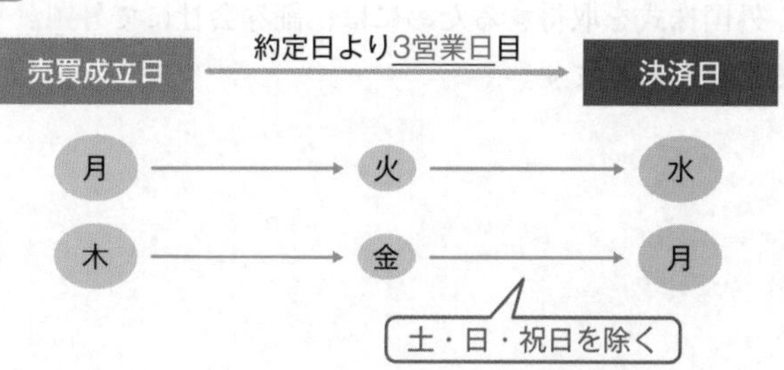

(5) 権利付売買と権利落ち売買

暗記　図表 4-5-4

株主として配当金などを受け取るためには、基準日(権利確定日)において株主であることが条件になります。

たとえば、基準日(権利確定日)が31日(火)であった場合、期末配当金を受け取ることができる配当権利付取得日(最終約定日)は27日(金)であり、決済日は3営業日目の31日(火)となります。

また、期末配当金を受け取ることができない配当権利落ち取得日は翌営業日の30日(月)であり、決済日は3営業日目の1日(水)となります。

(6) 単元未満株の株式投資

① 単元未満株投資

少額の資金でも株式投資ができるように、1単元に満たない株式を1株単位で売買する制度です。

② 株式累積(るいせき)投資

図表 4-5-5

1万円以上1,000円単位の少額資金で同一銘柄の単元未満株を継続的に定額購入していくものです。

(7) 外国株式

外国の株式会社が発行する株式の取引には、ニューヨーク証券取引所など国外の証券取引所に上場している外国株式(外貨建て)を売買する海外委託取引(外国取引)、東京証券取引所など国内の証券取引所に上場している外国株式(円貨建て)を売買する国内委託取引、外国株式を国内の証券会社と直接取引する国内店頭取引があります。

なお、外国株式を取得するためには、証券会社にて外国証券取引口座を開設する必要があります。

図表 4-5-4 **権利付売買と権利落ち売買** 実技（資産）

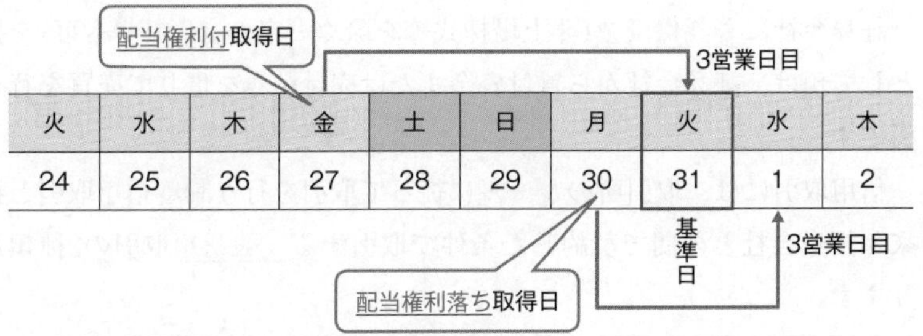

（注） 上記の期間に祝日等はありません。

図表 4-5-5 **株式累積投資（るいとう）の特徴**

長　所	・毎月一定額を購入（定時定額投資）するためドル・コスト平均法が働き、長期にわたって継続すると平均的な買付単価を低くする効果が期待できます。 ・複数銘柄を選択すると、分散投資が可能となります。
短　所	・取扱証券会社が選定した銘柄の中からしか購入できません。 ・口座管理料が掛かる（証券会社によっては無料の場合もある）ため、毎月の投資金額が少ない場合は負担が大きくなります。

米国の代表的な株価指数

・ダウ平均株価
　ニューヨーク証券取引所やナスダックに上場している銘柄のうち、優良な30銘柄を対象とした平均株価です。NYダウ、ダウ工業株30種平均などとも呼ばれます。

・ナスダック総合指数
　ナスダックに上場している全銘柄を対象とする時価総額加重平均型の株価指数です。

・S＆P500種株価指数
　ニューヨーク証券取引所やナスダックなどに上場している銘柄のうち、代表的な500銘柄を対象とする時価総額加重平均型の株価指数です。

(8) 信用取引

暗記　図表 4-5-6　図表 4-5-7

証券会社に委託保証金(非上場株式等を除く一定の有価証券も可)を担保として預け、証券会社から買付資金または売付証券を借りて売買を行う取引です。

信用取引には、取引所のルールに従って取引を行う制度信用取引と投資家と証券会社との間で契約した条件で取引する一般信用取引の2種類があります。

	制度信用取引	一般信用取引
取扱銘柄	取引所が選定した銘柄	証券会社が選定した銘柄
返済期限	6ヵ月以内	契約で任意に決定
委託保証金	約定価額の30% (最低30万円)	約定価額の30% (最低30万円)

信用取引は、委託保証金の3.3倍程度の取引が可能であるため、予想通りに相場が動いた場合には大きな投資成果が期待できますが、予想と反対に相場が動いた場合には大きな損失を被る場合があります。

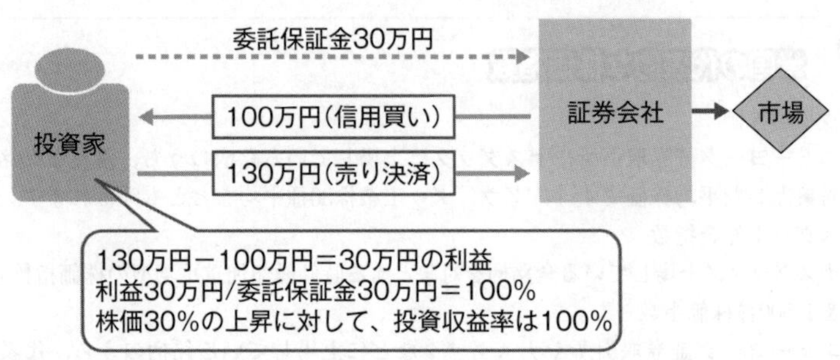

追加保証金

信用取引で売買した株式等に評価損失が発生した場合は、その評価損失に相当する金額が差し入れた委託保証金から減額されます。
減額された委託保証金が一定の金額を下回り、担保不足が生じた場合には、委託保証金を追加する必要があります。この新たに差し入れた保証金を追加保証金といいます。
追加保証金の制度があるため、当初の委託保証金の額を超える損失が発生することもあります。

図表 4-5-6 制度信用取引（信用買い）

（例） A社株式を100万円買建て、130万円で転売

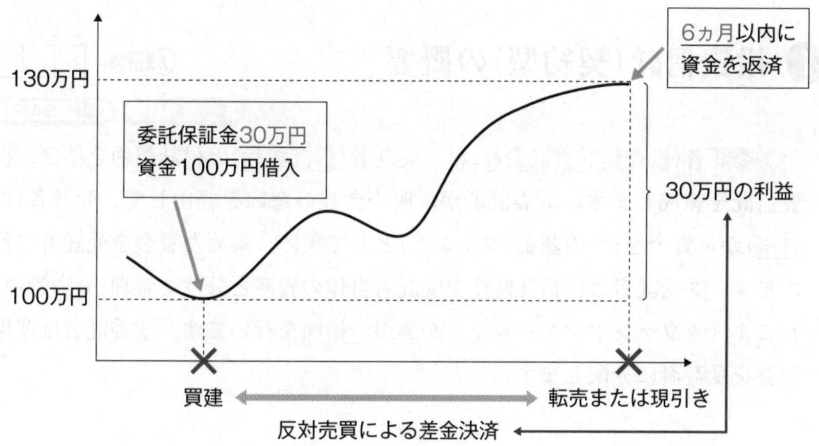

図表 4-5-7 制度信用取引（信用売り）

（例） B株式を100万円で売建て、70万円で買戻し

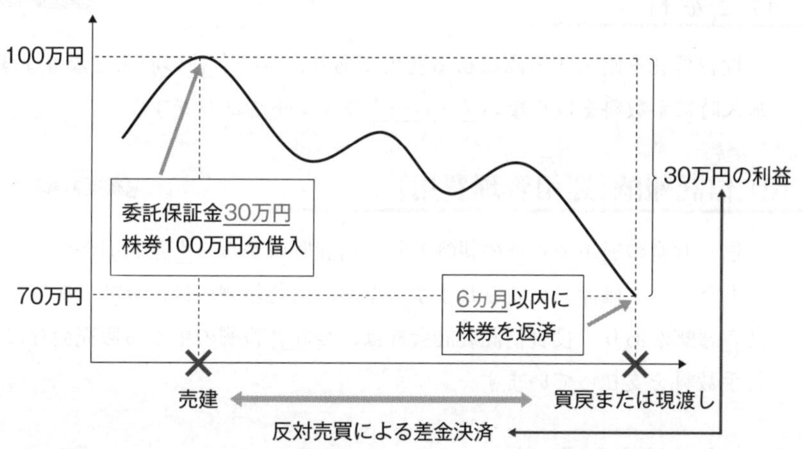

用語解説

現引き： 借りたお金（貸付代金相当）を返済して、現物株を引き取ること

現渡し： 現物株を返済（引渡）して、売付代金相当のお金を受け取ること

第5節 投資信託

頻出度 A

❶ 投資信託（契約型）の概要

重要 チェック

図表 5-1-1 図表 5-1-2

①委託者（投資信託委託会社）は、受託者（信託銀行）と信託契約を結び、投資信託を組成します。②委託者が、販売会社の窓口を経由して、受益者（投資家）から資金を1つの基金（ファンド）として集め、集めた資金を受託者に預けます。③受託者は、信託財産を受託者自体の資産と分けて管理（分別（ぶんべつ）管理）します。④ファンドマネージャーが運用（うんよう）の指図（さしず）を行います。⑤委託者は運用収益を受益者に分配します。

❷ 投資信託に関わる費用

重要 チェック

図表 5-2-1

（1）手数料

実技（個人）

投資信託を購入する際に掛る費用であり、販売会社の収入となります。購入時に手数料を取らないノーロードファンドもあります。

（2）信託報酬（運用管理費用）

実技（資産・個人）

信託財産の運用や管理の報酬として信託財産から日々差し引かれる費用であり、基準価額に反映されます。なお、信託報酬には、委託者報酬と受託者報酬があり、投資信託委託会社は、委託者報酬の中から販売会社に代行手数料を支払っています。

（3）信託財産留保額

実技（個人）

投資信託の中途換金によって生ずる組入証券の売却コストについて、投資家相互間の公平性を保つために、中途換金した投資家の換金代金（基準価額）から差し引いて信託財産に留保するものです。

信託財産留保額は、解約時の基準価額×所定の率で計算します。

図表 5-1-1 投資信託(契約型)の概要 暗記

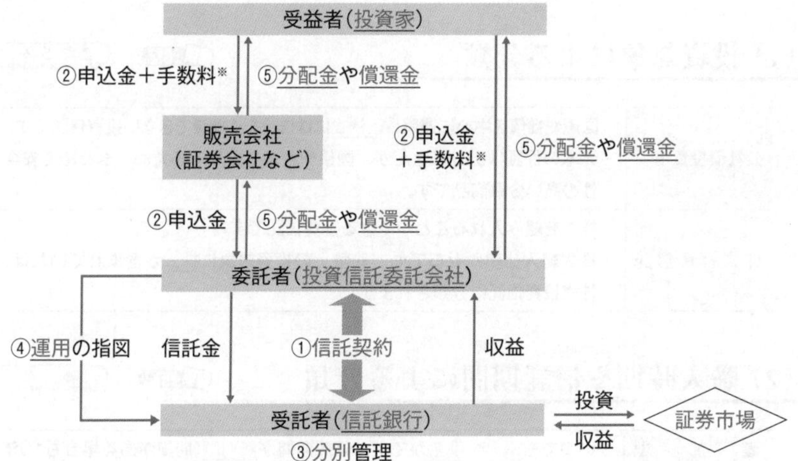

※ ノーロードファンドの場合は不要であり、販売会社を経由しない直販型はノーロードファンドが主流です。

図表 5-1-2 投資信託の特徴

- 1万円(積立投資の場合は100円～1,000円)程度の小口資金でも投資ができます。
- 分散投資によってリスクを軽減することができます。
- 専門家が運用にあたるため、個人投資家でも大口投資家と同様の投資が可能となります。

図表 5-2-1 投資信託に関わる費用 

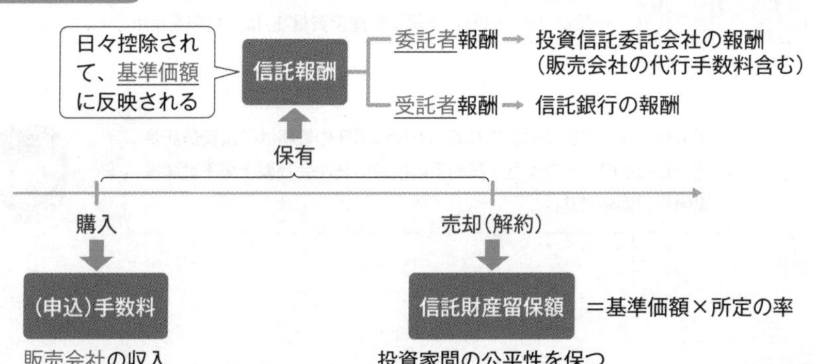

基準価額とは、投資信託の単位口数当たりの純資産価値のことです。買付代金や解約による受取代金を算出する際の基礎となるものであり、毎営業日の夕刻に発表しています。

❸ 投資信託の分類

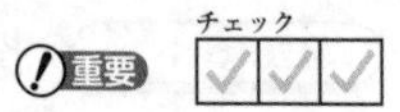

(1) 投資対象による分類

暗記　図表 5-3-1

公社債投資信託	・国債や社債を中心に運用し、株式にはまったく投資できない投資信託です。 ・元本の保証はありませんが、国債や社債で運用するため、きわめて安全性の高い金融商品です。
株式投資信託	・株式を組み入れることができる投資信託です。 ・株式組入比率がゼロでも、約款上の投資対象に株式が含まれていれば、株式投資信託に分類されます。

(2) 購入時期や信託期間による分類

暗記　図表 5-3-2

追加型 (オープン型)	・いつでも購入・換金ができ、信託期間が無期限(期限がある場合も10年以上の長期間)の投資信託です。
単位型 (ユニット型)	・信託期間が定められており、購入できる期間も限定されている投資信託です。 ・中途解約時に一定の制約(クローズド期間)を設けているケースもあります。

(3) 設立形態による分類

図表 5-3-3

契約型	・委託者と受託者が契約の形態をとる投資信託です。 ・一般に証券投資信託は契約型を採用しています。
会社型	・投資法人の形態をとる投資信託です。 ・一般に日本版REIT(上場不動産投資信託)は会社型を採用しています。

経済新聞などで日々掲載されている投資信託の価格は、投資信託委託会社ごとのオープン型・契約型の投資信託と会社型上場不動産投資信託の価格です。

図表 5-3-1 投資対象による分類

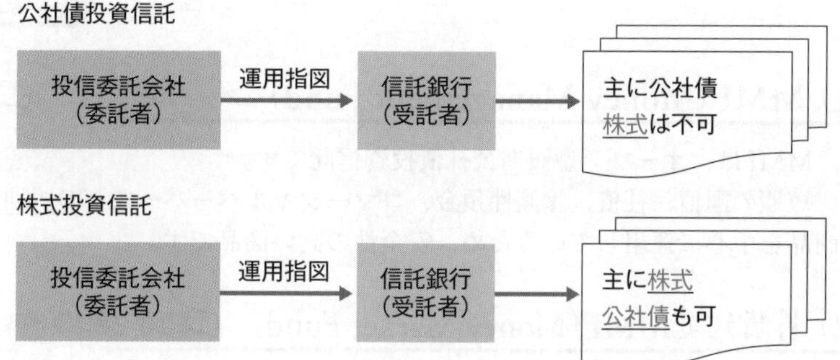

図表 5-3-2 購入時期や信託期間による分類

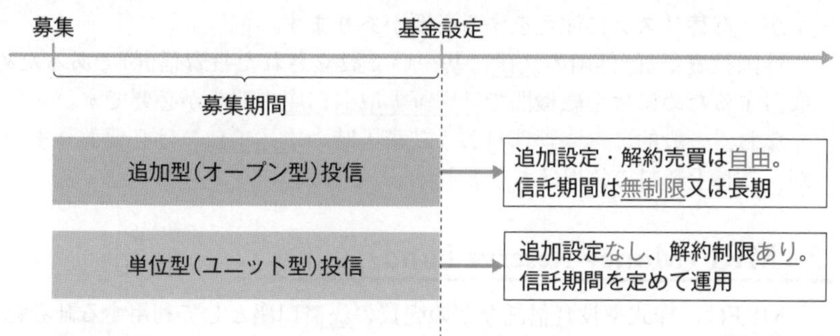

図表 5-3-3 設立形態による分類

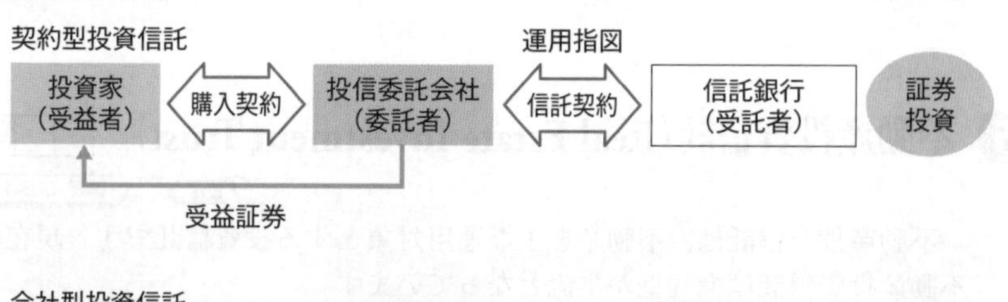

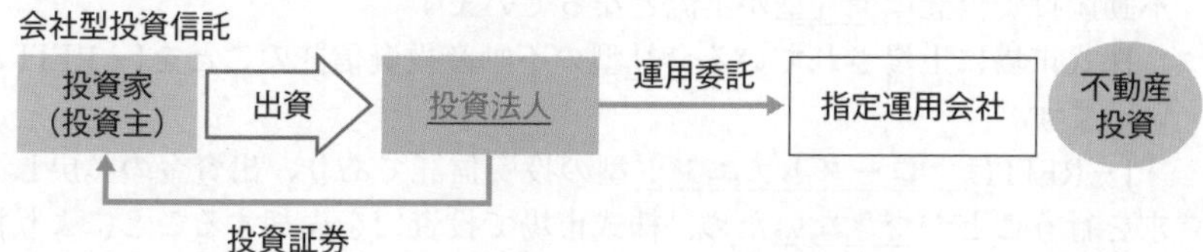

❹ 公社債投資信託

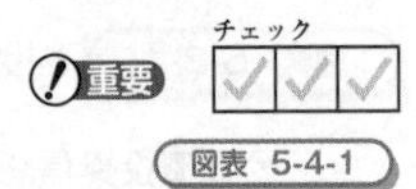

図表 5-4-1

(1) MMF(Money Management Fund)

暗記

MMFは、オープン型短期公社債投資信託です。

短期の国債、社債、譲渡性預金、コマーシャルペーパーなどの短期金融商品を中心に運用しているため、安全性の高い商品です。

(2) 外貨建てMMF(Money Market Fund)

暗記　実技(資産・個人)

外貨建てMMFは、外貨建ての短期公社債投資信託です。

海外の短期債券、譲渡性預金およびコマーシャルペーパーなどの短期の金融商品を中心に運用しているため、外貨ベースでは安全性の高い商品ですが、為替リスクに注意をする必要があります。

外国投資信託(外国の法律に基づいて設立された投資信託)であるため、取引するためには金融機関で外国証券取引口座の開設が必要です。

なお、一般的に口座管理料および購入時の申込手数料は必要ありませんが、為替手数料の負担はあります。

(3) MRF(Money Reserve Fund)

MRFは、株式や投資信託などの売買の決済口座として利用する証券総合口座専用のオープン型短期公社債投資信託です。

短期の公社債、譲渡性預金、コマーシャルペーパーなどの短期金融商品を中心に運用しているため、安全性の高い商品です。

❺ 不動産投資信託(Real Estate Investment Trust)

チェック

重要　図表 5-5-1

不動産投資信託は、不動産を主な運用対象とする投資信託です。現在の不動産投資信託は会社型が主流となっています。

株式市場に上場されている会社型の不動産投資信託のことをJ－REITといいます。

J－REITはクローズド・エンド型の投資信託であり、出資金の払戻し請求を行うことができないため、株式市場で投資口を売却することにより換金します。

証券会社を通じて市場価格で売買できますが、株式と同様に売買手数料とそれに伴う消費税が必要です。

図表 5-4-1 短期公社債投資信託の収益分配金と中途換金

	MMF	外貨建てMMF	MRF
収益分配	・運用実績による実績分配(1ヵ月複利) ・毎日決算を行って分配金を計算 ・月末の最終営業日に1ヵ月分の分配金をまとめて再投資		
中途換金	いつでも可能ですが、30日未満で換金する場合には1万円につき10円の信託財産留保額が徴収されます。	いつでも解約手数料なしで可能です。	

＜外貨建てMMFと外貨預金の特徴＞

	外貨建てMMF	外貨預金
取扱い金融機関	主に証券会社	主に銀行・信用金庫等
個人の税金	分配金および譲渡益は、為替差益も含めて申告分離課税	利子は源泉分離課税 元本部分の為替差益は、雑所得として総合課税
中途解約(換金)	いつでも解約手数料なしで解約(換金)が可能	定期預金の場合、原則として中途解約(換金)は不可
資産の保護規定	信託銀行で分別管理	預金保険の対象外

図表 5-5-1 不動産投資信託(J－REIT)

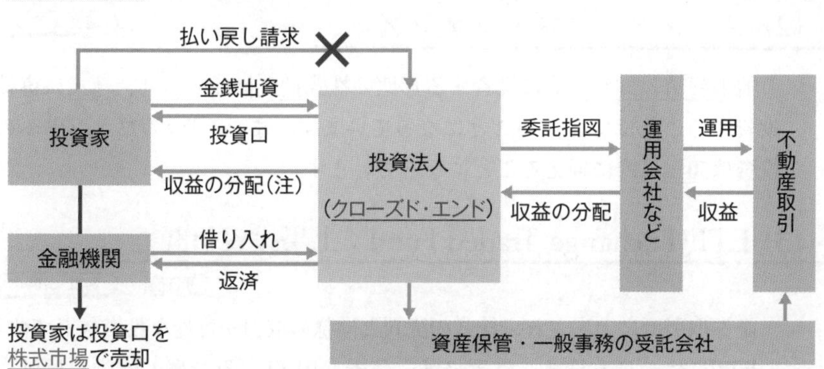

(注) 不動産投資法人が個人投資家に分配する分配金は、配当所得になります。

J－REITの分配金は保証されていませんが、分配金の原資がテナントビルや住居の家賃収入であるため、比較的安定した運用が可能です。

❻ 株式投資信託

!重要　チェック

(1) 運用方法の異なる株式投資信託

① パッシブ型　暗記

あらかじめ定められたベンチマーク(日経平均株価やTOPIXなどの指標)に対して連動する運用成果を目標とする株式投資信託です。

値動きが日経平均株価、TOPIXなど、主要なインデックスに連動するように設計されたオープン型のインデックスファンドはパッシブ型の代表格です。

② アクティブ型　図表 5-6-1　暗記

ファンドマネージャー(運用担当者)が組入銘柄を選択し、ベンチマークを上回る運用成果を目標とする投資信託です。ベンチマークを上回るためには、投資する銘柄を選択しなければなりませんが、その方法には図表 5-6-1に記載された手法があります。

③ ブル・ベア型　図表 5-6-2

近年注目を浴びている特殊型の株式投資信託であり、上昇相場のときに利益を生み出す「ブル型(レバレッジ型)」と下降相場の時に利益を生み出す「ベア型(インバース型)」があります。ベンチマークに対して2～3倍反応する商品が主流です。

(2) ファンド・オブ・ファンズ　図表 5-6-3

他の複数のファンドに投資する形態の株式投資信託であり、株式に直接投資することはできないことになっています。また、1つのファンドへの投資は50%以内に押えることになっています。

(3) ETF(Exchange Traded Fund：上場投資信託)

暗記　図表 5-6-4

証券取引所に上場され、株式の売買と同様の取引が可能な投資信託です。

ETFには、日本株式、外国株式、債券、REIT、貴金属、穀物、原油などの指標や指数に連動するインデックス型ETFと、連動する指標や指数を定めないアクティブ型ETFの2種類があります。

なお、売買の際には、株式の売買と同様に証券会社に売買委託手数料とそれに伴う消費税を支払う必要があります。

図表 5-6-1 **アクティブ運用の銘柄選択法** 暗記

トップダウン・アプローチ	最初にマクロ的な分析によって国別・業種別の組入比率を決定し、次に個別銘柄を決定する手法
ボトムアップ・アプローチ	最初に投資魅力の高い個別銘柄を発掘し、その積み上げによって国別・業種別の組入比率を決定する手法
グロース投資	・企業の成長性を重視し、利益の成長性が市場平均より高い銘柄を選択して投資する手法 ・成長性が織り込まれた株価となるため、市場平均に比べてPERが高くなり、配当利回りが低くなる傾向があります。
バリュー投資	現在の業績などが株価に適正に反映されておらず、相対的に割安に放置されている銘柄に投資する手法

図表 5-6-2 **ブル(レバレッジ)型・ベア(インバース)型**

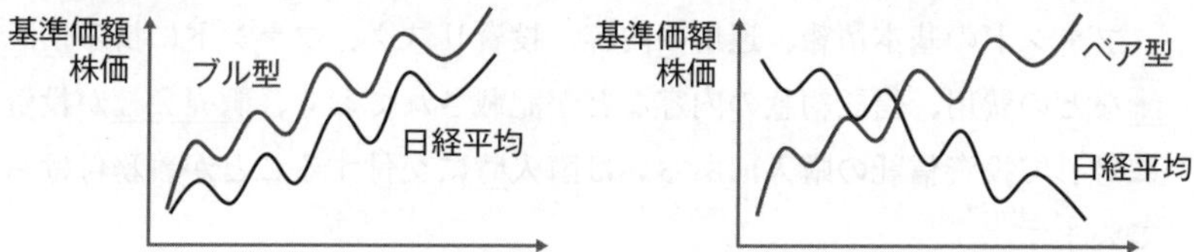

図表 5-6-3 **ファンド・オブ・ファンズ**

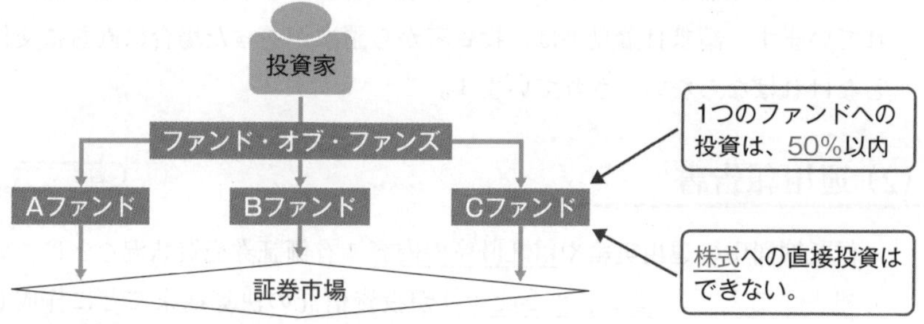

図表 5-6-4 **非上場の投資信託とETFの違い**

	非上場の投資信託	ETF
取引価格	1日1回、基準価額を算出	市場価格(需給バランスで決定)
売買形態	1日1回、基準価額で売買	・1日に何回でも売買可能 ・成行注文・指値注文が可能 ・信用取引が可能
信託報酬	徴収される	徴収されるが、一般に非上場の投資信託より信託報酬率は低い
信託財産留保額	徴収されるが、徴収されないものもある	徴収されない

❼ 投資信託の情報開示(ディスクロージャー)

チェック ✓✓✓

投資信託では、投資家に対して投資判断に有益な情報(運用方針および運用方法等)を提供する義務があります。これを、投資信託のディスクロージャー制度といいます。

(1) 目論見書(もくろみしょ)(投資信託説明書)

図表 5-7-1

目論見書は、投資家の投資判断の基準となる情報を提供することを目的に、投資信託委託会社が作成・交付する(電子交付を含む)ものです。目論見書には、交付目論見書と請求目論見書があります。

① 交付目論見書

ファンドの基本情報、運用の内容、投資リスク、ファンドに掛る信託報酬などの費用、信託約款の内容などが記載されており、販売会社が投資家に対して投資信託の購入前あるいは購入時に交付することが義務付けられています。

② 請求目論見書

ファンドの沿革、手続きやファンドの経理状況など詳細な情報が記載されています。請求目論見書は、投資家から請求があった場合に直ちに交付しなければならないとされています。

(2) 運用報告書

図表 5-7-2

信託期間中の運用実績や信託財産の内容、有価証券売買状況などについて報告するため、投資信託委託会社が投資信託の決算期末ごとに作成します。

投資信託委託会社には、販売会社を通じて受益者に対して運用報告書を交付することが義務付けられています。

図表 5-7-1 目論見書(投資信託説明書)

目論見書(投資信託説明書)

契約締結前交付書面（補完事項）

交付目論見書
1. ファンドの目的・特色
2. 投資のリスク
3. 運用実績
4. 手続き・手数料等

請求目論見書
1. 証券情報
2. ファンド情報
3. 経理状況等の詳細

投資信託約款

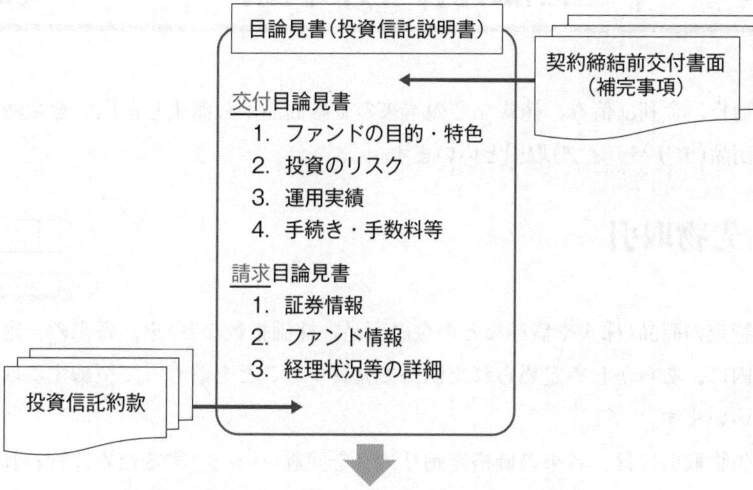

交付目論見書は購入前または購入時に、顧客に交付する。
同意を得た上で、インターネットを使用して交付も可能。

実際の目論見書では、金融商品取引法で義務づけられている契約締結前交付書面や、請求目論見書、約款などをすべてセットしたものを交付することもあります。

図表 5-7-2 運用報告書の記載内容

- その投資信託の設定以降、直近決算期までの運用実績
- 投資信託の当期の運用状況および今後の運用方針
- 投資信託の前期末、当期末における組入有価証券についての明細
- 投資信託の運用財産の構成割合
- 資産と負債の内訳ならびに純資産総額、またそれを総受益権口数で割った基準価額
- 投資信託の当期の損益の状況

第6節 ｜ 金融派生商品

頻出度 B

通貨、金利、債券、株式などの本来の金融商品から派生した取引を金融派生商品(デリバティブ)取引といいます。

❶ 先物取引

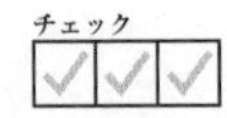

図表 6-1-1

特定の商品(株式や債券などの金融商品、株価指数など)を、将来の一定期間内に、あらかじめ定められた価格で売買することを前もって契約する取引をいいます。

先物取引には、将来の価格変動リスクを回避(ヘッジ)するために行われるヘッジ取引として、売りヘッジと買いヘッジがあります。

❷ オプション取引

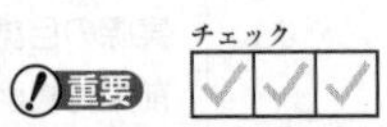

図表 6-2-1

特定の商品(株式や債券などの金融商品、株価指数など)を、将来の一定の日または一定の期間内に、あらかじめ定められた権利行使価格で買う権利または売る権利を売買する取引をいいます。 暗記

コール・オプション	権利行使価格で買う権利(選択権)
プット・オプション	権利行使価格で売る権利(選択権)
オプションの買い手	オプション料(権利の代金)を支払う代わりに、権利を取得し、自分に有利だと判断した場合は権利行使をし、不利だと判断した場合には権利を放棄することができます。この場合、買い手の損失はオプション料のみに限定されます。
オプションの売り手	オプション料を受領する代わりに、買い手の権利行使に応じる義務があり、損失は限定されません。
アメリカンタイプ	取引開始日から取引最終日(満期日)までいつでも自由に権利行使が可能です。
ヨーロピアンタイプ	満期日に限り権利行使が可能です。

図表 6-1-1 売りヘッジの具体例

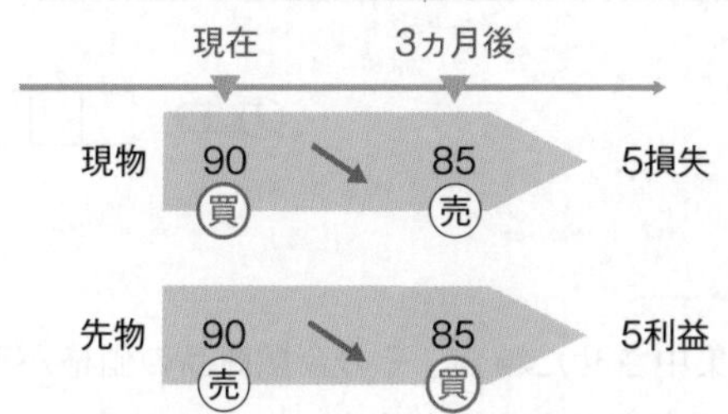

現在保有している商品が下落するおそれがある場合に、保有する商品の先物を売っておきます。

図表 6-2-1 コール・オプションの買い手

・将来、株価が権利行使価格を上回った場合 → 権利を行使

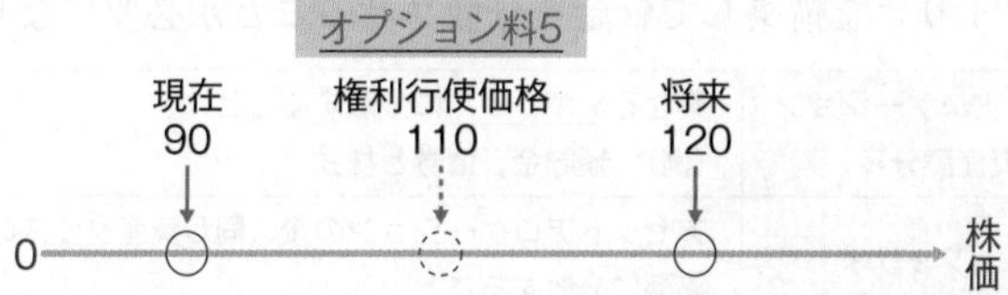

買い手の利益 ＝ 売却価格120 －（権利行使価格110 ＋ オプション料5）＝ 5

・将来、株価が権利行使価格を下回った場合 → 権利を放棄

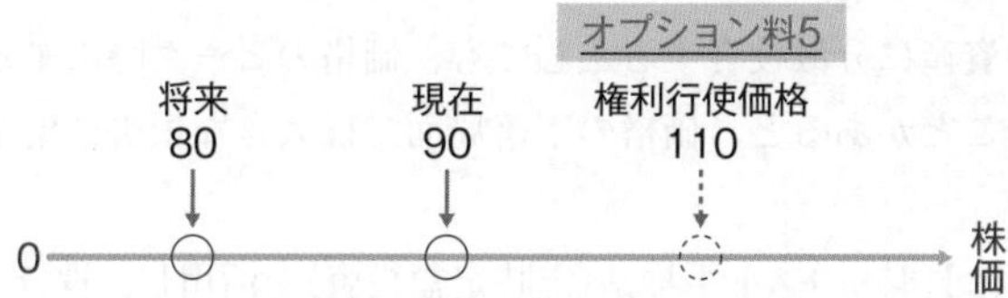

買い手の損失 ＝ オプション料5のみ

Step Up オプション料の変動要因

オプション料は、以下の要因で変動します。

	コール・オプション	プット・オプション
原資産価格が上昇	上昇	下落
権利行使価格が高い	下落	上昇
残存日数が長い	上昇	上昇
原資産価格の変動率が大きい	上昇	上昇

第7節　ポートフォリオ運用

❶ リスクの軽減

重要　チェック

(1) 投資対象の分散

投資資金を1つの金融商品に集中させた場合、その金融商品の価格が下落すると、投資資金の大半が失われることもあります。

そこで、金融商品が持つさまざまなリスク(不確実性)を軽減させるため、投資資金を1つの金融商品に集中させず、アセットアロケーションやポートフォリオを構築して資金を分散させることが必要になります。

アセットアロケーション (資産配分)	異なる資産クラスに分散すること (例)　預貯金、債券と株式
ポートフォリオ (銘柄分散)	アセットアロケーションの後、同じ資産クラスの中で異なる銘柄に分散すること (例)　輸出関連株と輸入関連株

(2) 投資時期の分散

複数の資産に分散投資するとしても、価格のピーク時にまとめて取得するようなことがあると、価格の下落局面では大きな損失に繋がることがあります。

そこで、ドル・コスト平均法(定時定額投資)を活用し、投資する時期を複数回に分散させることにより、購入単価を安定させることが必要になります。

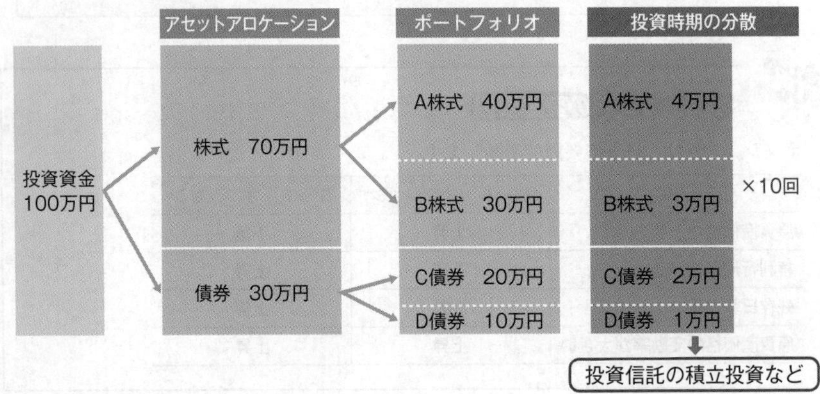

設例 ドル・コスト平均法

A社株式を、①2月末に一括購入(240,000円)した場合、②4ヵ月間にわたって一定株数(30株)を購入した場合、③4ヵ月間にわたって毎月一定額(60,000円)を購入した場合の購入平均単価を求めなさい。円未満を四捨五入すること。なお、1月から4月におけるA社の株価は、下記のとおり推移している。

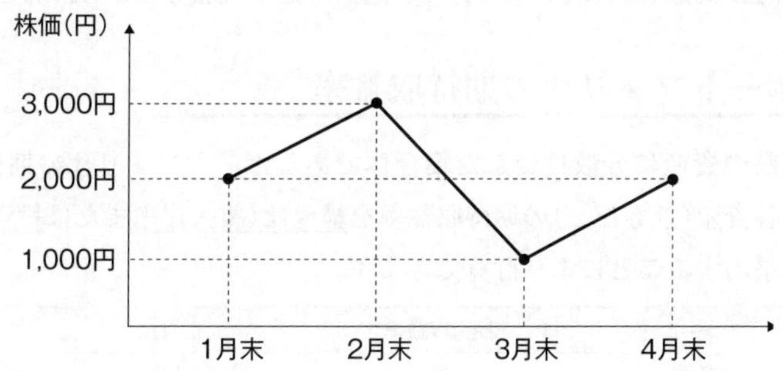

【解答】

①2月末に一括購入

2月末　240,000円÷3,000円＝80株　∴3,000円/株

②毎月一定株数を購入

1月末	30株×2,000円＝	60,000円
2月末	30株×3,000円＝	90,000円
3月末	30株×1,000円＝	30,000円
4月末	30株×2,000円＝	60,000円
	120株	240,000円　∴2,000円/株

③毎月一定額を購入(ドル・コスト平均法)

1月末	60,000円÷2,000円＝	30株
2月末	60,000円÷3,000円＝	20株
3月末	60,000円÷1,000円＝	60株
4月末	60,000円÷2,000円＝	30株
	240,000円	140株　∴1,714円/株

ドル・コスト平均法では、時価が高いときには購入単位が少なくなり、時価が低いときには購入単位が多くなります。このため、定期的に一定数量に投資する場合(定時定量投資)と比較して購入単価を低く抑える効果も期待できます。投資時期を分散させず一括購入した場合には、2月末のように株価が高い時点で購入してしまうおそれもあります。

❷ 期待収益率と投資上のリスク

(1) 期待収益率

特定の資産について、将来にわたる運用から獲得することが期待できる平均的な収益率(リターン)であり、過去の運用実績などから計算されます。

(2) ポートフォリオの期待収益率

複数の資産に分散投資した集合体であるポートフォリオの期待収益率は、各資産(証券など)の期待収益率を構成比(組入比率または投資比率)で加重平均することにより計算できます。

	期待収益率	構成比
A証券	2%	75%
B証券	10%	25%

＜ポートフォリオ(A証券とB証券)の期待収益率＞

2%(A証券)×0.75＋10%(B証券)×0.25＝4%

(3) 投資上のリスク

図表 7-2-1

① リスクの測定

投資上のリスクは、期待収益率の不確実性です。リスクの大きさは、投資対象の収益率が期待収益率からどの程度乖離しているかを測定することで求めることができます。具体的には、投資対象の収益率が期待収益率の周りにどのように分布しているかを「標準偏差」を求めることにより計算します。

② 標準偏差の範囲内に収まる確率 暗記

標準偏差は期待収益率からの乖離の程度を示しますが、発生するすべての収益率がこの標準偏差の範囲内に収まるわけではありません。

「期待収益率±1倍の標準偏差」の範囲に収益率が収まる確率は統計学上約68%となっています。

例えば、B証券(期待収益率は10%)のリスク(標準偏差)が15%と計算された場合、約68%の確率で収益率が−5%〜25%以内に収まることになります。

図表 7-2-1 **標準偏差の範囲内に収まる確率**

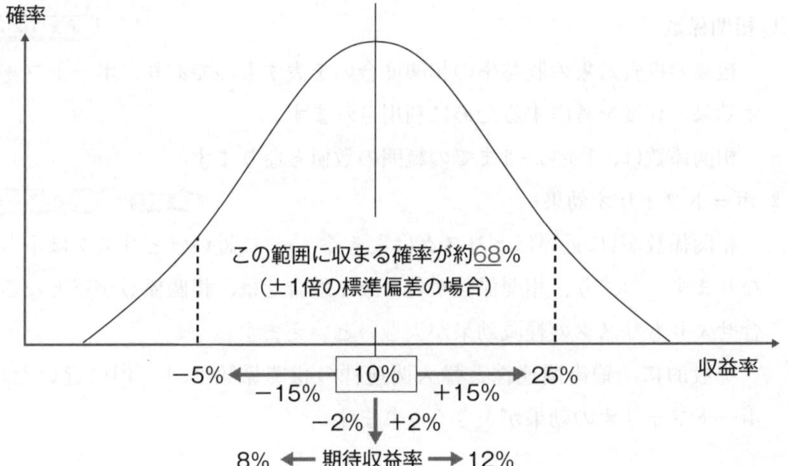

仮にB証券のリスクが2%と計算された場合は、約68%の確率で収益率は8%～12%以内に収まることになり、非常に安定した運用ができていることになります。

Hint! 標準偏差の求め方

$$標準偏差=\sqrt{(R1-E)^2\times確率+(R2-E)^2\times確率\cdot\cdot+(Rn-E)^2\times確率}$$

R1：1年目の収益率、Rn：n年目の収益率
E：期待収益率、確率：その事象が起こりうる確率（生起確率）

例えば、期待収益率が10%であるB証券の過去3年間の収益率が以下のとおりであった場合、B証券のリスク（標準偏差）は次の算式で求めることができます。なお、各年の収益率が出現する確率は各3分の1です。

1年目	2年目	3年目
5%	17%	8%

$$証券Bのリスク=\sqrt{(5-10)^2\times1/3+(17-10)^2\times1/3+(8-10)^2\times1/3}$$
$$\fallingdotseq5.099$$

(4) 相関係数とポートフォリオ効果

① 相関係数

図表 7-2-2

複数の投資対象の収益率の相関度合いを表すものであり、ポートフォリオ効果の程度を考慮するために利用されます。

相関係数は、1から−1までの範囲の数値となります。

② ポートフォリオ効果

暗記　図表 7-2-3

相関係数が1に近いほどリスクは大きく、−1に近いほどリスクは小さくなります。つまり、相関係数が負となる組合せは、相関係数が正となる組合せよりもリスクの軽減効果が大きいといえます。

一般的に、輸出関連株と輸入関連株の相関係数は、「−1」に近いため、ポートフォリオの効果が大きくなります。

(5) シャープレシオ

暗記

投資信託などポートフォリオの評価を行う上で使用される指標がシャープレシオです。

シャープレシオは、リスク(標準偏差)1単位に対して、どれだけの超過収益率(無リスク資産の収益率を上回る率)を達成できているかという点に着目して評価されます。シャープレシオの数値が大きいほど、効率的な運用ができていると判断されます。

$$シャープレシオ = \frac{ポートフォリオの収益率 - 無リスク資産の収益率}{リスク(標準偏差)}$$

(注)　無リスク資産の収益率は、一般的に国債の利回りを使用します。

システマティック・リスクとアンシステマティック・リスク

システマティック・リスクは組織的リスク・市場リスクとも呼ばれ、市場全体に影響を及ぼすような要因(国際金融情勢や政府要人の発言など)により発生するリスクです。このリスクは、ほぼすべての銘柄の価格に影響を及ぼすため、ポートフォリオの組入れ銘柄数を増やしても軽減・消去することはできません。

また、アンシステマティック・リスク(非組織的リスク・非市場リスク)は、個別銘柄の要因(業績不振や不祥事の発覚など)により発生するリスクです。このリスクは個別銘柄の要因で発生するため、ポートフォリオの組入銘柄数を増やすことによって軽減・消去することもできます。

図表 7-2-2 相関係数とポートフォリオ効果

相関係数	値動きの関係	ポートフォリオ効果
1	2つの投資対象が完全に同一方向に動く	最小
0	2つの投資対象にまったく相関関係がない	―
−1	2つの投資対象がまったく逆方向に動く	最大

図表 7-2-3 輸出関連株と輸入関連株のポートフォリオ効果

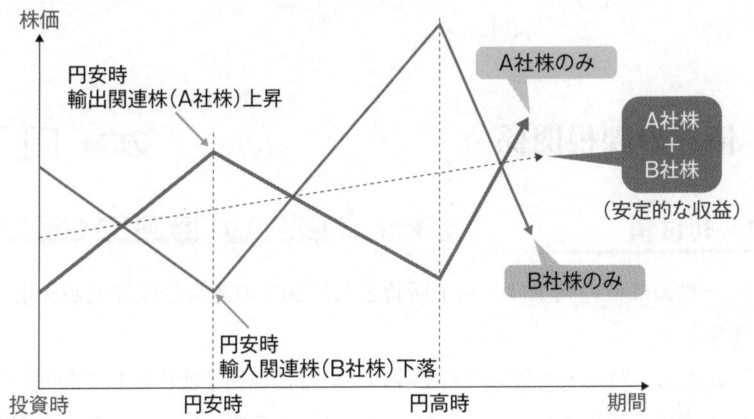

設例 シャープレシオ

2つのポートフォリオAおよびBにおいて、いずれのポートフォリオがより効率よく運用できているかを、シャープレシオを使用して判定しなさい。
なお、無リスク資産の収益率は1%として解答すること。

	収益率	リスク(標準偏差)
ポートフォリオA	15%	2%
ポートフォリオB	22%	7%

【解答】

ポートフォリオAのシャープレシオ＝$\frac{15\%-1\%}{2\%}=7$

ポートフォリオBのシャープレシオ＝$\frac{22\%-1\%}{7\%}=3$

Aのシャープレシオ＞Bのシャープレシオ　∴ポートフォリオAの運用が、より効率的である。

第8節　金融商品と税金

頻出度 B

❶ 預貯金の課税関係

チェック

図表 8-1-1

利子は、利子所得として20%の源泉(げんせん)分離課税が適用されます。

❷ 債券の課税関係

重要　チェック

(1) 利付債(りつきさい)

図表 8-1-1　図表 8-2-1　図表 8-4-1

一般公社債の利子は、利子所得として20%の源泉分離課税が適用されます。

ただし、特定公社債等の利子等については、利子所得として20%の申告分離課税が適用されます。なお、金額に関わらず確定申告不要を選択することもできます。

なお、償還差益および譲渡益については、譲渡所得等として20%の申告分離課税が適用されます。

申告分離課税になる特定公社債等の利子等とは、次に掲げるものです。
- 国債、地方債の利子
- 社債および公社債投資信託のうち公募によるもの(不特定かつ多数の者に対して募集するもの)または上場されているものに係る利子等

また、一般公社債等は、特定公社債等に該当しないものです。

(2) 割引債(わりびきさい)

図表 8-2-1　図表 8-4-1

償還差益および譲渡益については、譲渡所得等として20%の申告分離課税が適用されます。

❸ 株式等の課税関係

図表 8-3-1 図表 8-4-1

株式等に係る配当金は、一般株式等と上場株式等に係るものに区分され、一般株式等に係る配当金は、総合課税と確定申告不要(少額の場合)の選択ができ、上場株式等に係る配当金は、総合課税と申告分離課税と確定申告不要のいずれかを選択できることになります。

譲渡益は、譲渡所得等として20％の申告分離課税が適用されます。

図表 8-1-1 利子所得

預貯金の利子 外貨預金の利子	20%の源泉分離課税
利付債の利子	一般公社債は、20%の源泉分離課税 特定公社債は、20%の申告分離課税(※)
公社債投資信託の収益分配金 外貨建てMMFの収益分配金	20%の申告分離課税(※)

※ 金額に関わらず源泉徴収のみで確定申告を省略することもできます。

図表 8-2-1 雑所得

外貨預金の為替差益	総合課税 預入時に為替予約を行った場合は、20%の源泉分離課税

為替予約は、予め満期時に換金する時の為替レートを定めて(予約して)おくことです。

図表 8-3-1 配当所得

一般株式の配当	総合課税と確定申告不要(少額の場合)を選択
上場株式の配当 株式投資信託の普通分配金	総合課税と20%申告分離課税と確定申告不要(※)のいずれかを選択

※ 金額に関わらず源泉徴収のみで確定申告を省略することもできます。

❹ 投資信託の課税関係

重要　チェック

(1) 公社債投資信託

図表 8-1-1　図表 8-4-1

収益分配金については、利子所得として20%の申告分離課税が適用され、金額に関わらず確定申告を省略することもできます。

譲渡益等については、譲渡所得等として20%の申告分離課税が適用されます。

(2) 株式投資信託

暗記　図表 8-3-1　図表 8-4-1　図表 8-4-2

収益分配金のうち、普通分配金は配当所得として総合課税や申告分離課税が適用され、元本払戻金(特別分配金)は非課税となっています。

中途換金による譲渡益等は、譲渡所得等として20%の申告分離課税が適用されます。

ETF(上場投資信託)の分配金には、普通分配金と元本払戻金という区別がなく、全額が配当所得として課税対象となります。

❺ 外貨建て金融商品の課税関係

重要　実技(個人)　チェック

(1) 外貨預金

図表 8-1-1　図表 8-2-1

為替差益は、雑所得として総合課税が適用されます。

なお、預入時に為替予約を行った場合は、20%の源泉分離課税が適用されます。

(2) 外貨建てMMF

暗記　図表 8-1-1　図表 8-4-1

収益分配金については、利子所得として20%の申告分離課税が適用され、金額に関わらず確定申告を省略することもできます。為替差益については、譲渡所得等として20%の申告分離課税が適用されます。

図表 8-4-1 金融商品の換金に係る譲渡所得等

公社債の償還差益 上場株式の譲渡益 公社債投資信託の譲渡益等 株式投資信託の譲渡益 外貨建てMMFの為替差益	20%の申告分離課税

図表 8-4-2 株式投資信託の元本払戻金（特別分配金） 暗記 実技（資産・個人）

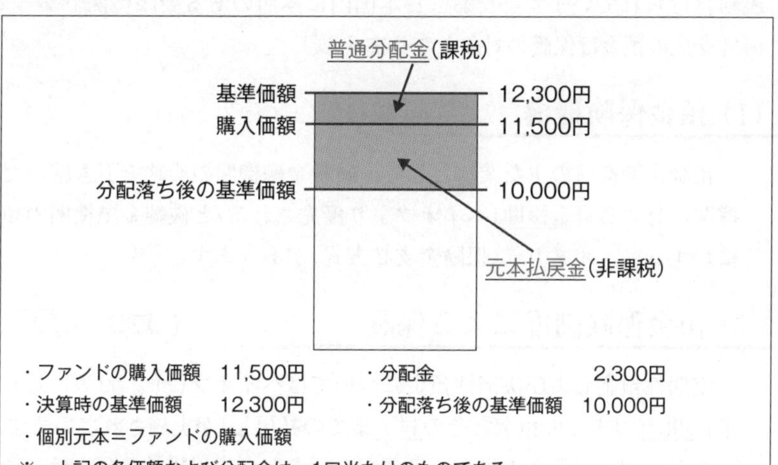

・ファンドの購入価額　11,500円	・分配金　2,300円
・決算時の基準価額　12,300円	・分配落ち後の基準価額　10,000円

・個別元本＝ファンドの購入価額

※　上記の各価額および分配金は、1口当たりのものである。

※　当初1口当たりの価額は、1口＝1万円である。

分配金2,300円のうち、ファンドの購入価額である個別元本から基準価額までの金額（12,300円－11,500円＝800円）は、購入後に発生した利益からの分配となるため、普通分配金として課税されます。
しかし、購入価額から分配落ち後の基準価額までの金額（11,500円－10,000円＝1,500円）は、購入後の運用による部分からの分配ではないため、元本払戻金（特別分配金）として非課税になります。
なお、1,500円が元本として払い戻されたため、分配後の個別元本は10,000円（11,500円－1,500円）に修正されます。

第9節 | セーフティネット

頻出度 A

❶ 預金保険制度

!重要 チェック

金融機関の経営破綻に対して、当該金融機関に代わって預金保険機構が預金者の保護を図り、金融市場の信用秩序を維持するための制度です。日本国内に本店のある金融機関(ゆうちょ銀行を含む)は、預金保険制度への加入が義務付けられています。なお、日本国内に本店のある金融機関であっても、海外支店の預金は保護の対象となりません。

(1) 預金保険機構

預金保険機構の主な業務として、破綻金融機関の業務を引き継いだ金融機関に対する資金援助(ペイオフより優先される)と破綻金融機関の預金者に対するペイオフ方式(保険金支払方式)があります。

(2) 預金保険制度による保護

図表 9-1-1

定期性預金および決済性預金についてはペイオフ(預金者1人に対して元本1,000万円までの預金とその利子までの払戻し)が実施されています。

なお、個人事業主の場合、事業用の預金と事業用以外の預金は、同一人の預金として名寄せ(合計)されます。

決済用預金(無利子・要求払い・決済サービスの3条件を満たした預金)については、預金保険機構によって全額が保護されることになっています。

銀行や信用金庫などで購入した投資信託や生命保険契約は、預金保険制度では保護されません。

❷ 預金保険制度以外の保護制度

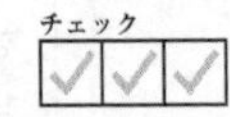

(1) 農水産業協同組合貯金保険制度

農業協同組合、漁業協同組合、水産加工業協同組合などの金融機関は、農水産業協同組合貯金保険制度に加入しており、貯金者は預金保険制度と同様に保護されています。

(2) 投資者保護基金制度

証券会社の顧客の預り資産は分別管理されています。しかし、分別管理によっても顧客の資産を保護できない場合を想定して、日本投資者保護基金の保護の対象となっています。

投資者保護基金では、1人当たり1,000万円までが補償されますが、銀行など証券会社以外の金融機関で購入した投資信託は対象となりません。

図表 9-1-1 預金保険制度による保護

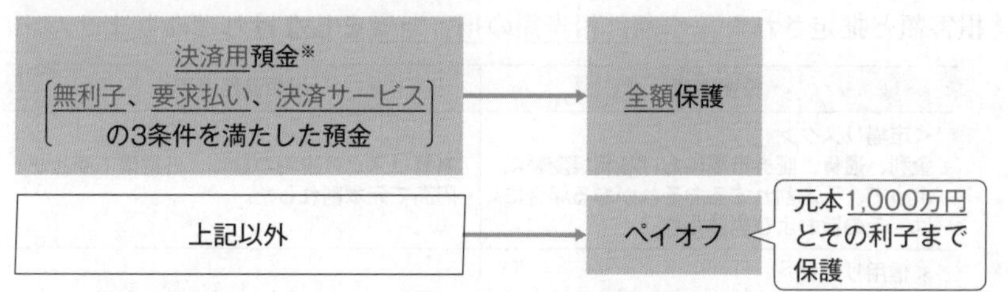

※ 決済用預金には、利子の無い普通預金や当座預金などがあり、金額に関係なく無制限に保護されます。

＜預金保険制度における保護の対象・対象外＞

保護される金融商品	・預貯金、定期積金、掛金 ・元本補てん契約のある金銭信託 ・個人向けの金融債(保護預かり専用商品のみ) 等
保護されない金融商品	・外貨預金、譲渡性預金 ・元本補てん契約のない金銭信託(ヒット・スーパーヒット) ・個人向け(保護預かり専用)以外の金融債 等

＜預金保険制度における保護の対象額＞

計算 実技(資産・個人)

(例) 破綻した甲銀行における大原太郎名義の預金は次のとおりです。

A支店 外貨預金 100万円 → 預金保険制度の対象外
定期預金 500万円
普通預金 400万円
当座預金 150万円 → 決済用預金に該当するため全額保護
B支店 定期預金 300万円

① 500(A支店定期) ＋ 400(A支店普通) ＋ 300(B支店定期) ＝1,200＞1,000 ∴1,000
② 当座預金は完全保護 ∴150
③ ①＋②＝1,150

第10節｜関連法規

頻出度 B

❶ 金融サービス提供法

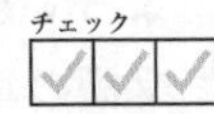

図表 10-1-1

金融商品販売業者が販売の際に顧客に対して説明すべき重要事項は、金融サービス提供法で定められています。もし、業者がその説明をしなかったことにより顧客に元本割れなどの損害が生じた場合には、業者は顧客に対して、損害額と推定された元本割れ相当額の損害賠償をしなければなりません。

重要事項	説明義務違反
<市場リスク> 金利、通貨、証券市場における相場変動によって、元本割れするおそれがある場合には、その旨および当該指標	為替リスクの説明がなく、外貨建て商品が円高で元本割れした。
<信用リスク> 金融資産の販売会社や発行企業の業務・財産の状況が変化することで、元本割れのおそれがある場合には、その旨	信用リスクの説明がなく、社債がデフォルト（債務不履行）になった。
<権利行使・解約の制限> 金融商品の権利行使期間の制限、またはその金融商品に係る契約の解除ができる期間に制限がある場合には、その旨	制限の説明がなく、契約の解除ができなかった。

顧客に対する説明は、顧客の知識や経験、財産の状況およびその商品を購入する目的に照らして、顧客が理解できる方法で行う必要があります。

❷ 消費者契約法

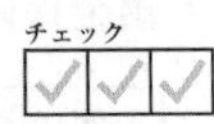

事業者と消費者が結ぶすべての契約において、消費者に重要な事項に関して誤認させたり困惑させる行為があったときには、消費者契約法に基づき消費者に契約の取消しを認めています。

- 投資信託の過去の実績からして一定の利回りは確実と勧誘されたが、元本割れした。
- 保険見直しの際、予定利率の変更など消費者に不利になることを故意に説明しなかった。

消費者契約法における取消権は、追認できる時から1年間行使しない時、または契約締結時から5年を経過した時に時効により消滅します。

図表 10-1-1 **金融サービス提供法と消費者契約法**

	金融サービス提供法	消費者契約法
適用範囲	金融商品販売に関する契約	消費者と事業者の間の契約全般
保護対象者	個人および事業者	個人（事業の契約を除く）
法律が適用される場合	・重要事項の説明がなかったこと（＝重要事項の説明義務違反）などにより損害を被った場合 ・断定的判断を提供して販売を行った場合	重要事項に関して誤認させた場合 監禁、不退去による契約の場合
法律の効果	金融商品販売業者の損害賠償	消費者による契約の取消し
立証責任	重要事項の説明義務違反を消費者が立証しなければなりませんが、元本割れした額が損害額と推定されます。	民法の原則に従い、消費者に立証責任があります。

※ 事業者とは、個人事業者（事業を行う個人）および法人をいいます。ただし、プロを除きます。

金融サービス提供法と消費者契約法の両方の要件に該当する場合には、規定が抵触しない部分については、両方の法律を併用して適用することができます。優先順位はありません。

金融サービス提供法の対象商品

預貯金、定期積金、金銭信託、社債、株式、投資信託、外国為替証拠金取引（FX取引）、抵当証券、商品ファンド、保険・共済、金融先物（さきもの）取引、商品先物取引（海外）など、ほとんどの金融商品が金融サービス提供法の対象になりますが、金地金（金塊）や商品先物取引（国内）、ゴルフ会員権などは金融商品に該当しないことになっています。

金融サービス仲介業者

従来は、銀行法における銀行代理業者、金融商品取引法における金融商品仲介業者、保険業法における保険募集人・保険仲立人というように業種ごとに規制されていましたが、金融サービス提供法における金融サービス仲介業者では、1回の登録で銀行、証券、保険、貸金業の分野すべてにおいて仲介が可能になりました。

❸ 金融商品取引法

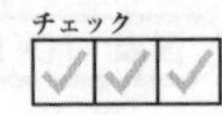

幅広い金融商品を対象として、金融商品の利用者保護の徹底と利便性の向上を図ることを目的に制定された法律です。

(1) 金融商品取引業者

図表 10-3-1

一定の金融商品を募集・勧誘する人は、金融商品取引業者として内閣総理大臣の登録を受けなければなりません。

(2) 金融商品取引業者の販売・勧誘等の規制

図表 10-3-2

有価証券を購入する一般消費者を保護する観点から、金融商品取引業者には、図表 10-3-2 に掲げる行為規制があります。

❹ 犯罪収益移転防止法

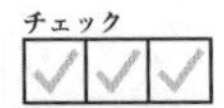

図表 10-4-1

マネー・ローンダリング(犯罪などで得た「汚れた資金」を正当な取引で得た「きれいな資金」に見せかけること)の防止などを目的に制定された法律です。

一定の資金量を取引する際には、免許証やマイナンバーカードなどで本人確認が求められます。

また、金融機関に限らず、不動産業者や宝石・貴金属の販売業者、古物商などにおいても、一定の金額を超える取引を行う場合には、本人確認が求められます。

金融機関等は、顧客と本人確認が必要な取引を行った場合、原則として、直ちにその取引に関する記録を作成し、その取引の行われた日から7年間保存しなければなりません。

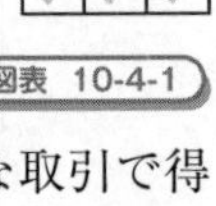

図表 10-3-1 金融商品取引業者の種類

第一種金融商品取引業者	証券・金融先物などを取扱う業者 （例） 証券会社など
第二種金融商品取引業者	組合持分などを取り扱う業者 （例） 匿名組合等の持分を取扱う業者
投資助言・代理業者	投資の助言等を行う業者 （例） 投資顧問業者
投資運用業者	投資の運用を行う業者 （例） 投資信託委託会社など
第一種・第二種 少額電子募集取扱業者	非上場の有価証券などの募集にあたり、インターネットを使用して、多くの人から少額の資金を募集することのみを行う業者 （例） クラウドファンディング取扱業者など

図表 10-3-2 金融商品取引業者の販売・勧誘等の規制

適合性の原則	一般投資家の知識、経験、財産の状況等に照らし不適切な勧誘を行ってはいけません。
広告の規制	一般投資家が誤認するような表示をしてはいけません。
契約締結前の 書面交付義務	契約締結前に、一般投資家に対して金融商品取引契約の概要等を記載した書面を交付しなければいけません。
不招請勧誘（ふしょうせいかんゆう）の禁止	一般投資家の要請がない場合には勧誘をしてはいけません。
虚偽告知の禁止	事実と異なることを告げて勧誘する行為をしてはいけません。
断定的判断等による 勧誘	将来の利回りや値上がりが確実であると誤認させるような勧誘をしてはいけません。
損失補てんの禁止	損失補てんを約束して勧誘することをしてはいけません。

特定投資家はプロの投資家ですから、一般投資家に対して適用される「適合性の原則」「広告の規制」「契約締結前の書面交付義務」「不招請勧誘の禁止」の規定は適用されません。

図表 10-4-1 金融機関との取引に際して行われる本人確認

本人確認の方法	本人を確認できる資料（運転免許証など）
本人確認が必要な時	口座開設時 200万円を超える現金取引時 10万円を超える現金送金がされる時

第4章

タックスプランニング

章のテーマ

ファイナンシャル・プランニングに際しては、いずれの分野においても税金の知識が要求されます。
この章では、パーソナルファイナンスにとって必要な税の知識として、個人に課税される所得税、住民税を中心に学習します。

Point

頻出項目ポイント

第3節
- ❻ 給与所得
- ❼ 退職所得

第4節
- ❶ 損益通算

第5節
- ❼ 配偶者控除
- ❽ 配偶者特別控除

第6節
- ❷ 住宅借入金等特別控除

第7節
- ❶ 確定申告の義務
- ❷ 青色申告制度

第9節
- ❸ 申告調整項目

第11節
- ❷ 納税義務

第1節　税金の分類と計算体系

頻出度 B

❶ 税金の分類

チェック

(1) 国税と地方税

図表 1-1-1

国税は国に納める税金であり、地方税は地方公共団体(都道府県・市区町村)に納める税金です。

それぞれの納税場所は、次のとおりです。

国税	税務署
道府県税(東京都は都税)	都道府県税事務所
市町村税(東京23区は区税)	市区町村役場

(2) 直接税と間接税

図表 1-1-2

直接税とは、税務署などに税金を納めに行く人(納税義務者)と、実質的に税金を負担している人(担税者)が同じ税金です。

一方、間接税とは、納税義務者と担税者が異なる税金で、代表的な税金は消費税です。

❷ 税金計算の基礎

チェック

(1) 税金の計算

図表 1-2-1

原則として税金を課税する対象となる課税標準に税率を乗じて求めます。

(2) 税　率

① 累進税率

課税標準の大小により税率が変化するものです。税金を課税する基礎である課税標準が大きくなればなるほど税率は高くなります。

② 比例税率

課税標準の大小にかかわらず、税率が一定(一律)となるものです。

図表 1-1-1 国税と地方税

国 税		所得税、法人税、相続税、贈与税、印紙税、登録免許税、消費税、酒税、たばこ税 等
地方税	道府県税	道府県民税(住民税)、事業税、不動産取得税、地方消費税、道府県たばこ税 等
	市町村税	市町村民税(住民税)、固定資産税、都市計画税、事業所税、市町村たばこ税 等

図表 1-1-2 直接税と間接税

直接税	所得税、法人税、相続税、贈与税、登録免許税、住民税、事業税、固定資産税 等
間接税	消費税、酒税、たばこ税 等

<直接税>

納税義務者
(＝担税者)

<間接税>

代金
(税込)

××商店
(事業者)

消費税

国など

担税者

納税義務者

間接税は、税金が製品やサービスの価格に転嫁(上乗せ)されているため、最終的には消費者が税金を負担していることになります。
なお、わが国の歳入に占める直接税と間接税の比率(この比率のことを直間比率といいます)は、直接税が約6割、間接税が約4割です。

図表 1-2-1 税金計算の基礎

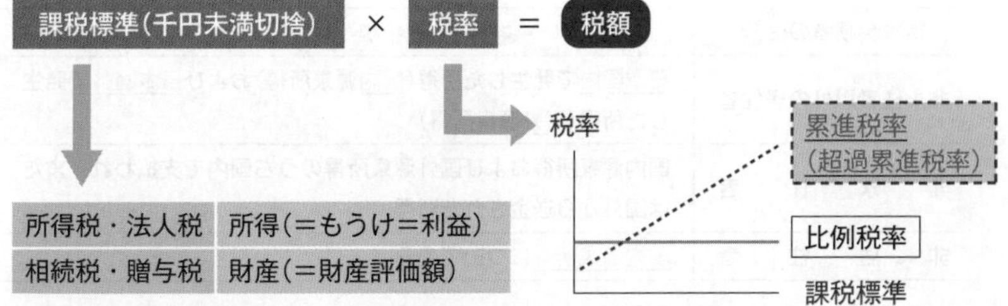

所得税・相続税・贈与税の累進税率は、課税対象となる金額が所定の金額を超えた部分だけ税率が累進する超過累進税率になります。

第2節 所得税の仕組み

❶ 納税義務者

チェック

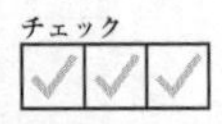

図表 2-1-1

所得税の納税義務者には、以下の区分があります。

区分	定義
居住者	国内に住所を有し、または、現在まで引き続いて1年以上居所を有する個人
非永住者	居住者のうち、日本国籍がなく、かつ、過去10年間のうち5年以下の期間、国内に住所または居所を有する個人
非居住者	居住者に該当しない個人

住所は、その人の中心的な生活の場を意味し、一般的には住民票の所在地が該当します。
居所は、生活の本拠ではありませんが、仮住まいとして居住している場所(短期的なホテル住まいなど)が該当します。

❷ 課税範囲

重要

チェック

図表 2-2-1

所得税の各納税義務者は、次の範囲の所得につき所得税を納税する義務があります。

納税義務者の区分	課税範囲
非永住者以外の居住者	日本国内で発生した所得(国内源泉所得)および日本国外で発生した所得(国外源泉所得)
非永住者	国内源泉所得および国外源泉所得のうち国内で支払われ、または国外から送金された所得
非居住者	国内源泉所得についてのみ

図表 2-1-1 所得税の納税義務者

非居住者
居住者
国内に住所または1年以上居所を有する
非永住者
・日本国籍なし
・国内に住所または居所を有する期間が5年以下

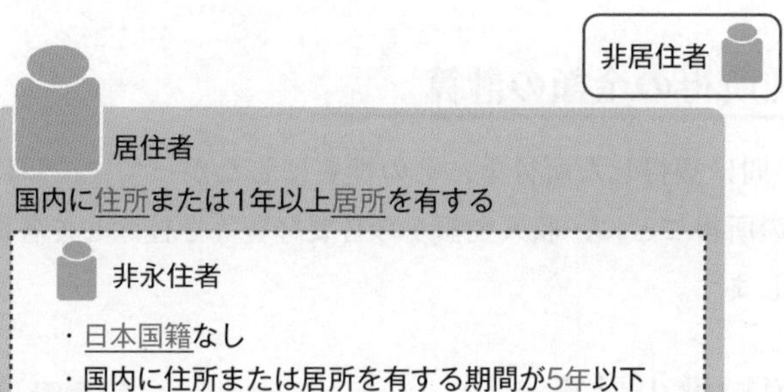

図表 2-2-1 所得税の課税範囲 暗記

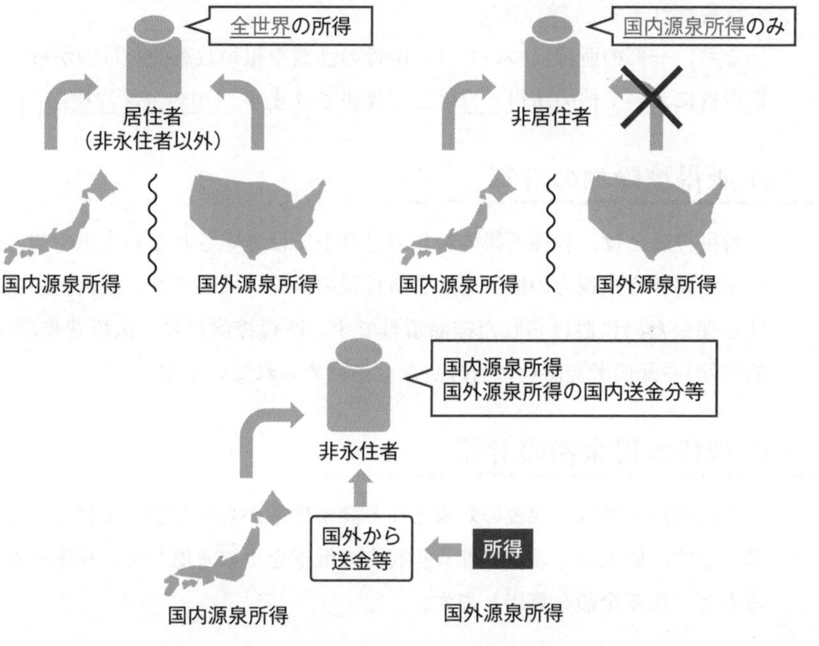

全世界の所得
居住者
（非永住者以外）
国内源泉所得
国外源泉所得
国内源泉所得のみ
非居住者
国内源泉所得
国外源泉所得
国内源泉所得
国外源泉所得の国内送金分等
非永住者
国外から
送金等
所得
国内源泉所得
国外源泉所得

❸ 計算体系

重要 チェック

(1) 各種所得の金額の計算

暗記

1暦年間に獲得した所得を、その性質にしたがって10種類に分類し、それぞれの所得ごとに、収入金額から必要経費等を控除して各種所得の金額を計算します。

(2) 課税標準の計算

暗記 図表 2-3-1

分類された各種所得の金額は、1暦年間に獲得した所得の総量に応じた税率を適用するために、原則として、確定申告において他の所得と合算して課税されます。(総合課税)

なお、一部の所得については、所得の性質や租税政策的な目的から、確定申告において他の所得と分離して課税されます。(申告分離課税)

(3) 所得控除額の計算

所得控除とは、各種所得の金額の計算上では考慮されない支出や個人的な事情に伴う担税力の低下などを所得税の計算に反映させ、税負担の公平性を保つために設けられた控除項目です。所得控除には、医療費控除(物的控除)や配偶者控除(人的控除)などが認められています。

(4) 課税所得金額の計算

課税所得金額は、課税の対象となる課税標準から所得控除を控除して計算します。個人的な事情に伴う担税力の低下を更に考慮して、税率をかけるもとになる金額を算出します。

(5) 納付税額の計算

図表 2-3-2 図表 2-3-3 図表 2-3-4

納付税額は、課税所得金額に所定の税率を適用して求めた算出税額から税額控除と税金の前払いである源泉徴収税額を控除して計算します。

納税義務者が確定申告によって納める金額です。

図表 2-3-1 計算体系の概要

(1)各種所得の金額の計算 / (2)課税標準の計算

区分	各種所得の金額			→	課税標準	課税方式
経常	利子所得の金額			→	源泉分離課税	
経常	利子所得の金額			→	上場株式等に係る配当所得等の金額	申告分離課税
経常	配当所得の金額			→	総所得金額	総合課税
経常	配当所得の金額			→	上場株式等に係る配当所得等の金額	申告分離課税
経常	不動産所得の金額			→	総所得金額	総合課税
経常	事業所得の金額			→	総所得金額	総合課税
経常	給与所得の金額			→	総所得金額	総合課税
経常	雑所得の金額			→	総所得金額	総合課税
半経常	一時所得の金額			×1/2 →	総所得金額	総合課税
半経常	譲渡所得の金額	その他	短期	→	総所得金額	総合課税
半経常	譲渡所得の金額	その他	長期	×1/2 →	総所得金額	総合課税
半経常	譲渡所得の金額	不動産	短期	→	短期譲渡所得の金額	申告分離課税
半経常	譲渡所得の金額	不動産	長期	→	長期譲渡所得の金額	申告分離課税
半経常	譲渡所得の金額	株式等	一般	→	一般株式等に係る譲渡所得等の金額	申告分離課税
半経常	譲渡所得の金額	株式等	上場	→	上場株式等に係る譲渡所得等の金額	申告分離課税
非経常	山林所得の金額			→	山林所得金額	申告分離課税
非経常	退職所得の金額			→	退職所得金額	申告分離課税

合　計
(合計所得金額)

図表 2-3-2 計算体系の概要

(2)課税標準	(3)所得控除額	(4)課税所得金額		(5)納付税額		
総所得金額	所得控除の合計額					
総所得金額		課税総所得金額	×税率	算出税額	△税額控除	
短期譲渡所得の金額		課税短期譲渡所得の金額	×税率	算出税額	△税額控除	
長期譲渡所得の金額		課税長期譲渡所得の金額	×税率	算出税額	△税額控除	
上場株式等に係る配当所得等の金額		上場株式等に係る課税配当所得等の金額	×税率	算出税額	△前払税金	
一般株式等に係る譲渡所得等の金額		一般株式等に係る課税譲渡所得等の金額	×税率	算出税額	△前払税金	
上場株式等に係る譲渡所得等の金額		上場株式等に係る課税譲渡所得等の金額	×税率	算出税額		納付税額
山林所得金額		課税山林所得金額	×税率	算出税額		納付税額
退職所得金額		課税退職所得金額	×税率	算出税額		納付税額

図表 2-3-3　所得税の超過累進税率による税額速算表

課税所得金額(A)		税率(B)	控除額(C)
	1,950,000円以下	5%	──
1,950,000円超	3,300,000円以下	10%	97,500円
3,300,000円超	6,950,000円以下	20%	427,500円
6,950,000円超	9,000,000円以下	23%	636,000円
9,000,000円超	18,000,000円以下	33%	1,536,000円
18,000,000円超	40,000,000円以下	40%	2,796,000円
40,000,000円超		45%	4,796,000円

※　所得税額(算出税額)＝(A)×(B)－(C)

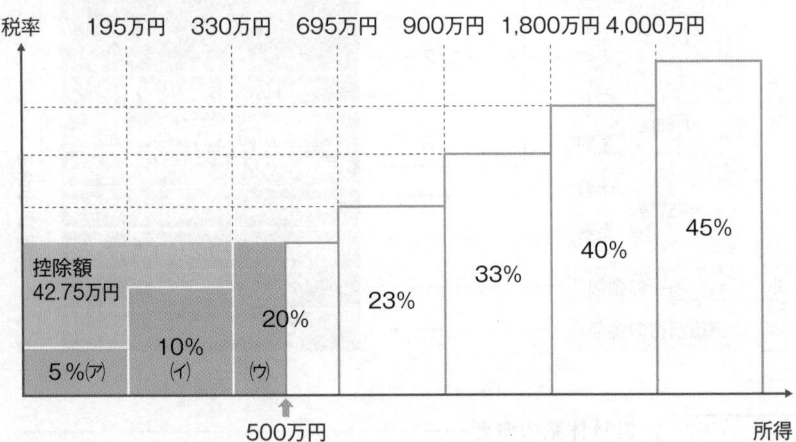

＜課税所得金額500万円の場合＞

500万円×20%－42.75万円＝57.25万円

(ア)	195万円×5%＝9.75万円	57.25万円
(イ)	(330万円－195万円)×10%＝13.5万円	
(ウ)	(500万円－330万円)×20%＝34万円	

図表 2-3-4 所得税および復興特別所得税額の計算例

大原太郎さんの本年分の所得税および復興特別所得税額（納付税額）は、次のとおり計算されます。

■前提条件

・大原太郎さん（45歳）…青果店経営（事業所得：500万円）
満期保険金（一時所得：100万円）

・大原花子さん（38歳）…専業主婦

・大原一郎さん（17歳）…高校生

■所得控除

社会保険料控除：65万円、生命保険料控除：2万円、地震保険料控除：5万円、配偶者控除（花子さん）：38万円、扶養控除（一郎さん）：38万円、基礎控除：48万円

■税額控除

住宅ローン控除：10万円

(1) 各種所得の金額の計算

事業所得500万円、一時所得100万円

一時所得は総所得金額に算入する際「1/2」に減額する

(2) 課税標準の計算

総所得金額　500万円（事業）＋100万円（一時）×1/2＝550万円

(3) 所得控除額の計算

65万円（社会）＋2万円（生命）＋5万円（地震）＋38万円（配偶者）＋38万円（扶養）＋48万円（基礎）＝196万円

(4) 課税所得金額の計算

課税総所得金額　550万円－196万円＝354万円

(5) 所得税額（基準所得税額）の計算

算出税額　354万円×20%－42.75万円（税額速算表より）＝28.05万円

所得税額　28.05万円－10万円（ローン控除）＝18.05万円（180,500円）

(6) 復興特別所得税額

180,500円（基準所得税額）×2.1%＝3,790円（円未満切捨）

(7) (5)＋(6)＝184,200円（百円未満切捨）

所得税額については、各年分の基準所得税額に復興特別所得税等として2.1%を上乗せして納付することになっています。

❹ 所得税の納付方法

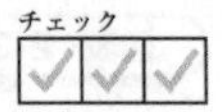

(1) 申告納税

図表 2-4-1

所得税では、納付税額を納税者が自ら計算して確定する申告納税方式を採用しています。

① 原　則

1月1日から12月31日の間に生じた所得金額に基づいて所得税額を計算し、それを原則として翌年2月16日から3月15日までの間に住所地を管轄する税務署へ申告(確定申告)し、金銭で一括納付しなければなりません。

② 延　納

延納の届出書を提出すると一部の税金の納付期限を5月31日まで延期することができます。

ただし、納付が本来の期限より遅れているため、延納税額については、延納期間に応じて利子税(利息)が課税されます。

申告納税方式に対して、都道府県などが税額を確定して納税通知書を送付する方法を賦課課税方式といいます。

(2) 源泉徴収制度

① 制度の内容

図表 2-4-2

源泉徴収制度とは、特定の所得(例えば給与)について、その所得(給与)の支払者(会社)がその所得(給与)の支払い時に所定の所得税を天引き徴収し、納税義務者(従業員)に代わって納税(原則として翌月10日までに納付)する制度です。

② 源泉徴収税額の精算

図表 2-4-3

所得税は、確定申告によって1年分の所得税額を確定すればよいため、その年中に源泉徴収された所得税額は、確定申告で納めるべき税金の前払いという位置づけになります。前払いされた源泉徴収税額は、原則として確定申告で精算しなければなりません。

図表 2-4-1 納付の原則と延納

1/1 12/31 2/16 3/15 5/31
確定申告
所得 → 納付 → 延納
利子税
＜延納＞期限内に申告し
1/2以上を納付 → 残額を納付

図表 2-4-2 源泉徴収制度

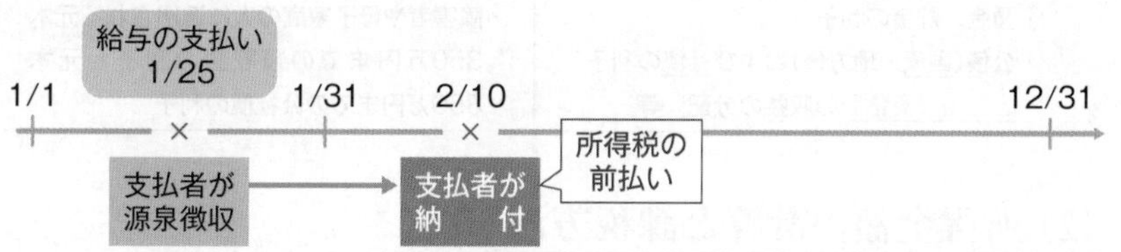

図表 2-4-3 源泉徴収税額の精算

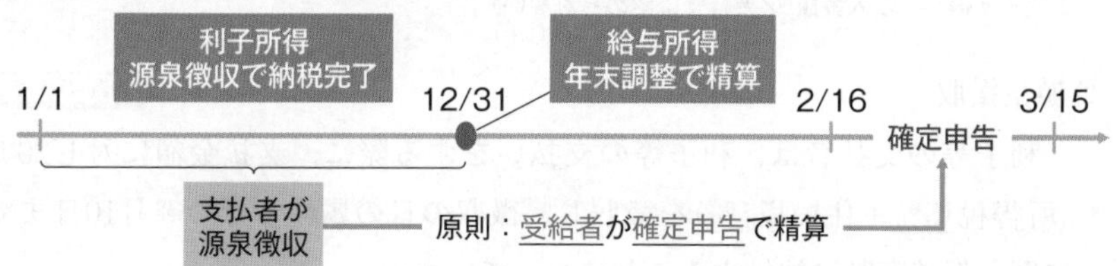

前払いの税金である源泉徴収税額は、確定申告で精算するのが原則ですが、後述する預貯金の利子は源泉徴収の段階で納税が完了するため、確定申告での精算は必要ありません。
また、会社員の方は、会社が年末調整という手続きの中で、源泉徴収税額を精算してくれますので、確定申告を省略することも可能です。

第3節 | 各種所得の内容

❶ 利子所得

重要　チェック

(1) 内　容

暗記

元本の安全性や利払いの確実性が高いとされる次に掲げる利子等です。

課　　税	非　課　税
・預金、貯金の利子 ・公債（国債・地方債）および社債の利子 ・公社債投資信託の収益の分配　等	・障害者や母子家庭の人に適用される元本350万円までの預貯金の利子と元本350万円までの公社債の利子

(2) 所得金額の計算と課税方法

① 所得金額の計算

利子所得 ＝ 収入金額（必要経費は認められない）

② 源泉徴収

図表 3-1-1

利子等の支払者は、利子等の支払いをする際に、支払金額に対し20％（所得税15％＋住民税5％）を徴収し、徴収の日の属する月の翌月10日までに国と都道府県に納付することになっています。

③ 課税方法

暗記

(ア) 預貯金および一般公社債等の利子等

図表 3-1-2

預貯金および一般公社債等の利子等については、源泉徴収の段階で納税が完了する源泉分離課税が採用されています。源泉徴収の段階で納税が完了しているため、確定申告の必要はありません。

(イ) 特定公社債等の利子等

図表 3-1-3

特定公社債等の利子等については、課税標準の計算段階で上場株式等に係る配当所得等の金額に含まれ、申告分離課税により20％（所得税15％＋住民税5％）の比例税率が適用されます。

なお、確定申告を省略し、源泉徴収税額のみで納税を完了することもできます。

図表 3-1-1 利子所得の源泉徴収

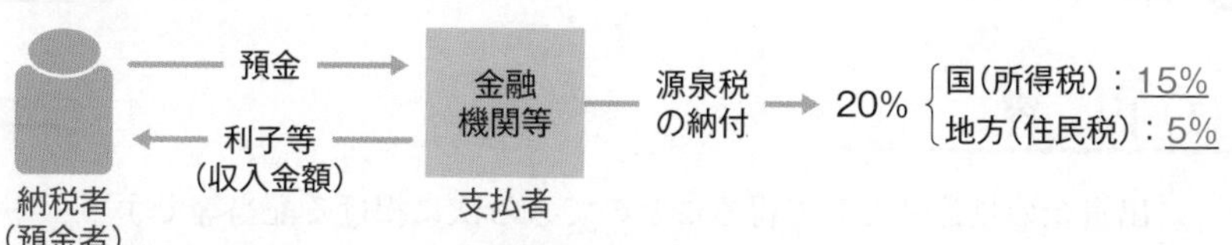

復興特別所得税等が上乗せされるため、源泉徴収税率は20.315%(所得税15.315%+住民税5%)となります。

図表 3-1-2 預貯金および一般公社債等の利子等に係る課税方法

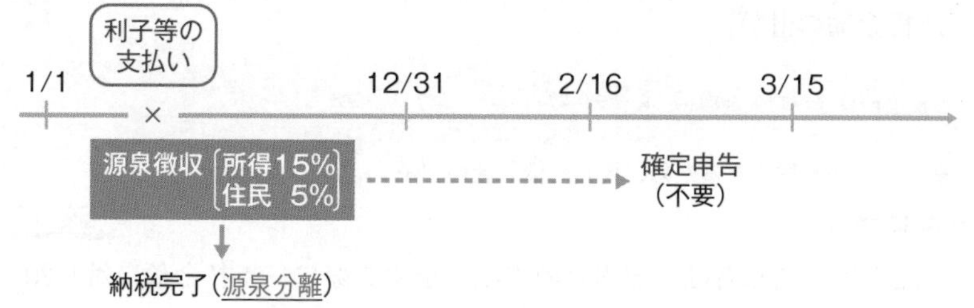

図表 3-1-3 特定公社債等の利子等に係る課税方法

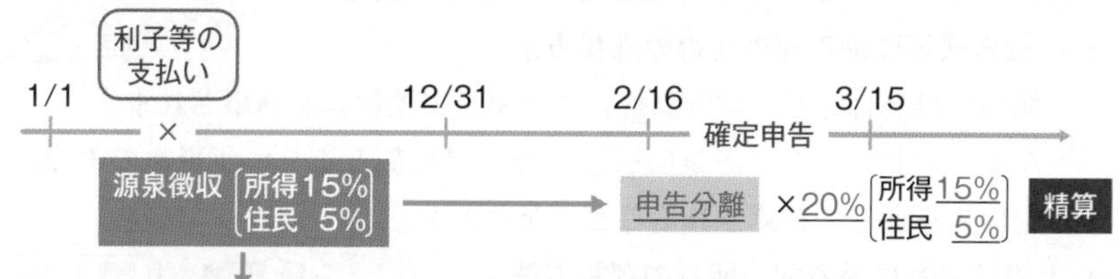

申告分離課税になる特定公社債等の利子等とは、次に掲げるものです。

・国債、地方債の利子
・社債および公社債投資信託のうち公募によるもの(不特定かつ多数の者に対して募集するもの)または上場されているものに係る利子等

また、一般公社債等は、特定公社債等に該当しないものです。

❷ 配当所得

重要　チェック

(1) 内　容

暗記

出資金の見返りとして得ることのできる次に掲げる配当等です。

課　税	非　課　税
・法人から受ける剰余金の配当(株式の配当金) ・公社債投資信託以外の証券投資信託(公募株式投資信託)の収益の分配 ・上場不動産投資信託(J-REIT)の収益の分配　等	・追加型株式投資信託の元本払戻金(特別分配金)

(2) 所得金額の計算と課税方法

① 所得金額の計算

配当所得 ＝ 収入金額 － 負債利子※

※　株式等を取得するために要した借入金の利子

② 源泉徴収

図表 3-2-1

配当等の支払者は、配当等の支払いをする際に、支払金額に対し20％の所得税(上場株式等の配当等の場合には、所得税15％＋住民税5％)を徴収し、徴収の日の属する月の翌月10日までに国(上場株式等の配当等の場合には国と都道府県)に納付することになっています。

③ 一般株式等に係る配当所得の課税方法

図表 3-2-2

他の所得と合算し、総合課税により超過累進税率が適用されます。

なお、前払いとして源泉徴収された所得税額と正しい年税額の差額は、確定申告を通じて精算されることになります。

④ 上場株式等に係る配当所得の課税方法

暗記　図表 3-2-3

上場株式等の配当等について確定申告をする場合、総合課税と申告分離課税のいずれかを選択することができます。

なお、申告分離課税を選択した上場株式等に係る配当所得の金額は、特定公社債の利子等と共に20％(所得税15％＋住民税5％)の比例税率が適用されます。

上場株式等には公募株式投資信託が含まれます。
また、一般株式等は、上場株式等に該当しないものです。

図表 3-2-1 配当所得の源泉徴収

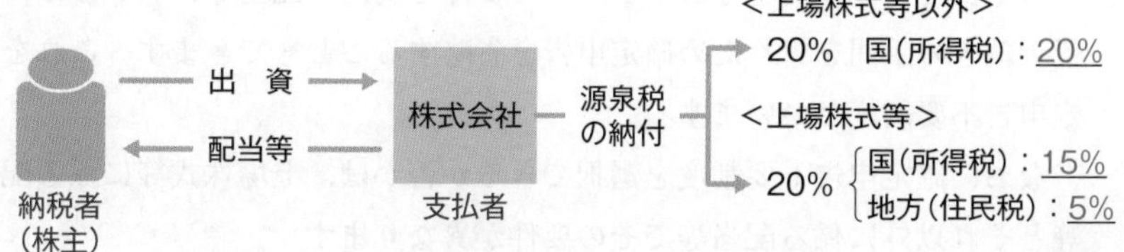

復興特別所得税等が上乗せされるため、源泉徴収税率は上場株式等以外が20.42%、上場株式等が20.315%（所得税15.315%＋住民税5%）となります。

図表 3-2-2 一般株式等に係る配当所得の課税方法

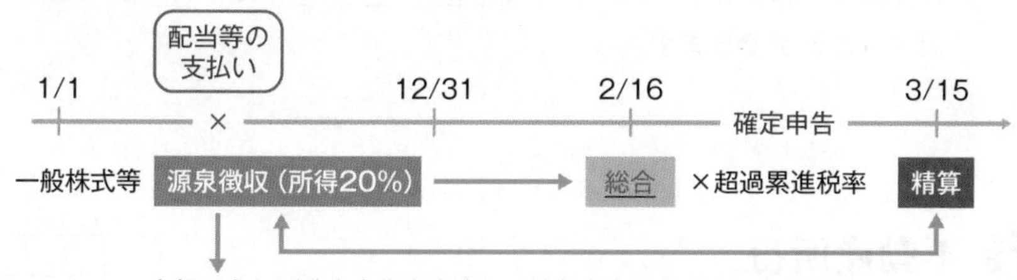

図表 3-2-3 上場株式等に係る配当所得の課税方法

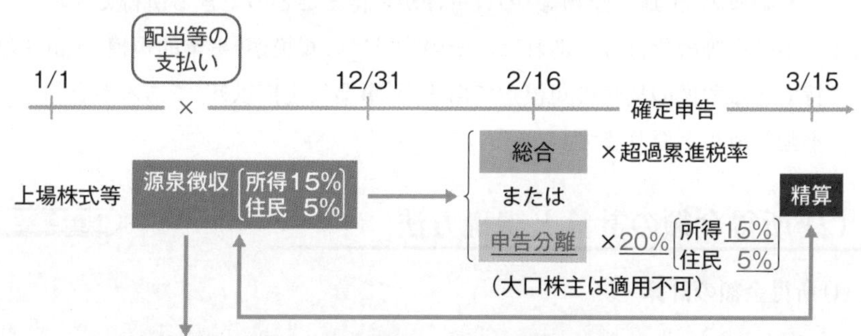

大口株主とは、上場株式等の持株比率が3%以上である株主です。大口株主に係る上場株式等の配当は一般株式等と同様の取扱いになります。

⑤ **確定申告不要制度** 暗記 図表 3-2-4

特定公社債等の利子等および一定の要件を満たす配当等については、納税手続きの手間を省くため確定申告を省略することもできます。これを確定申告不要制度といいます。

なお、確定申告不要制度を選択できるか否かは、上場株式等に係る配当等とそれ以外に係る配当等でその要件が異なります。

(ア) 一般株式等に係る配当等

一般株式等に係る配当等については、1回に支払いを受ける配当等が10万円以下である場合に、確定申告不要制度を選択することができます。

(イ) 上場株式等に係る配当等・特定公社債等に係る利子等

上場株式等に係る配当等(大口株主が支払を受けるものを除く)と特定公社債等の利子等については、金額にかかわらず確定申告不要制度を選択することができます。

❸ 不動産所得

チェック ✓✓✓

(1) 内　容

図表 3-3-1

不動産等(土地、建物等)の貸付けから得ることのできる所得です。

不動産等の貸付けであれば、その貸付けの規模が「事業的規模(生計を維持できる程度の貸付の規模)」であるか「事業的規模以外」であるかを問わず不動産所得となります。

(2) 所得金額の計算と課税方法

図表 3-3-2

① **所得金額の計算**

不動産所得 ＝ 収入金額 － 必要経費(－青色申告特別控除)

② **課税方法**

他の所得と合算し、総合課税により超過累進税率が適用されます。

図表 3-2-4 確定申告不要制度

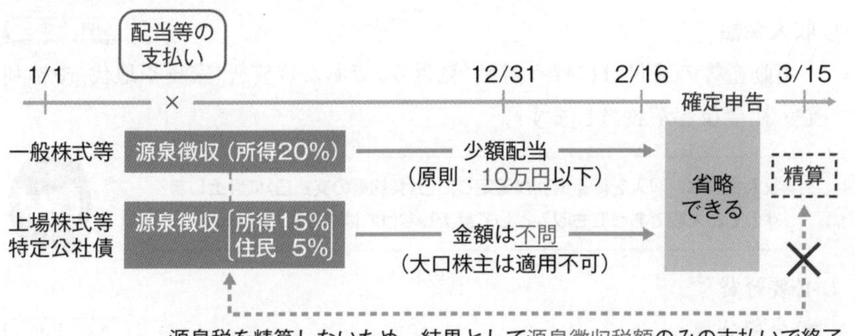

大口株主が支払いを受ける配当等については、一般的に高額（10万円超）になることから確定申告不要の対象とならないため、確定申告の上、総合課税により超過累進税率が適用されることになります。

図表 3-3-1 不動産所得の内容

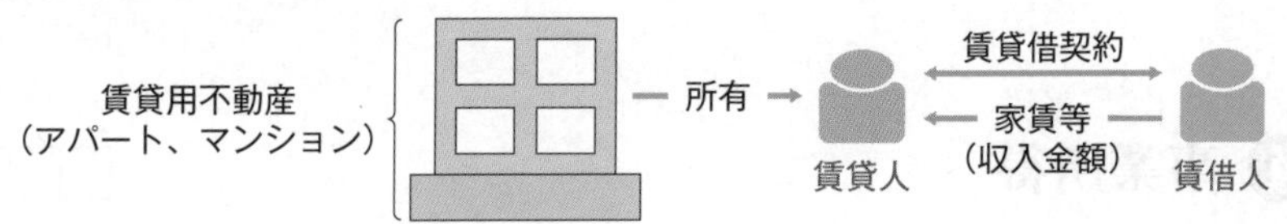

図表 3-3-2 不動産所得の課税方法

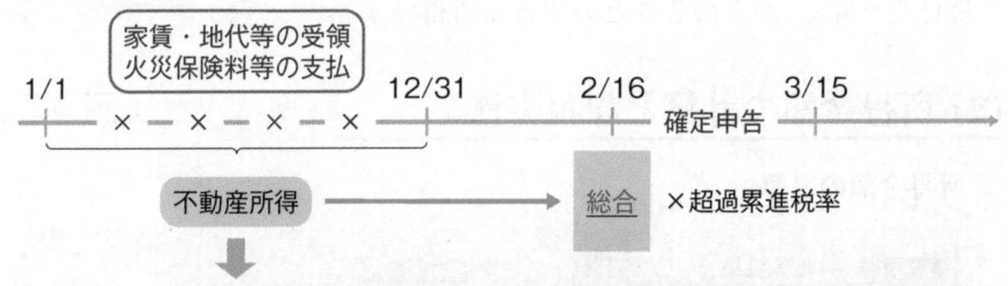

(3) 不動産所得の具体的計算

① 収入金額

図表 3-3-3

不動産等の貸付けに伴う対価(見返り)である賃貸料(家賃や地代)や権利金・礼金などが該当します。

収入金額は、収入を得る権利が確定した日(契約書の支払日)に計上しますので、未収であっても収入として計上しなければなりません。

② 必要経費

(ア) 公租公課

図表 3-3-4

貸付けている土地、マンション、アパートなどの不動産(以下「業務用資産」という)に関して支払う公租公課は必要経費に算入されます。

(イ) 借入金利子

図表 3-3-5

業務用資産を取得するために、金融機関などから資金を借り入れた場合、その借入金の利子は、その支払利子のうち本年対応分を必要経費に算入しますが、借入金の元金返済分は、必要経費に算入できません。

必要経費は、支払義務が確定した日(請求書などの支払日)に計上しますので、未払いでも経費として計上しなければなりません。

❹ 事業所得

チェック ✓ ✓ ✓

(1) 内　容

図表 3-4-1

農業、漁業、製造業、卸売業、小売業、サービス業などの事業(不動産貸付業を除く)から得ることのできる所得です。

(2) 所得金額の計算と課税方法

図表 3-4-2

① 所得金額の計算

事業所得 ＝ 収入金額 － 必要経費(－青色申告特別控除)

② 課税方法

他の所得と合算し、総合課税により超過累進税率が適用されます。

図表 3-3-3 不動産所得の収入金額

収入として必ず計上しなければならないもの	収入金額に計上しないもの
・賃貸料（いわゆる家賃） ・権利金、礼金、更新料　など	・敷金 ・保証金

賃貸契約時に受領する敷金や保証金は、賃借人（借主）のルール違反により損害が発生した場合の担保（一時的な預かり金）として受領するものです。原則として収入金額には計上しませんが、返還不要の金額があればその金額を計上します。

図表 3-3-4 不動産所得の必要経費（公租公課）

必要経費になる公租公課	必要経費にならない公租公課
業務用資産に係る不動産取得税、登録免許税	所得税、住民税　等
業務用資産に係る固定資産税、都市計画税	罰金、延滞税、過怠税などの制裁金

図表 3-3-5 不動産所得の必要経費（借入金利子）

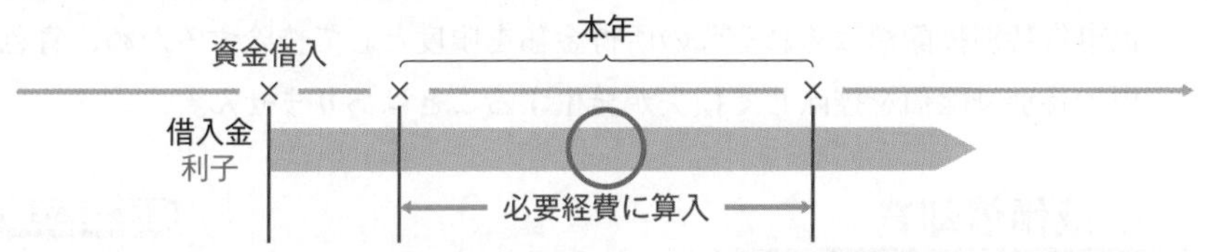

図表 3-4-1 事業所得の内容

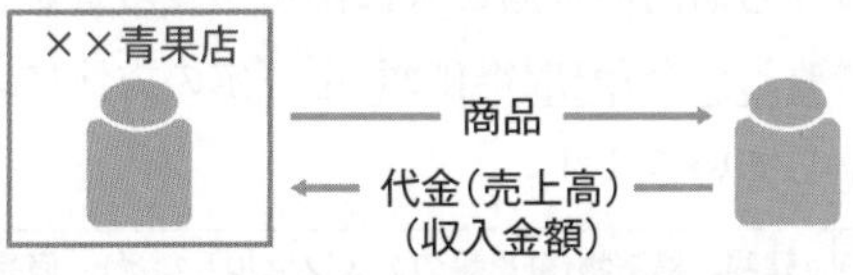

図表 3-4-2 事業所得の課税方法

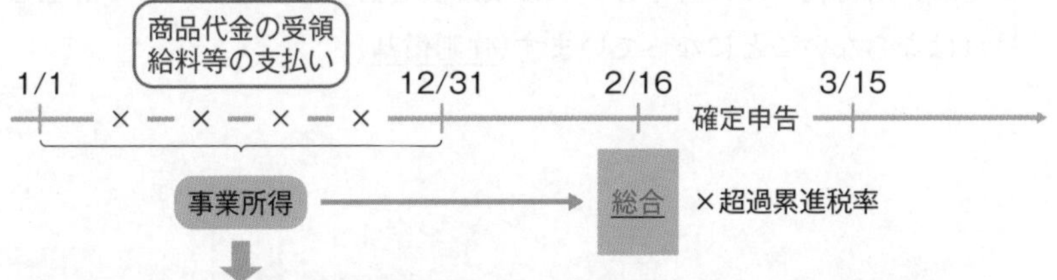

収入金額（商品売上高など） － 必要経費（売上原価・販売費・減価償却費など）

❺ 不動産所得と事業所得の留意点 重要

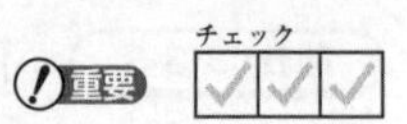

(1) 業務と事業

図表 3-5-1

所得税では、収入から控除する項目などに差異を設けるため、営利を目的とする活動を「業務」と「事業」に区別しています。

業務とは、何らかの取引、あるいは利益を求めて行うその行為・行動などですが、所得税においては、不動産の貸付けや原稿の執筆、商品の販売、山林の保有・育成など所得を得るための業務が該当します。

一方、事業とは、上記の業務を営利目的で継続的に行うもの、それによって生計を維持しようとする(職業となっている)ものが該当します。

(2) 青色申告特別控除

図表 3-5-2

不動産所得および事業所得の両方が発生している場合、青色申告特別控除額を、不動産所得の金額、事業所得の金額の順で控除します。なお、青色申告特別控除額はそれぞれの所得金額を限度として控除するため、青色申告特別控除額を控除して損失が発生することはありません。

(3) 減価償却費

図表 3-5-3

① 内　容

業務用資産のうち期間の経過と共に価値が減る資産(減価償却資産)については、取得に要した金額(取得価額)を一定の方法によって各年分の必要経費として配分していきます。

減価償却資産	建物、構築物(駐車場のアスファルトなど)、備品　等
非減価償却資産	土地　等

なお、所得税では、各年分の減価償却費を必ず必要経費として計上しなければならないことになっています(強制償却)。

図表 3-5-1 業務と事業

業 務	区 分	所得分類
原稿の執筆、講演など	事業的規模	事業所得
	上記以外	雑所得

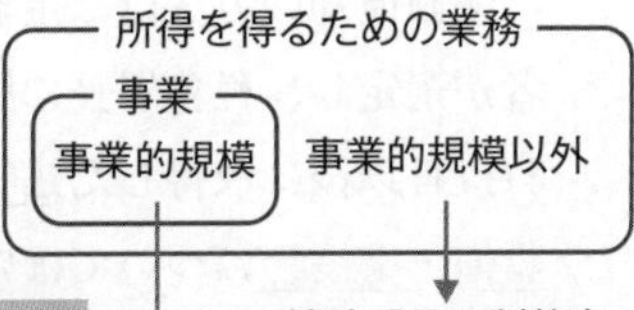

職業となっているもの　　控除項目に制約有

事業所得は必ず事業的規模で行っているものになりますが、不動産の貸付けについては、形式的に独立家屋であれば5棟以上、アパートなどであれば10室以上の貸付け（5棟10室基準）を行っていれば事業的規模と判断されています。

図表 3-5-2 青色申告特別控除

不動産所得

家賃収入等 50万円	必要経費 20万円
	青特控除 30万円

事業所得

商品売上等 90万円	必要経費 30万円
	青特控除 35万円
	所得 25万円

青色申告特別控除が65万円の場合

不動産所得から先に控除

図表 3-5-3 減価償却費

建物取得価額 1億円 ➡ 毎年の収益に対応させるため、耐用年数にわたる費用として配分

耐用年数 50年

1年目	2年目	…	50年目
必要経費 200万円	必要経費 200万円		必要経費 200万円

② 減価償却の方法

暗記　図表 3-5-4

減価償却の方法には定額法、定率法などがありますが、その中から納税者が選定し、税務署長に届出た方法で償却を行います。ただし、平成10年4月1日以後に取得した建物および平成28年4月1日以後に取得した建物附属設備・構築物については定額法のみが適用されます。

また、納税者が償却方法の選定をしなければ、法定償却方法である定額法により計算することになります。

<定額法>

取得価額 × 定額法償却率 ＝ 1年分の償却費（減価償却限度額）

<定率法>

（取得価額 − 減価償却累積額（年初未償却残高））× 定率法償却率 ＝ 1年分の償却費

③ 少額減価償却資産

暗記

使用可能期間が1年未満または取得価額が10万円未満の減価償却資産は、取得価額の全額を業務の用に供した年分の必要経費に算入します。

④ 中小事業者の少額減価償却資産の特例

暗記　図表 3-5-5

中小事業者に該当する青色申告者が取得した取得価額30万円未満の減価償却資産については、取得価額の全額を業務の用に供した年分の必要経費に算入します。

一括償却資産の特例

取得価額が20万円未満の減価償却資産は、取得価額の3分の1ずつを業務の用に供した年分から3年間にわたり必要経費に算入する特例もあります。

用語解説

中小事業者： 常時雇用する従業員の数が500人以下の方をいいます。

図表 3-5-4 減価償却の方法

建物の取得 × 定額法・定率法など | H10/4/1 × | 建物の取得 × 定額法のみ

建物附属設備・構築物の取得 × 定額法・定率法など | H28/4/1 × | 建物附属設備・構築物の取得 × 定額法のみ

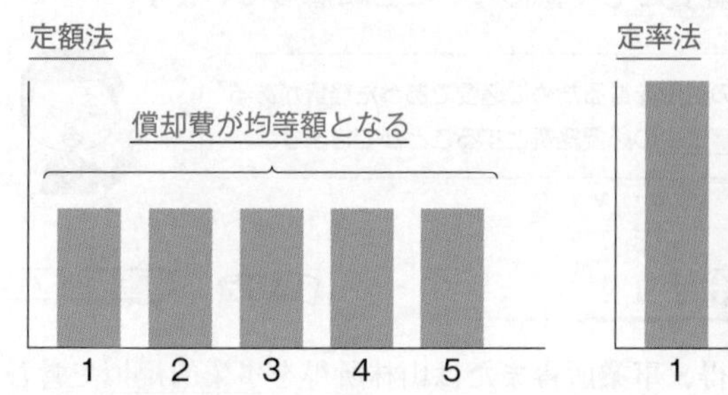

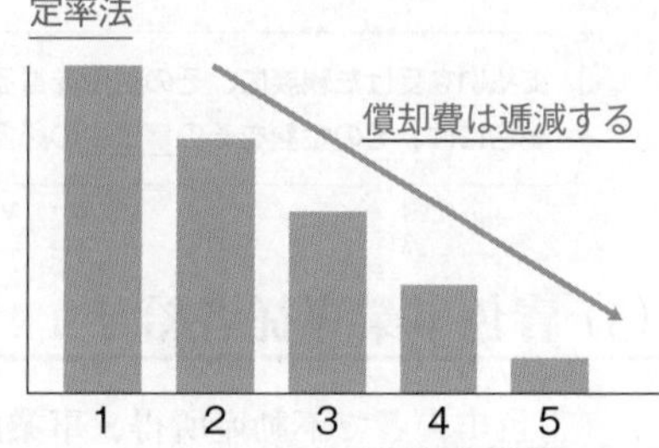

費用として計上する減価償却費の累計は(取得価額－1円)になります。つまり、1円(備忘価格)を帳簿上に残して、残りの金額をすべて必要経費として計上することになります。

図表 3-5-5 少額減価償却資産の特例

	取得価額	必要経費に算入できる金額	
		青色申告者	白色申告者
パソコンA	80,000円	80,000円	80,000円
パソコンB	250,000円	250,000円	耐用年数で償却

取得価額10万円未満の少額減価償却資産(パソコンA)は、青色申告者以外(白色申告者)でも適用を受けることができますが、10万円以上30万円未満の少額減価償却資産(パソコンB)については、中小事業者に該当する青色申告者のみが適用を受けることができる点に注意しましょう。

(4) 生計を一にする親族に対して支払う対価

暗記　図表 3-5-6

所得税は個人単位で課税されるため、生計を一にする親族間で意図的に所得の分散をして租税負担を軽減することができてしまいます。

そこでこれらの租税回避を防止するため、事業主が生計を一にする親族に給料、家賃、借入金の利子などの対価を支払った場合でも、原則としてその支払った金額を必要経費として認めないことになっています。

支払いを受けた親族に、その対価を得るために必要であった経費がある場合には、その金額をその事業主の必要経費とすることができます。

(5) 青色事業専従者給与

暗記　図表 3-5-7

青色申告者で不動産所得、事業所得または山林所得を事業的規模で営む人が、生計を一にする親族を青色事業専従者として事業に従事させ、給与の支払いをした場合には、その支払った給料・賞与の金額を必要経費に算入することができます。

なお、支払った給与を必要経費に算入するためには、次の条件をすべて満たす必要があります。

① 「青色事業専従者給与に関する届出書」を税務署長に提出すること
② 税務署へ提出した「届出書」に記載した金額の範囲内であること
③ 支払った金額が労務の対価として相当な金額であること

生計を一にする妻、親、子供などは配偶者控除や扶養控除の対象にもなりますが、青色事業専従者として給与の支払いを受けている場合は、これらの控除の対象にはなりませんので注意が必要です。

事業専従者控除

白色申告者である事業主が事業専従者を有している場合は、その事業専従者が配偶者であるときは原則として86万円、その他の親族であるときは原則として50万円を必要経費とみなす特例があります。

図表 3-5-6 生計を一にする親族に対して支払う対価

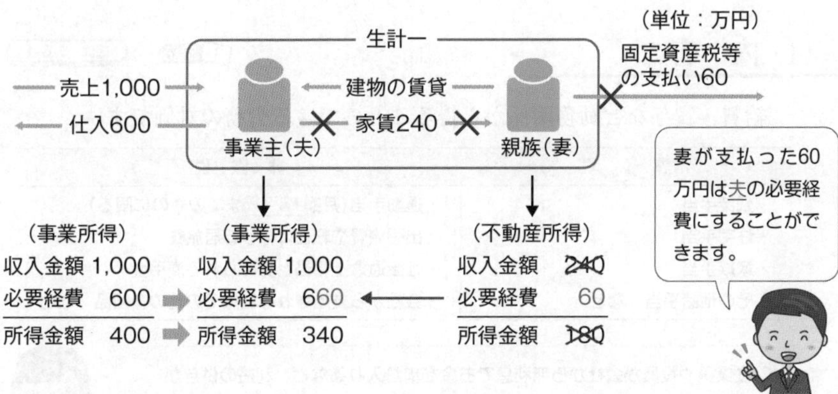

Hint! **生計を一にする親族**

納税者と同じ財布で生活している配偶者や子供、両親などが生計を一にする親族となります。納税者の稼ぎで生活している親族が該当しますので、同一の家屋に居住していない場合(別居の場合)でも、生活費の仕送りなど納税者の稼ぎで生活していることが明らかな場合は、生計を一にする親族と判断されます。

図表 3-5-7 青色事業専従者給与

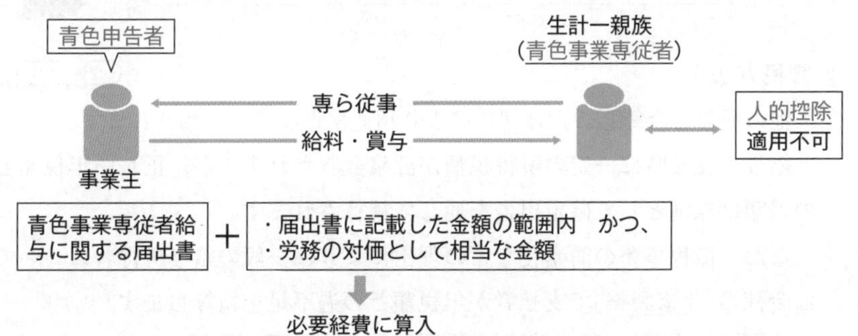

❻ 給与所得

重要　実技（資産・個人・生保）

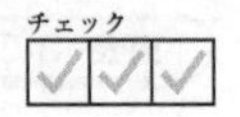

(1) 内　容

暗記　図表 3-6-1

給料、賞与など勤務関係から得ることのできる労務の対価です。

課　　税	非　課　税
・残業手当 ・住宅手当 ・家族手当 ・その他諸手当　など	・通勤手当（月額15万円までのものに限る） ・出張旅費や転任に伴う転居旅費 ・社会通念上相当と認められる慶弔金 ・会社から支給される制服その他の身回品　など

従業員や役員が会社から無利息でお金を借り入れるなど、利益の供与がある場合は、その経済的利益を給与として課税します。

(2) 所得金額の計算と課税方法

① 所得金額の計算

暗記　図表 3-6-2

給与所得 ＝ 収入金額（年収） － 給与所得控除額（概算経費）

2ヵ所以上の場所で勤務している人は、それぞれの会社等から支払を受ける給与等の合計額が、1年間の収入金額（年収）になります。

② 課税方法

図表 3-6-3

他の所得と合算し、総合課税により超過累進税率が適用されます。

給与の支払時に一定の所得税額が源泉徴収されますが、正しい年税額との差額は原則として確定申告を通じて精算されます。

なお、徴税事務の簡素化などの理由により、一般の給与所得者については会社の「年末調整」で支払者が年税額との過不足を精算します。

給与所得者はほかに所得がない人が多いため、12月の給与の支払時に従業員（納税者）に代わって給与の支払者が一旦年税額を確定する制度があります。この制度を年末調整といいます。

図表 3-6-1 **給与所得の内容**

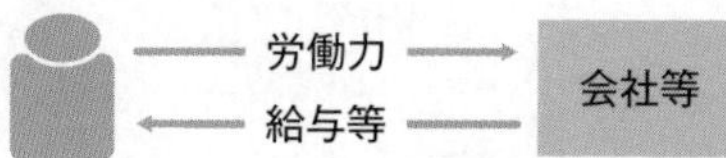

労務の対価であれば、工場で働く人の賃金、国会議員の歳費など名称は問いません。

図表 3-6-2 **給与所得の金額の計算**

給与所得 ＝ 収入金額(年収) － 給与所得控除額(概算経費)

<給与所得控除額の速算表>

給与等の収入金額(年収)		給与所得控除額
	1,800,000円以下	収入金額×40%－100,000円(最低550,000円)
1,800,000円超	3,600,000円以下	収入金額×30%＋ 80,000円
3,600,000円超	6,600,000円以下	収入金額×20%＋ 440,000円
6,600,000円超	8,500,000円以下	収入金額×10%＋1,100,000円
8,500,000円超		1,950,000円(上限)

<年収5,000,000円の給与所得>

5,000,000円×20%＋440,000円＝1,440,000円

5,000,000円－1,440,000円＝3,560,000円

図表 3-6-3 **給与所得の課税方法**

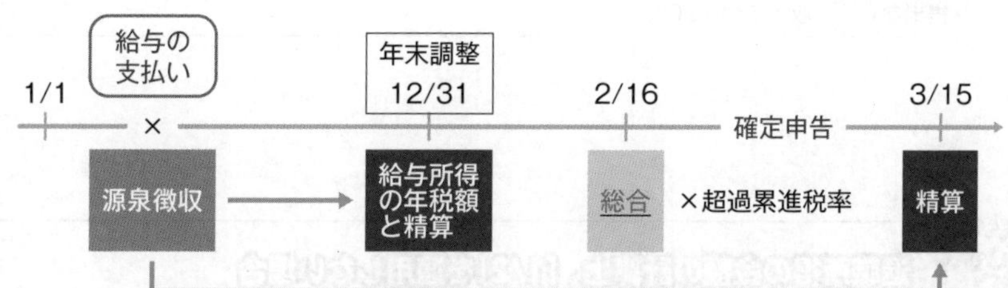

一般の給与所得者が還付申告をする場合は、医療費控除や住宅ローン控除(後述)など税金を安くする規定を適用する場合です。

❼ 退職所得

重要　実技（資産・個人・生保）

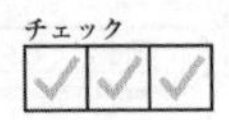

(1) 内　容

図表 3-7-1

勤務関係にあった会社などを退職し、退職手当など退職により一括して得ることのできる所得です。

確定拠出年金の老齢給付金を一時金で受け取った場合等も退職所得に区分されます。

(2) 所得金額の計算と課税方法

① 所得金額の計算

暗記　図表 3-7-2

退職所得 ＝ {収入金額（退職金） − 退職所得控除額（概算経費）} × 1/2

② 課税方法

図表 3-7-3

他の所得と分離し、申告分離課税により超過累進税率が適用されます。

なお、退職手当等の支払時に一定の所得税が源泉徴収されますが、支払時に徴収される源泉徴収税額は、「退職所得の受給に関する申告書」を提出しているか否かによって異なります。

提出あり	{（収入金額－退職所得控除額）×1/2}×超過累進税率 （退職所得の金額）
提出なし	収入金額×20%

退職所得の金額の計算上、「1/2」を適用しない場合

・勤続年数が5年以下である一定の役員等
　退職手当等の収入金額から退職所得控除額を控除した残額に相当する金額
・勤続年数が5年以下である役員でない者（従業員）
　退職手当等の収入金額から退職所得控除額を控除した残額のうち300万円を超える部分の金額

図表 3-7-1 **退職所得の内容**

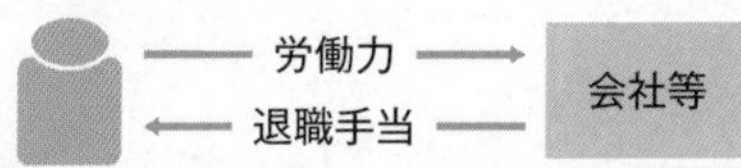

退職手当等を分割して年金形式で受け取る場合は、公的年金等に係る雑所得(後述)になります。

図表 3-7-2 **退職所得の計算**

勤続年数	退職所得控除額
20年以下	40万円×勤続年数(最低80万円)
20年超	800万円＋70万円×(勤続年数－20年)

勤続年数 年40万円 年70万円 20年 800万円

<勤続年数34年2ヵ月の場合>

34年2ヵ月→35年(1年未満は1年とする)

800万円＋70万円×(35年－20年)＝1,850万円

図表 3-7-3 **退職所得の課税方法**

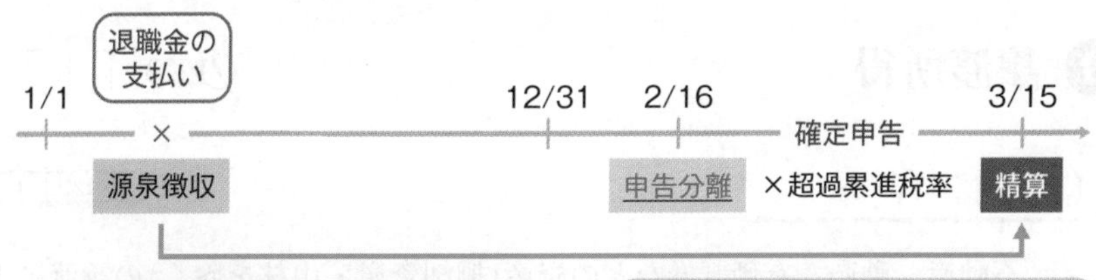

「退職所得の受給に関する申告書」の提出の有無により異なる。 → 退職所得の年税額≦源泉税徴収税額 ∴確定申告の省略が可能

「退職所得の受給に関する申告書」を提出している場合、または、源泉徴収税額が退職所得の金額に係る申告納税額以上になる場合には、確定申告を省略することができます。
しかし、前払いの税金が確定申告で納める税額より多くなる場合は還付を受けることができますので、確定申告をした方が有利になることを理解しておきましょう。

❽ 山林所得

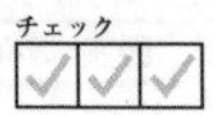

(1) 内　容

図表 3-8-1

山林業者などが長年にわたり育成した山林(立木)を伐採し、譲渡したことにより得ることのできる所得です。保有期間が5年を超える山林が対象になります。

(2) 所得金額の計算と課税方法

図表 3-8-2

① 所得金額の計算

山林所得 ＝ 収入金額 － 必要経費 － 特別控除(最高50万円)

② 課税方法

他の所得と分離し、申告分離課税により超過累進税率が適用されます。ただし、五分五乗方式という特殊な税額計算を行うことにより、納める税額が少なくなるような配慮がなされています。

❾ 譲渡所得

重要

チェック

(1) 内　容

図表 3-9-1

不動産、動産、有価証券などの資産(棚卸資産・山林を除く)の譲渡により得ることができる所得です。

譲渡とは、所有権の移転を表しており、一般的には有償による(金銭等の授受がある)資産の売却が該当します。

保有していた期間の価値増加分(値上益)について、資産を保有していた人が所有権移転時に課税されます。

図表 3-8-1 山林所得の内容

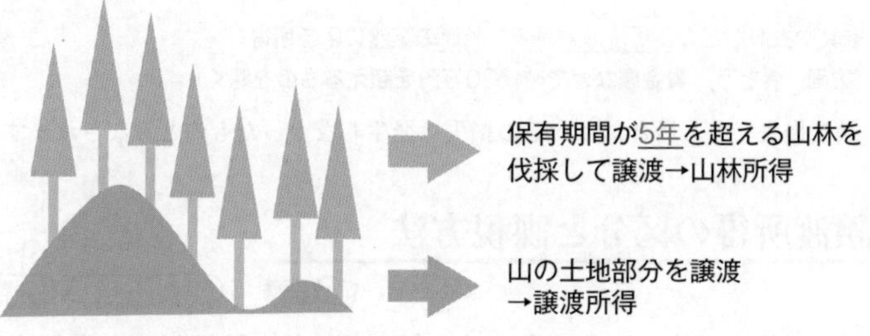

図表 3-8-2 山林所得の課税方法

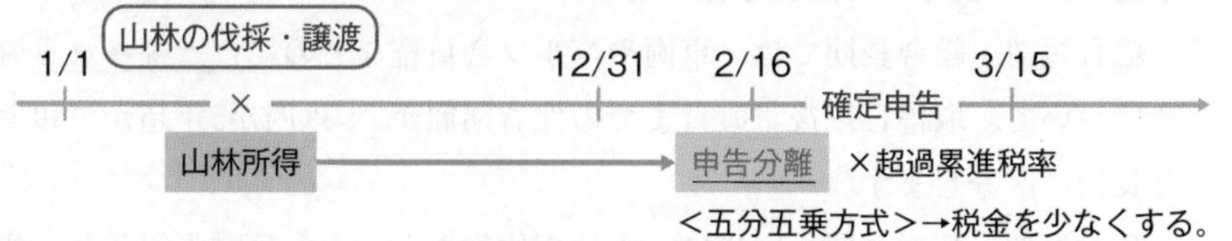

図表 3-9-1 譲渡所得の内容

資産

棚卸資産 山林	譲渡所得の基因となる資産 不動産、動産、有価証券など

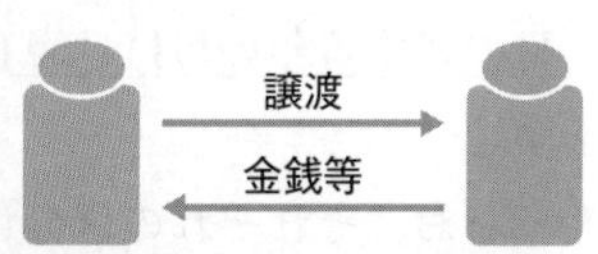

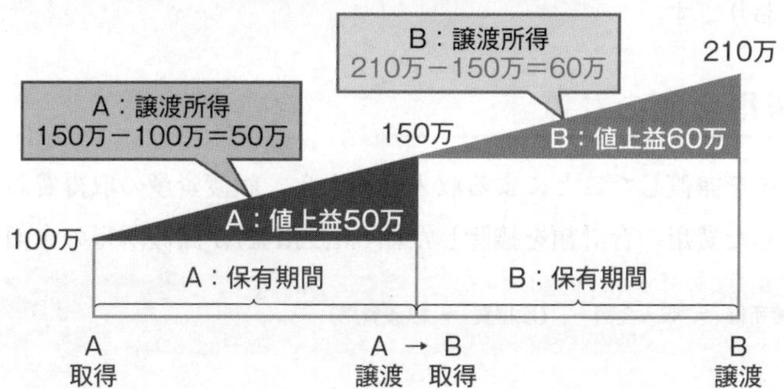

無償による(金銭等の授受がない)資産の贈与については、贈与時点で値上益が生じていても、金銭等の授受がないため、原則として譲渡所得は課税されません。
ただし、法人に対して贈与や時価の2分の1未満の価額で譲渡をした場合は、時価で譲渡をしたものとみなして課税されます。

(2) 非課税

・家具や衣服などの生活に通常必要な動産の譲渡による所得
（書画、骨とう、貴金属などで時価30万円を超えるものを除く）

※　譲渡損失となる場合には、その損失は発生しなかったものとみなされます。

(3) 譲渡所得の区分と課税方法

暗記　図表 3-9-2　図表 3-9-3

譲渡所得は、他の所得と異なり、「譲渡資産の種類」および「保有期間」に応じた課税を行うため、総合短期、総合長期、分離短期、分離長期、株式分離の5つに区分して課税を行います。

総合短期・総合長期では、車両やゴルフ会員権などの総合課税される資産について、取得日以後譲渡日までの保有期間が5年以内か5年超かで短期と長期に区分します。

分離短期・分離長期も同様に、土地や建物などの申告分離課税される資産について5年以内か5年超かで短期か長期に区分しますが、総合課税される資産のように実際に保有していた期間ではなく、取得日の翌日から譲渡日の属する年の1月1日現在までの所有期間で判定する点に注意が必要です。

なお、それぞれの区分に応じた課税方法のまとめは、図表 3-9-2 のとおりです。

(4) 所得金額の計算

資産を譲渡したことによる収入金額から、譲渡資産の取得費および譲渡に要した費用の合計額を控除した額（譲渡損益）が譲渡所得の金額です。

譲渡所得 ＝ 収入金額 －（取得費 ＋ 譲渡費用）

① 収入金額

資産の売却代金（譲渡価額）が収入金額になります。

図表 3-9-2 譲渡所得の区分と課税方法

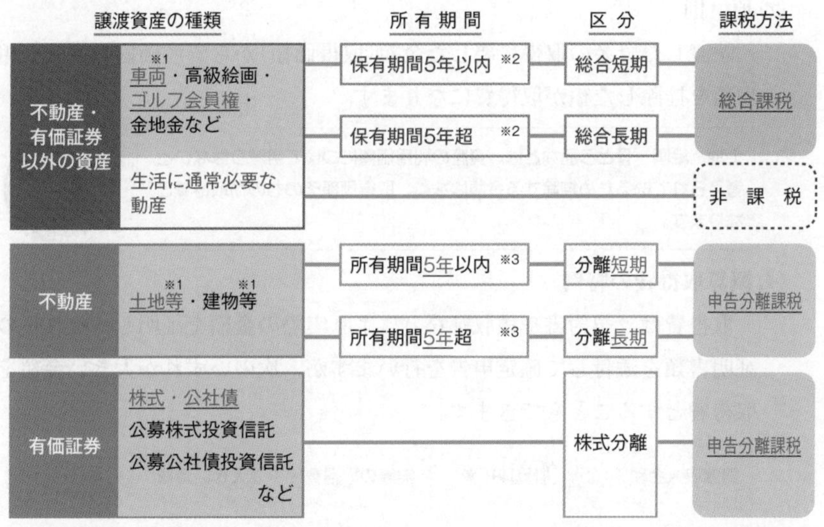

※1　営業用・自家用を問わない。

※2　＜総合課税における短期・長期の判定＞

取得日以後譲渡日までの保有期間	5年以内	総合短期
	5年超	総合長期

※3　＜分離課税における短期・長期の判定＞

取得日の翌日から譲渡年の1/1までの所有期間	5年以内	分離短期
	5年超	分離長期

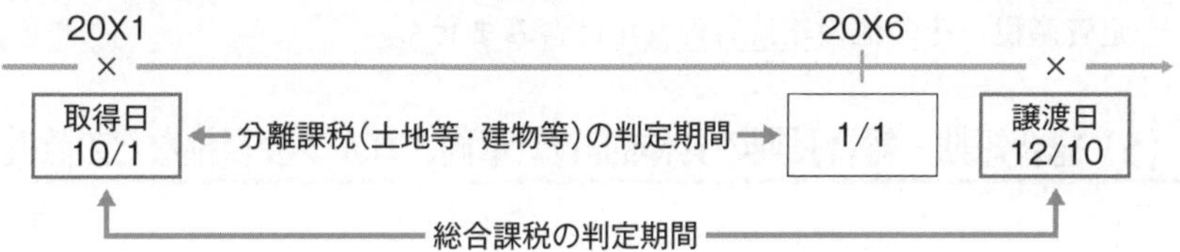

図表 3-9-3 相続または贈与により取得した資産を譲渡した場合

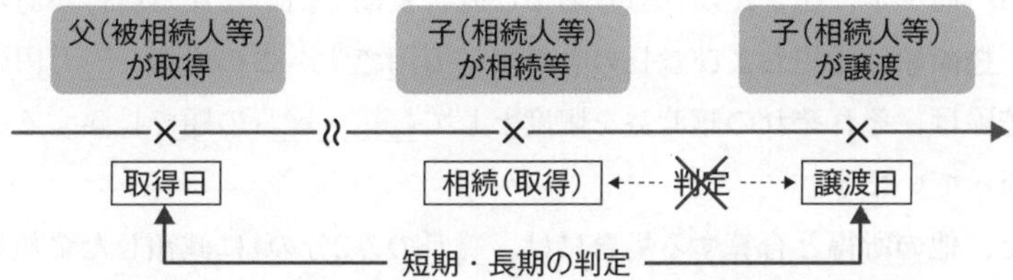

相続または贈与により取得した資産を譲渡した場合には、取得日を実際に取得した日（相続日や贈与日）とせずに、被相続人や贈与者が取得した日を取得日として、短期・長期の判定を行います（取得日の引き継ぎ）。

② 取得費

暗記　図表 3-9-4

(ア) 原　則

譲渡した資産の取得に要した金額(取得価額)から資産価値の目減り相当額を控除した額が取得費になります。

土地・絵画・骨とう品などは、資産の利用価値について目減りはないと考えられているため控除する金額はなく、取得価額そのものが取得費となります。

(イ) 概算取得費の特例

取得費は、契約書や領収証などにより実際の金額を証明し、それらの証明書類を添付して確定申告を行いますが、次のいずれか大きい金額を取得費とすることもできます。

譲渡収入金額 × 5%(概算取得費) ≷ 実際の取得費　∴大きい金額

③ 譲渡費用

資産を譲渡するために要した仲介手数料、運搬費や建物を取り壊して土地を譲渡するための建物の取壊し費用、借家人を立ち退かせるための立退料などです。資産を譲渡するための費用ですから、譲渡資産の修繕費、固定資産税、その他の維持管理費用は含みません。

(5) 総合短期・総合長期の具体的計算(車両、ゴルフ会員権などの譲渡)

暗記

収入金額から取得費と譲渡費用を控除した額から、最高50万円の特別控除を控除して計算します。

なお、同一年に総合短期(総短)および総合長期(総長)となる所得がある場合、控除額は総短および総長の合計で50万円です。この場合、50万円の特別控除は、それぞれの譲渡益を限度として総短・総長の順で控除することになっています。

また、他の所得と合算する場合には、総長のみ2分の1に減額した金額を合算して総所得金額を計算する特例があります。

総短・総長の金額 ＝ 収入金額 －(取得費 ＋ 譲渡費用)－ 特別控除(最高50万円)

総所得金額 ＝ 総短(全額) ＋ 総長 × 1/2 ＋ 給与所得など他の所得

図表 3-9-4 譲渡所得の計算上控除する取得費（原則）

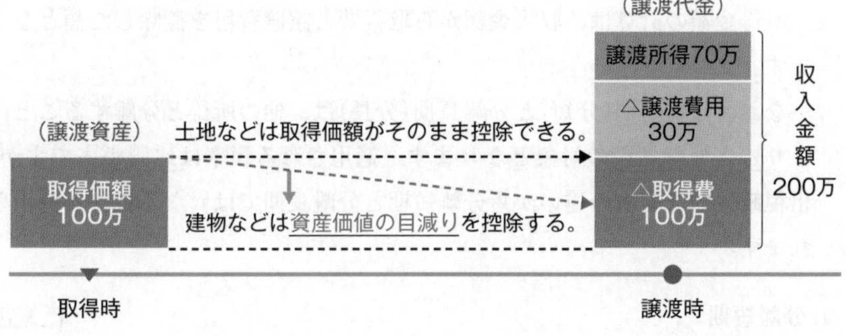

設例 総合短期および総合長期に係る譲渡所得の計算

大原一郎さんが20X6年10月に売却した次の「ゴルフ会員権」および「絵画」について、20X6年分の譲渡所得の金額を求めなさい。

譲渡資産	取得に係る資料		譲渡に係る資料	
	取得日	取得価額	売却代金	譲渡費用
ゴルフ会員権	20X1年12月	2,600,000円	3,000,000円	30,000円
絵　画	20X1年9月	800,000円	1,240,000円	10,000円

【解答】

①総合短期（ゴルフ会員権）

3,000,000円－（2,600,000円＋30,000円）－370,000円※＝0

※　特別控除額500,000円のうち譲渡益（370,000円）を限度として控除します。

②総合長期（絵画）

1,240,000円－（800,000円＋10,000円）－130,000円※＝300,000円

※　特別控除額500,000円の残額（500,000－370,000円＝130,000円）

総合長期譲渡所得の金額は、300,000円という結論になります。

なお、総合長期譲渡所得の金額は、損益通算の後、2分の1に減額した金額を他の所得と合算しますので、大原さんの場合、損益通算がなければ、300,000円×1/2＝150,000円を他の所得と合算することになります。

(6) 分離短期・分離長期の具体的計算(不動産の譲渡) 図表 3-9-5

所得金額の計算は、収入金額から取得費と譲渡費用を控除した額となります。

なお、分離短期(分短)と分離長期(分長)は、他の所得と分離することにより申告分離課税の対象となります。適用される税率は比例税率ですが、租税政策的な配慮の違いから分離短期と分離長期では異なる税率が適用されます。

① 分離短期 暗記

譲渡日の属する年の1月1日時点で所有期間が5年以下の場合、短期的な不動産売買による地価の高騰を抑えるという観点から、土地等、建物等の譲渡益については重い税金を課税(重課)することになっています。

なお、比例税率は39%(所得税30%+住民税9%)が適用されます。

② 分離長期 暗記

譲渡日の属する年の1月1日時点で所有期間が5年超の場合、長期保有の土地等、建物等の譲渡を促進するという観点から、土地等、建物等の譲渡益については少ない税金を課税(軽課)することになっています。

なお、比例税率は20%(所得税15%+住民税5%)が適用されます。

(7) 株式分離の具体的計算(株式、公社債、公募株式投資信託などの譲渡)

図表 3-9-6

所得金額の計算は、収入金額から取得費と譲渡費用を控除した金額となります。

株式の取得費は、「株式等を取得した金額+取得時の手数料等」により計算しますが、同一銘柄の株式などを2回以上にわたって取得している場合には、「譲渡の都度、総平均法に準じた方法」で平均単価を計算します。

なお、株式分離(株分)は、他の所得と区分することにより申告分離課税の対象となり、比例税率20%(所得税15%+住民税5%)が適用されます。

株式等は「一般株式等(非上場株式など)」と「上場株式等」に区分し、公社債は「一般公社債(公募以外の私募で募集される公社債など)」と「特定公社債」に区分してそれぞれ計算します。

図表 3-9-5 分離短期・分離長期の具体的計算

譲渡資産の種類		所有期間	区　分	課税方法	税　率
不動産	土地等・建物等	5年以内	分離短期	申告分離課税	39%（所30%、住9%）
		5年超	分離長期		20%（所15%、住5%）

それぞれの区分に応じて計算。

譲渡所得 ＝ 収入金額 －（取得費 ＋ 譲渡費用）

図表 3-9-6 株式分離の具体的計算

譲渡資産の種類		計算区分	区　分	課税方法	税　率
有価証券	株式等	一般株式等	株式分離	申告分離課税	20%（所15%、住5%）
		上場株式等			
	公社債	一般公社債			
		特定公社債			

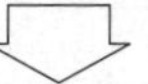
それぞれの区分に応じて計算。

譲渡所得 ＝ 収入金額 －（取得費 ＋ 譲渡費用）

（例）取得時および売却時の手数料等は考慮しない　計算　実技（資産・個人）

売買日		単価	株数	同一銘柄を２回以上取得している場合の取得費
2月10日	買	100円	1,000株	100円×1,000株＝100,000円
3月25日	買	130円	500株	130円×500株＝65,000円
5月15日	売	130円	500株	$\frac{(100{,}000円+65{,}000円)}{1{,}500株}$＝110円/株（平均単価） ・取得費　110円×500株＝55,000円 ・残　高　110円×1,000株＝110,000円

(8) NISA(Nippon Individual Savings Account) 暗記 図表 3-9-7

NISAとは、NISA口座(非課税口座)内で、毎年一定金額の範囲内で購入した金融商品から得られる利益が非課税となる制度であり、対象資産や非課税投資枠などの相違により、つみたて投資枠と成長投資枠があります。

なお、つみたて投資枠と成長投資枠は併用適用することができます。

また、非課税投資枠に係る上場株式等の譲渡による損失金額は、生じなかったものとみなされますので、非課税投資枠以外で売却した株式の譲渡益と相殺することはできません。

NISA口座で保有する上場株式等の配当金・分配金を非課税にするためには、株式数比例配分方式(上場株式の配当金やETFの分配金を証券会社の取引口座で受け取る方式)を選択しなければなりません。

(9) 特定口座 暗記

個人投資家の納税にかかる負担を軽減するために設けられた制度であり、証券会社や銀行などの金融機関ごとに一つの特定口座を開設することができます。

特定口座を開設した場合、証券会社や銀行などの金融機関が特定口座内における上場株式等の譲渡損益を管理し、年間の損益を計算した「年間取引報告書」を顧客と所轄の税務署へ交付することになっています。

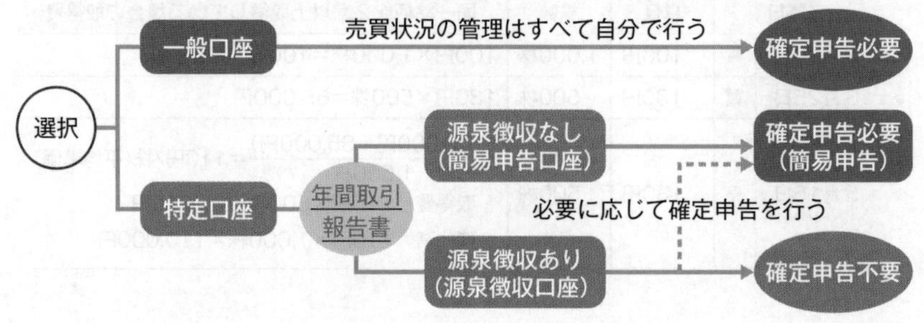

図表 3-9-7 NISA口座の比較

	つみたて投資枠	成長投資枠
対象者	18歳以上	
対象資産	累積投資契約など一定の要件を満たす公募株式投資信託（ETFを含む）	上場株式、公募株式投資信託、ETF、J-REITなど（高レバレッジ投資信託などを除く）
年間投資上限額	年120万円	年240万円
非課税保有限度額	1,800万円（成長投資枠はうち1,200万円まで）	
非課税期間	無期限	

※ 新NISA制度は従来のNISA制度とは別枠となりますので、従来のNISA制度からのロールオーバーはありません。

⑩ 一時所得

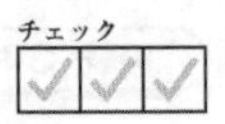

(1) 内　容

図表 3-10-1

利子所得・配当所得・不動産所得・事業所得・給与所得・退職所得・譲渡所得・山林所得以外の所得で、次のすべての要素を兼ね備えた所得です。

・継続した営利行為から生じた所得以外の所得
・一時的な所得
・サービスの提供や資産の譲渡の対価としての性格をもたない所得

(2) 一時所得の例示

図表 3-10-2　図表 3-10-3　図表 3-10-4

一時所得の内容は非常に抽象的であるため、所得税法では実務的な取扱いとしていくつかの具体例を示しています。

ファイナンシャル・プランナーとして理解しておくべき一時所得の内容は、概ね以下の具体例になります。

・生命保険契約に基づく一時金（保険料負担者が受取人本人の場合）
・損害保険契約に基づく満期返戻金（保険料負担者が受取人本人の場合）
・法人からの贈与により取得する金品（個人からの贈与は贈与税が課税）
・死亡後3年を超えて支給額が確定した死亡退職金
・借家人が立退きに際して受ける立退料

(3) 非課税

暗記

一時所得で非課税となるものは、次に掲げるものです。

・相続、遺贈または個人からの贈与により取得したものとみなされるもの
・身体の傷害または心身の損害に基因して支払いを受ける傷害保険金など
・資産の損害に基因して支払いを受ける火災保険金、車両保険金など
・宝くじの当選金　等

傷害保険金、入院給付金、火災保険金、車両保険金などは、いずれも損失（損害）を補てんするために支払を受けるものであるため、保険料負担者に関係なく非課税となります。
また、交通事故の被害者遺族が加害者の対人賠償保険から支払いを受けた保険金も、心身の損害に基因して支払いを受けるものになりますので非課税となります。

図表 3-10-1 一時所得の内容

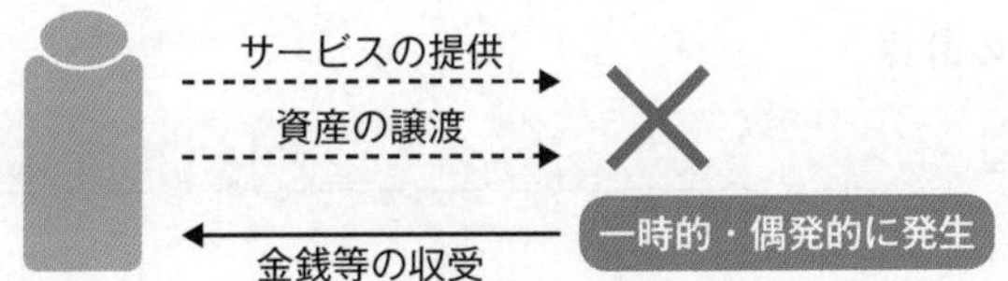

図表 3-10-2 生命保険契約等に基づく一時金 暗記

被保険者	保険料負担者	保険金受取人	課税関係
夫（死亡）	夫	子	相続税
	子	子	所得税
	妻	子	贈与税

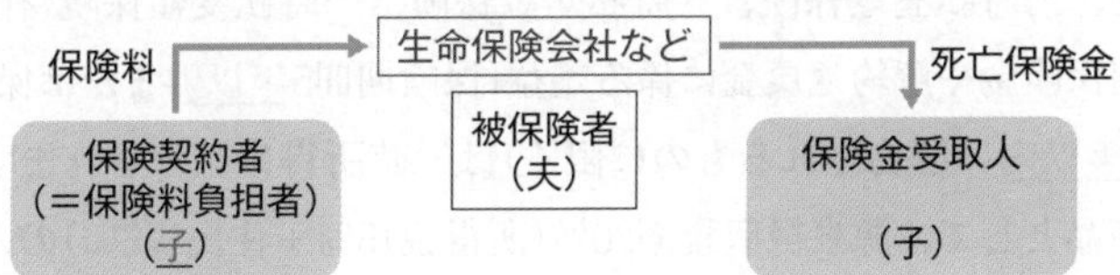

図表 3-10-3 法人からの贈与により取得する金品

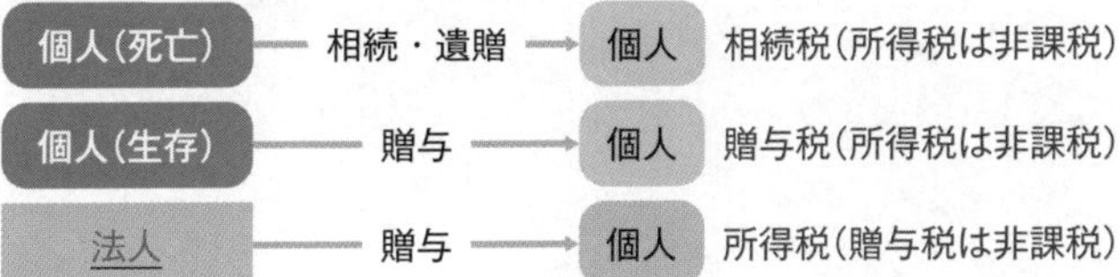

図表 3-10-4 死亡後3年を超えて支給額が確定した死亡退職金

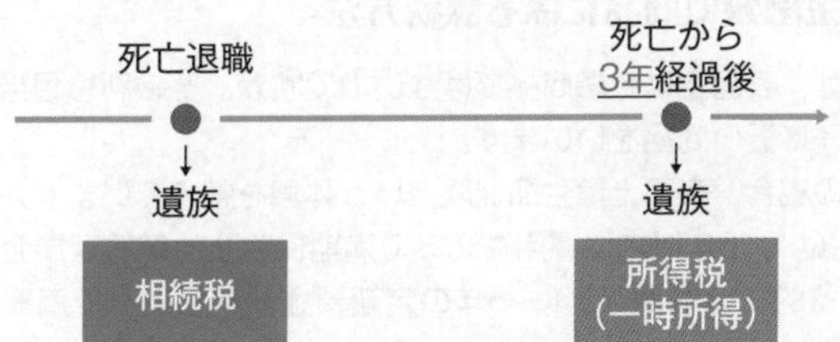

(4) 所得金額の計算と課税方法

① 所得金額の計算

暗記

一時所得 ＝ 収入金額 － その収入を得るために支出した金額 － 特別控除(最高50万円)

② 課税方法

暗記 図表 3-10-5 図表 3-10-6

他の所得と合算し、総合課税により超過累進税率が適用されます。

なお、他の所得と合算する際には、一時所得の金額を2分の1に減額した金額を他の所得と合算して総所得金額を計算します。

総所得金額 ＝ 一時所得 × 1/2 ＋ 給与所得など他の所得

また、一時払養老保険、一時払年金保険、一時払変額保険(有期型)などの満期保険金や解約返戻金に係る差益(保険期間5年以内または保険期間5年超で5年以内に解約されるものに限る)は一時所得に区分されますが、金融類似商品として、源泉徴収税率20%(所得税15%＋住民税5%)のみで納税が完了する源泉分離課税の対象となります。

Hint! 金融類似商品に係る課税方法

金融類似商品とは、表面上は金融商品ではないのですが、その利息相当額が実体としては金融商品の利子に近い商品をいいます。
一時払養老保険の場合、表面上は生命保険という体裁を整えていますが、契約時に一括して保険料を支払い、5年以内に運用益込みで満期保険金や解約返戻金が戻ってくるということは、実質的には満期が3年～5年の定期預金が利子込みで満期を迎えたような性質も備えています。
そこで、生命保険会社などが販売する商品でも、利子相当額が定期預金の利子など金融商品に極めて類似している商品については、利子所得と同じ源泉分離課税にするよう規定されています。

図表 3-10-5 一時所得の課税方法

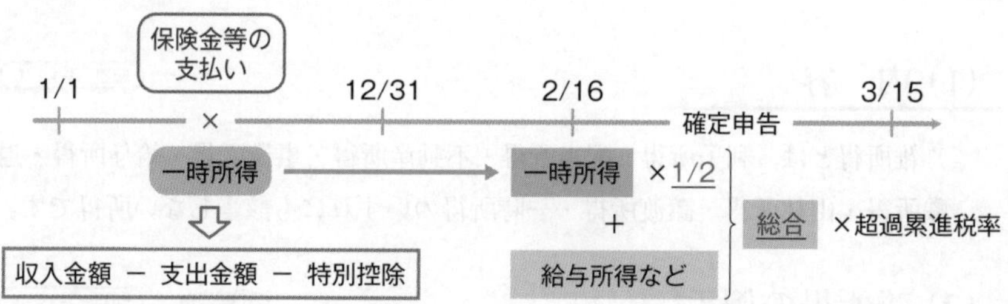

図表 3-10-6 一時払養老保険などに係る差益

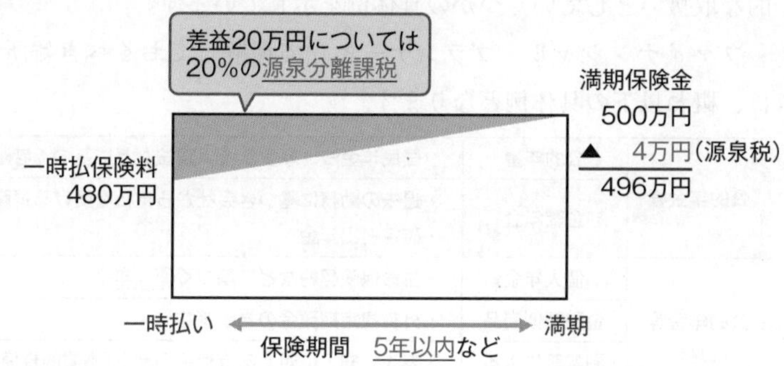

設例 一時所得の計算

会社員の大原次郎さんは、自己を契約者(保険料負担者)および保険金受取人とする生命保険契約に加入していた。本年、被保険者である父が死亡し、死亡保険金2,000万円を受け取っている。この保険金を得るために支出した保険料の総額が620万円であるとき、大原さんの本年分の総所得金額を求めなさい。
なお、大原さんの本年分の給与所得の金額は400万円である。

【解答】

①一時所得の金額　2,000万円－620万円－50万円(特別控除額)＝1,330万円
　給与所得の金額　400万円

②総所得金額　1,330万円×1/2＋400万円＝1,065万円

⓫ 雑所得

重要 実技（個人・生保）

チェック

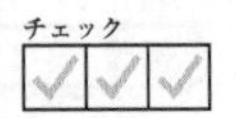

(1) 内　容

図表 3-11-1

雑所得とは、利子所得・配当所得・不動産所得・事業所得・給与所得・退職所得・山林所得・譲渡所得・一時所得のいずれにも該当しない所得です。

(2) 雑所得の例示

暗記　図表 3-11-2

雑所得も一時所得と同様に非常に抽象的であるため、所得税法では実務的な取扱いとしていくつかの具体例を示しています。

ファイナンシャル・プランナーとして理解しておくべき雑所得の内容は、概ね以下の具体例となります。

公的年金等	公的年金	・国民年金法、厚生年金保険法などに基づく老齢年金
	企業年金	・過去の勤務に基づき会社から支払を受ける退職年金 ・確定拠出年金
公的年金等以外	個人年金	・生命保険契約などに基づく個人年金
	金融類似商品	・外貨建定期預金の為替差益
	副業等による所得	・友人、知人に対する貸付金の利子（事業的規模以外） ・講演料、原稿料（事業的規模以外）

(3) 非課税

雑所得で非課税となるものは、次に掲げるものです。

- ・遺族年金、障害年金
- ・心身障害者扶養共済制度に基づく年金
- ・財形年金に基づく年金　等

図表 3-11-1 雑所得の内容

利子、配当、不動産、事業、給与、退職、山林、譲渡、一時

9種類の所得の受け皿になる所得分類といえます。

図表 3-11-2 雑所得の金額

計算

（公的年金等）　収入金額－公的年金等控除額（概算経費）……(ア)
（公的年金等以外）　収入金額－必要経費……(イ)
雑所得＝(ア)＋(イ)

受給者の年齢	公的年金等の収入金額（A）	公的年金等控除額
65歳未満	1,300,000円未満	600,000円
	1,300,000円以上　4,100,000円未満	（A）×25%＋275,000円
	4,100,000円以上　7,700,000円未満	（A）×15%＋685,000円
	7,700,000円以上　10,000,000円未満	（A）×5%＋1,455,000円
	10,000,000円以上	1,955,000円
65歳以上	3,300,000円未満	1,100,000円
	3,300,000円以上　4,100,000円未満	（A）×25%＋275,000円
	4,100,000円以上　7,700,000円未満	（A）×15%＋685,000円
	7,700,000円以上　10,000,000円未満	（A）×5%＋1,455,000円
	10,000,000円以上	1,955,000円

※　公的年金等に係る雑所得以外の合計所得金額が1,000万円を超える場合、上記の表より計算した金額から、さらに次の金額を引き下げます。

<公的年金等に係る雑所得以外の合計所得金額>

・1,000万円超　2,000万円以下：一律100,000円
・2,000万円超　：一律200,000円

※　65歳以上の人で「公的年金等の収入金額の合計額」が350万円、「公的年金等に係る雑所得以外の合計所得金額」が500万円の場合、公的年金等控除額は、次のとおりとなります。

3,500,000円×25%＋275,000円＝1,150,000円

65歳未満か以上かの判定は、原則として12月31日時点で行います。

(4) 所得金額の計算と課税方法

① 所得金額の計算

（公的年金等）　収入金額－公的年金等控除額（概算経費）……(ア)
（公的年金等以外）　収入金額－必要経費……(イ)
雑所得＝(ア)＋(イ)

② 課税方法

図表 3-11-3

他の所得と合算し、総合課税により超過累進税率が適用されます。

また、公的年金等に係る雑所得は、所定の金額以上である場合、支払時に一定の所得税額が源泉徴収されますが、その正しい年税額との差額は、確定申告を通じて精算されます。

③ 確定申告不要制度

図表 3-11-4

公的年金等の収入金額が400万円以下で、かつ、公的年金等に係る雑所得以外の他の所得の金額が20万円以下の人は、確定申告を省略することができます。

なお、確定申告を省略することができる人は、公的年金等の支給が源泉徴収の対象となっている人に限られますので、源泉徴収の対象とならない公的年金等の支給を受ける人は、確定申告の省略はできません。

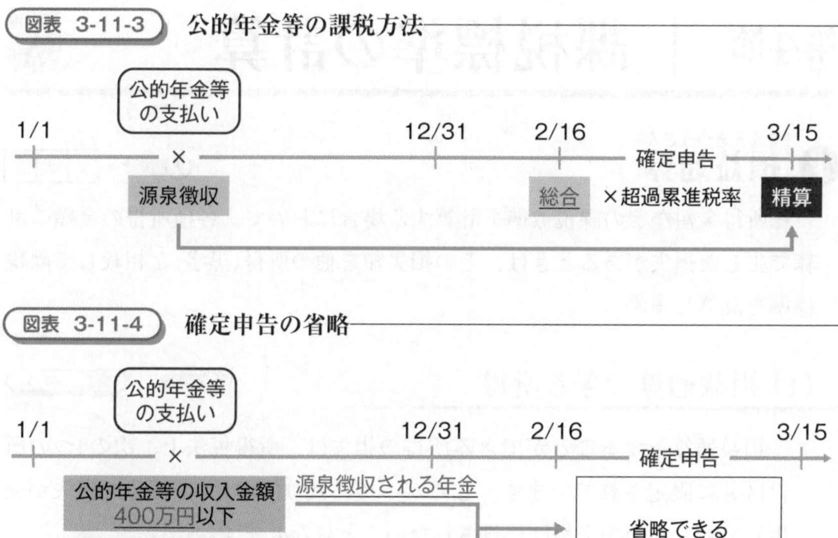

図表 3-11-3 公的年金等の課税方法

図表 3-11-4 確定申告の省略

年金受給者の所得控除と確定申告

年金受給者は一定の要件を満たすと確定申告の省略が可能となりますが、医療費控除や生命保険料控除などの所得控除の適用を受ける場合には、確定申告が必要です。
給与所得者であれば、年末調整で生命保険料控除や地震保険料控除の適用を受けることができますが、年金受給者は確定申告で適用を受けることになります。
これらの所得控除を適用することで源泉徴収税額の還付を受けることができる場合もありますので、申告を省略するかどうかの判断をする際には注意しておく必要があります。

第4節　課税標準の計算

❶ 損益通算(そんえきつうさん)

総所得金額などの課税標準を計算する場合において、各種所得の金額の計算で生じた損失があるときは、その損失額を他の所得(黒字)と相殺して課税標準を計算します。

(1) 損益通算できる所得

図表 4-1-1

損益通算をすることができる所得の損失は、所得税法上、次の4つの所得区分に限定されています。したがって、残り6つの所得区分で損失が発生しても、その損失額は相殺されないことになります。

- ・不動産所得の金額の計算で生じた損失
- ・事業所得の金額の計算で生じた損失
- ・山林所得の金額の計算で生じた損失
- ・譲渡所得(総合課税のみ)の金額の計算で生じた損失

損益通算は、青色申告者以外(白色申告者)でも適用できます。

(2) 損益通算の例外

① 不動産所得の損失

図表 4-1-2

不動産所得に損失が生じた場合、必ずしも損失額の全額が損益通算できるわけではなく、その損失額のうち土地取得のための借入金利子に相当する額は、損益通算できません。

(例)　不動産所得

2,000万円(収入金額)－2,500万円(必要経費)※＝△500万円(損失額)

※　必要経費の中に、土地取得のための借入金利子が300万円含まれる。

＜損益通算が可能な金額＞

500万円(損失額)－300万円(借入金利子(土地))＝200万円(損益通算が可能な金額)

この取り扱いは土地取得のための借入金利子のみに適用されるため、建物取得のための借入金利子に相当する額は、損益通算できます。

図表 4-1-1 損益通算の位置づけ

区分	(1) 各種所得の金額の計算			(2) 課税標準の計算
経常	利子所得の金額※1		収入金額（必要経費は認められない）	→源泉分離課税／申告分離課税／総合課税（総所得金額）
経常	配当所得の金額※2		収入金額－負債利子	申告分離課税／損益通算→総合課税（総所得金額）
経常	不動産所得の金額		収入金額－必要経費	損益通算→総合課税（総所得金額）
経常	事業所得の金額		収入金額－必要経費	損益通算→総合課税（総所得金額）
経常	給与所得の金額		収入金額－給与所得控除額	損益通算→総合課税（総所得金額）
経常	雑所得の金額		（公的年金等）収入金額－公的年金等控除額 （上記以外）収入金額－必要経費	損益通算→総合課税（総所得金額）
半経常	一時所得の金額		収入金額－支出金額－特別控除50万円	損益通算 ×1/2→総合課税（総所得金額）
半経常	譲渡所得の金額	その他 短期	収入金額－（取得費＋譲渡費用）－特別控除50万円	損益通算→総合課税（総所得金額）
半経常	譲渡所得の金額	その他 長期	収入金額－（取得費＋譲渡費用）－特別控除50万円	損益通算 ×1/2→総合課税（総所得金額）
半経常	譲渡所得の金額	不動産 短期	収入金額－（取得費＋譲渡費用）	→申告分離課税
半経常	譲渡所得の金額	不動産 長期	収入金額－（取得費＋譲渡費用）	→申告分離課税
半経常	譲渡所得の金額	株式 一般	収入金額－（取得費＋譲渡費用）	→申告分離課税
半経常	譲渡所得の金額	株式 上場	収入金額－（取得費＋譲渡費用）	→申告分離課税
非経常	山林所得の金額		収入金額－必要経費－特別控除50万円	損益通算→申告分離課税
非経常	退職所得の金額		（収入金額－退職所得控除額）×1/2	損益通算→申告分離課税

※1　利子所得の金額のうち預貯金の利子は「源泉分離課税」となる。

※2　上場株式等の配当等は、「総合課税」「申告分離課税」を選択適用できる。

図表 4-1-2 不動産所得の損益通算

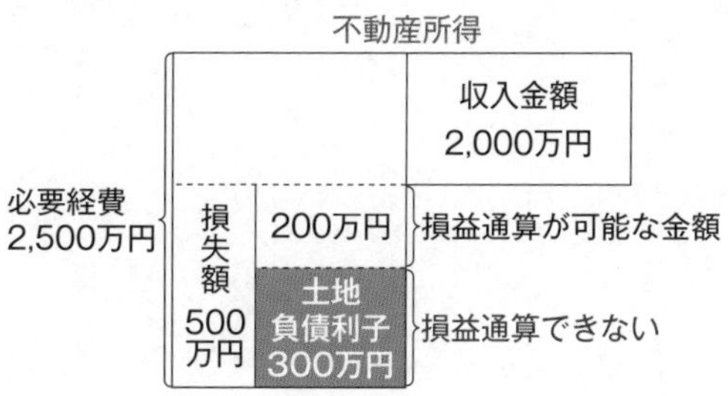

② 譲渡所得の損失

図表 4-1-3　図表 4-1-4

譲渡所得に損失が生じた場合、必ずしも損失額の全額が損益通算できるわけではなく、次の損失額は損益通算できません。

・土地等および建物等の譲渡損失
（一定の居住用財産に係る譲渡損失は、損益通算できる特例があります）
・株式等および公社債等の譲渡損失
（上場株式等および特定公社債等に係る譲渡損失は、損益通算できる特例があります）
・生活に通常必要でない資産（ゴルフ会員権など）の譲渡損失
・生活に通常必要な動産（家具や衣服など）の譲渡損失

㈠ 土地等および建物等の譲渡損失

土地等および建物等の譲渡に係る譲渡所得の計算で生じた損失額は、原則として他の所得区分と損益通算できません。

譲渡年の1月1日における所有期間が5年を超える居住用財産の譲渡損失は、次のいずれかの要件を満たす場合は、一定の範囲で給与所得や事業所得など他の所得との損益通算および翌年以降3年間の繰越控除が認められています。

1. 譲渡代金で新たな居住用財産を取得していること
2. 譲渡した居住用財産の住宅ローン残高が譲渡代金を超えていること

㈡ 株式等および公社債等に係る譲渡損失

株式等および公社債等の譲渡に係る譲渡所得の計算で生じた損失額は、原則として他の所得区分と損益通算できません。

上場株式等および特定公社債等に係る譲渡損失は、確定申告を行うことにより、申告分離課税を選択した上場株式等に係る配当所得の金額および特定公社債等に係る利子所得の金額と損益通算することができます。また、特定口座の源泉徴収口座を開設している場合は、その口座内に上場株式等に係る配当等の金額および特定公社債等に係る利子等を受け入れることで、自動的に損益通算されます。

図表 4-1-3 譲渡所得の損益通算

譲渡資産	区分		内部通算	損益通算	特例
不動産・有価証券以外の資産	総合	短期	○	○	生活用資産は損益通算できない
		長期			
不動産（土地等・建物等）	分離	短期	○	△	—
		長期			特定の居住用財産は損益通算できる
有価証券（株式など）	株式分離	一般株式等	○	×	—
		一般公社債			
		上場株式等	○	△	上場株式等の配当所得および特定公社債等の利子所得（申告分離）と確定申告等の手続きで損益通算可能
		特定公社債			

土地の損益と建物の損益、上場株式等の損益と特定公社債の損益など、同じ分類どうしでの通算は可能です。これを内部通算といいます。
なお、同じ有価証券どうしですが、上場株式等の損益と一般株式等の損益は通算できませんので注意しましょう。

図表 4-1-4 上場株式等の譲渡損失と配当所得等の損益通算

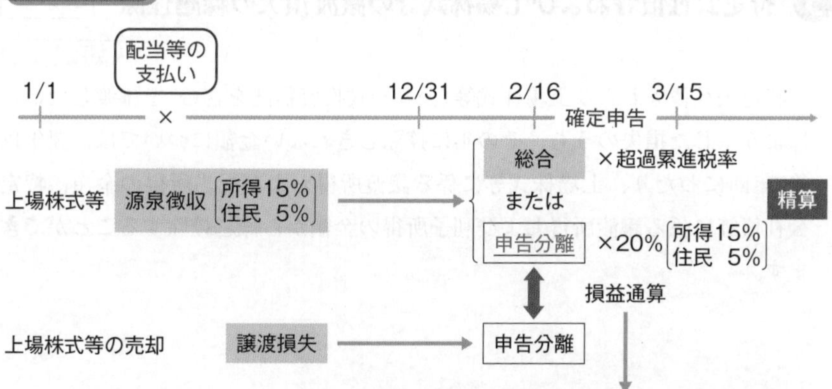

❷ 純損失の金額

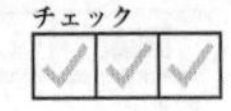

純損失とは、損益通算をしてもなお控除しきれない損失をいいます。

純損失の金額の取扱いについては、翌年以後の損失として繰越す方法と、前年の損失として繰戻す方法が認められています。

(1) 純損失の繰越控除

図表 4-2-1

前年以前3年以内に生じた純損失の金額がある場合、本年分の損益通算後の所得金額から控除する規定です。

純損失の金額が生じた年の所得税について「青色申告書」を提出している場合には、純損失の金額の全額が控除の対象となります。

(2) 純損失の繰戻し還付

図表 4-2-2

純損失の金額が生じた場合、その前年分の課税所得にその純損失の金額を繰戻して、前年の所得税の還付を請求する規定です。

なお、純損失の繰戻し還付は、純損失の金額が生じた年およびその前年分の所得税について「青色申告書」を提出している場合に限り、適用が認められます。

❸ 特定公社債等および上場株式等の譲渡損失の繰越控除

図表 4-3-1

特定公社債等および上場株式等(公募株式投資信託を含む)を譲渡したことにより生じた損失のうち、その年に控除しきれない金額については、翌年以後3年間にわたり、上場株式等に係る譲渡所得および配当所得の金額、特定公社債等に係る譲渡所得および利子所得の金額から繰越控除することができます。

図表 4-2-1 **純損失の繰越控除**

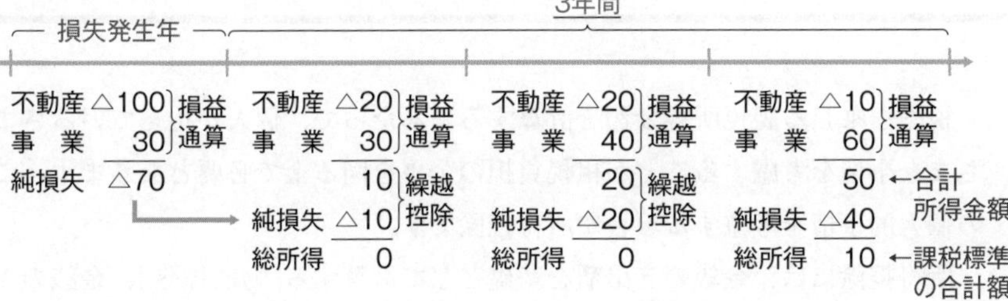

図表 4-2-2 **純損失の繰戻し還付**

前年　　損失発生年

課税総所得　税率　納付税額
40万円×10%＝4万円

純損失の金額
△30万円

繰戻し計算

課税総所得　純損失　税率　納付税額
(40万円－30万円)×10%＝1万円

↓

3万円の還付

図表 4-3-1 **特定公社債等および上場株式等の譲渡損失の繰越控除**

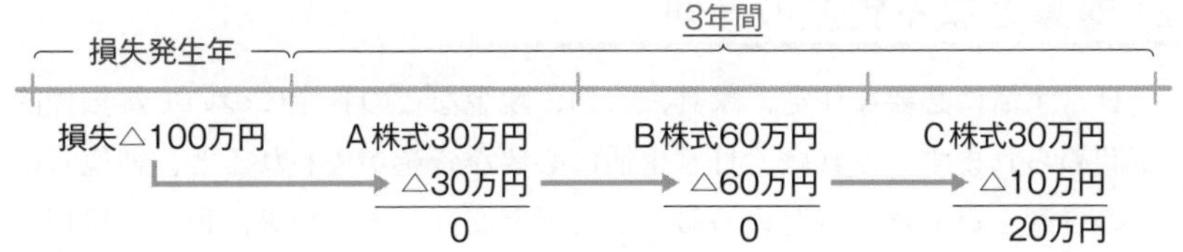

所得調整控除

その年の給与等の収入金額が850万円を超える給与所得者で、次のいずれかに該当する給与所得者の総所得金額を計算する場合、次の所得金額調整控除額を給与所得から控除する。

■適用対象者

・本人が特別障害者に該当する者
・年齢23歳未満の扶養親族を有する者
・特別障害者である同一生計配偶者または扶養親族を有する者

■所得金額調整控除額

(給与等の収入金額(1,000万円超の場合は1,000万円)－850万円)×10%＝控除額

第5節　所得控除

税率を乗じる課税所得金額を計算するにあたって、個人が抱えているさまざまな事情を考慮することが租税負担の公平を図る上で必要となります。この個人的事情を考慮する項目が所得控除です。

所得控除には、金銭の支出額を基礎として計算する「物的控除」、金銭の支出額にかかわらず人の頭数を基礎として計算する「人的控除」があります。

❶ 雑損控除（ざっそんこうじょ）

チェック ✓✓✓

(1) 内　容

図表 5-1-1

納税者本人またはその人と生計を一にする配偶者その他の親族が所有する生活用資産が、災害、盗難、横領という納税者の不可抗力による理由で損害を受けた場合、その損害金額について一定の金額を納税者本人の課税標準から控除します。なお、詐欺による損害には適用されません。

(2) 対象となる資産の範囲

日常生活に必要な住宅、家具、衣類、現金などの資産について雑損控除が認められます。これは、日常生活に必要な資産が失われると、納税者はその資産を買い換えるためのお金が必要となり、その結果、税金を負担する力(担税力)が弱まることを考慮しなければならないからです。

(3) 雑損失の金額

図表 5-1-2

課税標準から控除する雑損控除の金額を雑損失の金額といい、損失発生時の時価を基準に、図表 5-1-2 の算式で計算します。

(4) 雑損失の繰越控除

本年分の課税標準から雑損失の金額を控除しきれない場合、その控除しきれない金額を翌年以後3年間にわたり繰越して控除することができます。

＜所得控除の概要＞

分　類	種　類	主な要件	控除額
物的控除 〔一定の支出や損害により、担税力が減殺したことを考慮〕	①雑損控除	生活に通常必要な資産に災害、盗難、横領の事由により損失が発生	損失額の一部
	②医療費控除	一定の医療費の支払い	支出額の一部
	③社会保険料控除	社会保険料の支払い	支出額の全額
	④小規模企業共済等掛金控除	小規模企業共済等に係る掛金の支払い	支出額の全額
	⑤生命保険料控除	一定の生命保険料の支払い	一定額
	⑥地震保険料控除	一定の地震保険料の支払い	原則として支出額の全額
	⑦寄附金控除	一定の寄附金の支払い	支出額の一部
人的控除 〔扶養家族の人数などにより担税力が減殺することを考慮〕	⑧障害者控除	本人や控除対象配偶者、扶養親族が障害者である	原則27万円
	⑨寡婦控除	一定の寡婦	27万円
	⑩ひとり親控除	一定のひとり親	35万円
	⑪勤労学生控除	一定の働く学生、生徒	27万円
	⑫配偶者控除	生計一の配偶者（合計所得48万円以下）がいる、かつ、納税者本人の合計所得が1,000万円以下	原則38万円
	⑬配偶者特別控除	生計一の配偶者（合計所得48万円超133万円以下）がいる、かつ、納税者本人の合計所得が1,000万円以下	38万円（上限）
	⑭扶養控除	合計所得が48万円以下の生計一親族（年齢16歳以上）を有する	原則38万円
	⑮基礎控除	納税者の合計所得が2,500万円以下	原則48万円

図表 5-1-1　雑損控除の内容

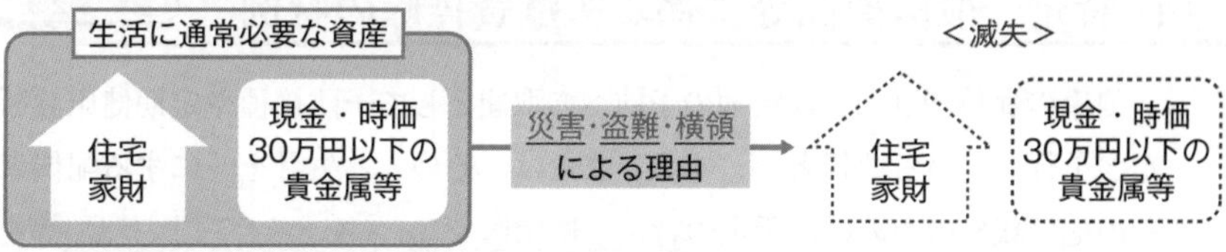

図表 5-1-2　雑損失の金額と繰越控除

（損害金額 － 保険金などで補てんされる金額）－（課税標準の合計額 × 10%）
≶ 災害関連支出 － 5万円　∴大きい金額
本年で控除できない場合は翌年以後3年間の繰越しが可能

❷ 医療費控除

重要　実技（資産・個人・生保）

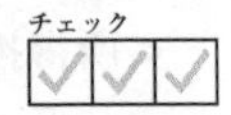

(1) 内　容

納税者本人の医療費、または、その人と生計を一にする配偶者その他の親族のための医療費を支払った場合、一定の金額を支払った納税者の課税標準から控除します。

(2) 対象となる医療費

暗記　図表 5-2-1

その年中に支払った診療または治療に関連するものが医療費控除の対象となります。具体的には 図表 5-2-1 に掲げるものが対象になります。

(3) 控除額

計算　図表 5-2-2

医療費控除の趣旨は、多額の医療費を支払ったことにより、税金を負担する力(担税力)が弱まることを考慮するものですから、実際に負担した医療費が担税力を弱めるほど多額であったかどうかを判定する必要があります。控除額の計算式もその趣旨にそった算式となっており、具体的には 図表 5-2-2 の算式で計算します。

(4) 特定一般医薬品等に係る医療費控除の特例

図表 5-2-3

健康の保持増進および疾病の予防への取組として予防接種や定期健康診断などを行っている納税者が、本人、または、その人と生計を一にする配偶者その他の親族のために、所定の特定一般用医薬品(スイッチOTC医薬品)等を購入した場合、原則の医療費控除に代えて、一定の金額を支払った納税者の課税標準から控除することができます。

スイッチOTC医薬品は、厚生労働省が定める有効成分が含まれている医薬品です。製薬会社では、消費者が判断しやすいように医薬品の梱包ラベルに「セルフメディケーション税制対応」などの表記を入れて薬局・薬店に発送しているようです。医薬品を購入する際は、対象医薬品であるかどうかを確認して購入するようにしましょう。

図表 5-2-1 医療費控除の対象となる医療費

控除の対象となるもの	控除の対象とならないもの
医師または歯科医師による診療代、または、治療代(先進医療代を含む)	医師・看護師に対する謝礼金 美容整形手術代
通院費(公共交通機関の交通費など)	自家用車で通院した場合のガソリン代や駐車場代
入院食事代	入院のための身の回り品の購入費用
松葉杖・義歯の購入費用	老眼鏡の購入費用
人間ドック費用 (人間ドックの結果、重大な疾病が発見され、かつ、治療を行った場合に限る)	左記以外の人間ドック費用
出産費用(妊娠後の定期検診費用も可)	出産の際里帰りするための交通費
付添保健師による療養上の世話の対価	身内の者に対する付添の謝礼金
風邪薬の購入費用(医師の処方箋は不要)	ドリンク剤など健康増進剤の購入費用

図表 5-2-2 医療費控除の控除額

(支払った医療費の額 － 保険金などで補てんされる金額) － 10万円※ ＝ 控除額

(上限：200万円)

①12/31までに支払済　②入院給付金など　③多額の医療費かどうかの判定

※　10万円よりも課税標準の合計額×5%が小さい場合は、その金額。

図表 5-2-3 医療費控除の特例における控除額

(支払ったスイッチOTC医薬品等の購入費の合計額 － 補てんされる金額) － 12,000円 ＝ 控除額(上限：88,000円)

設例 医療費控除

次の資料に基づき、大原次郎さんの本年分の医療費控除額を求めなさい。

＜資料＞

・生計一の長男の入院に際し、病院に支払った費用：500,000円
・病院へ通うための交通費：12,300円
・病院の医者への謝礼金：100,000円
・保険会社から受け取った入院給付金：350,000円
・給与所得の金額：5,865,000円

【解答】

(500,000円＋12,300円－350,000円)－100,000円※＝62,300円

※　5,865,000円×5%＝293,250円＞100,000円　∴100,000円

❸ 社会保険料控除

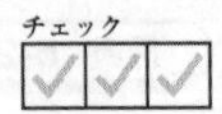

(1) 内　容

図表 5-3-1

納税者本人の社会保険料、または、その人と生計を一にする配偶者その他の親族が負担することになっている社会保険料を支払いまたは給与などから控除される場合、その支払ったまたは控除された金額(全額)を支払った納税者の課税標準から控除します。

(2) 対象となる社会保険料

・健康保険の保険料、国民健康保険の保険料または国民健康保険税
・介護保険料、雇用保険料
・国民年金保険料および厚生年金保険料
・厚生年金基金の掛金、国民年金基金の掛金　等

❹ 小規模企業共済等掛金控除

チェック

(1) 内　容

図表 5-4-1

小規模企業共済等の掛金を支払った場合、その支払った金額(全額)を支払った納税者の課税標準から控除します。

(2) 対象となる掛金

・小規模企業共済法に基づく共済契約(自営業者などの退職金制度)の掛金
・確定拠出年金法に基づく企業型年金加入者掛金または個人型年金加入者掛金
・心身障害者扶養共済制度に基づく共済契約の掛金

図表 5-3-1 社会保険料控除の内容

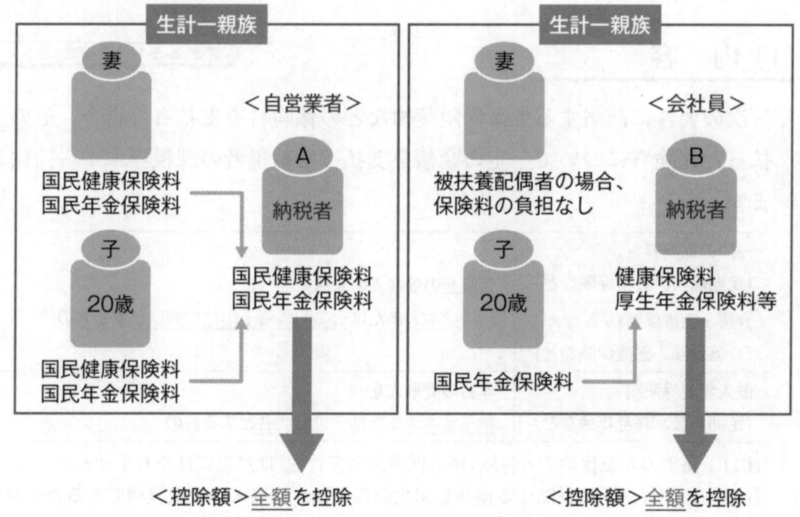

図表 5-4-1 小規模企業共済等掛金控除の内容

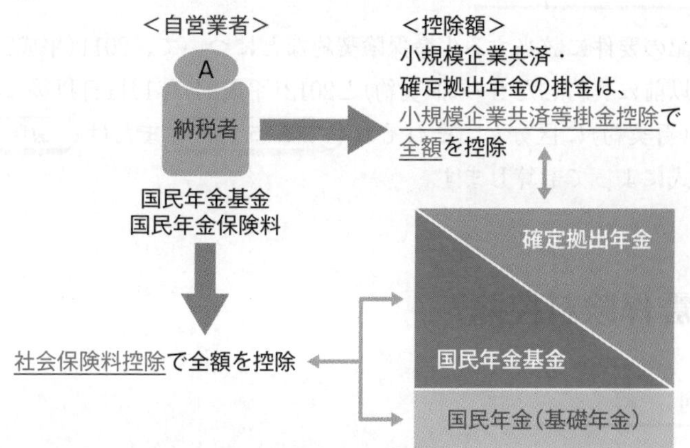

国民年金や国民年金基金の掛金は、社会保険料控除として、確定拠出年金等の掛金は小規模企業共済等掛金控除として控除されますので両者と混同しないようにしましょう。

❺ 生命保険料控除

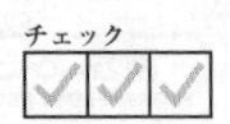

(!)重要 実技(個人・生保)

(1) 内　容

図表 5-5-1　図表 5-5-2

次の要件に該当する生命保険契約などの保険料を支払った場合、その支払った保険料について一定の金額を支払った納税者の課税標準から控除します。

一般の保険料 (定期保険、終身保険など)	保険金の受取人のすべてを 納税者本人またはその配偶者その他の親族とするもの(注2)
介護・医療保険料(注1) (介護保険、医療保険など)	
個人年金保険料 (定期年金、終身年金など)	年金の受取人を 納税者本人またはその配偶者とするもの

(注1)　傷害のみを保障する保険(傷害保険、傷害特約)は対象にはなりません。
(注2)　住宅ローンに付随する団体信用生命保険は、受取人が金融機関であるため対象にはなりません。

(2) 控除額

上記の要件に該当する生命保険契約などについて、2011(平成23)年12月31日以前に契約したもの(旧契約)と2012(平成24)年1月1日以後に契約したもの(新契約)に区分し、それぞれ 図表 5-5-1 または 図表 5-5-2 の算式によって計算します。

❻ 地震保険料控除

(1) 内　容

納税者本人またはその人と生計を一にする配偶者その他の親族が有する居住用家屋または家財を保険の目的とする地震保険の保険料を支払った場合、その支払った金額(店舗併用住宅の場合は住居部分の金額)を支払った納税者の課税標準から控除します。

(2) 控除額

地震保険料の全額(最高5万円)

図表 5-5-1　2011(平成23)年12月31日以前に契約した生命保険契約など

一般の生命保険料控除
遺族保障等 ⇨ ①
介護保障医療保障
保険料の金額を下表a～dにあてはめて計算した金額

個人年金保険料控除
老後保障 ⇨ ② 〃

<控除額>
①＋②
最高限度額　10万円

	年間正味払込保険料		控除される金額
a		25,000円以下	支払保険料の全額
b	25,000円超	50,000円以下	支払保険料×1/2＋12,500円
c	50,000円超	100,000円以下	支払保険料×1/4＋25,000円
d	100,000円超		50,000円

図表 5-5-2　2012(平成24)年1月1日以後に契約した生命保険契約など

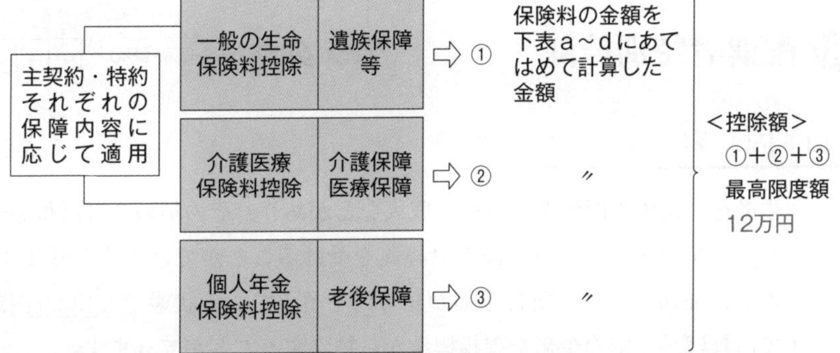

	年間正味払込保険料		控除される金額
a		20,000円以下	支払保険料の全額
b	20,000円超	40,000円以下	支払保険料×1/2＋10,000円
c	40,000円超	80,000円以下	支払保険料×1/4＋20,000円
d	80,000円超		40,000円

❼ 配偶者控除

重要　実技（資産・個人・保険）

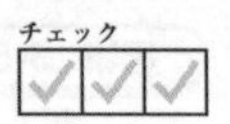

(1) 内　容

暗記　図表 5-7-1

納税者に専業主婦（主夫）など養うべき配偶者がいる場合、一定の金額を課税標準から控除することにより税負担を軽減し、配偶者の最低生活費を確保しようとするものです。

具体的には、合計所得金額が1,000万円以下である納税者と生計を一にする配偶者で合計所得金額が48万円以下の人（控除対象配偶者）を対象として適用されます。

(2) 控除額

図表 5-7-2

その年の納税者の合計所得金額および控除対象配偶者の年齢に応じて、図表 5-7-2 に掲げる金額を控除します。

❽ 配偶者特別控除

重要　実技（資産・個人・保険）

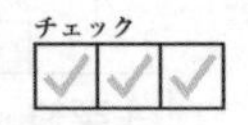

(1) 内　容

暗記

生計を一にする配偶者にパート収入などがあり、その年の合計所得金額が48万円を超えてしまうと配偶者控除を受けることができなくなります。しかし、配偶者の合計所得金額が48万円を超えている状態でも133万円以下であれば、一定の金額を課税標準から控除することができます。

ただし、配偶者特別控除を適用するためには、配偶者控除と同様に納税者自身の合計所得金額が1,000万円以下でなければなりません。

(2) 控除額

図表 5-8-1

その年の納税者および配偶者の合計所得金額に応じて、図表 5-8-1 に掲げる表によって算定します。

図表 5-7-1 **配偶者控除の対象となる控除対象配偶者**

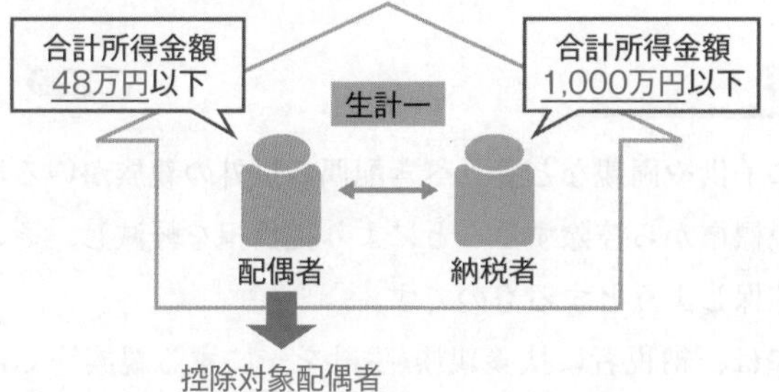

合計所得金額は、1年間に稼ぎ出した所得の合計です。

（例）納税者の妻にパート収入（給与所得）がある場合

年収 103万円 − 給与所得控除額 55万円 ＝ 給与所得 48万円 ≦ 判定金額 48万円

図表 5-7-2 **配偶者控除の控除額**

納税者本人の合計所得金額	控除額	
	一般の控除対象配偶者	老人控除対象配偶者※
900万円以下	38万円	48万円
900万円超950万円以下	26万円	32万円
950万円超1,000万円以下	13万円	16万円

※ 70歳以上の控除対象配偶者を老人控除対象配偶者といいます。

図表 5-8-1 **配偶者特別控除の控除額**

納税者本人の合計所得金額 ＼ 配偶者の合計所得金額	48万円超 95万円以下	95万円超 130万円以下	130万円超 133万円以下
900万円以下	38万円	～省略～	3万円
900万円超950万円以下	26万円		2万円
950万円超1,000万円以下	13万円		1万円

❾ 扶養控除

!重要 実技（資産・個人・生保）

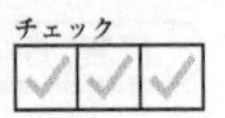

(1) 内　容

暗記　図表 5-9-1

納税者に子供や両親など養うべき配偶者以外の親族がいる場合、一定の金額を課税標準から控除することにより税負担を軽減し、その親族の最低生活費を確保しようとするものです。

具体的には、納税者に扶養親族（生計を一にする親族等で合計所得金額が48万円以下の人）のうち16歳以上である控除対象扶養親族がいる場合に適用されます。

控除対象扶養親族が複数いる場合には、控除対象扶養親族1人につき一定の金額を課税標準から控除することができます。

(2) 控除額

控除対象扶養親族の年齢に応じて、次の金額を控除します。

扶養親族の年齢			控除額
―	16歳未満		適用なし
控除対象扶養親族	16歳以上19歳未満（一般扶養親族）		38万円
	19歳以上23歳未満（特定扶養親族）		63万円
	23歳以上70歳未満（一般扶養親族）		38万円
	70歳以上（老人扶養親族）	同居老親以外	48万円
		同居老親※	58万円

※　同居老親とは、老人扶養親族のうち、納税者本人または納税者本人の配偶者の直系尊属で、本人または本人の配偶者のいずれかとの同居を常況としている人です。

❿ 基礎控除

!重要 実技（資産・個人・生保）

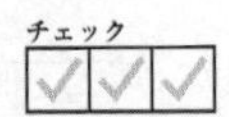

(1) 内容および控除額

合計所得金額が2,500万円以下の納税者の最低生活費を確保するため、原則48万円を課税標準から控除します。

図表 5-9-1 扶養控除の内容

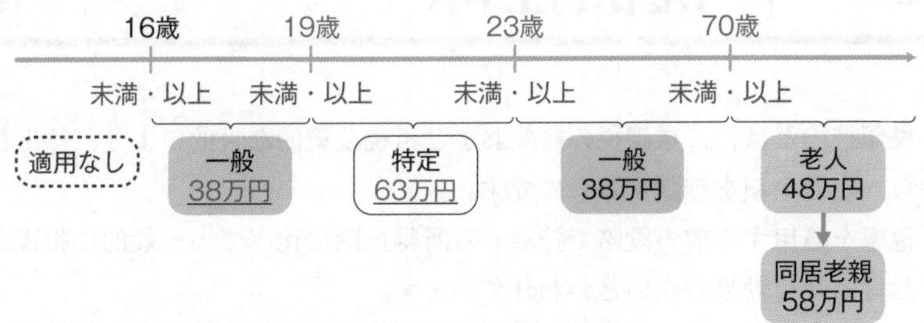

扶養控除の対象となる人の年齢は、原則としてその年12月31日現在の年齢で判定します。
なお、年の中途で死亡した場合は、死亡時における年齢や死亡時に生計を一にしていたかどうかで判定を行います。

その他の所得控除

(1) 寄附金控除
納税者が国、地方公共団体、特定公益増進法人などに対し、特定寄附金を支出した場合、その特定寄附金について一定の金額を課税標準から控除します。

(2) 寡婦控除
納税者本人が所定の要件を満たす寡婦である場合、27万円を課税標準から控除します。

(3) ひとり親控除
納税者本人が所定の要件を満たすひとり親である場合、35万円を課税標準から控除します。

(4) 勤労学生控除
納税者本人が所定の要件を満たす勤労学生である場合、27万円を課税標準から控除します。

(5) 障害者控除
納税者本人が障害者である場合、または納税者が障害者である扶養親族などを有している場合、その障害者1人につき原則27万円を課税標準から控除します。

基礎控除

合計所得金額が2,400万円を超える場合は次の金額となります。

2,400万円超2,450万円以下：32万円
2,450万円超2,500万円以下：16万円
2,500万円超：適用なし

第6節　税額控除

頻出度
A

税額控除とは、二重課税の排除および租税政策的な目的により、算出税額から一定の金額を控除するものです。

税率を適用する前の段階で控除する所得控除に比べて、一般的に租税政策における減税効果が高いといわれています。

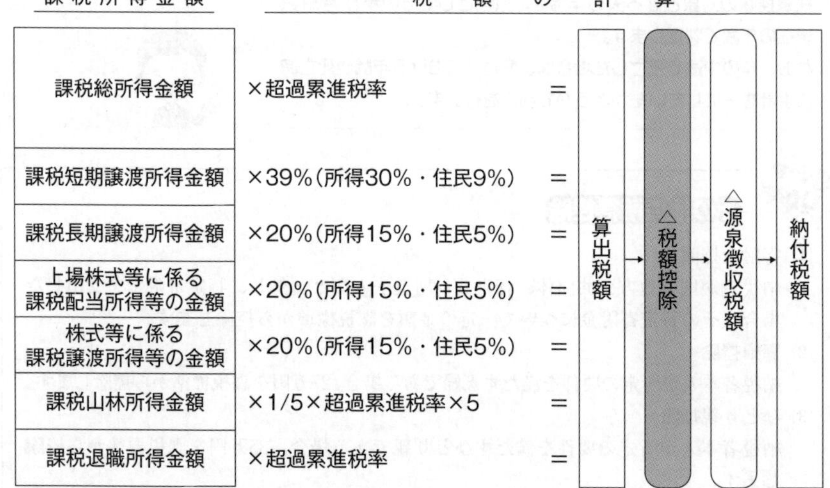
課税所得金額
税額の計算
課税総所得金額
×超過累進税率
課税短期譲渡所得金額
×39%(所得30%・住民9%)
課税長期譲渡所得金額
×20%(所得15%・住民5%)
上場株式等に係る課税配当所得等の金額
×20%(所得15%・住民5%)
株式等に係る課税譲渡所得等の金額
×20%(所得15%・住民5%)
課税山林所得金額
×1/5×超過累進税率×5
課税退職所得金額
×超過累進税率
算出税額
△税額控除
△源泉徴収税額
納付税額

❶ 配当控除

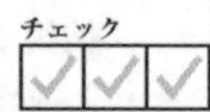
チェック

(1) 内　容

図表 6-1-1　図表 6-1-2

納税者が剰余金の配当(株式の配当金)などを有する場合、確定申告において総合課税を選択することを条件に、納税者の算出税額から一定の金額を控除します。

なお、図表 6-1-2 に掲載する配当等は、配当控除の対象となりません。

(2) 控除額

課税総所得金額等が1,000万円以下である場合、配当所得の金額に10%を乗じた金額が控除額となります。

図表 6-1-1 配当控除の内容

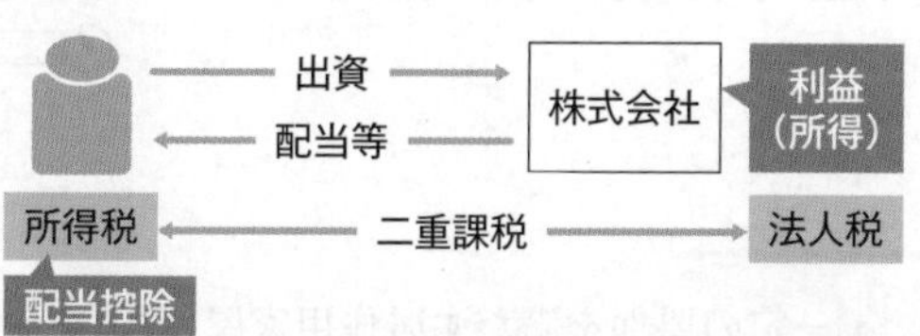

法人の利益(所得)には法人税が課税されます。配当等は法人税等控除後の利益から分配されているため、配当控除はこの二重課税を調整するために設けられています。

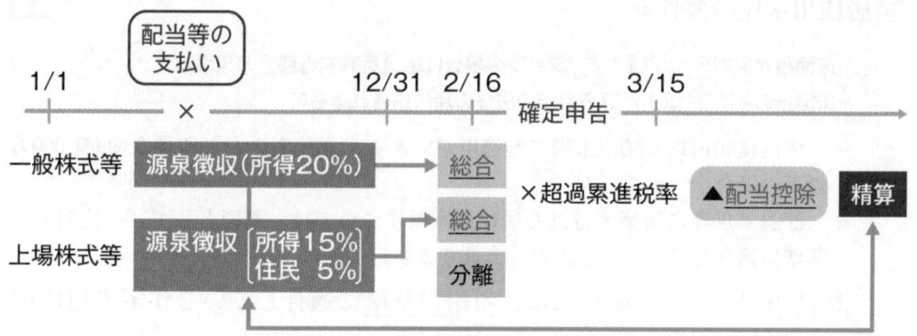

配当控除率(10%)もふまえて、総合課税と確定申告不要の有利不利を判断します。

図表 6-1-2 配当控除の対象とならない配当等

- 確定申告不要制度を採用した配当等
- 申告分離課税制度を採用した配当等
- 上場不動産投資信託(日本版REIT)の収益の分配
- 外国法人から受ける配当等　等

❷ 住宅借入金等特別控除(住宅ローン控除)

チェック ✓✓✓

重要　実技(個人・生保)

(1) 内　容

図表 6-2-1

納税者が、①一定の要件を満たす居住用家屋(敷地を含む)を新築・購入等をし、②これらの家屋に取得の日から6ヵ月以内にその者の居住の用に供した場合において、③その者がその取得資金などに係る借入金など(以下「住宅借入金等」という)を有するときは、④その居住の用に供した日の属する年以後一定の期間、一定の金額をその年分の所得税額から控除します。

① 居住用家屋の要件

暗記

・床面積が原則50㎡以上(マンションの場合は区分所有する部分の床面積)
・床面積の2分の1以上が専ら自己の居住の用に供されるもの

※　床面積40㎡以上50㎡未満でも適用ができる。(納税者の合計所得金額が1,000万円以下の場合)

※　2024年以降に新築等された居住用家屋については、原則として、一定の省エネ基準に適合していることが要件となります。

既存(中古)住宅の場合には、新耐震基準に適合している住宅の用に供する家屋が要件となります。

② 居住要件

取得の日(契約書の引渡日)から6ヵ月以内に居住していること。

③ 借入金の要件

暗記　図表 6-2-2

金融機関などとの契約において、返済期間が10年以上となっている住宅借入金等が必要です。なお、親族からの借入金は控除の対象とはなりません。

繰上返済の期間短縮型を選択した場合、当初からの返済期間が10年未満となったときは、以後の年については適用不可となります。

④ 控除額など

図表 6-2-3

次の算式で計算した控除額が、新築住宅(一定の省エネ基準に適合)は13年間、中古住宅は10年間にわたり所得税額から控除されます。

控除額 ＝ 住宅借入金等の年末残高 × 控除率(0.7%)

図表 6-2-1 住宅借入金等特別控除（住宅ローン控除）の内容

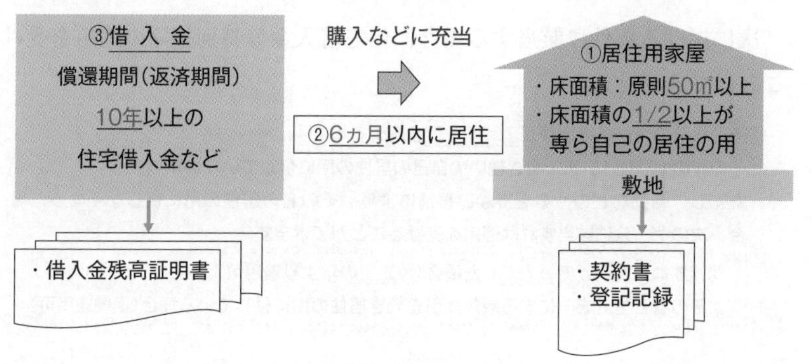

図表 6-2-2 住宅ローン控除と繰上返済

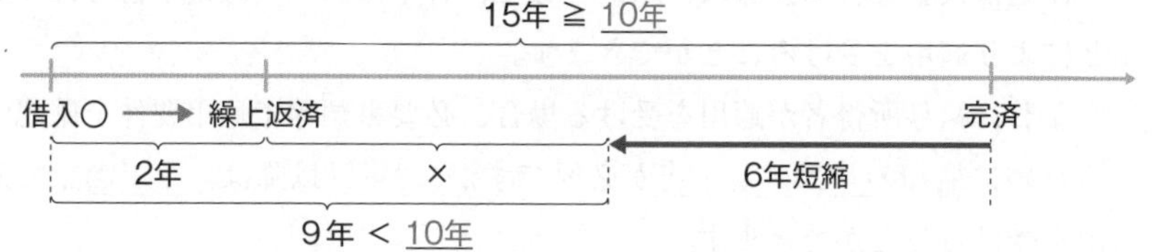

図表 6-2-3 住宅借入金等の年末残高限度額（2024年、2025年に居住した場合）

	住宅の種類	住宅借入金等の年末残高限度額	
		2024年に居住※1	2025年に居住
新築等	認定長期優良住宅など	4,500万円 (5,000万円)	4,500万円
	ZEH水準省エネ住宅	3,500万円 (4,500万円)	3,500万円
	省エネ基準適合住宅	3,000万円 (4,000万円)	3,000万円
	上記以外の住宅	0円※2	
中古	認定等住宅	3,000万円	
	上記以外の住宅	2,000万円	

※1　一定の要件を満たす子育て世帯等はカッコ内の金額。

※2　次のいずれかに該当する場合、住宅借入金等の年末残高限度額2,000万円、控除期間10年で適用を受けることができる。

・2023年12月31日以前に建築確認を受けている新築等住宅

・2024年6月30日以前に建築された新築等住宅

(2) 適用が受けられない年

暗記　図表 6-2-4

次に掲げる要件に該当する場合、住宅借入金等特別控除の適用を受けることはできません。

①その年分の合計所得金額が2,000万円を超える年
②その年の12月31日まで引き続いて自己の居住の用に供していない年
ただし、転勤などのやむを得ない事情により、その者の居住の用に供しなくなった場合、次のケースに該当すれば適用を受けることができます。

③転勤などが明けて再入居した場合（再入居の年より適用可）
④その者と生計を一にする親族が引き続き居住の用に供している場合（継続適用可）

(3) 手続き

暗記　図表 6-2-5

住宅借入金等特別控除は、原則として、各年において確定申告を行うことにより適用を受けることができます。

なお、給与所得者が適用を受ける場合、必要書類等で適用要件を確認するために最初の年は確定申告が必要ですが、2年目以降は、年末調整で適用を受けることができます。

図表 6-2-4 適用できない場合

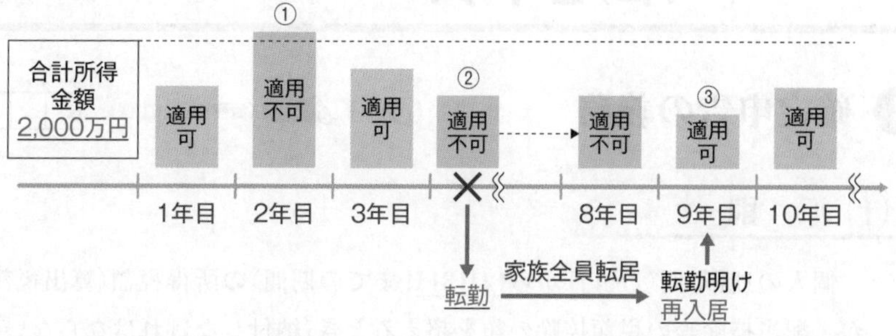

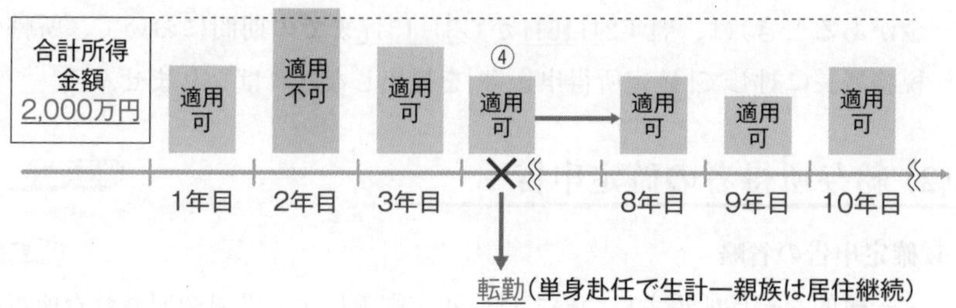

図表 6-2-5 手続き

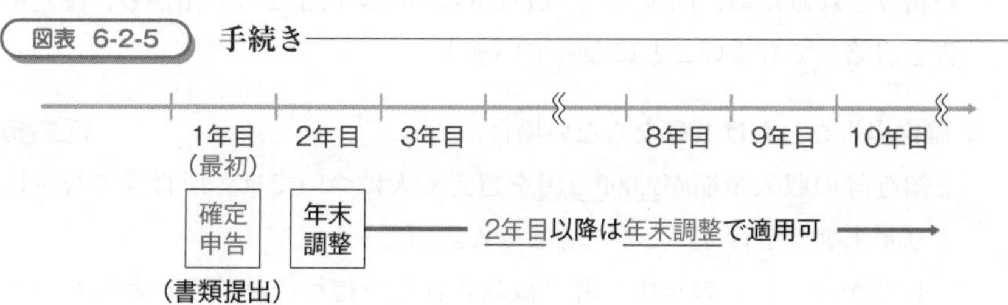

第7節　確定申告

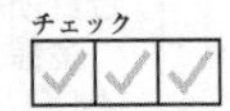

❶ 確定申告の義務

重要　実技（資産・個人・生保）　チェック

(1) 原　則

個人の1暦年間（1月1日から12月31日までの期間）の所得税額（算出税額）が、配当控除等の税額控除の額を超えるとき（納付しなければならない税金があるとき）は、翌年2月16日から3月15日までの期間において、所轄の税務署長に対して「確定所得申告書」を提出しなければなりません。

(2) 給与所得者の確定申告

図表 7-1-1

① 確定申告の省略

暗記

一般的な給与所得者については、年末調整により源泉徴収された所得税が精算されるため、国税当局の徴税事務の簡素化などの理由から、確定申告を省略してもよいことになっています。

② 確定申告をしなければならない場合

暗記

給与等の収入金額が2,000万円を超える人については、所得税の規定により年末調整を行うことができません。

したがって、その年中に源泉徴収された所得税の精算が行われないため、確定申告によって正しい年税額を計算しなければなりません。

また、給与所得および退職所得以外の所得が20万円を超える人については、年末調整による精算が完了していたとしても、確定申告によって他の所得と給与所得等を合算し、正しい年税額を計算し直す必要があります。

(3) 死亡した人の確定申告

図表 7-1-2

年の途中で死亡した人については、その人の相続人が1月1日から死亡した日までの所得を計算して、相続の開始があったことを知った日の翌日から4ヵ月以内に申告しなければなりません。相続人が行う申告手続きを「準確定申告」といいます。

図表 7-1-2 給与所得者が確定申告をしなければならない場合

＜給与等の金額（＝年収）が2,000万円を超える場合＞

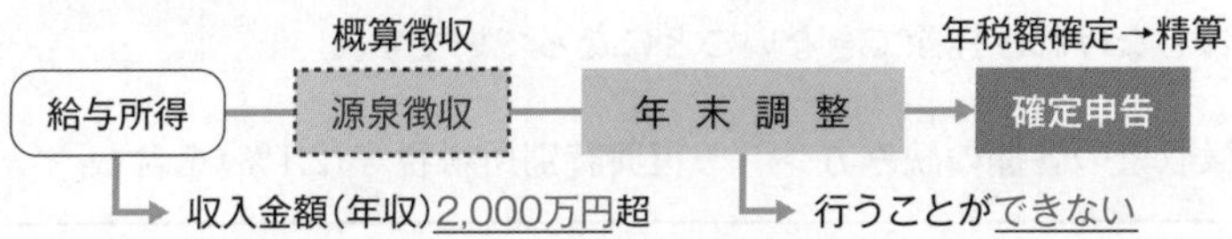

＜給与所得および退職所得以外の所得が20万円を超える場合＞

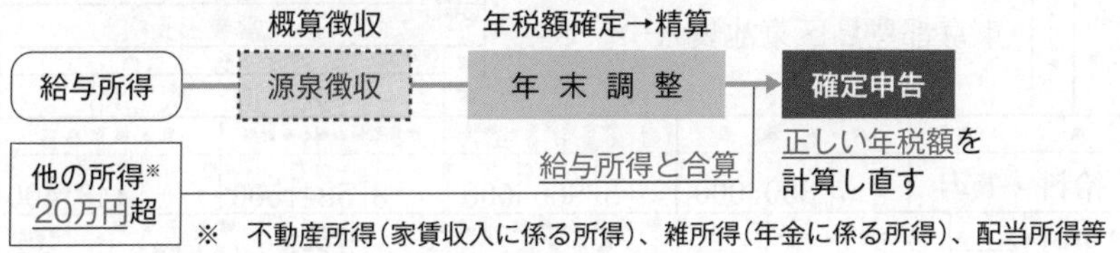

※ 不動産所得（家賃収入に係る所得）、雑所得（年金に係る所得）、配当所得等

同族会社の役員等に関する確定申告義務

経営陣を親族で固めているような同族会社の役員等が、その会社から給与以外に金銭や不動産等の貸付収入を得ている場合には、金額の大小を問わず確定申告をしなければなりません。

図表 7-1-2 死亡した人の準確定申告

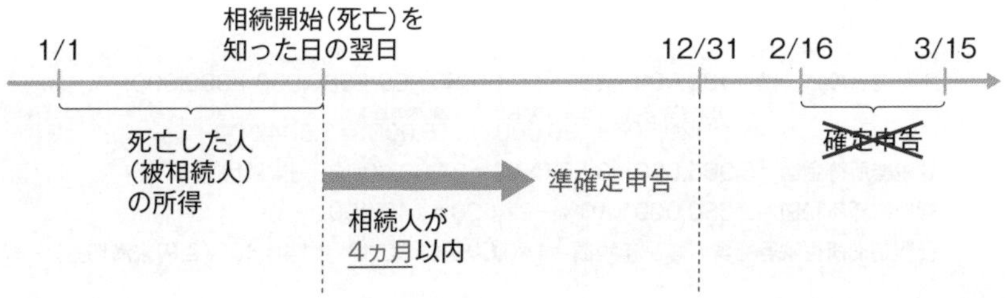

(4) 源泉徴収票（げんせんちょうしゅうひょう）の読み方

所得控除のうち、雑損控除、医療費控除、寄附金控除の3つについては、確定申告しなければ控除できないことになっています。

＜源泉徴収票の各欄の読み方＞　～復興特別所得税等(2.1%)を含む～

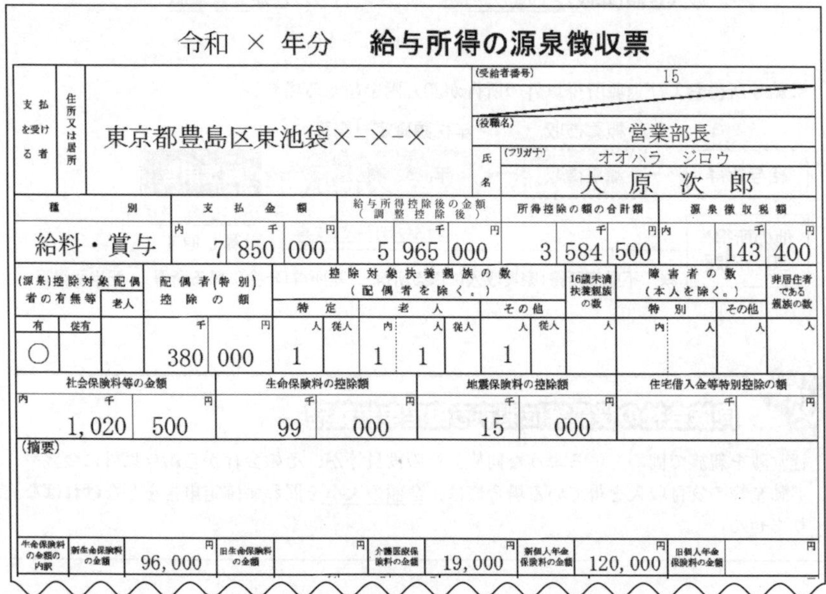

令和 × 年分　**給与所得の源泉徴収票**

支払を受ける者	住所又は居所	(受給者番号)	15
	東京都豊島区東池袋×-×-×	(役職名)	営業部長
		氏名 (フリガナ)	オオハラ　ジロウ
			大原　次郎

種別	支払金額	給与所得控除後の金額（調整控除後）	所得控除の額の合計額	源泉徴収税額
給料・賞与	内 7千850 000円	5千965 000円	3千584 500円	内 143千400円

(源泉)控除対象配偶者の有無等 有	従有	老人	配偶者(特別)控除の額	控除対象扶養親族の数（配偶者を除く。）特定	従人	老人 内	人	従人	その他	従人	16歳未満扶養親族の数	障害者の数（本人を除く。）特別 内	人	その他	非居住者である親族の数
○			380千000円	1			1	1	1						

社会保険料等の金額	生命保険料の控除額	地震保険料の控除額	住宅借入金等特別控除の額
内 1,020千500円	99千000円	15千000円	千円

(摘要)

生命保険料の金額の内訳	新生命保険料の金額	96,000円	旧生命保険料の金額	円	介護医療保険料の金額	19,000円	新個人年金保険料の金額	120,000円	旧個人年金保険料の金額	円

以下、省略

所得控除の合計額＝480,000（基礎控除）＋380,000（配偶者控除）＋(630,000＋580,000＋380,000)（扶養控除）
　＋1,020,500（社会保険料控除）＋ 99,000（生命保険料控除） ＋ 15,000（地震保険料控除） ＝3,584,500

課税総所得金額＝5,965,000－3,584,500＝2,380,000(千円未満切捨)

課総に係る税額＝2,380,000×10%－97,500＝140,500

復興特別所得税等を含む年調年税額＝140,500×102.1%＝143,400(百円未満切捨)

図表 7-1-3 源泉徴収票における各記載欄の内容

a 支払金額	税金（所得税・住民税）・社会保険料控除前の総支給額（現物給与などを含む）
b 給与所得控除後の金額	速算表により計算した給与所得控除額を支払金額より控除した金額
c 源泉徴収税額	年末調整により最終的に納付されている源泉所得税額（住民税は含まれない）
d 所得控除の額の合計額	物的控除（雑損控除、医療費控除、寄附金控除を除く）および人的控除の合計額
e（源泉）控除対象配偶者の有無等	（源泉）控除対象配偶者の有無について、「有」の場合には「有」欄に○（70歳以上は老人欄に○）
f 配偶者（特別）控除の額	配偶者控除の額または配偶者特別控除の額を記載
g 控除対象扶養親族の数	「特定」欄は特定扶養親族の数、「老人」欄は老人扶養親族の数、「その他」欄は一般の控除対象扶養親族の数 なお、「老人」欄の内書は、老人扶養親族が同居老親に該当する場合のその人数
h 障害者の数	「特別」欄は特別障害者の数、「その他」欄は一般障害者の数 なお、「特別」欄の内書は、特別障害者が同居特別障害者に該当する場合のその人数
i 社会保険料等の金額	原則として給与から天引きされた社会保険料の合計額（社会保険料控除の金額）
j 生命保険料の控除額	生命保険料控除の金額
k 地震保険料の控除額	地震保険料控除の金額
l 住宅借入金等特別控除の額（所得控除ではなく、税額控除）	2年目以降に控除される住宅ローン控除の金額

(5) 確定申告書の記載方法 暗記 実技(資産) 図表 7-1-4

大原次郎さんが、確定申告で医療費控除の適用を受ける場合、確定申告書には 図表 7-1-4 のように記載します。

なお、確定申告書に転記する源泉徴収における各記載欄の注意点は、概ね次のとおりです。

源泉徴収票からの転記	a 支払金額	㋔の給与に記載します。 ㋔欄は給与の支払額(年収)です。
	b 給与所得控除後の金額	⑥の給与に記載します。 特定支出控除額の特例を受けない場合、この金額が給与所得の金額になります。
	c 源泉徴収税額	㊽の源泉徴収税額に記載します。
	e (源泉)控除対象配偶者の有無等	「有」に○があるため、㉑～㉒の配偶者(特別)控除に38万円を記載します。
	g 控除対象扶養親族の数	「特定1」「老人1(内1)」「その他1」とあるため、㉓の扶養控除に3名分の159万円を記載します。
	i 社会保険料等の金額	⑬の社会保険料控除に記載します。
	j 生命保険料の控除額	⑮の生命保険料控除に記載します。
	k 地震保険料の控除額	⑯の地震保険料控除に記載します。
基礎控除		原則48万円を㉔に記載します。
医療費控除		支払った医療費を基に計算した控除額(大原さんは62,300円)を㉗に記載します。
㉚ 課税される所得金額		⑫－㉙は千円未満を切り捨てます。
㉛ ㉚に対する税額		㉚の金額に所得税の税額速算表を当てはめて税額を求めます。
㊹ 復興特別所得税額		㊸の金額に2.1％を乗じて計算します。1円未満の端数は切り捨てます。
52 還付される税金		㉕の所得控除の額が医療費控除で増えたため納めるべき税額が少なくなり、前払いした源泉徴収税額が還付されます。

図表 7-1-4　確定申告書の記載方法

FA2203

______税務署長
令和___年___月___日　令和 0× 年分の 所得税及び復興特別所得税 の　申告書

第一表（令和五年分以降用）

納税地	〒	個人番号（マイナンバー）		生年月日	
現在の住所又は居所事業所等	省略	フリガナ	オオハラ ジロウ		
		氏名	大原 次郎		
令和 年1月1日の住所		職業	屋号・雅号	世帯主の氏名	世帯主との続柄
振替継続希望	種類 青色 分離 国出 損失 修正 特農の表示 特農	整理番号		電話番号	自宅・勤務先・携帯

（単位は円）

収入金額等	事業	営業等 区分	㋐	
		農業 区分	㋑	
	不動産 区分1 区分2		㋒	
	配当		㋓	
	給与 区分		㋔	7850000
	雑	公的年金等	㋕	
		業務 区分	㋖	
		その他 区分	㋗	
	総合譲渡	短期	㋘	
		長期	㋙	
	一時		㋚	
所得金額等	事業	営業等	①	
		農業	②	
	不動産		③	
	利子		④	
	配当		⑤	
	給与 区分		⑥	5965000
	雑	公的年金等	⑦	
		業務	⑧	
		その他	⑨	
		⑦から⑨までの計	⑩	
	総合譲渡・一時 ㋘＋{(㋙＋㋚)×½}		⑪	
	合計（①から⑥までの計＋⑩＋⑪）		⑫	5965000
所得から差し引かれる金額	社会保険料控除		⑬	1020500
	小規模企業共済等掛金控除		⑭	
	生命保険料控除		⑮	99000
	地震保険料控除		⑯	15000
	寡婦、ひとり親控除 区分		⑰〜⑱	0000
	勤労学生、障害者控除		⑲〜⑳	0000
	配偶者（特別）控除 区分1 区分2		㉑〜㉒	380000
	扶養控除 区分		㉓	1590000
	基礎控除		㉔	480000
	⑬から㉔までの計		㉕	3584500
	雑損控除		㉖	
	医療費控除 区分		㉗	62300
	寄附金控除		㉘	
	合計（㉕＋㉖＋㉗＋㉘）		㉙	3646800

税金の計算	課税される所得金額（⑫−㉙）又は第三表	㉚	2318000
	上の㉚に対する税額又は第三表の㊱	㉛	134300
	配当控除	㉜	
	区分	㉝	
	（特定増改築等）住宅借入金等特別控除 区分1 区分2	㉞	00
	政党等寄附金等特別控除	㉟〜㊲	
	住宅耐震改修特別控除等 区分	㊳〜㊵	
	差引所得税額（㉛−㉜−㉝−㉞−㉟−㊱−㊲−㊳−㊴−㊵）	㊶	134300
	災害減免額	㊷	
	再差引所得税額（基準所得税額）（㊶−㊷）	㊸	134300
	復興特別所得税額（㊸×2.1%）	㊹	
	所得税及び復興特別所得税の額（㊸＋㊹）	㊺	134300
	外国税額控除等 区分	㊻〜㊼	
	源泉徴収税額	㊽	140500
	申告納税額（㊺−㊻−㊼−㊽）	㊾	
	予定納税額（第1期分・第2期分）	㊿	
	第3期分の税額（㊾−㊿）納める税金	51	00
	第3期分の税額（㊾−㊿）還付される税金	52	△ 6200
修正申告	修正前の第3期分の税額（還付の場合は頭に△を記載）	53	
	第3期分の税額の増加額	54	00
その他	公的年金等以外の合計所得金額	55	
	配偶者の合計所得金額	56	
	専従者給与（控除）額の合計額	57	
	青色申告特別控除額	58	
	雑所得・一時所得等の源泉徴収税額の合計額	59	
	未納付の源泉徴収税額	60	
	本年分で差し引く繰越損失額	61	
	平均課税対象金額	62	
	変動・臨時所得金額 区分	63	
延届納の出	申告期限までに納付する金額	64	00
	延納届出額	65	000

㊹・㊺・㊾・51又は52の記入をお忘れなく。

還付される税金の受取場所	銀行・金庫・組合・農協・漁協	本店・支店・出張所・本所・支所
郵便局名等	預金種類	普通 当座 納税準備 貯蓄
口座番号・記号番号		

公開受取口座登録の同意 ○　公金受取口座の利用 ○

整理欄	区分	A B C D E F G H I J K
	異動	年 月 日 L
	補完	確認

整理欄 管理 名簿

納 管 / 事 業 / 住 民 / 資 産 / 総 合 / 分 離 / 検 算 / 通信日付印 / 年月日 / 一連番号

受付印

❷ 青色申告制度

!重要 チェック ✓✓✓

(1) 制度の目的

業務を営む人が日々の収入や支出を帳簿に記録する際、一般の記帳よりも水準の高い記帳(一般的には複式簿記による記帳)をし、その帳簿書類(原則として7年間保存)に基づいて正しい申告をした場合には、有利な取扱いを認める制度です。

(2) 青色申告ができる人

青色申告制度は、次に掲げる人に限り認められています。

・不動産所得
・事業所得　｝のいずれかを生ずべき業務を営んでいる人
・山林所得

不動産投資でマンション一室を賃貸している場合でも、不動産所得が発生しているため青色申告ができます。

(3) 青色申告をするための要件

暗記　図表 7-2-1

新たに青色申告を行おうとする人は、図表 7-2-1 の期限までに「青色申告承認申請書」を所轄の税務署長に提出し、税務署長の承認を受けなければなりません。

(4) 青色申告者の特典

図表 7-2-2

① 青色申告特別控除　暗記

青色申告者の不動産所得や事業所得などを計算する際、必要経費の他に10万円または55万円(所定の要件を満たした場合65万円)を控除することができます。なお、控除額は「事業規模」「記帳方法」「添付書類」と「確定申告書の申告時期」により、図表 7-2-2 のとおりになります。

② 中小事業者の少額減価償却資産の特例

③ 青色事業専従者給与の必要経費算入

④ 純損失の繰越控除および繰戻し還付

図表 7-2-1　青色申告承認申請書の提出期限

区　分	申請期限
原　則	青色申告しようとする年の3月15日
その年の1月16日以後全く新たに業務を開始 （会社員が退職して起業した場合など）	業務を開始した日から2ヵ月以内

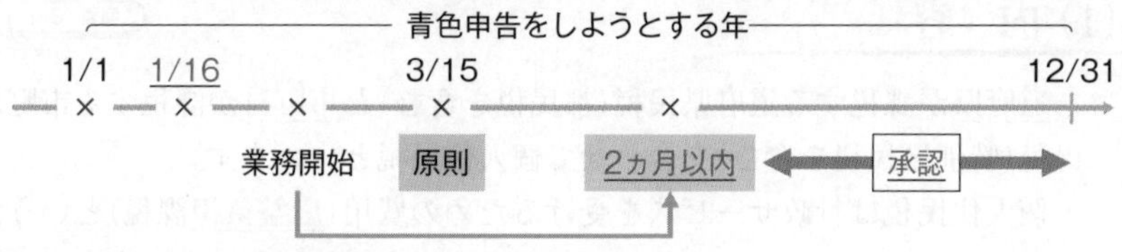

図表 7-2-2　青色申告特別控除

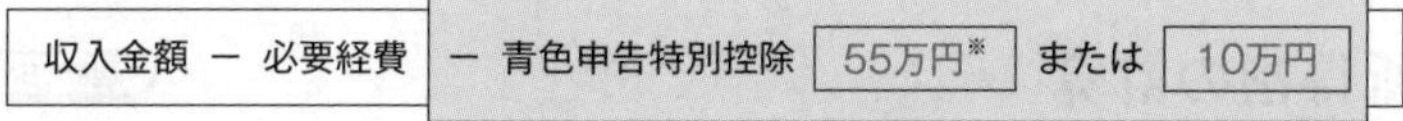

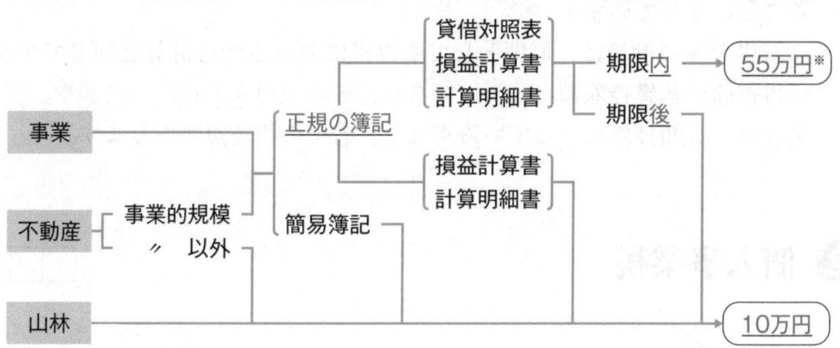

※　次のいずれかの要件を満たしている場合は、65万円

・帳簿書類につき、電子計算機による電磁的記録の備付けおよび保存を行っていること

・確定申告書の提出期限までに、e-Taxを使用して、確定申告書に記載すべき事項などに係る情報を送信すること

第8節　個人住民税と個人事業税

頻出度 C

❶ 個人住民税

チェック

(1) 内　容

図表 8-1-1

道府県が課税する道府県民税(都民税を含む)と市町村が課税する市町村民税(特別区民税を含む)を合わせて個人住民税といいます。

個人住民税は行政サービスを受けるための費用(応益負担課税)という意味合いがありますので、一律に一定額を負担する均等割があります。

なお、納税者は1月1日現在で居住する都道府県・市町村に対して納付します。

(2) 所得割の計算

図表 8-1-2

所得割に関する住民税は、原則として、前年の所得を基に税金を計算することになっています。

所得金額の計算は、原則として所得税における所得計算と同じですが、所得控除の基礎控除額は43万円であり、その他の人的控除の金額や、寄附金控除が税額控除になっている点など、若干の相違点があります。

❷ 個人事業税

チェック

(1) 内　容

不動産所得または事業所得を生じる事業を行う人に対して、都道府県が課税する税金です。なお、個人事業税は不動産所得または事業所得の必要経費に算入することができます。

(2) 税額の計算

図表 8-2-1

個人事業税は、原則として、前年の所得を基に税金を計算することになっています。

所得金額の計算は、原則として所得税における不動産所得または事業所得の計算方法と同じですが、青色申告特別控除を認めない代わりに290万円の事業主控除を控除するなど若干の相違点があります。

図表 8-1-1 個人住民税の種類

区　分	内　容	税　率
所　得　割	1年間に稼ぎ出した所得の大きさによって課税されるもの。	10%
均　等　割	所得の大きさに関わらず均等に課税されるもの。	4,000円
利　子　割 配　当　割	預貯金や公社債の利子、上場株式等の配当について課税されるもの。	5%
株　式　等 譲渡所得割	特定口座の源泉徴収口座内で譲渡した上場株式等の譲渡益について課税されるもの。	5%

図表 8-1-2 個人住民税（所得割）の計算

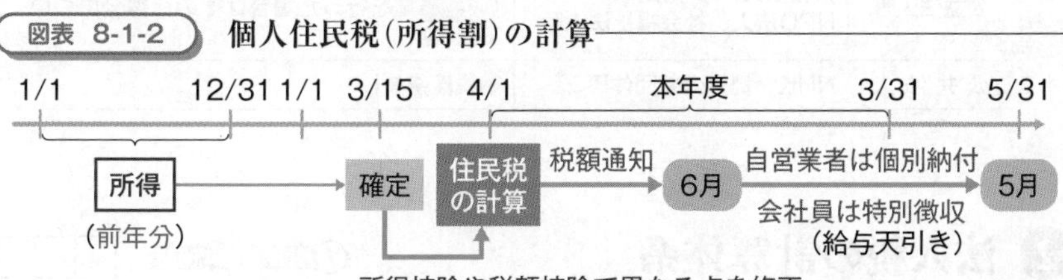

住民税は原則として前年の所得を基に税金を計算しますが、退職所得のみ退職した年に課税されます。（退職金から特別徴収）

図表 8-2-1 個人事業税の計算と納付

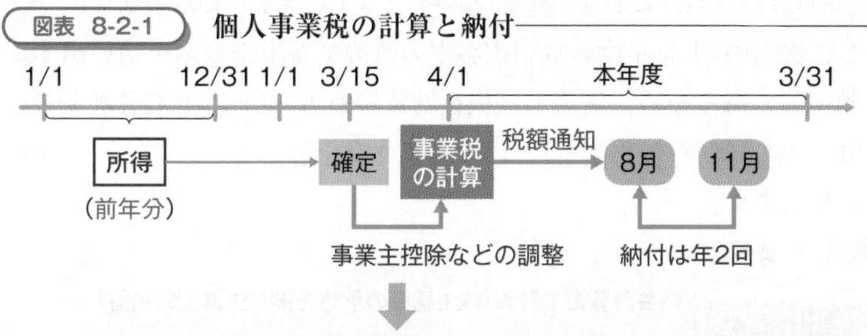

不動産所得または事業所得	業　種	税率
収入金額－必要経費－事業主控除（290万円）	製造、物販業など	5%
	畜産、水産業など	4%
	医師、弁護士など	5%

第9節 ｜ 法人税

頻出度 A

❶ 納税義務者と課税範囲

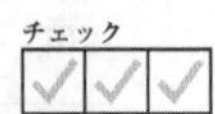

国内に本店または主たる事務所を置く法人(内国法人)が納税義務者となりますが、法人の種類によっては、納税義務のない法人もあります。

内国法人	法人の具体例	課税範囲
普通法人	株式会社、医療法人等	国内外で発生したすべての所得
公益法人等	宗教法人、学校法人、NPO法人、社会福祉法人等	原則として、納税義務なし(収益事業を行った場合はその所得分について課税)
公共法人	NHK、地方公共団体等	納税義務なし

❷ 法人税の計算体系

図表 9-2-1　図表 9-2-2

法人税は、法人の1事業年度に生じた所得について課税する国税です。

法人税の課税標準となる所得金額は、法人に適正な租税負担を求めるという観点から、法人税法で認められた収入(これを「益金」といいます)から法人税法で認められた経費(これを「損金」といいます)を控除して求めます。

しかし、法人の1事業年度の取引内容から改めて益金や損金を拾い出すことは非効率的であるため、実務上は損益計算書の当期利益(企業会計上の利益)を基に、申告調整(税務調整)という修正作業を加えることによって所得金額を計算します。

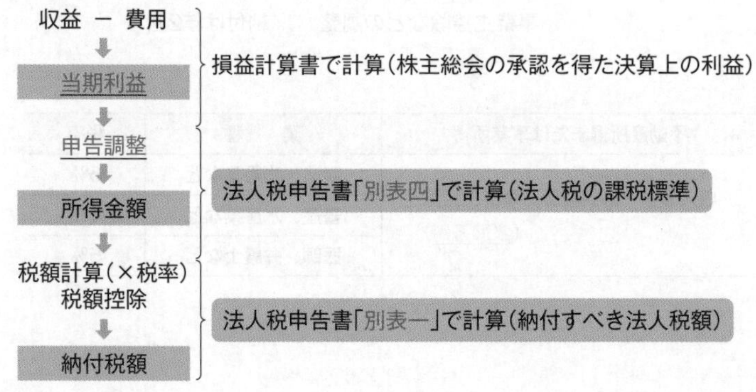

図表 9-2-1 「別表四」における所得金額の計算例

企業会計	法人税法	申告調整	当期純利益に
費用 ○	損金 ×	損金不算入	加算(＋)
収益 ○	益金 ×	益金不算入	減算(－)

企業会計			法人税法	
費用① 700万円	収益① 3,000万円	○	損金① 700万円	益金① 3,000万円
費用② 600万円		○	損金② 600万円	
費用③ 500万円		×	損金③ 不算入	
当期利益 1,400万円			当期利益 1,400万円	
	収益② 200万円	×	益金② 不算入	益金② 200万円

当期利益 1,400万円
(＋)損金不算入 500万円
(－)益金不算入 200万円
→ 所得金額 1,700万円

損益計算書の当期利益に「企業会計で認められる費用」と「法人税法で認められる損金」の差異部分を加減算し、「収益」と「益金」の差異部分を加減算して所得金額を計算します。

図表 9-2-2 「別表一」における法人税額の計算

普通法人の区分	課税所得金額の区分	税率
資本金等の額が1億円超の法人など	所得金額の全額	23.2%
資本金等の額が1億円以下の中小法人など	所得金額のうち年800万円を超える部分の金額	23.2%
	所得金額のうち年800万円以下の部分の金額	15.0%※

※ 事業年度開始の日前3年以内に終了した各事業年度の所得金額の年平均額が15億円を超える法人等の場合は19.0%

資本金等の額が1億円以下の法人

所得金額 1,700万円
- 800万円×15.0%＝120万円
- 900万円×23.2%＝208.8万円

法人税額 328.8万円

「別表四」で求めた所得金額に、比例税率を適用して税額を求めます。なお、中小法人は所得金額を800万円超の部分の金額と800万円以下の部分の金額に区分し、それぞれの税率を適用して計算した税額を合計します。

❸ 申告調整項目

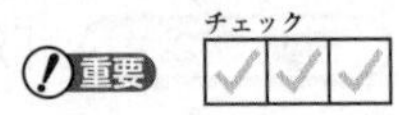

(1) 減価償却費

① 取扱い

法人税では、減価償却費について償却限度額(個人の事業所得と同様の計算)を設けており、その償却限度額の範囲内で法人が経費として経理処理したものであれば損金の額に算入することができます(任意償却)。

なお、法人が経費処理した減価償却費が法人税の償却限度額を超える場合には、その超過額(減価償却超過額)は、損金不算入として当期利益に加算します。

② 法定償却方法等

所得税の法定償却方法は定額法ですが、法人が償却方法の選定の届出をしない場合は定率法により計算することになります。

なお、建物および建物附属設備・構築物に関する償却方法(定額法)、少額減価償却資産および中小事業者の少額減価償却資産の特例に関する所得税の規定は、法人税においても適用されます。

(2) 役員給与

役員に対する給与を損金の額に算入するためには、次の要件を満たす必要があります。要件を満たさないものや不相当に高額な部分の金額は、損金不算入として当期利益に加算します。

役員給与			
	定期同額給与	支給時期が1月以下の一定の期間ごとで、各支給時期における支給額が同額などの要件を満たす給与	損金算入
	事前確定届出給与	所定の時期に確定額を支給する旨を定め、その定めに基づいて支給する給与で、事前に届出をしているもの	
	業績連動給与	同族会社に該当しない法人の業務執行役員に対する給与で、利益に関連する指標を基礎として算定される給与	
	使用人兼務役員(取締役経理部長など)の使用人分給与 (賞与については、通常の使用人と同時期に支給されるものに限る)		
	役員退職給与		
	上記に該当しない給与、不相当に高額な部分の給与および退職給与の金額		損金不算入

(3) 役員と会社間の取引

暗記

会社から役員に対して経済的な利益の提供があった場合、その経済的利益の額は役員給与として、定期同額給与や事前確定届出給与などの判定を行います。

なお、具体的な経済的利益の額には、次のようなものがあります。

行　為	経済的利益の額
役員への資産の贈与	贈与資産の時価
役員への資産の低額譲渡	譲渡資産の時価と譲渡対価の差額
役員からの資産の高額買入	買入価額と買入資産の時価の差額
役員に対する居住用資産(社宅など)の無償・低額貸与	通常の賃貸料と実際の賃貸料の差額

役員から会社に対して経済的な利益の提供があった場合、その経済的利益の額は会社の受贈益として益金の額に算入されます。

役員と会社間の取引

■役員が会社に対して無利息で金銭の貸付けを行った場合
役員側には対価として得る所得がないため、所得税の課税関係は生じません。また、会社側の処理も不要となります。

■役員が所有する土地を会社に無償で譲渡した場合
役員側は、土地を時価で譲渡したものとみなされ、所得税の譲渡所得(みなし譲渡)が課税されます。
また、会社側では、土地の時価に相当する額を受贈益として益金の額に算入します。

(4) 交際費等

暗記

① 支出交際費等の額

図表 9-3-1

法人がその得意先や仕入先などに対して接待、供応、慰安、贈答などを行うために支出する交際費、接待費、その他の費用の額です。

支出交際費等の額は、原則として損金の額に算入できません。

1人当たり10,000円以下の飲食費は、支出交際費等の額には含まれないため、支払先や参加人数などを記載した書面を備えることを条件に、全額を損金の額に算入することができます。

② 支出交際費等の額の特例

支出した交際費等の額のうち、接待のための飲食代(接待飲食費)の50%相当の金額は、資本金の額等が100億円を超える法人を除き、損金の額に算入することができます。したがって、残りの50%に相当する金額を損金不算入として当期利益に加算します。

また、資本金等の額が1億円以下の中小法人は、年間800万円(定額控除限度額)以下の金額については、全額を損金の額に算入することができます。

(5) 租税公課

法人が支払う租税公課(固定資産税、都市計画税、法人事業税など)については、原則として損金の額に算入することができます。

しかし、法人税、法人住民税、延滞税、交通反則金、加算税などについては、法人に対する税金やペナルティとして課された金額であるため、損金不算入として当期利益に加算します。

(6) 受取配当等

図表 9-3-2

法人が他の法人から受け取る株式等の配当等については、二重課税を排除するため、益金不算入として当期利益から減算します。

(7) 青色欠損金の繰越控除

損金の額が益金の額を超えた場合、その超えた部分の金額を欠損金額といいます。青色申告書を提出した事業年度において欠損金額が生じた場合は、翌期以後10年間の所得金額の計算上、その欠損金額を控除することができます。

図表 9-3-1　支出交際費等の額

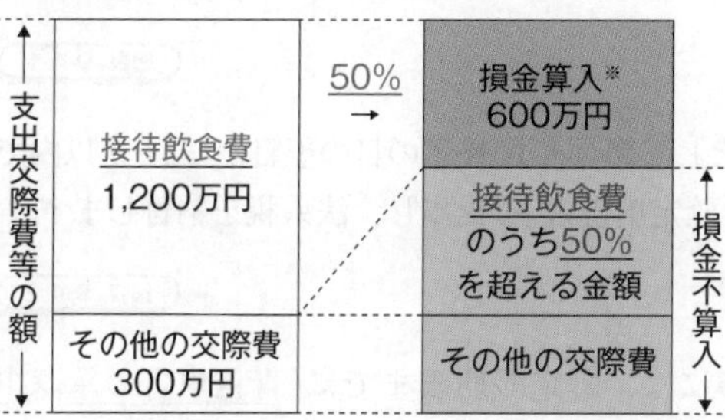

資本金1億円以下の中小法人の場合

＜損金算入額＞

1,200万円（接待飲食費）×50%＝600万円

600万円＜800万円　∴800万円

＜損金不算入額＞

(1,200万円＋300万円)（支出交際費等の金額）－800万円

＝700万円

※　資本金1億円以下の中小法人：800万円の方が大きい場合には800万円

資本金1億円以下の中小法人は、接待飲食費の50%相当の金額または年間800万円（定額控除限度額）のいずれか大きい金額を損金の額に算入することができます。

図表 9-3-2　受取配当等の益金不算入

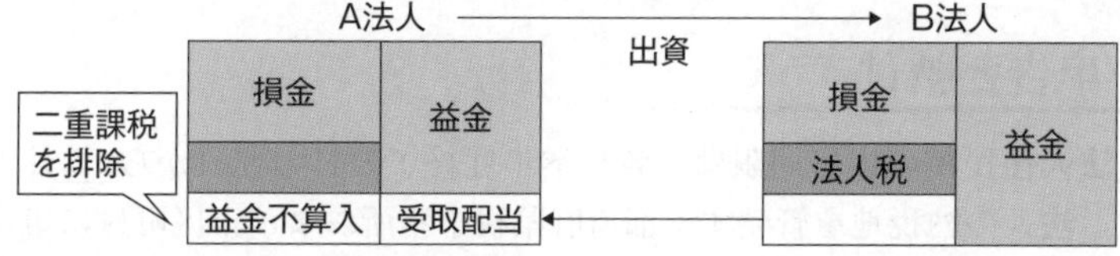

B法人の所得には法人税が課税されています。A法人に支払われる配当等はB法人の法人税等控除後の利益から分配されているため、A法人側で益金に算入すると利益に2回税金がかかる二重課税が生じます。この二重課税を排除するために、所定の算式で計算した金額を益金不算入とします。

国等に対する寄附金

国または地方公共団体等に対する寄附金は、全額を損金の額に算入することができますが、それ以外の寄附金については、所定の限度額を超える部分を損金不算入として当期利益に加算します。

所得税額の控除

内国法人が預金等の利子および配当等の支払を受ける場合には、支払いの際に源泉徴収された所得税の額につき、所定の方法で計算した金額を法人税額から控除することができます。

❹ 申告と納付

チェック ✓✓✓

(1) 確定申告

図表 9-4-1

法人税の申告期限は、原則として事業年度終了の日の翌日から2ヵ月以内です。納税地の所轄税務署長に「確定申告書」を提出し、法人税を納付します。

(2) 青色申告

図表 9-4-2

法人が青色申告を行うためには、所定の期限までに「青色申告の承認申請書」を納税地の所轄税務署長に提出して、承認を受ける必要があります。

第10節 | 法人住民税・法人事業税

頻出度 C

❶ 法人住民税

チェック ✓✓✓

(1) 申告と納付

法人住民税の申告期限は、各事業年度終了の日の翌日から2ヵ月以内です。法人の納税地を管轄する都道府県税事務所および市区町村に申告および納付をします。

(2) 税額の種類

均等割額、法人税割額があります。

❷ 法人事業税

チェック ✓✓✓

(1) 申告と納付

法人事業税の申告期限は、各事業年度終了の日の翌日から2ヵ月以内です。法人の納税地を管轄する都道府県税事務所に申告および納付をします。

なお、法人事業税は損金の額に算入できます。

(2) 税額の計算

原則として法人税の課税標準である所得金額に税率を乗じて計算します。

図表 9-4-1　法人税の申告期限(3月決算法人の場合)

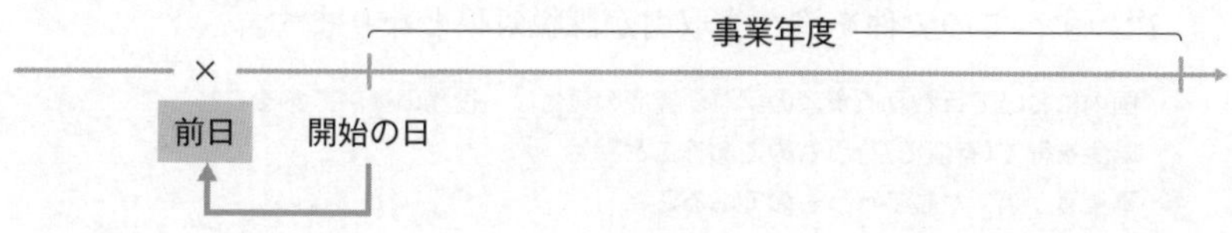

図表 9-4-2　青色申告の承認申請

＜原　則＞

青色申告の承認を受けようとする事業年度の開始の日の前日

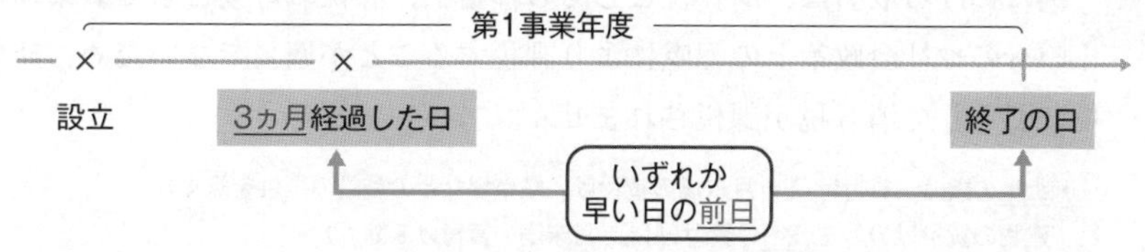

＜新設法人の場合＞

設立の日以後3ヵ月を経過した日と設立後最初の事業年度終了の日のいずれか早い日の前日

第11節｜消費税

❶ 消費税の課税対象

重要　チェック

図表 11-1-1

(1) 課税取引

次のすべての要件を満たす取引が課税対象となります。

・国内において行われる資産の譲渡、資産の貸付け、役務の提供であること
・対価を得て（有償で）行うものであること
・事業者が事業として行うものであること

(2) 非課税取引

次に掲げる取引は、消費税としての性格上、課税の対象として馴染みにくいものや社会政策上の配慮により課税することが適当でないため、非課税取引として消費税が課税されません。

・土地の譲渡、貸付け（1ヵ月未満の貸付け、駐車場などの施設の提供を除く）
・建物の貸付けのうち住宅の貸付け（1ヵ月未満の貸付けを除く）
・社債、株式等の譲渡（株式形態のゴルフ会員権の譲渡は除く）
・利子を対価とする貸付、保険料を対価とする役務提供
・登記、登録などに係る行政事務手数料
・社会保険診療、介護サービスの対価　等

❷ 納税義務

チェック

(1) 納税義務者と申告納付

図表 11-2-1

課税取引を行う者（個人・法人）が納税義務者となり、個人の場合は暦年を計算期間として翌年3月31日まで、法人の場合は定款で定める事業年度を計算期間として事業年度終了の日の翌日から2ヵ月以内に申告納付を行ないます。

図表 11-1-1 消費税の課税対象

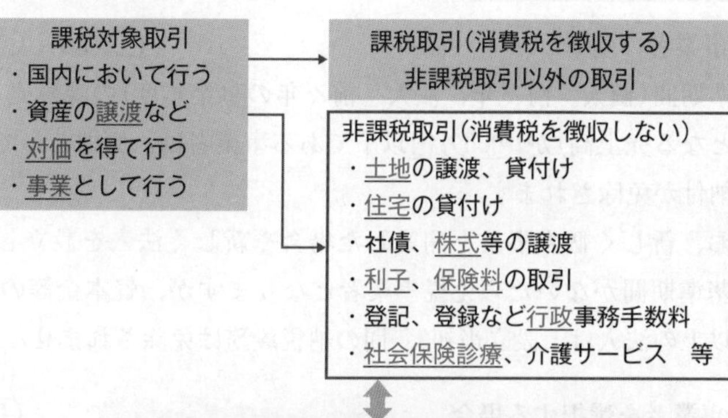

課税対象取引
・国内において行う
・資産の譲渡など
・対価を得て行う
・事業として行う
課税取引（消費税を徴収する）
非課税取引以外の取引
非課税取引（消費税を徴収しない）
・土地の譲渡、貸付け
・住宅の貸付け
・社債、株式等の譲渡
・利子、保険料の取引
・登記、登録など行政事務手数料
・社会保険診療、介護サービス　等
1ヵ月未満の土地・住宅の貸付け
駐車場などの施設の貸付け
：課税される

図表 11-2-1 納税義務者と申告納付

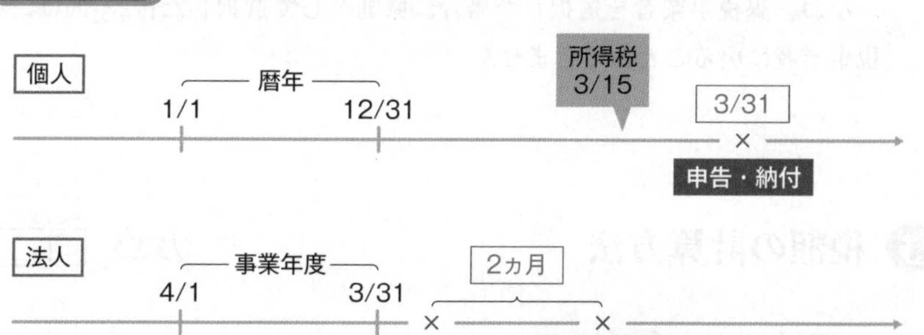

(2) 免税事業者

① 免税事業者の基準

暗記　図表 11-2-2

基準期間(個人：前々年、法人：前々年の事業年度)の課税売上高(課税取引となる売上高)が1,000万円以下である事業者は、原則として消費税の申告納付が免除されます。

なお、新しく個人事業を開業した場合や新しく法人を設立した場合には、基準期間がないため免税事業者となりますが、資本金等の額が1,000万円以上の法人は、設立当初2年間の納税義務は免除されません。

② 課税事業者を選択する場合

図表 11-2-3

免税事業者が、消費税の還付を受けるなどのために課税事業者となる場合は、課税事業者になろうとする事業年度などの初日の前日までに「課税事業者選択届出書」を所轄の税務署長に提出する必要があります。

なお、課税事業者を選択した場合、原則として選択した後2年間は、免税事業者に戻ることはできません。

3 税額の計算方法

重要　チェック

(1) 課税標準と税率

図表 11-3-1

資産の譲渡、資産の貸付け、サービスの提供などの対価の額が課税標準となります。

税率は、原則として消費税(国税)7.8%、地方消費税2.2%の合わせて10%となります。

免税事業者

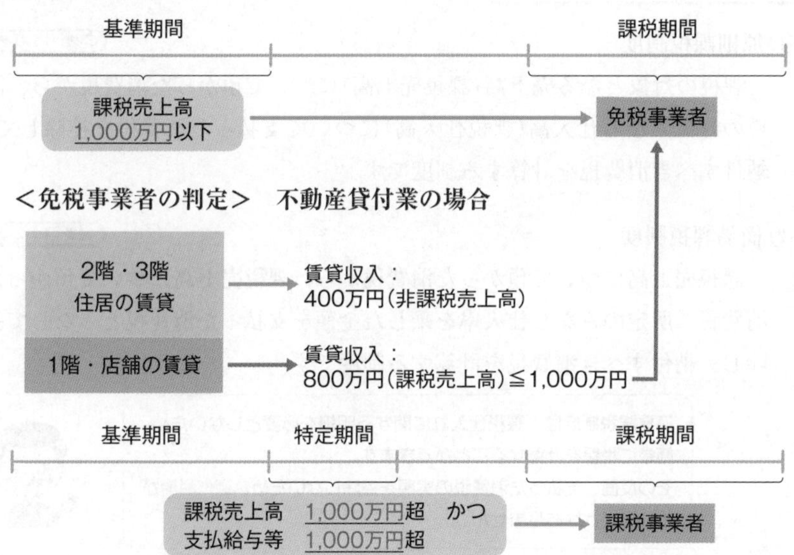

基準期間の課税売上高が1,000万円以下であっても、特定期間(個人：前年の1月1日から6月30日までの期間、法人：前年の事業年度開始の日以後6ヵ月の期間)の課税売上高が1,000万円超、かつ、支払った給与等の金額が1,000万円超の場合、課税事業者となります。

図表 11-2-3 課税事業者の選択

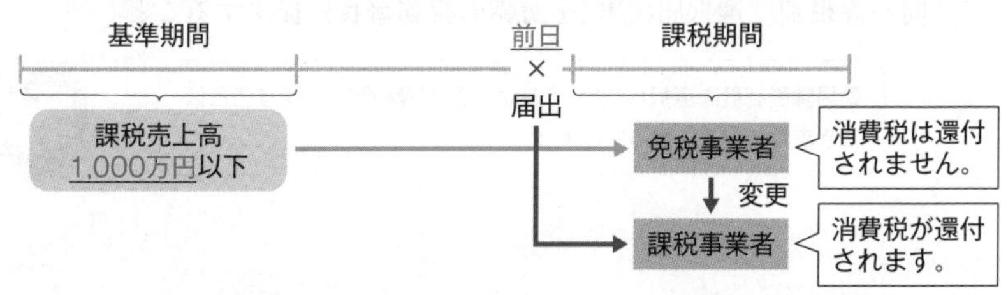

図表 11-3-1 消費税の税率

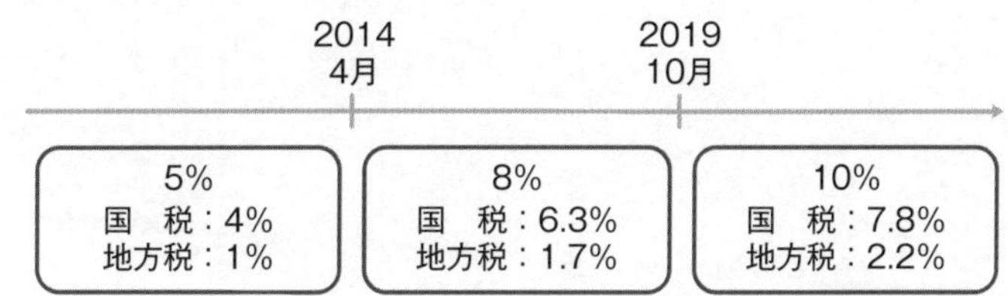

(2) 課税制度

① 原則課税制度

図表 11-3-2

課税の対象となる売上高(課税売上高)について預かった消費税から、課税の対象となる仕入高(課税仕入高)について支払った消費税を控除して、納付すべき消費税を計算する制度です。

② 簡易課税制度

図表 11-3-3

課税売上高について預かった消費税から、課税売上高について預かった消費税に所定のみなし仕入率を乗じた金額を支払った消費税とみなして控除し、納付すべき消費税を計算する制度です。

簡易課税制度は、課税仕入れに関する明細を必要としないため、簡単に税額を計算することができます。
その反面、支払った消費税の実額を控除しないため、還付税額が生じることはありません。

③ 簡易課税制度の手続き

暗記　図表 11-3-4

簡易課税制度を適用するためには、次のすべての要件を満たすことが必要です。

(ア) 基準期間の課税売上高が5,000万円以下である事業者であること。

(イ) 簡易課税の適用を受けようとする事業年度などの初日の前日までに、「簡易課税制度選択届出書」を所轄の税務署長に提出すること。

簡易課税制度を選択した後2年間は、原則課税制度へ戻すことはできませんので注意しましょう。

図表 11-3-2 原則課税制度

課税仕入高
800万円

課税売上高
1,000万円

仕入先 ← 対価 ― 事業者 ← 対価 ― 消費者

仕入先 ----- 仕入 ---→ 事業者 ----- 販売 ---→ 消費者

課税売上高 1,000万円	→ 売上げに係る消費税（預り）：100万円	納付税額 20万円
課税仕入高 800万円	→ 仕入れに係る消費税（支払）：80万円	

（支払） 消費税 （預り）
80万円 | 100万円
20万円納付

課税仕入高が
1,200万円の場合 →

（支払） 消費税 （預り）
120万円 | 100万円
20万円還付

図表 11-3-3 簡易課税制度

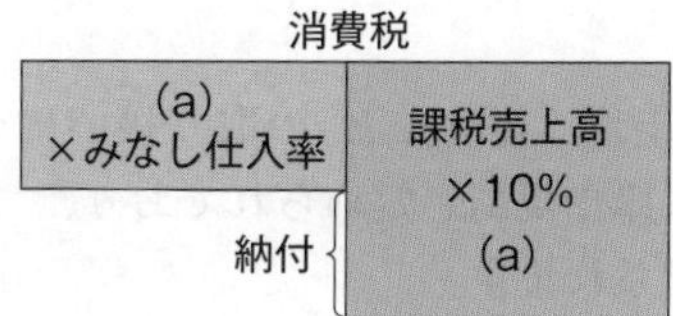

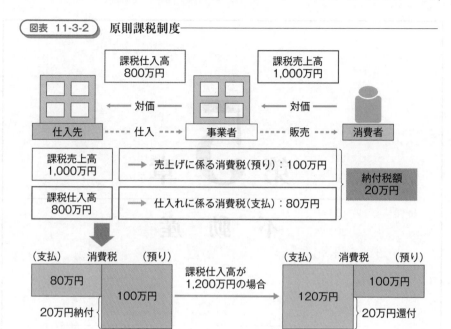

みなし仕入率は、事業形態により第一種事業（卸売業）90%～第六種事業（不動産業）40%が適用されます。
みなし仕入率の最高が90%であるため簡易課税で還付税額は生じません。

図表 11-3-4 簡易課税制度の手続き

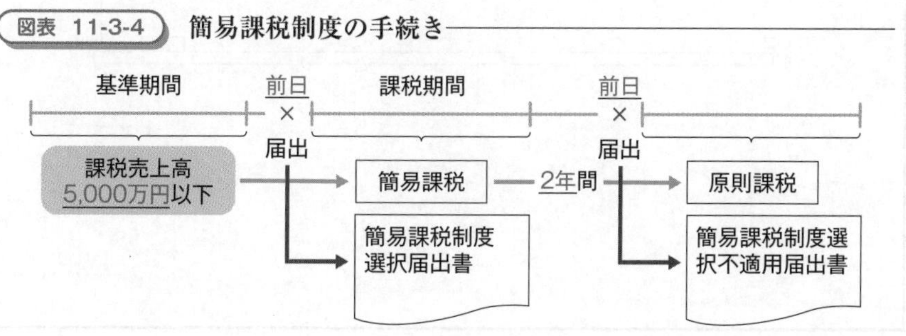

第5章

不　動　産

章のテーマ

不動産(土地、建物など)の取り扱いについては、多くの法律や規制が定められており、これらの理解が要求されます。
この章では、特に不動産の中でもマイホーム(住宅)に関する内容が重要となり、住宅を建てる際の制限や不動産に関する税金についても学習します。

Point

頻出項目ポイント

第1節
- ❶ 不動産(土地)の価格
- ❸ 不動産に関する調査

第2節
- ❷ 不動産の売買契約
- ❹ 不動産の賃貸契約(借地借家法)

第3節
- ❶ 都市計画法
- ❷ 建築基準法

第4節
- ❷ 不動産の保有に係る税金
- ❸ 居住用不動産の譲渡に係る税金(特例)

第5節
- ❶ 不動産投資と利回り
- ❷ 不動産(土地)の有効活用の手法

第1節 | 不動産の見方

頻出度 B

❶ 不動産(土地)の価格

重要　チェック ✓✓✓

(1) 売買取引の指標となる価格

図表 1-1-3

① 実勢価格

実勢価格とは、実際に取引が成立した価格、または周辺の売買実例から推定される土地価格の水準のことです。

② 公示(こうじ)価格

公示価格は、国土交通省が毎年1月1日を基準日として毎年3月末頃に官報で公示し、インターネットでの閲覧も可能となっています。公示価格は、中庸性・確定性・代表性・安定性により標準地を設定し、価格が調査されます。

③ 標準価格(基準地価格)

図表 1-1-1

標準価格は、都道府県が毎年7月1日を基準日として毎年9月末頃に各都道府県の公報で発表し、インターネットでの閲覧も可能となっています。標準価格は、公示価格に準じて基準地を設定し、価格を調査します。

(2) 税金の算出の基礎となる価格

① 路線価(ろせんか)

図表 1-1-2

路線価は、国税庁が毎年1月1日の時点で宅地の面する路線(街路)ごとに1㎡当たりの標準価格(単位：千円)として評価し、毎年7月頃に公表するものであり、公示価格の80%の価格となるように評価されます。路線価はインターネットで閲覧することができます。

② 固定資産税評価額

固定資産税評価額は、3年ごとの1月1日現在における固定資産の価格として、公示価格の70%の価格となるように評価します。市町村は、「固定資産課税台帳」を閲覧に供しますが、本人および一定の利害関係者等のみしか閲覧できません。

図表 1-1-1 **標準価格**

基準地番号	千代田※－※	調査基準日	※年7月1日
所在及び地番	東京都千代田区西神田※丁目※番※外		
住居表示	西神田※－※－※		
価格(円/㎡)	※(円/㎡)	交通施設、距離	水道橋、300m
地積(㎡)	※(㎡)	形状(間口：奥行き)	(1.0：1.5)
利用区分、構造	建物などの敷地、SRC(鉄骨鉄筋コンクリート造)9F		

図表 1-1-2 **路線価図**

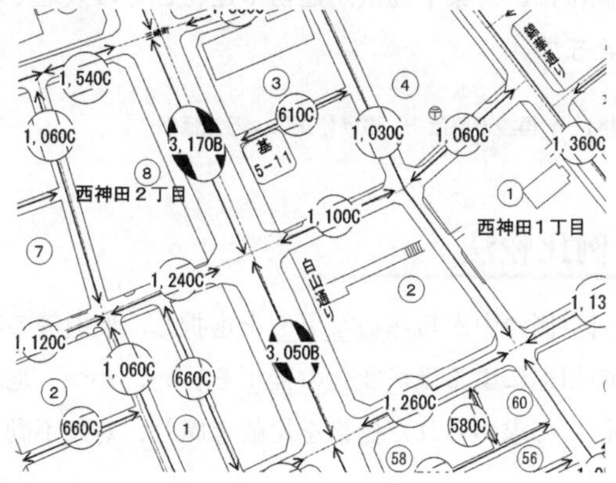

図表 1-1-3 **不動産価格のまとめ**

	実勢価格	公示価格	標準価格	路線価	固定資産税評価額
評価機関	――	国土交通省	都道府県	国税庁	市町村
基準日(評価替)	――	1月1日 毎年評価替	7月1日 毎年評価替	1月1日 毎年評価替	1月1日 3年に1度
公表時期	――	3月末頃	9月末頃	7月頃	(公表なし)
評価割合	――	――	――	公示価格の80%	公示価格の70%
目的	周辺の売買実例から推定される土地価格の水準	一般土地取引の指標・公共事業に係る補償金の算定基準	公示価格を補完	相続税・贈与税の課税のため	固定資産税などの課税のため

❷ 不動産の鑑定評価の手法

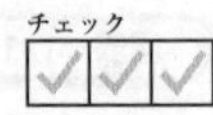

不動産の鑑定評価とは、土地もしくは建物またはこれらに関する所有権以外の権利の経済価値を判定し、その結果を価額に示すことをいいます。

評価方式には、次の3つがあり、複数の方法を適用して評価を行います。

(1) 原価法

図表 1-2-1

価格時点(不動産価格の判定の基準日)における対象不動産の再調達原価を求め、その再調達原価に減価修正を行って対象不動産の価格を求める手法です。原価法は、対象不動産が建物や建物とその敷地である場合に有効な手法といえます。

価格(積算価格) ＝ 再調達原価 － 減価修正による減価額

(2) 取引事例比較法

図表 1-2-2

多数の取引事例の中から適切な事例を選択し、取引等の特殊な事情、取引等の時点の相違による価格変化の補正を行い、かつ、地域要因・個別要因の比較を行って求められた価格を比較考慮し、対象不動産の価格を求める手法です。

価格(比準価格) ＝ 取引価格 × 補正(修正)率

(3) 収益還元法

図表 1-2-3

対象不動産が将来生み出すであろうと期待される純収益(＝総収入－総費用)の現価の総和を求める手法です。具体的には、純収益を還元利回りで還元して対象不動産の価格を求めます。

収益還元法には、単年度の純収益をもとに計算を行う直接還元法と将来生み出す純収益の現在価値の総和をもとに計算を行うDCF法(Discounted Cash Flow法)があります。

直接還元法による価格(収益価格) ＝ 純収益 ÷ 還元利回り

図表 1-2-1 原価法

物価の上昇等
＋200万円

取得時点

価値の減少
▲300万円

価格時点

再調達原価	3,200万円
減価修正	▲300万円
積算価格	2,900万円

最近、造成された造成地、埋立地等のように再調達原価を的確に求めることができる土地であれば原価法を適用することができます。

図表 1-2-2 取引事例比較法

12/25 ―― 時点修正 ――→ 1/10

甲土地（5,000万円）

乙土地（X万円）

特殊な取引事情
・売り急ぎ事情の場合
➡取引価格が低いため増額補正
・買い進み事情の場合
➡取引価格が高いため減額補正

事情補正

取引事例比較法は、一般に近隣地域内で対象不動産と類似の取引が行われている場合に有効な手法といえます。

図表 1-2-3 収益還元法

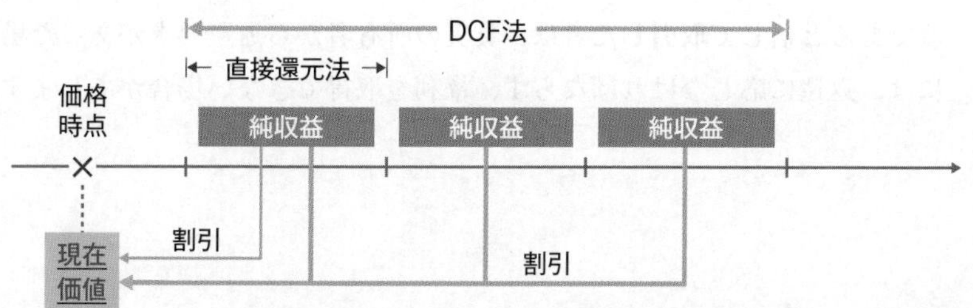

賃貸用不動産以外（居住用不動産など）であっても、賃貸不動産とみなすことによりこの手法を適用することができます。

❸ 不動産に関する調査

重要　チェック

(1) 不動産登記制度の必要性

図表 1-3-1

物権の変動(所有権の移転など)は、当事者の意思表示の合致(口約束など)だけで生じます。しかし、これだけでは、当事者以外の者は、物権の変動があったことを把握することができません。そこで、物権の変動があった場合に、そのことを第三者(当事者以外の者)に知らせて注意を促す必要があり、そのための公示の手段として登記制度が設けられています。

(2) 不動産登記の効力

① 対抗力

図表 1-3-2

対抗力とは、当事者間で有効に成立した権利関係を第三者に主張できる法的な効力をいいます。つまり物権の変動があった場合、登記がされていない限り、第三者に対して自己の所有権を主張することができませんが、登記をすれば第三者に対する対抗力を得ることができます。このように、わが国の不動産登記には対抗力が認められています。

② 公信力(こうしんりょく)

暗記　図表 1-3-3

公信力とは、たとえ登記名義人が真実の所有者でない場合でも、登記記録の内容を信じて取引を行った者に、権利を取得させることを認める力のことをいいます。しかし、わが国の不動産登記では、公信力を認めていません。

したがって、登記の内容が真実と違う場合に、登記名義人が真実の所有者であると信じて取引した者は、真実の所有者から返還要求があった場合には、返還に応じなければならず、権利を取得できない場合があります。

図表 1-3-1 不動産登記制度の必要性

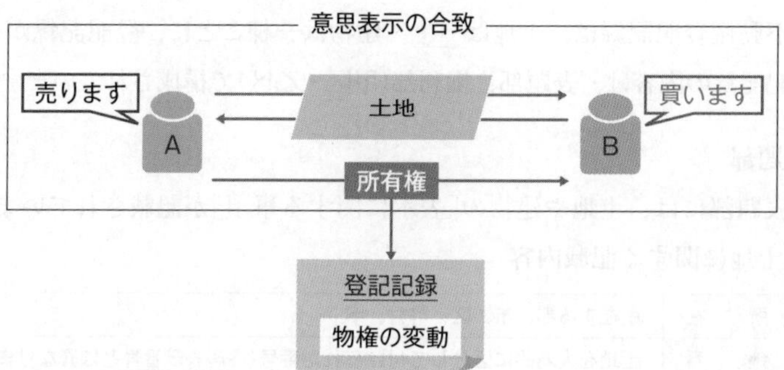

図表 1-3-2 対抗力

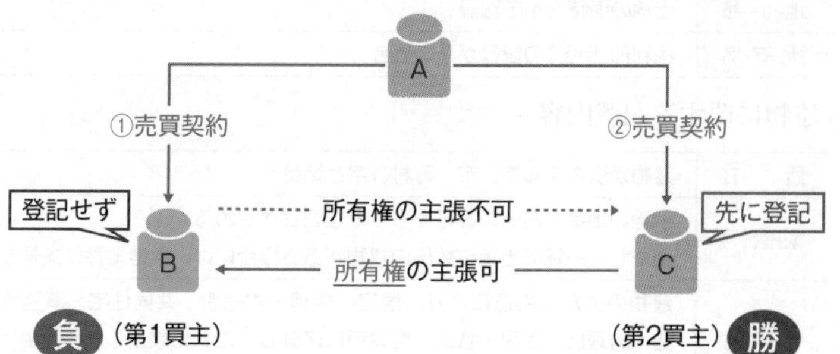

わが国の不動産登記には対抗力が認められています。

図表 1-3-3 公信力

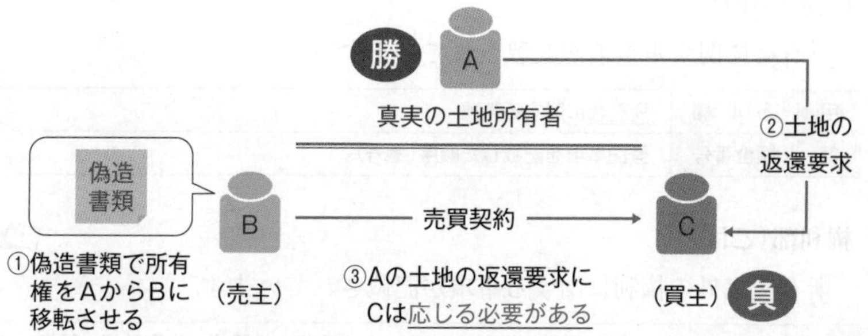

わが国の不動産登記では、公信力を認めていません。

(3) 不動産登記記録の構成

図表 1-3-4

不動産登記記録は、土地は一筆・建物は一棟ごとに、登記記録が存在し、登記記録の内容は、表題部、権利部(甲区・乙区)で構成されています。

① 表題部

表題部には、土地や建物の「表示に関する事項」が記載されています。

㈠ 土地に関する記載内容

所　　在	所在する郡、市、区、町村、字
地　　番	土地を人為的に区分して付けられた番号(住居表示番号とは異なります)
地　　目	土地の主たる用途により、田・畑・宅地・池沼・山林・牧場・原野・墓地・運河用地などに区分
地　　積	土地の面積を㎡で記録
所 有 者	権利部(甲区)の記録がない場合

㈡ 建物に関する記載内容

所　　在	建物が所在する郡、市、町村、字と地番
家屋番号	敷地の地番と同一の番号をもって登記官が定める ただし、一筆の土地に数個の建物がある場合には、敷地地番に支号を付す
種　　類	建物の主たる用途により、居宅・店舗・寄宿舎・共同住宅・事務所・旅館・料理店・工場・倉庫・発電所に区分し、これに該当しない建物はこれに準じて定める
構　　造	建物の主な構成材料、屋根、階数
床 面 積	各階ごとの床面積を㎡で記録
所 有 者	権利部(甲区)の記録がない場合

② 権利部(甲区)

所有権に関する事項が記載されています。

甲区	事 項 欄	所有権に関する事項
	順位番号	登記事項を記載した順序(番号)

③ 権利部(乙区)

暗記

所有権以外の権利に関する事項が記載されています。

乙区	事 項 欄	所有権以外の権利(地上権・永小作権・地役権・先取特権・質権・抵当権・賃借権・採石権)に関する事項
	順位番号	登記事項を記載した順序(番号)

図表 1-3-4 **土地の登記事項証明書**

○区×2丁目6−2　　全部事項証明書（土地）

表題部（土地の表示）		調製	余白	不動産番号	＊＊＊＊＊＊＊＊＊＊＊
地図番号	余白	筆界特定	余白		
所在	○○区××2丁目				余白
①地番	②地目	③地積㎡		原因及びその日付〔登記の日付〕	
6番2	宅地	125	60	昭和59年8月10日　○○番から分筆 昭和63年法務省令第37号附則第2条第2項の規定により移記 〔平成3年4月7日〕	

権利部（甲区）（所有権に関する事項）

順位番号	登記の目的	受付年月日・受付番号	権利者その他の事項
1	所有権移転	昭和60年4月12日 第1011号	原因　昭和60年4月12日売買 所有者　○区×2丁目8番3号 徳川　太朗 昭和63年法務省令第37号附則第2条第2項の規定により移記
2	所有権移転	平成14年4月7日 第6846号	原因　平成14年4月7日売買 所有者　○区×3丁目2番4号 石田　英雄

権利部（乙区）（所有権以外の権利に関する事項）

順位番号	登記の目的	受付年月日・受付番号	権利者その他の事項
1	抵当権設定	平成5年3月2日 第6432号	原因　平成5年3月2日金銭消費貸借同日設定 債権額　金3,000万円 利息　年3.50%（年365日日割計算） 損害金　年14.6%（年365日日割計算） 債務者　○区×2丁目8番3号 徳川　太朗 抵当権者　○区×5丁目1番1号 東西銀行
2	1番抵当権抹消	平成14年4月7日 第6845号	平成14年4月7日弁済
3	抵当権設定	平成14年4月7日 第6847号	原因　平成14年4月7日金銭消費貸借同日設定 債権額　金2,000万円 利息　年3.0%（年365日日割計算） 損害金　年14.6%（年365日日割計算） 債務者　○区×3丁目2番4号 石田　英雄 抵当権者　○区×2丁目6番3号 北国信用金庫

※下線のあるものは抹消事項であることを示す。

(4) 登記の調査

登記事項証明書は、登記所(法務局)で手数料を納付すれば、誰でも交付を請求(郵送、オンラインによる請求も可能)することができます。

(5) 登記の内容

図表 1-3-5

① 表示に関する登記

登記記録の内容と物理的現況を一致させるために行う登記であり、重要なものに表示登記と滅失登記があります。これらの事由に該当した場合には、それぞれの者がそれぞれの日から1ヵ月以内に登記の申請をしなければなりません。

② 権利に関する登記

不動産に関する権利について行う登記であり、保存登記、移転登記、設定登記、抹消登記があります。

なお、これらの登記を行うことにより対抗力を得ることができますが、登記に際しては登録免許税が発生します。

(6) 仮登記

図表 1-3-6

将来行われるべき本登記の順位を保全するためにあらかじめ行う登記であり、手続上の要件を具備していない場合などに行われる予備的な登記を指します。

仮登記はあくまでも予備的な登記であり、仮登記をしただけでは、第三者に対する対抗力を備えることはできません。

なお、仮登記が付されている不動産であっても、乙区事項欄に抵当権設定登記を行うことができます。

所有権に関する仮登記

所有権に関する仮登記をした後でも、第三者への所有権移転登記をすることができますが、その後仮登記に基づく本登記がなされると、仮登記後になされた第三者の所有権移転登記は抹消されることになります。

図表 1-3-5 登記の内容

＜表示に関する登記＞

表示登記	新たに土地が生じた場合や新たに建物を建築した場合に行う登記 （土地の埋立て、住宅などの建築）
滅失登記	土地が消滅した場合や建物が消滅した場合に行う登記 （海没による土地の消滅、取壊し・火災焼失による建物の消滅）

＜権利に関する登記＞

保存登記	初めてする所有権の登記 住宅などの建築（所有権保存登記）
移転登記	ある者に属していた権利が他の者に移転した場合に行う登記 AとBの間における土地の売買契約（所有権移転登記）
設定登記	不動産の上に新たに権利が創設された場合に行う登記 A所有の土地を担保にC銀行から融資を受ける場合（抵当権設定登記）
抹消登記	既存の登記に対応する実体関係が欠けている場合に、既存の登記の（全部） 抹消を目的として行われる登記 債務の弁済による抵当権抹消登記など

図表 1-3-6 仮登記

権利部（甲区）（所有権に関する事項）

順位番号	登記の目的	受付年月日・受付番号	権利者その他の事項
1	所有権保存	平成×年×月×日 第○○○○号	原因 ○○○○○○○○ 所有者 ××××
2	所有権移転仮登記	平成×年×月×日 第○○○○号	原因 ○○○○○○○○ 所有者 ××××
	余白	余白	余白

仮登記を行う場合、将来の本登記を申請するために「余白」を設けることになります。

(7) 登記記録の確認

土地登記記録は、人為的に区分けした区画(一筆)が地番順に、建物登記記録は、一棟の建物が敷地の地番順に記録されています。

登記事項証明書等の交付を請求する際には、土地の場合には土地の「地番」、建物の場合には「家屋番号」を申請書に記載する必要があります。

この地番および家屋番号は、現在用いられている住居表示番号とは異なるため、登記所に備えつけてある新旧対照表により調べるなど、注意をする必要があります。

(8) 登記所に備え付けられている図面等

① 14条地図

不動産登記法(第14条)では、登記所に地図および建物所在図を備え付けることになっています。これを14条地図といいます。土地に関する14条地図は、現在進められている日本全国の土地を測り直す地籍調査に基づく地籍図です。

② 公　図(こう　ず)

図表 1-3-7

14条地図を補完するものとして公図(旧土地台帳付属地図)が広く用いられています。公図は明治時代の地租改正時に作られた図面に基づいているため、現況を正確に表わしていないものが多く、14条地図に比べて精度はあまり高くありません。

③ 地積測量図

1つの土地を複数に分割(分筆)したり、複数の土地を1つに統合(合筆)する際に添付しなければならない書面です。したがって、分筆や合筆の履歴がない土地には備え付けられていません。

共有

共有とは、不動産を共同で所有する形態をいい、それぞれが持分を登記することにより「持分権」を有します。
共有物全体の改築や売却は、共有者全員の同意が必要となりますが、「持分権」を第三者に譲渡するときは、他の共有者の同意を得る必要はありません。

図表 1-3-7 公 図

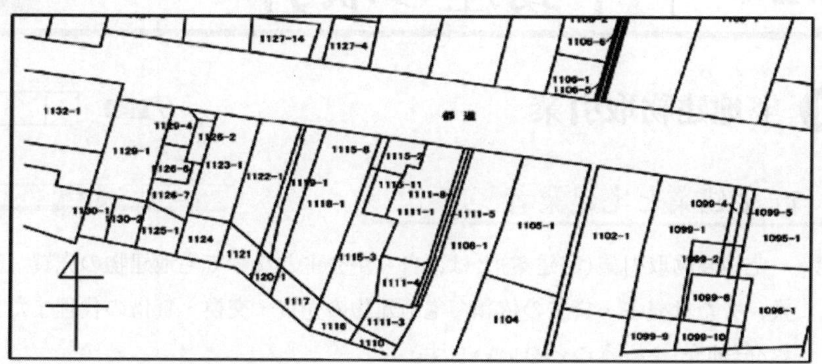

MEMO

第2節 不動産の取引

❶ 宅地建物取引業

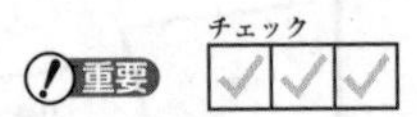

(1) 宅建業と宅建業者

図表 2-1-1 図表 2-1-2

宅地建物取引業(宅建業)とは、自らが売主となって宅地建物の売買・交換、または売主・貸主の依頼で宅地建物の売買・交換・貸借の代理または媒介(仲介)を行うことをいいます。

宅地建物取引業者(宅建業者)は、都道府県知事または国土交通大臣の免許を受けなければなりません。ただし、自らが貸主となって賃貸業を行う場合には、宅建業に該当しないため免許は不要です。

(2) 宅地建物取引士

宅地建物取引士とは、所定の試験に合格し、都道府県知事より「宅地建物取引士証」の交付を受けた者をいいます。宅地建物取引士は、契約が成立するまでの間に「重要事項説明書」を交付し、説明の相手方に対し、宅地建物取引士証を提示して、権利関係、法令上の制限など所定の重要事項を説明します。

(3) 媒介(ばいかい)契約

図表 2-1-3

媒介契約には、一般媒介契約、専任媒介契約、専属専任媒介契約があり、他の宅建業者への重複依頼の可否、依頼者自身が売買の相手を見つけてもよいか否か(自己発見の可否)など、それぞれ特徴があります。

(4) 媒介報酬の限度額

図表 2-1-4

宅建業者が、媒介により売買・貸借の契約を成立させた場合、依頼者から所定の報酬を受け取ることができます。

図表 2-1-1 宅建業の対象となる取引 暗記

	売買	交換	貸借
自ら	○	○	×
代理・媒介	○	○	○

○：宅建業の「取引」に該当します　∴免許必要
×：宅建業の「取引」に該当しません　∴免許不要

図表 2-1-2 免許の種類

国土交通大臣免許	2つ以上の都道府県の区域内に事務所を設置して宅建業を営む場合
都道府県知事免許	1つの都道府県の区域内に事務所を設置して宅建業を営む場合

図表 2-1-3 媒介契約 

特徴／種類	依頼者の探索		業者の義務	
	他業者へ重複依頼	自己発見	指定流通機構への登録義務	依頼者への経過報告義務
一般媒介契約	○	○	無	無
専任媒介契約※	×	○	有（契約締結後7日以内）	有（2週間に1回以上）
専属専任媒介契約※	×	×	有（契約締結後5日以内）	有（1週間に1回以上）

※　専任の媒介契約の有効期間は3ヵ月を超えることはできず、超えた部分は無効となり、3ヵ月に短縮されます。

図表 2-1-4 媒介報酬の限度額

売買の媒介	取引価格が400万円超の場合 取引価格×3%＋6万円（税抜）
貸借の媒介	借賃の1ヵ月分に相当する額（税抜）

クーリングオフ

宅地建物取引業者自らが売主となる宅地または建物の売買契約について、事務所等以外の場所（喫茶店など）で売買契約を締結した買主等は、一定の条件を満たす場合、クーリングオフによる売買契約の解除等を行うことができます。

❷ 不動産の売買契約

図表 2-2-1

不動産という高額物件を扱う宅建業者については、宅地または建物の売買または交換の媒介契約を締結する場合には、契約内容を記載した書面等(売買契約書など)を作成して、依頼者に交付することが宅建業法により義務づけられています。

(1) 売買代金の額と内訳

図表 2-2-1

分譲住宅やマンションを購入する場合、土地の売買は消費税の課税対象となりませんが、建物の売買は売主が課税事業者である場合には、消費税の課税対象となります。

一般的な戸建て分譲住宅の売買契約書では、土地×××円、建物×××円(内消費税×××円)とそれぞれ表記されています。

また、一般的なマンション(区分所有建物)の売買契約書では、土地(敷地の共有持分)を含めた「本体価格」に「消費税」を加算した売買代金(販売価格)が表示されます。

(2) 手付金

暗記　図表 2-2-2

手付金とは、売買などの契約締結の際に、当事者の一方から相手方に交付される金銭です。

買主が売主に解約手付を交付したときは、相手方(売主)が履行に着手していない場合には、買主は手付金を放棄して契約の解除をすることができます。

また、売主は相手方(買主)が履行に着手していない場合には、手付金の倍額を買主に対して現実に提供をすることで契約を解除することができます。

宅地建物取引業者が売主(買主は宅地建物取引業者ではない)になっている場合、宅地建物取引業者が受け取ることができる手付金は、売買代金の20%を超える手付金を受領してはならないとされています。

図表 2-2-1 売買契約書

不動産売買契約書

売主 ㈱大原不動産(以下「甲」という)と買主 大川三郎(以下「乙」という)は、末尾記載の区分所有建物(以下「本物件」という)について本日、次のとおり売買契約を締結したので、その証として本書2通を作成し、甲、乙署名捺印の上、各自1通ずつ保有する。

(売買契約の成立)

第1条 甲は、本物件を乙に売り渡し、乙はこれを買い受けるものとする。

(売買代金)

第2条 本物件の売買代金は、金2,875万円(本体価格2,750万円＋消費税125万円)とする。

(以下、省略)

区分所有建物の土地の価格

図表 2-2-1 の売買契約書における区分所有建物について、土地(敷地の共有持分)の価格を計算しなさい。なお、消費税の税率は10%とし、計算結果については万円未満を四捨五入すること。

【解答】

・建物(専有部分と共用部分)の売買価格
125万円(消費税)÷0.1(消費税率)＝1,250万円

・土地(敷地の共有部分)の売買価格
2,875万円－(1,250万円＋125万円)＝1,500万円

図表 2-2-2 手付金

Aは履行に着手していない ← 手付金100万円の放棄 ― Bからの手付による解除

売主A ← 解約手付 100万円 ― 買主B

Aからの手付による解除 ― 手付金の倍額200万円の現実の提供 → Bは履行に着手していない

履行の着手とは、売主が相手方の場合には登記や引渡しを指し、買主が相手方の場合には代金の提供を指します。

(3) 売買対象面積

暗記

① 土　地

図表 2-2-3

土地の売買取引には、実測売買と公簿売買という方法があります。

実測売買とは、まず登記記録に記載されている面積で売買契約を行い、その後、実測による売買面積との差異が生じたときは、あらかじめ契約条項に織り込んでおいた㎡当たりの単価で売買代金の増減精算を行う方法をいいます。

また、公簿売買とは、実測面積との増減精算を一切行わない方法をいい、売主および買主双方の合意があれば認められます。

② 区分所有建物（マンション）の専有部分

図表 2-2-4

マンションの専有部分についての売買面積は登記記録面積によりますが、この登記記録面積は内法計算により算出されたもの（壁の内側で測った面積）であり、マンションの契約書や広告などに記載されている壁芯（壁心）計算により算出されたもの（壁の中心線で測った面積であり、いわゆる住居専有面積）よりも若干狭くなっているため注意が必要です。

(4) 危険負担

暗記　図表 2-2-5

売買契約の成立後から引渡しの日までに、売主と買主の双方の責めに帰すことができない事由で売買の目的物の引渡しができなくなったときは、売主側が代金の支払請求をしたとしても、買主はその支払いを拒否することができます。

買主側に責められるべき事由がある場合には、代金の支払いを拒否することができません。

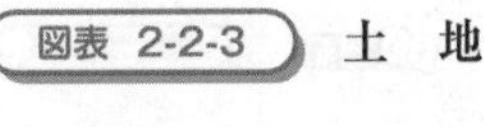

図表 2-2-3 土 地

図表 2-2-4 区分所有建物（マンション）

＜上から見た場合＞

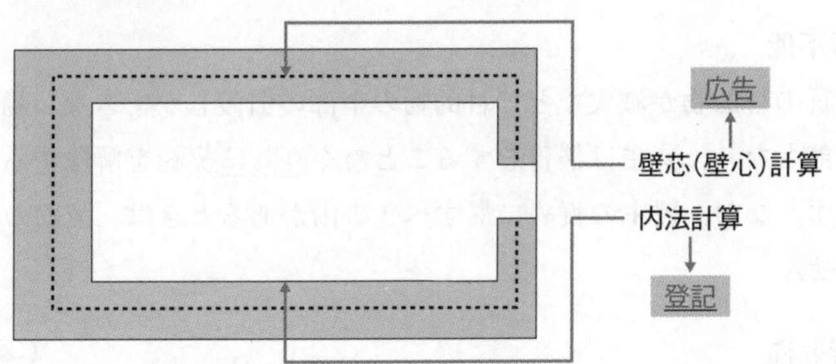

＜横から見た場合＞

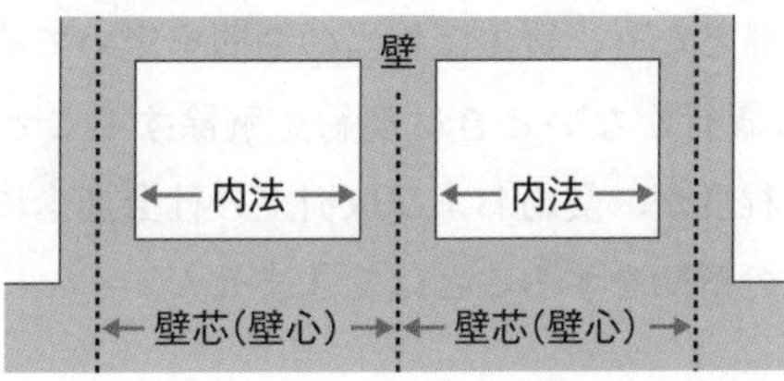

図表 2-2-5 危険負担

②引渡前に火災で全焼
（双方に責任なし）

売主A

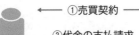

③代金の支払請求

買主B

④支払いの拒否ができる

(5) 契約不適合責任

暗記　図表 2-2-6

売買契約において、売主が種類または品質に関して契約の内容に適合しない物を買主に引き渡した場合には、買主は適合しないことを知った時から1年以内に通知することにより、修理や代替物の引渡し、代金の減額、損害賠償請求、契約解除を請求することができます。

(6) 債務不履行

図表 2-2-7

① 履行不能

暗記

売買の目的物が滅失などで目的物の全部の引渡しができない場合は、履行不能となり、買主は催告をすることなく直ちに契約を解除することができます。なお、買主の責めに帰すべき事由があるときは、契約の解除ができません。

② 履行遅滞

図表 2-2-8

売買の目的物が引渡し可能であるにもかかわらず、引渡し期限までに引渡しがない場合は履行遅滞となり、買主は相当の期間を定めてその履行の催告をし、その期間内に履行がないときは契約を解除することができます。なお、債務不履行の程度が、契約および取引上の社会通念に照らして軽微である場合は、契約の解除をすることはできません。

未成年者の売買契約

未成年者が売買契約を締結する場合には、法定代理人の同意が必要となります。
したがって、同意を得ずに行った契約は、未成年者本人や法定代理人が取り消すことができます。

図表 2-2-6 契約不適合責任

売主A　買主B

・修理や代替物の引渡し
・代金の減額
・損害賠償
・契約解除

契約に適合しないことを知ったときから1年以内に通知

損害賠償には、売主の責めに帰すべき事由が必要です。

図表 2-2-7 履行不能

④直ちに契約解除可

①売買契約

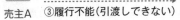

②引渡前に火災で全焼

売主A　③履行不能（引渡しできない）　買主B

買主の責めに帰すべき事由があるときは、契約の解除ができません。

図表 2-2-8 履行遅滞

③相当の期間の催告後、契約解除可

①売買契約（20XX年12月1日引渡し）

売主A　②履行遅滞　買主B

債務不履行の程度が、契約および取引上の社会通念に照らして軽微である場合は、契約の解除をすることはできません。

❸ 不動産(マンション)広告

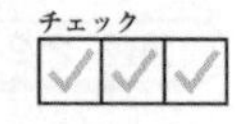

図表 2-3-1

不動産に関する広告は、「不動産の表示に関する公正競争規約」などにより規制されており、明示しなければならない事項や表示が禁止される事項などが次のとおり定められています。

<不動産広告の留意点>

・使用が禁止されている用語(注1)
　全く欠けるところのないことの表示(「完全」「完璧」「万全」「絶対」など)
　競争事業者よりも優位に立つ表示(「日本一」「抜群」「他に類を見ない」など)

・徒歩による所要時間(注2)
　道路距離80mを1分間として表示し、1分未満の端数は切り上げます

・物件の面積(注3)
　建物の面積(マンションの場合は専有面積)は延べ面積を表示し、これに車庫、地下室、バルコニーなどの面積を含む場合は、その旨およびその面積を表示します

・取引態様(注4)
　売主(不動産会社が所有する不動産を自ら販売)
　貸主(不動産会社が所有する不動産を賃貸)
　代理(不動産会社が売主から不動産の代理権を得ています)
　媒介(仲介)(不動産会社が売主と買主との間で条件を調整して売買契約を成立させるため、物件を購入する場合、仲介手数料が必要となります)

図表 2-3-1 不動産(マンション)広告

実技(資産)

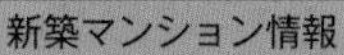

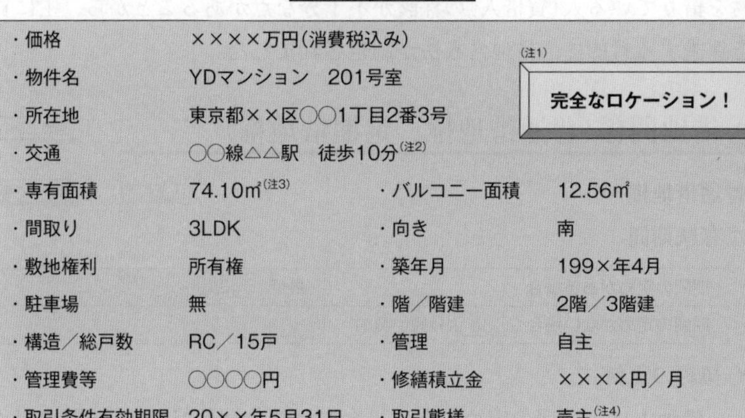

・価格	××××万円(消費税込み)		
・物件名	YDマンション　201号室		
・所在地	東京都××区○○1丁目2番3号		
・交通	○○線△△駅　徒歩10分(注2)		
・専有面積	74.10㎡(注3)	・バルコニー面積	12.56㎡
・間取り	3LDK	・向き	南
・敷地権利	所有権	・築年月	199×年4月
・駐車場	無	・階／階建	2階／3階建
・構造／総戸数	RC／15戸	・管理	自主
・管理費等	○○○○円	・修繕積立金	××××円／月
・取引条件有効期限	20××年5月31日	・取引態様	売主(注4)

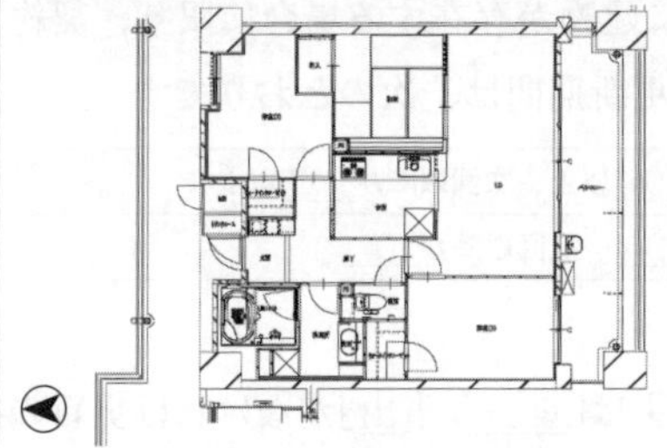

ABC不動産株式会社
東京都知事免許(3)　第×××号
東京都××区○○3丁目2番1号
03－××××－××××

徒歩による所要時間は、80mを1分間として表示されますが、1分未満の端数は切り上げされるため、徒歩10分という表記は、9分超10分以内の距離になります。
したがって、徒歩10分の距離は「800m」ではなく、「720m超800m以内」となることに注意しましょう。

❹ 不動産の賃貸契約(借地借家法)

!重要　チェック ✓✓✓

土地や建物の賃貸借について定めた民法の規定は、賃料を支払って土地や建物を借りている人(賃借人)の保護が不十分な点があることから、主に賃借人を保護する目的で、借地借家法が制定されました。

(1) 借地関係(普通借地権、定期借地権)

図表 2-4-1

① 普通借地権

暗記　図表 2-4-2

(ア) 存続期間

期間の定めがある場合	最低30年以上
期間の定めがない場合や30年より短い契約	30年

(イ) 契約の更新

借地人は、期間の定めがある場合には契約期間終了時(期間の定めがない場合は、30年が経過した時)に建物が存在する場合に限り、契約更新の請求をすることができます。更新期間は、次のとおりです。

期間の定めがある場合	最初の更新が20年以上、次回以降が10年以上
期間の定めがない場合	最初の更新が20年、次回以降が10年

(ウ) 更新の拒否

借地人の更新の請求に対し、地主は「正当な事由」がなければ更新の拒否をすることができません。

なお、「正当な事由」とは、地主と借地人双方の土地を必要とする事情、借地に関する従前の経緯、土地の利用状況、立退料の申出、等を総合的に判断して決めることとされています。

契約の更新がない場合、借地人は地主に対して、借地上の建物を時価で買い取るべきことを請求することができます。(建物買取請求権)

(エ) 土地賃貸借の効力

暗記　図表 2-4-3

土地の賃貸借は、その登記(土地の賃借権の登記)がなくても、建物の登記があったときは、その後、その土地について新たに所有権などの物権を取得した者に対して、対抗することができます。

図表 2-4-1 借地関係

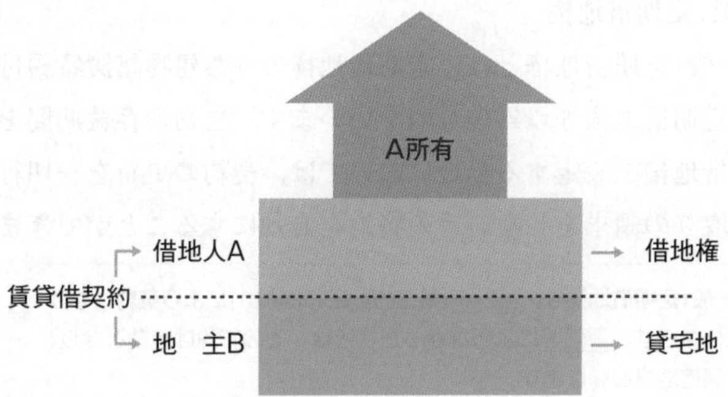

図表 2-4-2 普通借地権

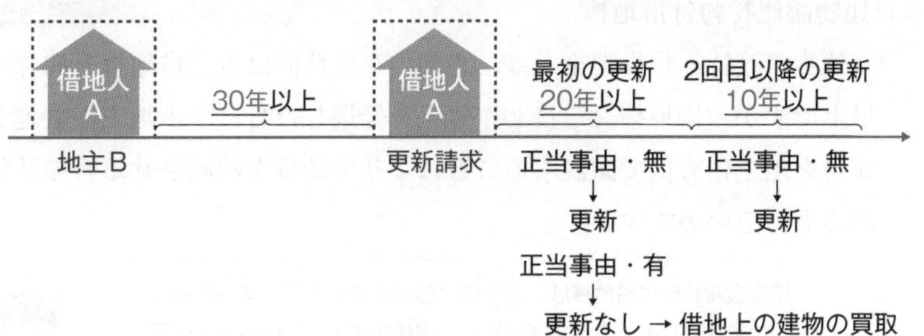

図表 2-4-3 土地賃貸借の効力

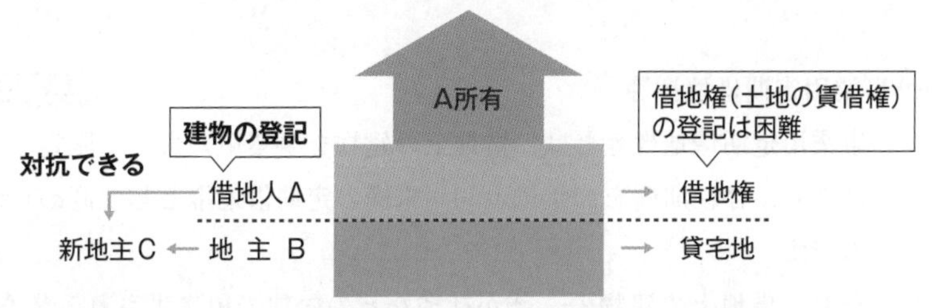

Step Up

借地借家法と借地法の関係

借地借家法(新法)が適用される借地契約は、平成4年8月1日以降の契約であり、それ以前の契約については「借地法(旧法)」の適用対象となります。
ですから、借地法に基づき設定された借地契約が、期間満了により更新される場合には、借地借家法ではなく借地法の規定に従うことになります。

② 定期借地権

㋐（一般）定期借地権

図表 2-4-4

（一般）定期借地権とは、定期借地権のうち建物譲渡特約付借地権と事業用定期借地権等以外のものをいいます。当初の存続期間を50年以上として借地権を設定する場合においては、契約の更新を一切行わず、建物の買取りの請求をしない旨の特約を有効にすることができます。

（一般）定期借地権は、書面等（電磁的記録でもよい）により契約しなければならず、書面等によらなかったときは、その特約は無効となり、普通借地権となります。

㋑ 建物譲渡特約付借地権

図表 2-4-5

建物譲渡特約付借地権とは、当初の存続期間は普通借地権と同様30年以上ですが、借地権設定後30年以上を経過した日に、借地人が借地上の建物を地主に有償で譲渡することにより借地権を消滅させる旨の特約があるものをいいます。

建物譲渡特約付借地権は、書面によらなくても有効にすることができます。なお、借地権消滅後に、建物を使用している人が使用の継続を請求した場合は、原則として期間の定めのない建物の賃貸借が成立したものとみなされます。

㋒ 事業用定期借地権等

図表 2-4-6

事業用定期借地権等とは、借地上の建物を事業用のものに限定することにより、存続期間を10年以上50年未満の定期借地権として認められるものです。

なお、借地上の建物の一部が社宅などの居住の用に供される場合は、事業用定期借地権等を設定することができません。

事業用定期借地権等は、公正証書により契約しなければならず、公正証書によらない特約は無効となり、普通借地権となります。

用語解説

公正証書： 法務大臣が任命する公証人（元裁判官、元検事などが選ばれる）が作成する公文書です。公文書であるため、通常の契約書よりも高い証拠能力があります。

図表 2-4-4 （一般）定期借地権

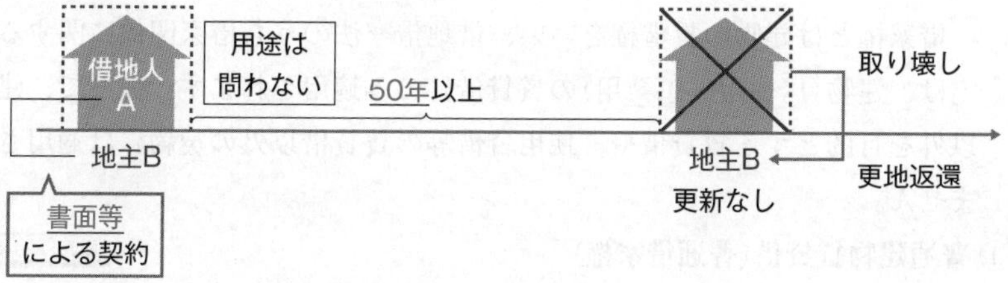

用途は
問わない
借地人
A
50年以上
地主B
書面等
による契約
取り壊し
地主B
更新なし
更地返還

図表 2-4-5 建物譲渡特約付借地権

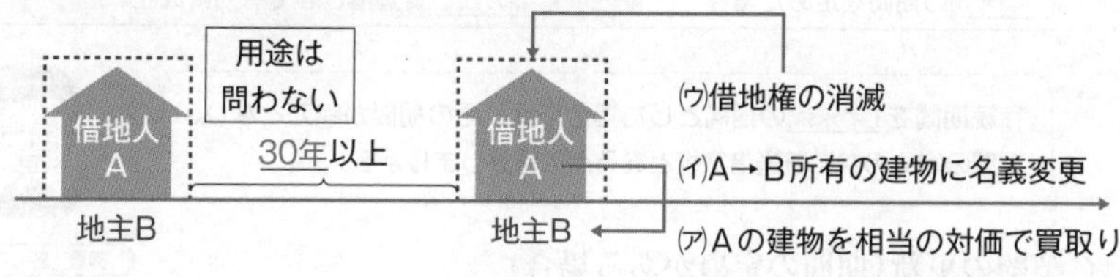

図表 2-4-6 事業用定期借地権等

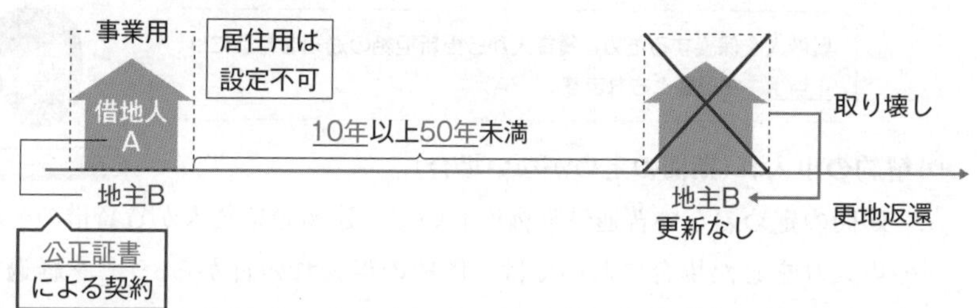

＜定期借地権のまとめ＞ 暗記 実技（資産）

	（一般）定期借地権	建物譲渡特約付借地権	事業用定期借地権等
存続期間	50年以上	30年以上	10年以上50年未満
借地上の建物用途	制限なし	制限なし	専ら事業用に限る（居住用は不可）
書面等による契約	必要	不要	必要（公正証書に限る）

(2) 借家関係(普通借家権、定期借家権) 暗記 図表 2-4-7

借家権とは建物の賃借権をいい、借地借家法のうち借家関係に関する規定は、建物(居住用・事業用)の賃貸借にのみ適用されます。従って、建物以外を目的とする賃貸借や、使用貸借等の賃貸借以外の契約には適用されません。

① 普通建物賃貸借(普通借家権) 図表 2-4-8

㈠ 存続期間 暗記

期間の定めがある場合	無制限
1年未満の期間を定めた場合	期間の定めのない賃貸借として有効に成立

存続期間を1年未満の期間とした場合には、その期間が無効となり、期間の定めのない普通借家権となる点に留意しましょう。

㈡ 契約の更新(期間の定めがある場合) 図表 2-4-9

期間の定めのある普通借家権においては、当事者が期間の満了の1年前から6月前までの間に相手方に対して更新をしない旨の通知または条件を変更しなければ更新をしない旨の通知をしなかったときは、更新前の契約と同一の条件で契約を更新(法定更新)したものとみなします。

賃借人を保護するため、賃貸人から更新拒絶の通知を行うには、正当事由が必要とされます。

㈢ 解約の申入れ(期間の定めがない場合) 図表 2-4-9

期間の定めのない普通借家権において、建物の賃貸人が賃貸借の解約の申入れをした場合においては、解約の申入れの日から6ヵ月を経過することによって賃貸借が終了し、賃借人からの解約申入れについては、解約の申入れの日から3ヵ月を経過することにより賃貸借が終了します。

賃借人を保護するため、賃貸人から解約の申入れを行うには、正当事由が必要とされます。

㈣ 建物賃貸借の効力 図表 2-4-10

建物の賃貸借は、その登記(建物賃借権の登記)がなくても、建物の引渡しがあったときは、その後、その建物について所有権などの物権を取得した者に対して、対抗することができます。

図表 2-4-7 借家関係

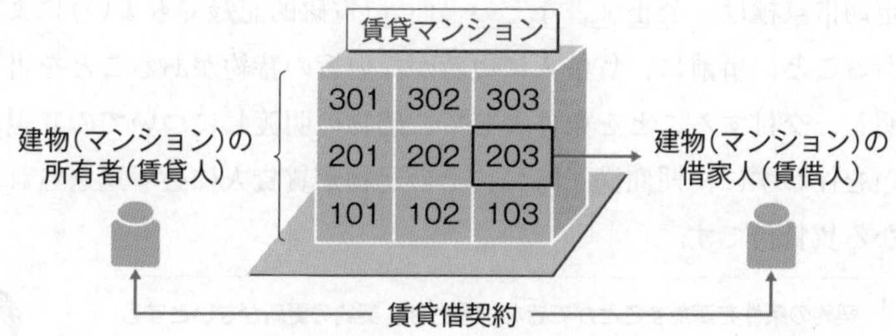

図表 2-4-8 普通建物賃貸借（普通借家権）

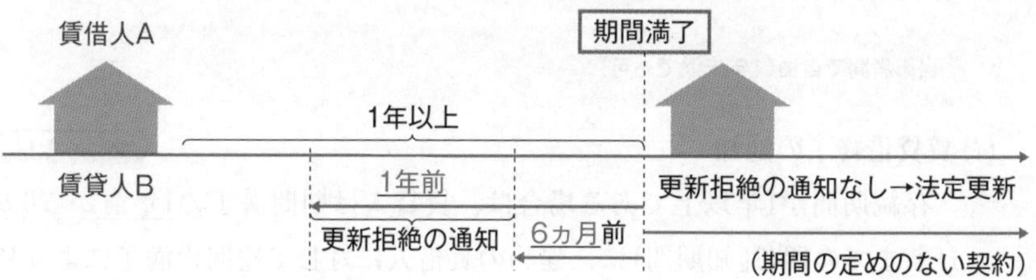

図表 2-4-9 契約の更新・解約の申入れ 

	賃貸人	賃借人
更新拒絶	期間満了の1年前から6ヵ月前までの間に通知をしなければならない	
	正当事由が必要	正当事由は不要
解約の申入れ	申入れから6ヵ月経過後に賃貸借が終了	申入れから3ヵ月経過後に賃貸借が終了
	正当事由が必要	正当事由は不要

図表 2-4-10 建物賃貸借の効力

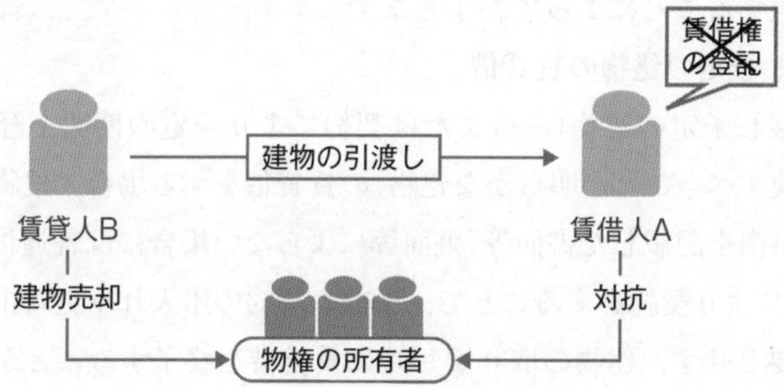

② 定期建物賃貸借(定期借家権)等

定期借家権は、公正証書などの書面等(電磁的記録でもよい)による契約であること、事前に、賃借人に更新がない旨の特約があることを書面等で説明し、交付することを条件として、建物の明渡しについての立退料の支払いを伴わずに、期間満了時に、その建物が賃貸人に必ず返還されることとなる賃貸借です。

契約の条件を満たすことができない場合は、契約の更新がないとする定めは無効となり、普通借家権となる点に留意しましょう。

(ア) 存続期間

当事者間で自由(1年未満でも可)

(イ) 賃貸借終了の通知

図表 2-4-11

存続期間が1年以上である場合は、賃貸人は期間満了の1年前から6ヵ月前までの間(通知期間)に、建物の賃借人に対して期間の満了により賃貸借が終了する旨を通知しなければならず、この通知が遅れたときは、その通知の日から6ヵ月間は、賃貸借の終了を賃借人に対抗することができない(立ち退き請求ができない)ものとしています。

(ウ) 解約の申入れ

図表 2-4-12

定期借家権は、原則、解約の申入れを行うことができません。

しかし、居住用建物の賃貸借(床面積が200㎡未満のものに限る)において、転勤、療養、親族の介護その他やむを得ない事情により、建物の賃借人が建物を自己の生活の本拠として使用することが困難となったときは、賃借人からの解約の申入れを認めています。

この場合においては、建物の賃貸借は、解約の申入れの日から1ヵ月を経過することによって終了します。

(エ) 取壊し予定の建物の賃貸借

図表 2-4-13

取壊し予定の建物(法令または契約により一定の期間を経過した後に取り壊すべきことが明らかな建物)の賃貸借をする場合、建物を取り壊すべき事由を記載した書面等(書面等によらない場合には普通借家権となります)により契約をすることで、事前の解約の申入れや更新拒絶通知などを必要とせず、建物の取り壊し時に賃貸借を終了することができます。

図表 2-4-11 賃貸借終了の通知

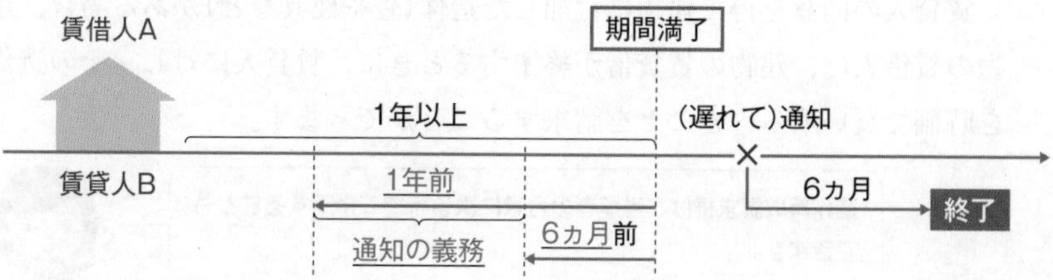

賃借人A
期間満了
1年以上
(遅れて)通知
賃貸人B
1年前
6ヵ月
終了
通知の義務
6ヵ月前

図表 2-4-12 解約の申入れ

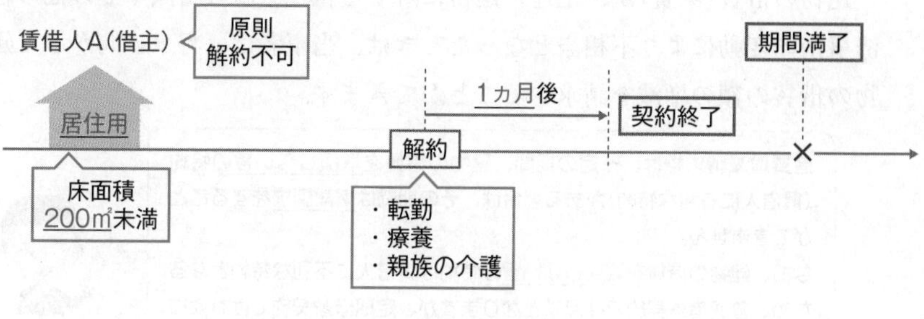

賃借人A(借主)
原則
解約不可
期間満了
1ヵ月後
契約終了
居住用
解約
床面積
200㎡未満
・転勤
・療養
・親族の介護

図表 2-4-13 取壊し予定の建物の賃貸借

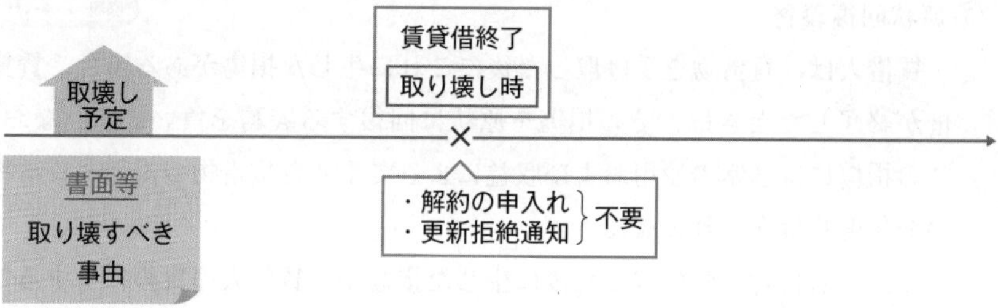

賃貸借終了
取り壊し時
取壊し
予定
書面等
取り壊すべき
事由
・解約の申入れ
・更新拒絶通知
不要

③ 造作買取請求権（ぞうさくかいとりせいきゅうけん） 暗記 図表 2-4-14

賃貸人の同意を得て建物に付加した造作(畳や建具など)がある場合、建物の賃借人は、建物の賃貸借が終了するときに、賃貸人に対し、その造作を時価で買い取るべきことを請求することができます。

造作買取請求権は、当事者の合意による特約で排除することもできます。

④ 借賃増減請求権 図表 2-4-15

建物の借賃(家賃)が、土地・建物に対する租税公課の増減やその他の経済事情の変動により不相当となったときは、当事者は、将来に向かって建物の借賃の額の増減を請求することができます。

借賃増減請求権は、一定の期間、建物の借賃を増額しない旨の特約(賃借人に有利な特約)がある場合は、その期間は増額請求をすることができません。
なお、建物の借賃を減額しない旨の特約は賃借人に不利な特約となるため、普通借家契約では無効となりますが、定期借家契約では有効になります。

⑤ 原状回復義務 図表 2-4-16

賃借人は、賃借物を受け取った後にこれに生じた損傷がある場合、賃貸借が終了したときは、その損傷を原状に回復する義務を負います。なお、この損傷には通常の使用および収益によって生じた賃借物の損耗と賃借物の経年変化は含まれません。

また、賃借物を受け取った後に生じた損傷が、賃借人の責めに帰することができない事由によるものであるときは、原状回復の義務はありません。

図表 2-4-14 造作買取請求権

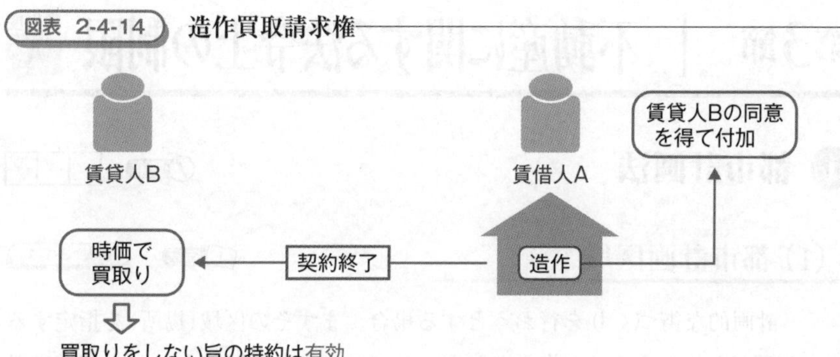

図表 2-4-15 借賃増減請求権

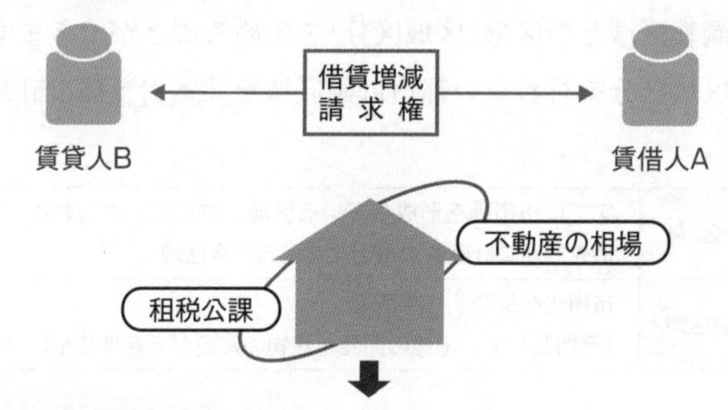

増額しない旨の特約	普通借家契約	有効
	定期借家契約	
減額しない旨の特約	普通借家契約	無効
	定期借家契約	有効

図表 2-4-16 原状回復義務

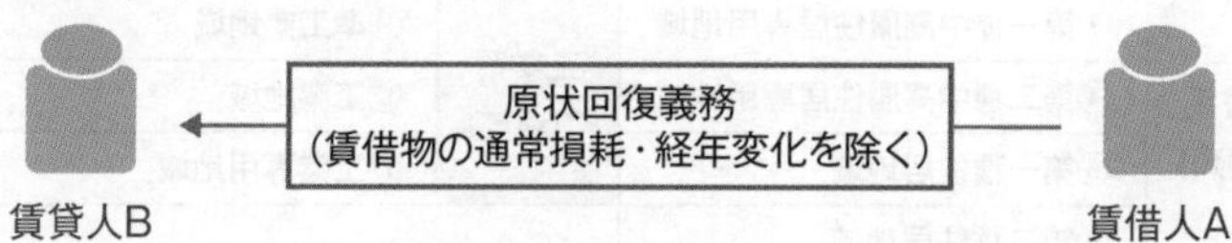

賃借物の通常損耗・経年変化にあたる例として「家具の設置による床のへこみ」や「鍵の取り換え」等が該当します。

第3節　不動産に関する法令上の制限

頻出度 A

❶ 都市計画法

重要　チェック

(1) 都市計画区域

暗記　図表 3-1-1

計画的な街づくりを行おうとする場合、まずその区域(場所)を指定する必要があります。この指定されたエリアを都市計画区域といい、都道府県が指定します。都市計画区域について、無秩序な市街化を防止し、計画的な市街化を図るため、必要があると認めるときは、都市計画に市街化区域と市街化調整区域との区分(区域区分)を定めることができます。

なお、区域区分を行わない都市計画区域を非線引き都市計画区域といいます。

市街化区域	すでに市街地を形成している区域、または、おおむね10年以内に優先的かつ計画的に市街化を図るべき区域
市街化調整区域	市街化を抑制すべき区域 (原則として、宅地の開発・建物の建築ができません)

(2) 用途地域

暗記　図表 3-1-2

用途地域とは、建築物の用途などについて一定の規制をする地域であり、住居系、商業系および工業系として13種類があります。

住居系(8種類)	①第一種低層住居専用地域	商業系(2種類)	⑨近隣商業地域
	②第二種低層住居専用地域		⑩商業地域
	③第一種中高層住居専用地域	工業系(3種類)	⑪準工業地域
	④第二種中高層住居専用地域		⑫工業地域
	⑤第一種住居地域		⑬工業専用地域
	⑥第二種住居地域		
	⑦準住居地域		
	⑧田園住居地域		

市街化区域には、用途地域を定めていきますが、市街化調整区域には、原則として、用途地域を定めない点に留意しましょう。

図表 3-1-1 都市計画区域等

準都市計画区域	都市計画区域および準都市計画区域外	
都市計画区域		非線引き都市計画区域
市街化区域		市街化調整区域
住居系の用途地域 （第一種低層住居専用地域～準住居地域）		
防火地域　または　準防火地域		
商業系の用途地域 （近隣商業地域・商業地域）	工業系の用途地域 （準工業地域～工業専用地域）	

準都市計画区域とは、そのまま土地利用を整序することなく放置すれば、将来における都市としての整備、開発および保全に支障が生じる恐れがあると認められる地域を指します。この区域には、区域区分を定めることはできませんが、用途地域を定めることができます。

図表 3-1-2 用途地域

	種類	内容
住居系	①第一種低層住居専用地域	低層住宅に係る良好な住居の環境を保護するため定める地域
	②第二種低層住居専用地域	主として低層住宅に係る良好な住居の環境を保護するため定める地域
	③第一種中高層住居専用地域	中高層住宅に係る良好な住居の環境を保護するため定める地域
	④第二種中高層住居専用地域	主として中高層住宅に係る良好な住居の環境を保護するため定める地域
	⑤第一種住居地域	住居の環境を保護するため定める地域
	⑥第二種住居地域	主として住居の環境を保護するため定める地域
	⑦準住居地域	道路の沿道としての地域の特性にふさわしい業務の利便の増進を図りつつ、これと調和した住居の環境を保護するため定める地域
	⑧田園住居地域	農業の利便の増進を図りつつ、これと調和した低層住宅に係る良好な住居の環境を保護するために定める地域
商業系	⑨近隣商業地域	近隣の住宅地の住民に対する日用品の供給を行うことを主たる内容とする商業その他の業務の利便を増進するため定める地域
	⑩商業地域	主として商業その他の業務の利便を増進するため定める地域
工業系	⑪準工業地域	主として環境の悪化をもたらすおそれのない工業の利便を増進するため定める地域
	⑫工業地域	主として工業の利便を増進するため定める地域
	⑬工業専用地域	工業の利便を増進するため定める地域

(3) 防火地域・準防火地域

暗記　図表 3-1-3

防火地域・準防火地域とは、市街地における火災の危険を取り除くために定める地域をいいます。防火地域または準防火地域内においては、一定規模以上の建築物は耐火建築物や準耐火建築物(燃焼しにくい建築物)としなければなりません。

建築物が、防火地域、準防火地域、無指定のうち防火地域制限が異なる地域にわたる場合には、建築物の全体が規制の厳しい地域にあるものとみなされて、その地域の規制が適用されます。

(4) 開発許可制度

図表 3-1-4

① 開発許可が必要な場合

暗記

開発行為とは、建築物を建築するなどの目的で行う土地の区画形質の変更(造成工事など)をいいます。都市計画区域内などで開発行為をしようとする者は、あらかじめ、都道府県知事の許可を受けなければなりません。

なお、建築物の建築を目的としない単なる分筆だけの場合は、開発行為には該当しないため、許可は必要ありません。

開発許可を受けた開発区域内の土地については、開発行為に関する工事完了の公告があるまでの間は、原則として建築物を建築することはできませんが、売買契約をすることは可能です。

② 開発許可が不要な場合

(ア) 小規模な開発行為

暗記

市街化区域	規模が1,000㎡未満(3大都市圏の一定区域は500㎡未満)
非線引き都市計画区域	規模が3,000㎡未満
都市計画区域外の区域	規模が10,000㎡未満

(イ) 特定区域内の特定開発行為

暗記

市街化区域以外(市街化調整区域など)における農業、林業、漁業を営む者の居住の用に供する建築物の建築の用に供する目的で行うもの

(ウ) 法令に基づく事業の施行として行う開発行為

土地区画整理事業、市街地再開発事業、住宅街区整備事業、防災街区整備事業など、法令に基づく事業の施行のために行うもの

図表 3-1-3 防火規制

防火地域の建築制限

延べ面積 / 地階を含む階数	100㎡以下	100㎡超
3階以上	耐火建築物	
2階または1階	準耐火建築物でも可	耐火建築物

準防火地域の建築制限

延べ面積 / 地階を除く階数	500㎡以下	500㎡超 1,500㎡以下	1,500㎡超
4階以上	耐火建築物		
3階	耐火・準耐火・技術	耐火建築物 または 準耐火建築物	耐火建築物
2階または1階	木造も可能	耐火建築物 または 準耐火建築物	耐火建築物

防火地域制限が異なる地域にわたる場合

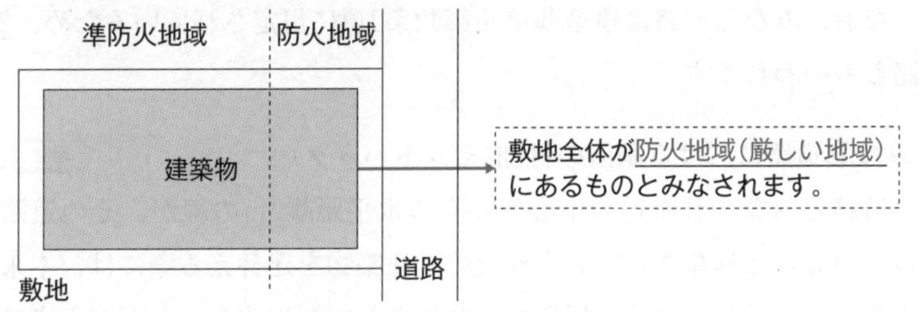

図表 3-1-4 開発許可制度

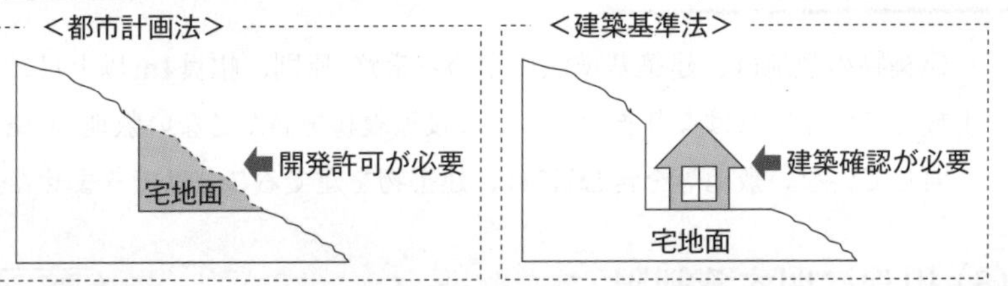

開発許可を受けた開発区域内であっても建築物を建築する場合には、原則として、別途建築基準法の建築確認をとる必要があります。

❷ 建築基準法

重要　チェック

建築基準法は、国民の生命や財産を守ることを目的として建築物の基準を定めた法律であり、建築物の敷地や道路に関する規定などがあります。

(1) 道路に関する制限

① 原　則

建築基準法に定める道路とは、公道(国道、県道など)、私道などで幅員4m以上のものをいいます。

② みなし道路(2項道路)

建築基準法が適用される際、現に建築物が立ち並んでいる幅員4m未満の道で特定行政庁の指定したものは建築基準法に定める道路とみなされます。

なお、みなし道路は建築基準法第42条2項に規定されているため、2項道路ともいわれます。

③ みなし道路における制限の付加(セットバック)　図表 3-2-1

道路とみなされた道の中心線からの水平距離2mの線が、その道路と敷地の境界線とみなされてしまうため、建築物を建替える際には、本来の境界線から後退した部分は建築物の敷地として利用することができません。

(2) 接道義務

暗記

建築物の敷地は、建築基準法に定める道路(原則、幅員4m以上)に2m以上接していなければなりません。この接道義務を満たさない敷地(道路に全く面していない敷地等を含む)には、建築物を建てることはできません。

(3) 用途に関する制限

図表 3-2-2

都市計画区域のうち用途地域が定められているところでは、その地域ごとに建築物を合理的に立地させるため、一定の建築物を建築することが制限されています。

たとえば、住宅、共同住宅は工業専用地域には建築することができません。

図表 3-2-1 みなし道路におけるセットバックと接道義務

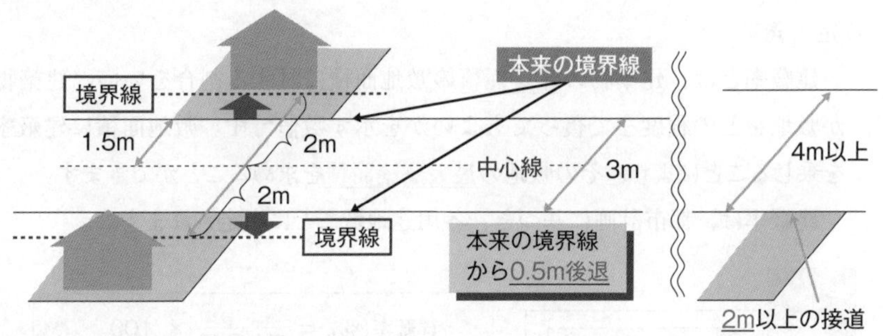

図表 3-2-2 用途に関する制限

暗記 実技(個人)

○印はその地域に建築可 ×印はその地域に建築不可

建築物 ＼ 用途地域	住居系								商業系		工業系		
	第一種低層住居専用地域	第二種低層住居専用地域	第一種中高層住居専用地域	第二種中高層住居専用地域	第一種住居地域	第二種住居地域	準住居地域	田園住居地域	近隣商業地域	商業地域	準工業地域	工業地域	工業専用地域
住宅、共同住宅、老人ホーム	○	○	○	○	○	○	○	○	○	○	○	○	×
幼稚園、小学校、中学校、高等学校	○	○	○	○	○	○	○	○	○	○	○	×	×
保育所等、公衆浴場、診療所	○	○	○	○	○	○	○	○	○	○	○	○	○
病院・大学	×	×	○	○	○	○	○	×	○	○	○	×	×
カラオケボックス等	×	×	×	×	×	○	○	×	○	○	○	○	○

第一種住居地域
(300㎡)

近隣商業地域
(200㎡)

第一種住居地域の建築制限に従う

敷地全体(500㎡)

敷地が2つ以上の用途地域にまたがる場合には、敷地の過半(面積の大きい方：上記では、第一種住居地域)を占める用途地域の規制に従います。

(4) 建蔽率

① 定　義

建蔽率とは、建築物の建築面積の敷地面積に対する割合をいい、建築物が敷地をどの程度まで覆ってもよいかを示す数値です。敷地面積に建蔽率を乗じることにより、その敷地の最大建築面積を求めることができます。

建蔽率は、都市計画に基づき、各用途地域ごとに指定されます。

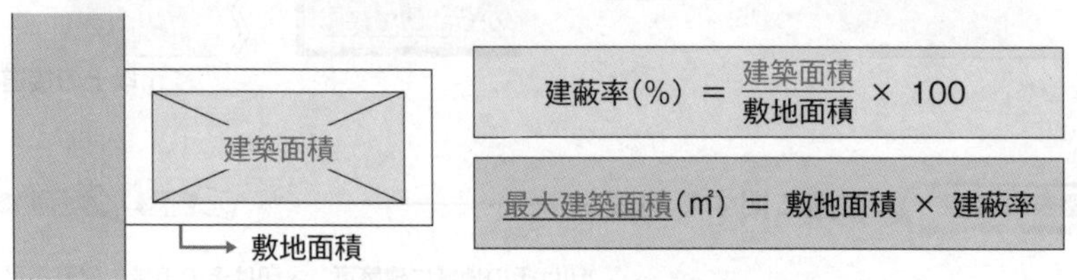

建築面積
敷地面積
建蔽率(%) ＝ 建築面積 / 敷地面積 × 100
最大建築面積(㎡) ＝ 敷地面積 × 建蔽率

・建築面積：建築物の外壁、これに代わる柱の中心線で囲まれた部分の水平投影面積

・敷地面積：敷地の面積(セットバックの部分の面積は算入しない)

② 建蔽率の緩和・適用除外

暗記　実技(個人)　図表 3-2-3

次の要件に該当する場合には、指定建蔽率が緩和、または適用が除外されます。

	適用要件	緩和措置
Ⅰ	特定行政庁が指定する角地	10%の加算
Ⅱ	防火地域内※に耐火建築物 準防火地域内に耐火建築物または準耐火建築物	10%の加算
Ⅲ	ⅠとⅡの両方に該当する場合	20%の加算

※　防火地域内で建蔽率80%の地域は、20%の加算となります。(建蔽率の適用除外)

③ 敷地が2以上の用途地域にまたがる場合

建蔽率の制限が異なる2以上の地域または区域にわたる場合には、その敷地における建蔽率はそれぞれの地域などの敷地面積の割合に応じて按分計算したものを合計します。

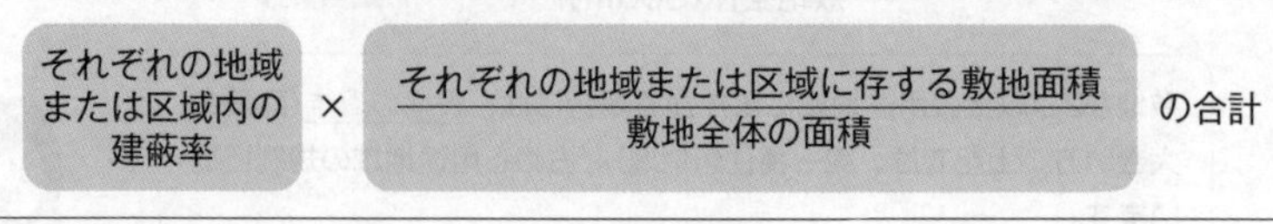

最大建築面積（建蔽率）の計算

建築基準法に従い、下記<資料>の土地に建築物を建築する場合、この土地に対する建築物の建築面積の最大限度を求めなさい。

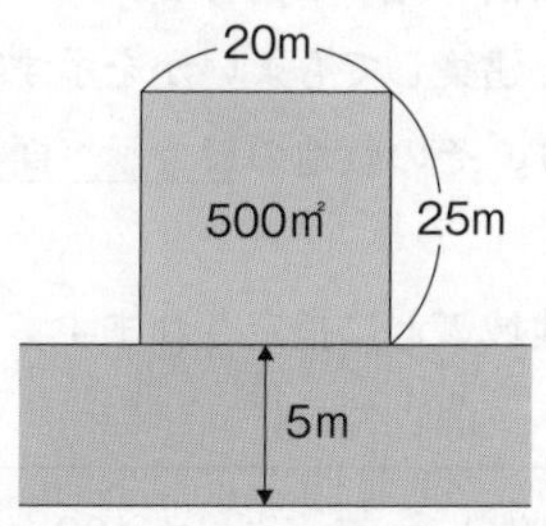

- 準住居地域
- 指定建蔽率　50%
- 指定容積率　300%
- 前面道路の幅員に対する法定乗数　4/10

【解答】

建築面積の最大限度　500㎡×50%＝250㎡

図表 3-2-3　建蔽率の緩和

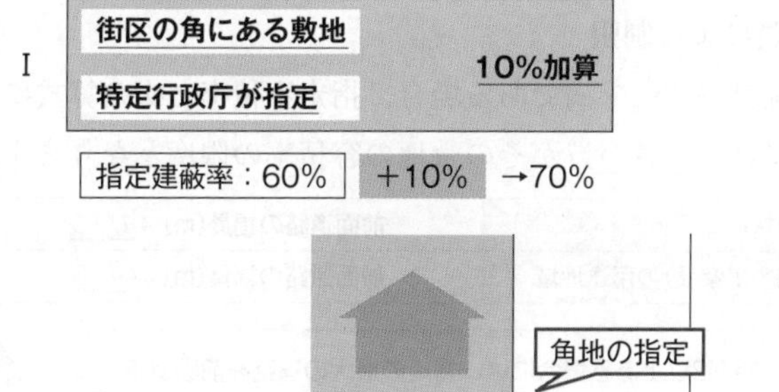

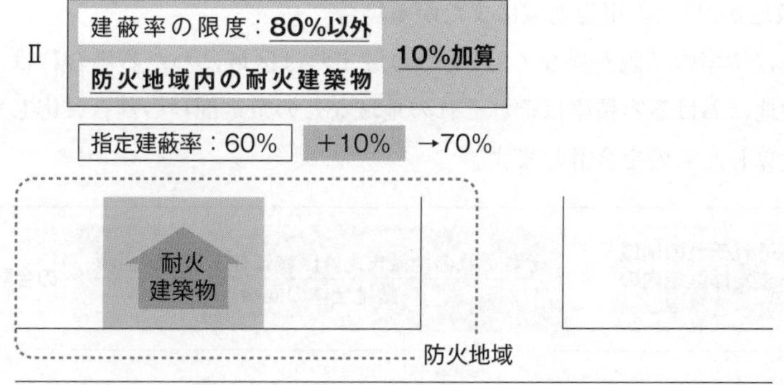

(5) 容積率

① 定　義

容積率とは、建築物の延べ面積の敷地面積に対する割合をいい、その敷地にどのくらいの規模(大きさ)の建築物を建築してもよいかを示す数値です。敷地面積に容積率を乗じることにより、その敷地の最大延べ面積を求めることができます。

容積率は、都市計画に基づき、各用途地域ごとに指定されます。

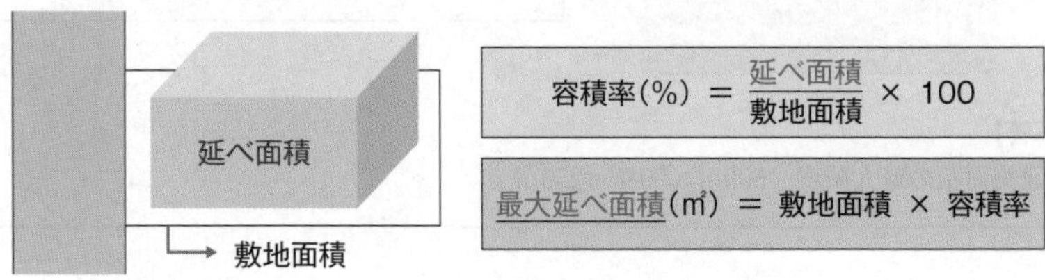

・延べ面積：建築物の各階の床面積の合計(延べ床面積)
・敷地面積：敷地の面積(セットバックの部分の面積は算入しない)

② 前面道路の幅員による制限　暗記

前面道路の幅員が12m未満である場合、指定容積率と次の算式による数値のうち、いずれか小さい方がその敷地の容積率の限度となります。

住居系の用途地域	前面道路の幅員(m)×4/10
住居系以外(商業・工業系)の用途地域	前面道路の幅員(m)×6/10

前面道路が2以上ある場合には、幅員の最大の道路を前面道路とします。

③ 敷地が2以上の用途地域にまたがる場合

容積率の制限が異なる2以上の地域または区域にわたる場合には、その敷地における容積率はそれぞれの地域などの敷地面積の割合に応じて按分計算したものを合計します。

$$\text{それぞれの地域または区域内の容積率} \times \frac{\text{それぞれの地域または区域に存する敷地面積}}{\text{敷地全体の面積}} \text{の合計}$$

 最大延べ面積（容積率）の計算

計算　実技（資産・個人）

建築基準法に従い、下記＜資料＞の土地に建築物を建築する場合、この土地に対する建築物の延べ面積の最大限度を求めなさい。

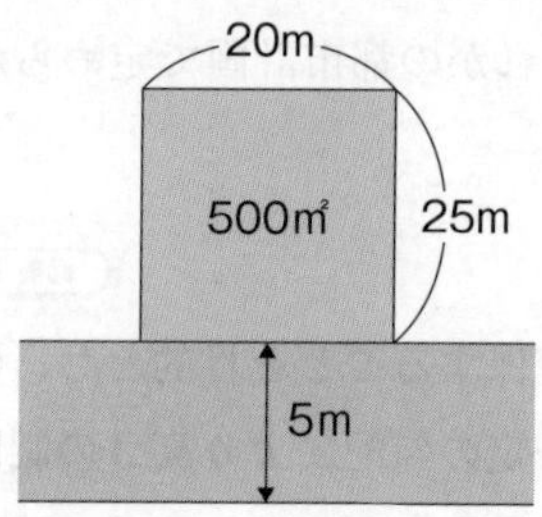

- 準住居地域
- 指定建蔽率　50％
- 指定容積率　300％
- 前面道路の幅員に対する法定乗数　4/10

【解答】

延べ面積の最大限度　500㎡×200％※＝1,000㎡

※土地の前面道路の幅員が12m未満であるため「指定容積率」と「前面道路×法定乗数」のいずれか小さい方が容積率の上限となります。

- 指定容積率　300％
- 前面道路×法定乗数　5m×4/10＝20/10（＝200％）
- いずれか小さい方　200％

 2以上の用途地域にまたがる場合の最大延べ面積

建築基準法に従い、下記＜資料＞の土地に建築物を建築する場合、①容積率の上限（％）、②建築物の延べ面積の最大限度を求めなさい。

- 用途地域：近隣商業地域および準住居地域
- 指定容積率
  近隣商業地域：500％、準住居地域：300％
- 敷地面積：400㎡
  （近隣商業地域：300㎡、準住居地域：100㎡）

【解答】

①容積率の限度

$$\text{容積率}=500\%\times\underbrace{\frac{300\text{㎡}}{400\text{㎡}}}_{\text{近隣商業地域部分}}+300\%\times\underbrace{\frac{100\text{㎡}}{400\text{㎡}}}_{\text{準住居地域部分}}=450\%$$

②延べ面積の最大限度＝400㎡×450％＝1,800㎡

なお、延べ面積の最大限度は、次の方法によっても求めることができます。

延べ面積の最大限度＝300㎡×500％＋100㎡×300％＝1,800㎡

(6) 高さ制限

図表 3-2-4

① 絶対高さ制限

絶対高さ制限は、第一・二種低層住居専用地域、田園住居地域内では、原則として建築物は10mまたは12mのいずれかの都市計画で定められた高さを超えてはいけません。

② 道路斜線制限

図表 3-2-5

道路斜線制限は、道路側の上部空間を確保することを目的とし、建築物の各部分は、前面道路の幅員を基にした一定の勾配により高さの制限を受けます。

③ 隣地斜線制限

隣地斜線制限は、主として隣地間の通風、採光等の環境を確保することを目的とし、建築物の各部分の高さは、一定以下としなければなりません。

④ 北側斜線制限

図表 3-2-6

北側斜線制限は、北側にある建築物の日照等を確保することを目的とし、建築物の各部分の高さを一定以下としなければなりません。

⑤ 日影規制

日影規制は、建築物の建築に伴う近隣の日照阻害を防止するために、条例により高さを制限するものであり、敷地外の範囲に、条例で定められた日影を生じさせてはならない一定の時間を確保する必要があります。

図表 3-2-4 **高さ制限**

	適用地域
絶対高さ制限	第一・二種低層住居専用地域、田園住居地域（10mまたは12m）
道路斜線制限	全地域
隣地斜線制限	第一・二種低層住居専用地域、田園住居地域以外の地域
北側斜線制限	第一・二種低層住居専用地域、田園住居地域、第一・二種中高層住居専用地域
日影規制	商業地域・工業地域・工業専用地域は規制なし

図表 3-2-5 **道路斜線制限**

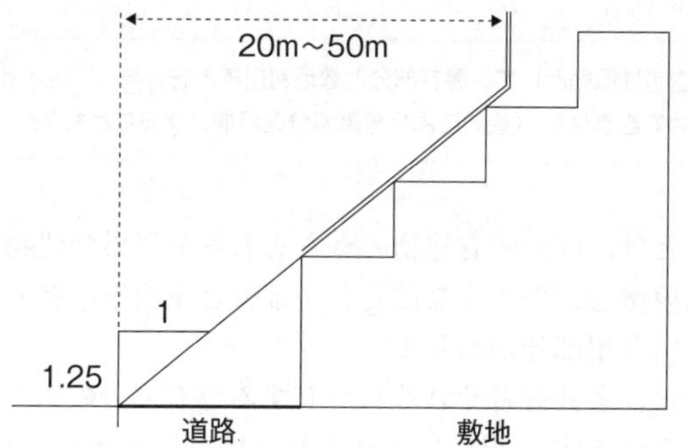

図表 3-2-6 **北側斜線制限**

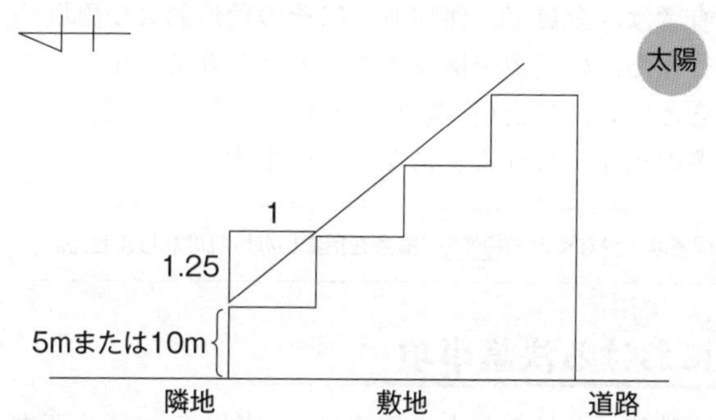

❸ 建物の区分所有等に関する法律（区分所有法）　重要

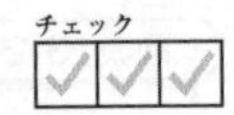

(1) 専有部分と共用部分

暗記　図表 3-3-1

① 専有部分

専有部分とは、一棟の建物のうち構造上区分された建物の部分で、独立して住居など、その他の用途に供することができる部分をいいます。

区分所有建物のうち、専有部分が独立した所有権の対象となり、各専有部分の上に成立する所有権を区分所有権といい、その所有者を区分所有者といいます。

また、専有部分を所有するための建物の敷地に関する権利を敷地利用権といいます。

区分所有者は原則として、専有部分と敷地利用権とを分離して譲渡することはできません。（規約により分離処分を可能とすることも可）

② 共用部分

共用部分とは、区分所有建物のうち専有部分以外の建物部分であり、共用廊下や階段室などのような法定共用部分と集会室などのような管理規約で定めた規約共用部分があります。

共用部分は、各共有者それぞれが有する専有部分の床面積割合によって持分が決められます。（規約によりこれと異なる割合とすることも可）

(2) 管理組合

暗記

区分所有者は、全員で、建物並びにその敷地および附属施設および敷地の管理を行うための団体を構成することとされています。この団体を一般に管理組合といい、集会（管理組合の最高意思決定機関）の開催、規約の作成、管理者の選任を行うことになっています。

管理者は、少なくとも毎年1回集会を招集しなければなりません。

(3) 集会における決議事項

区分所有建物における集会の決議は、原則として区分所有者および議決権の各過半数で決めますが、例外として、次のようなものがあります。

決議事項	区分所有者および議決権
規約の設定・変更・廃止	各4分の3以上
区分所有建物の建替え	各5分の4以上

図表 3-3-1 専有部分と共用部分

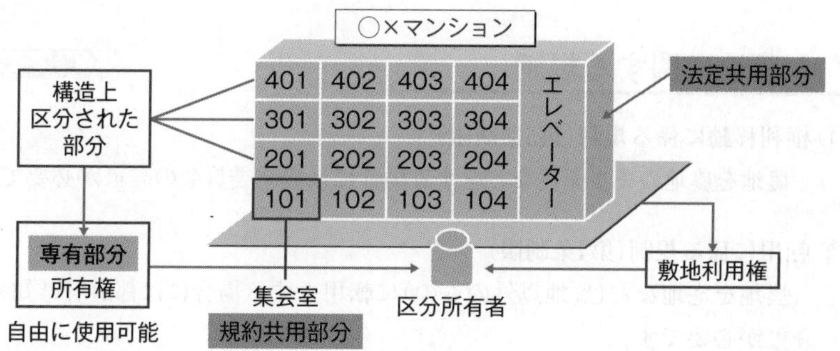

占有者

区分所有者の承諾を得て専有部分を占有する者（占有者）は、会議の目的である事項につき利害関係を有する場合には、集会に出席して意見を述べることができます。
また、建物等の使用方法につき、区分所有者が規約または集会の決議に基づいて負う義務と同一の義務を負います。

Hint! **区分所有者と議決権**

専有部分の各区分所有者は、専有部分の持分割合により議決権を有します。
（例） 区分所有者4人、各区分所有者の部屋数（専有部分の面積）は次のとおりです。

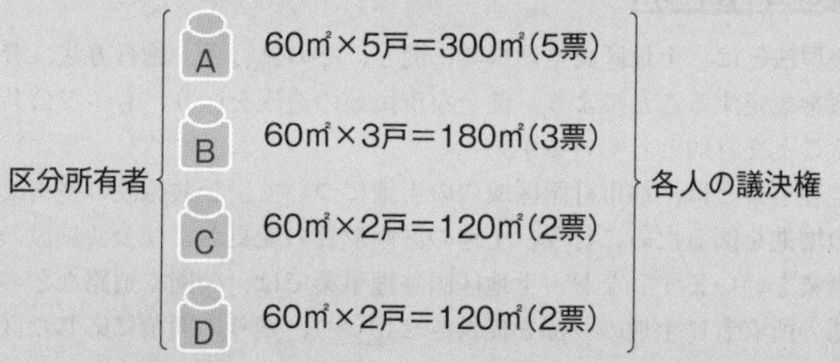

仮に、Aさん1人が決議に反対し、Bさん、Cさん、Dさんが全員賛成したとします。
このとき、その議案が各過半数で決議できるものであれば賛成多数で成立しますが、各4分の3以上で決議するものであれば成立しません。

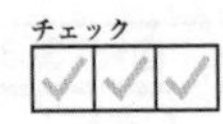

❹ 農地法

(1) 農地に関する規制

図表 3-4-1

① **権利移動に係る規制(第3条制限)**

農地を農地のまま売買などをする場合には農業委員会の許可が必要です。

② **転用に係る規制(第4条制限)**

農地を宅地など(農地以外のもの)に転用をする場合には都道府県知事の許可が必要です。

③ **権利移動および転用に係る規制(第5条制限)**

農地を宅地など(農地以外のもの)に転用する目的で売買などをする場合には都道府県知事の許可が必要です。

④ **市街化区域内の特例**

市街化区域内の自分が所有する農地の転用(第4条制限)、または、農地の転用目的での売買など(第5条制限)については、許可を得ることに代えて、面積の大小を問わず農業委員会への届出をすれば可能となります。

土地区画整理法

土地区画整理法とは、土地区画整理事業に関し、その施行者、施行方法、費用の負担等必要な事項を規定することにより、健全な市街地の造成を図り、もつて公共の福祉の増進に資することを目的としています。
土地区画整理事業とは、都市計画区域内の土地について、公共施設の整備改善および宅地の利用の増進を図るために行う、土地の区画形質の変更および公共施設の新設・変更に関する事業をいいます。なお、土地区画整理事業では、公園や道路などの整備を行うため、土地の所有者に土地の一部を提供させ(減歩)、残りの面積に応じた区画整理後の土地を与えます(換地処分)。

用語解説

農　　地： 現況において耕作の目的に供されている土地。

採草放牧地： 農地以外の土地で、主として耕作または養畜の事業のための採草、または家畜の放牧の目的に供される土地。

農業委員会： 主として農地に関する行政に農民の意見を反映させるために、「農業委員会等に関する法律」などに基づいて市町村に設置されている行政委員会。

図表 3-4-1 農地に関する規制

	第3条制限 (権利移動)	第4条制限 (転用)	第5条制限 (権利移動・転用)
制限の対象となる行為	農地 → 農地 A 権利移動 B 採草 → 採草 A 権利移動 B 採草 → 農地 A 権利移動 B	農地 → 農地以外 A 転用のみ A	農地 → 農地以外 A 権利移動 B 採草 → 採草以外(農地を除く) A 権利移動 B
許可権者	農業委員会	都道府県知事	都道府県知事
市街化区域内の特例	——	農業委員会への届出	農業委員会への届出

生産緑地法

生産緑地法とは、生産緑地地区に関する都市計画に関し必要な事項を定めることにより、農林漁業との調整を図りつつ、良好な都市環境の形成に資することを目的としています。

市街化区域内にある農地等で、公害または災害の防止、農林漁業と調和した都市環境の保全等良好な生活環境の確保に相当の効用があり、かつ、将来の公共施設等の敷地の用に供する土地として適しているものであることなど、一定の要件に該当する区域については、都市計画に生産緑地地区を定めることができます。

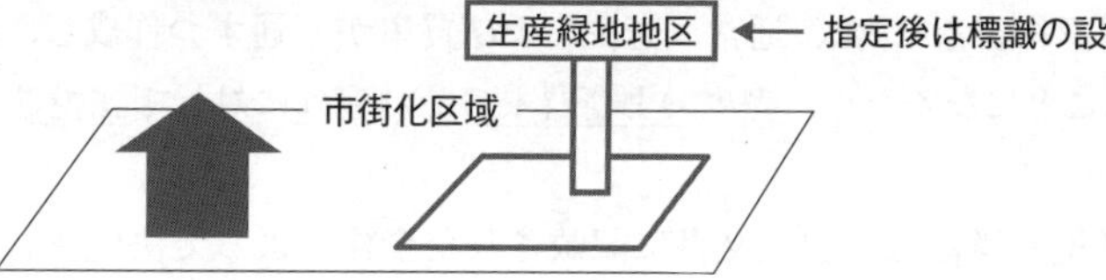

国土利用計画法

国土利用計画法は、国土利用計画の策定に関して必要な事項を定めるとともに、土地取引の規制に関する措置などを講じることにより、総合的かつ計画的な国土利用を図ることを目的としています。

土地取引に関する規制には、規制区域(地価が急激に上昇するおそれがある区域)では土地の売買契約締結前に都道府県知事に許可を受けなければなりません。

区域	許可・届出	適用される土地の面積
規制区域	許可	制限なし(すべての土地取引について規制あり)

第4節　不動産に係る税金

❶ 不動産の取得に係る税金

!重要　チェック

(1) 消費税

① 納税義務者　図表 4-1-1

商品やサービスの消費に対して、国・地方公共団体が課税する税金であり、資産の譲渡やサービスの提供などを行う事業者に対して課税されます。

土地の譲渡・貸付け、住宅の貸付け（貸付期間が1ヵ月に満たない場合を除く）は、消費税の非課税となります。

② 課税標準・税率

課税標準	税率
課税資産の譲渡等の対価の額	10%（国7.8%＋地方2.2%）

(2) 印紙税

① 納税義務者　図表 4-1-2　図表 4-1-3

課税文書を作成した場合に、国が課税する税金であり、課税文書（不動産の売買契約書など）は、通常、売主および買主が一通ずつ作成し、両者が保有することになるため、売主および買主のそれぞれに対して課税されます。

② 税　額

印紙税の税額は、課税文書に記載された金額によって決定されます。

課税文書	記載された契約金額※	税額
不動産の売買契約書	1,000万円超　5,000万円以下	2万円

※　記載された契約金額は、一部抜粋（軽減措置を除く）。

③ 納　付　暗記　図表 4-1-4

印紙税は、課税文書に収入印紙を貼り、印章・署名によりそれを消印することで納税が完了します。

印紙税の課税文書に必要とされる収入印紙が貼り付けられていない場合でも、売買契約などの効力に影響はありませんが、その納付をしなかった印紙税の税額とその2倍に相当する金額との合計額（当初に納付すべき印紙税の額の3倍）に相当する過怠税が徴収されます。

図表 4-1-1 不動産取引における消費税の非課税取引

非課税取引	非課税となる理由
土地の譲渡・貸付け （1ヵ月未満の貸付けを除く）	土地の譲渡は、単に資本の転嫁に過ぎず、「消費」という考え方に馴染まないため非課税とされています。 また、土地の貸付けは、土地の譲渡との課税バランスを考慮して非課税とされています。
住宅の貸付け （1ヵ月未満の貸付けを除く）	国民生活に直接関係しているものであり、家計収入に占める家賃の割合も大きいことから非課税とされています。
登記等に係る行政手数料	国民生活の遂行上、その支払いが事実上強制されているものが多く、税金に類似する性格を持っていることから非課税とされています。

図表 4-1-2 納税義務者

図表 4-1-3 課税文書

売買契約書	不動産販売業者から住宅などを購入する場合
工事請負契約書	建設業者に注文して家屋を新築する場合
金銭消費貸借契約書	購入資金を金融機関から借り入れた場合

図表 4-1-4 印紙税の納付

不動産売買契約書

売主 ㈱大原不動産（以下「甲」という）と買主 大川三郎（以下「乙」という）は、末尾記載の区分所有建物（以下「本物件」という）について本日、次のとおり売買契約を締結したので、その証として本書2通を作成し、甲、乙署名捺印の上、各自1通ずつ保有する。

（売買契約の成立）

第1条 甲は、本物件を乙に売り渡し、乙はこれを買い受けるものとする。

（売買代金）

第2条 本物件の売買代金は、金2,875万円（本体価格2,750万円＋消費税125万円）とする。

（以下、省略）

(3) 不動産取得税

① 納税義務者

暗記

土地・建物など不動産の取得に対して、都道府県が課税する税金であり、その取得については、有償による取得(売買、増改築等)であるか、無償による取得(贈与)であるかを問わず課税されます。

相続による不動産の取得は、無償による取得に該当しますが、相続は意図的に発生するものではなく、また、相続が発生した場合は、自動的に不動産の所有者となるため不動産取得税は非課税となる点に留意しましょう。

② 課税標準、税率

(ア) 課税標準

不動産を取得したときにおける不動産の価額であり、原則として固定資産税評価額とされています。

(イ) 税　率

不動産取得税の標準税率4%と定めているが、土地および住宅については、3%の軽減税率が適用されます。

対象	税率	適　用　期　間
土　地	3%	2027年3月31日まで
住　宅		

③ 課税標準、税額の特例

(ア) 土地の課税標準の特例、住宅用地の減額の特例

一定の要件を満たす土地については、固定資産税評価額を2分の1に減額することができます。さらに、住宅用地の場合、上記の適用を受けた税額から一定の金額を控除できます。

(イ) 家屋(住宅)の課税標準の特例

一定の要件を満たす家屋(住宅)を取得した場合には、その家屋(住宅)の固定資産税評価額から、原則として1,200万円を控除する。

(4) 登録免許税

① 納税義務者

登記など受ける場合に国が課税する税金であり、権利に関する登記を受ける者に課税されます。

表示に関する登記は義務づけられている登記であるため、登録免許税は課税されません。

② 課税標準・税率

暗記

登記の種類により、次のとおりとなります。

登記の種類	課税標準	税率
所有権の保存登記	固定資産税評価額	原則0.4%
所有権の移転登記 ・売買 ・贈与など ・相続(遺贈)※	固定資産税評価額	原則2.0% 2.0% 0.4%
抵当権の設定登記	債権金額	原則0.4%

※　相続により土地を取得した人が登記をしないで死亡した場合、その死亡した人を土地の所有権の登記名義人とするために受ける登記は、登録免許税が免税となります。

③ 税率の特例

(ア) 土　地

土地の売買による所有権の移転登記は、軽減税率の適用を受けることができます。

登記の種類	本則	軽減税率	適用期限
所有権の移転登記(売買)	2.0%	1.5%	2026年3月31日まで

(イ) 家屋(住宅)

家屋(住宅)の新築または取得し、新築または取得後、原則として1年以内に登記の申請を行うなどの一定の要件をすべて満たす場合には、軽減税率の適用を受けることができます。

登記の種類	本則	軽減税率	適用期限
所有権の保存登記	0.4%	0.15%	2027年3月31日まで
所有権の移転登記(売買)	2.0%	0.3%	
抵当権の設定登記	0.4%	0.1%	

第5章 不動産に係る税金

❷ 不動産の保有に係る税金

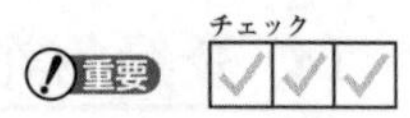

(1) 固定資産税

① 納税義務者

暗記

土地・建物など不動産(固定資産)の保有に対して、市町村が課税する税金であり、固定資産課税台帳に1月1日現在における所有者として登録されている者に課税されます。

不動産を年の中途に譲渡した場合でも、1月1日現在の所有者が1年分の納税義務を負いますが、売買契約書の中で負担割合が調整されます。

② 課税標準・税率

暗記

課税標準	税率
固定資産税評価額	原則1.4%

③ 課税標準、税額の特例

(ア) 土地(住宅用地)

土地(住宅用地)については、住居1戸につき200㎡までの部分の面積は「小規模住宅用地」として、また、200㎡を超える部分の面積は「(一般)住宅用地」として、それぞれ固定資産税評価額の減額特例が適用されます。

	住宅用地の課税標準
小規模住宅用地	固定資産税評価額 × 1/6
(一般)住宅用地	固定資産税評価額 × 1/3

(イ) 家屋(住宅)

暗記

新築住宅(別荘を除く)を取得し、保有している場合には、その新築住宅が3階以上の新築中高層耐火住宅の場合には5年間、新築中高層耐火住宅以外の新築住宅については3年間の税額控除の特例が適用されます。

$$家屋の評価額 \times 税率 \times \frac{減額対象床面積の合計^{※}}{家屋の総床面積} \times \frac{1}{2}$$

※　減額対象床面積 → 床面積要件を満たした住居1戸の床面積
（120㎡を超える場合には120㎡を限度とする）

(2) 都市計画税

① 納税義務者

暗記

固定資産税と同様に土地・建物など不動産（固定資産）の保有に対して、市町村が課税する税金であり、固定資産課税台帳に1月1日現在における所有者として登録されている者に課税されます。

都市計画税は、土地区画整理事業などの費用に充てる目的で課税されます。したがって、都市計画区域のうちこれらの事業を行う市街化区域内に土地・建物を保有している者が納税義務者となります。

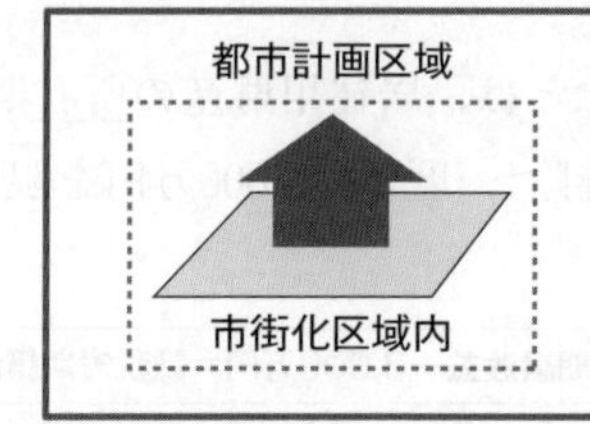

② 課税標準・税率

暗記

課税標準	税率
固定資産税評価額	0.3%（上限）

③ 課税標準の特例

都市計画税の課税標準は、固定資産税と同様に住宅用地について、住居1戸につき200㎡までの部分の面積は「小規模住宅用地」として、また、200㎡を超える部分の面積は「（一般）住宅用地」として、それぞれ固定資産税評価額の減額特例が適用されます。

	住宅用地の課税標準
小規模住宅用地	固定資産税評価額 × 1/3
（一般）住宅用地	固定資産税評価額 × 2/3

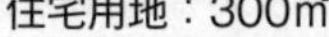

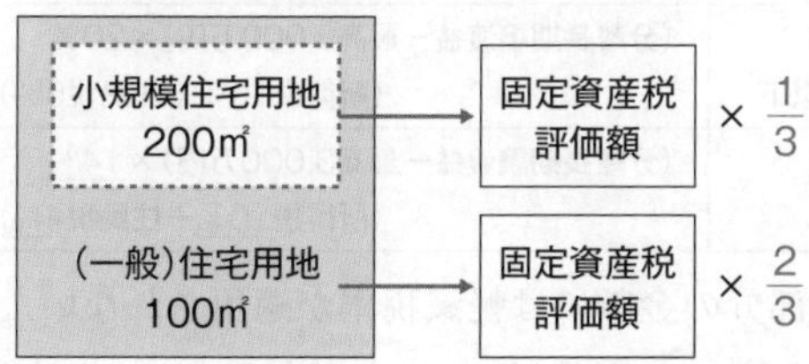

❸ 居住用不動産の譲渡に係る税金(特例) 重要

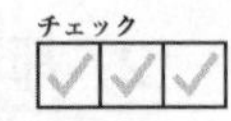

図表 4-3-1

居住用財産とは、現に居住の用に供している家屋とその敷地をいいます。ただし、過去に居住の用に供していた家屋とその敷地を居住の用に供しなくなった日から同日以後3年を経過する日の属する年の年末までに譲渡した場合(3年目の年末基準を満たす家屋など)は居住用財産として認められます。

(1) 3,000万円の特別控除

暗記

① 内　容

3,000万円の特別控除とは、居住用財産の所有期間にかかわらず譲渡益から3,000万円の特別控除(一暦年で3,000万円を限度)を控除ができることをいいます。

分離短期の場合	分離短期譲渡益－3,000万円＝課税短期譲渡所得金額
分離長期の場合	分離長期譲渡益－3,000万円＝課税長期譲渡所得金額

② 家屋と敷地を共有している場合

図表 4-3-2

3,000万円の特別控除は、家屋と敷地を共有している場合、各共有者につき最高3,000万円を控除することができます。なお、家屋は共有でなく、敷地だけを共有としている場合、敷地の所有者は特例を受けることはできません。

(2) 軽減税率

暗記

譲渡した年の1月1日における所有期間が10年を超える居住用財産を譲渡した場合には、課税長期譲渡所得金額のうち6,000万円以下の部分について軽減税率14%(所得税10%＋住民税4%)の適用を受けることができます。

分離短期の場合	所有期間 5年以内	(分離短期譲渡益－最高3,000万円)×39% (所得税30%＋住民税9%)
分離長期の場合	所有期間 5年超10年以下	(分離長期譲渡益－最高3,000万円)×20% (所得税15%＋住民税5%)
	所有期間 10年超	(分離長期譲渡益－最高3,000万円)×14% (所得税10%＋住民税4%)

なお、6,000万円を超える部分の金額には軽減税率が適用されないため、6,000万円を超える部分の税率は20%(所得税15%＋住民税5%)になります。

図表 4-3-1 居住用不動産

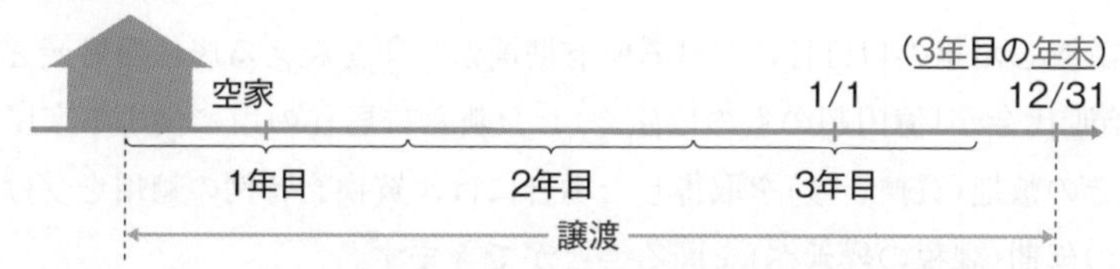

図表 4-3-2 家屋と敷地を共有している場合

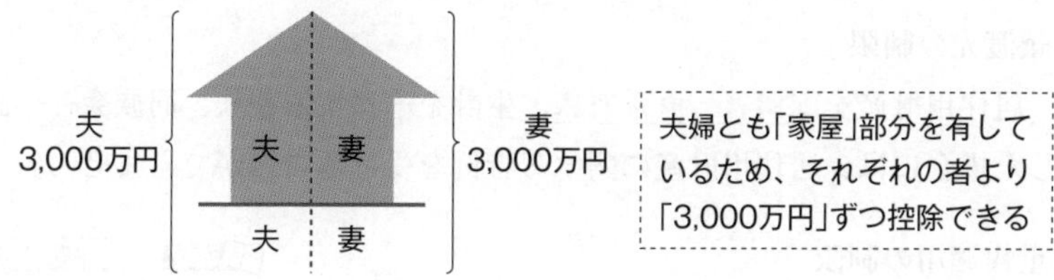

敷地のみを譲渡した場合

居住の用に供している家屋を取り壊し、その敷地の用に供されていた土地を譲渡した場合、次の条件を満たしていれば、居住用財産の譲渡として取り扱うことができます。

・その家屋を取り壊した日から土地の譲渡契約を1年以内に締結していること。
・その家屋を居住の用に供されなくなった日以後3年を経過する日の属する年の年末までに譲渡していること。
・家屋を取り壊した後、貸付けの用などに供していないこと。

被相続人の居住用財産（空き家）に係る譲渡所得の特別控除の特例

被相続人の居住用財産を相続等し、耐震リフォームまたは空き家を除却して譲渡した場合において、次の要件を満たすときは、相続人が居住の用に供していなくても居住用財産の3,000万円の特別控除の適用を受けることができます。

・相続開始日以後3年目の年末までに譲渡すること
・昭和56年5月31日以前に建築された家屋（区分所有建物を除く）であること
・譲渡価額が1億円以下であること
・相続税の取得費加算と選択適用

(3) 買換え特例(課税の繰延べ)

暗記　図表 4-3-3

譲渡した年の1月1日における所有期間が10年を超える居住用財産を譲渡(譲渡代金が1億円超のものは除く)し、新たに居住の用に供する家屋またはその敷地(買換資産)を取得した場合には、買換え特例の適用を受けて課税の延期(課税の繰延べ)を図ることができます。

(4) 特例を受けることができない場合

① 譲渡先の制限

居住用財産を配偶者、直系血族、生計を一にする親族、同族会社へ譲渡した場合には、居住用財産に関する特例を受けることができません。

② 重複適用の制限

暗記　図表 4-3-4

3,000万円の特別控除と軽減税率は重複適用が可能です。しかし、買換え特例を受ける場合、3,000万円の特別控除と軽減税率の規定とは重複適用できません。

③ 連年適用の制限

前年または前々年においてすでに特例の適用を受けている場合には、適用されません。

(5) 相続税額の取得費加算の特例

図表 4-3-5

相続または遺贈(死因贈与を含む)により資産を取得し、その相続等について相続税額がある人が、相続の開始があった日の翌日から相続税の申告期限の翌日以後3年以内に相続税額の課税対象となった資産を譲渡した場合、その譲渡所得の金額の計算上、相続税額の一部を取得費に加算することができます。

譲渡所得の金額 ＝ 収入金額 －（取得費 ＋ 相続税額の加算額 ＋ 譲渡費用）

図表 4-3-3 買換え特例（課税の繰延べ）

＜譲渡代金＝買換代金の場合＞

譲渡代金 6,000万円

課税の繰延べ

買換資産

取得価額 6,000万円

上記の場合、税法上、買換資産の取得価額は譲渡資産の取得費等になります。

図表 4-3-4 重複適用の制限

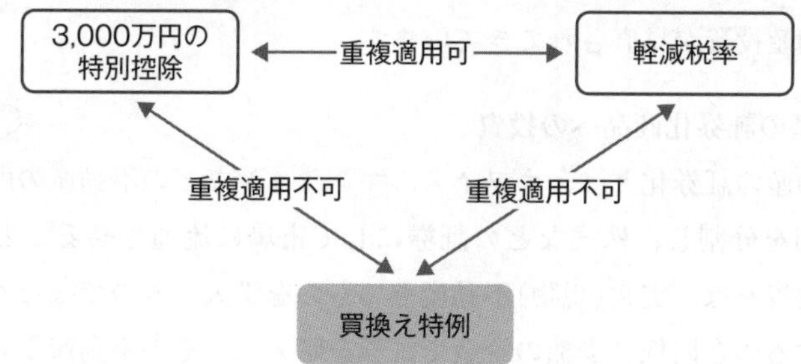

図表 4-3-5 相続税額の取得費加算の特例

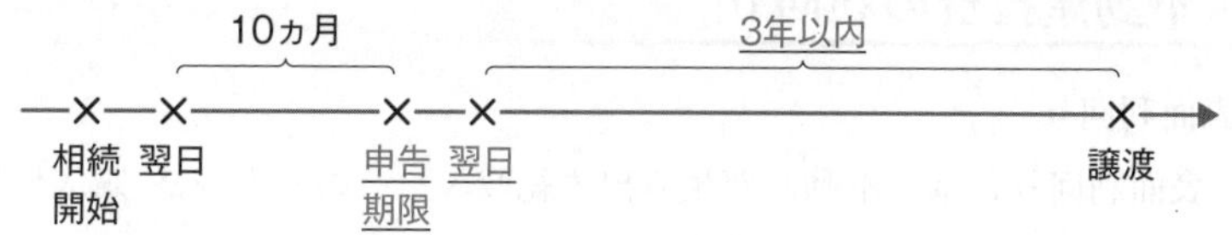

＜取得費に加算する相続税額の計算式＞

$$\text{相続税額} \times \frac{\text{相続税の課税価格の計算の基礎とされたその譲渡した財産の価額}}{\text{相続税の課税価格（債務控除前）}}$$

第5節 | 不動産の有効活用

❶ 不動産投資と利回り

重要　チェック

(1) 不動産投資の形態

① 実物(現物)不動産への投資

実物(現物)不動産への投資は、流動性が低く、投資額も多額となるため、一般的にはリスクが高いと考えられていました。しかし、近年は金融商品の利回りが低いため、インカムゲイン(不動産賃貸収入など)に着目した不動産投資が見直されてきています。

② 不動産の証券化商品への投資

図表 5-1-1

不動産の証券化とは、オフィス、マンションなどの不動産の所有権などの権利を分割し、株式などの証券にして市場に流通させることをいいます。投資家は、実物(現物)不動産そのものを購入するのではなく、株式を購入するのと同様に少額の資金で証券を購入し、その不動産から得られる賃貸収入や売却益などを収益の分配として受け取ることができます。

(2) 不動産投資の利回り

① 表面利回り

表面利回りとは、不動産が生み出す総収入をその元本価格(購入価格)で割った収益性の指標をいいます。

表面利回り(%) ＝ 総収入 ÷ 元本価格(購入価格) × 100

② 純利回り(NOI利回り)

純利回り(Net Operating Income利回り)とは、不動産が生み出す純収益(収入－経費)をその元本価格(購入価格)で割った収益性の指標をいいます。

純利回り(%) ＝ 純収益(収入－経費) ÷ 元本価格(購入価格) × 100

図表 5-1-1 不動産の証券化商品

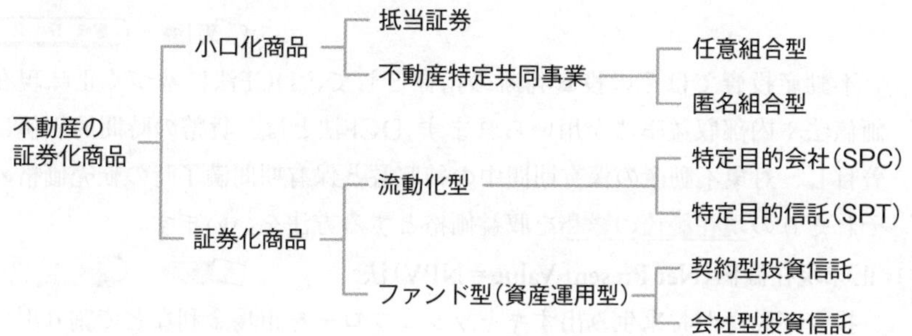

不動産の証券化による代表的な商品として不動産投資信託(REIT)があり、株式市場に上場されている会社型不動産投資信託のことを「J-REIT」といいます。

＜会社型不動産投資信託の仕組み＞

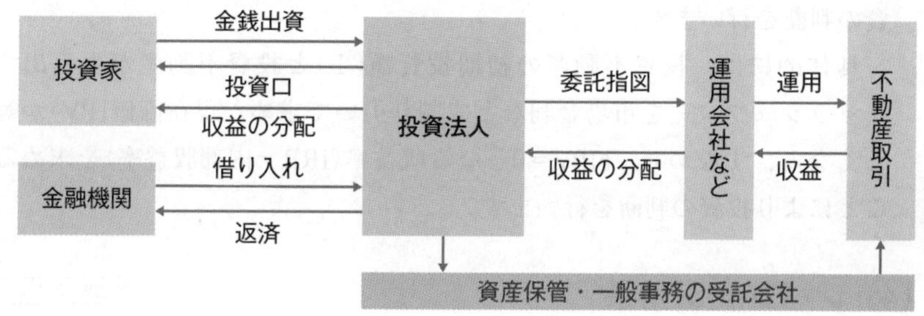

設例 不動産投資の利回り

投資総額1億円で賃貸用不動産を購入した。その賃貸用不動産における年間収入の合計額が1,200万円、年間実質費用の合計額が500万円であった場合、この投資の①表面利回り、②純利回り(NOI利回り)を求めなさい。

【解答】

①表面利回り

1,200万円÷1億円×100＝12.0%

②純利回り(NOI利回り)

(1,200万円－500万円)÷1億円×100＝7.0%

(3) 不動産投資の採算性

暗記　図表 5-1-2

不動産投資ではその投資判断の指標として、DCF法に基づく正味現在価値法や内部収益率法が用いられます。DCF法とは、貨幣の時間的価値に着目し、対象不動産の保有期間中の純収益と保有期間満了時の転売価格のそれぞれの現在価値の総和を収益価格とする方法をいいます。

① 正味現在価値(Net Present Value＝NPV)法

暗記　図表 5-1-3

投資不動産が将来生み出すキャッシュフローを市場金利などで割り引いて現在価値(PV)を算出し、初期投資額(Ｉ)(追加投資を予定している場合は投資額の現在価値の合計額)を差し引いた収益額(NPV＝正味現在価値)を求めることにより投資の判断を行います。正味現在価値(NPV)がプラスの場合には投資価値があると判断して投資を実行し、マイナスの場合には投資価値がないと判断して投資を断念します。

② 内部収益率(Internal Rate of Return＝IRR)法

暗記　図表 5-1-4

不動産に投資した資金が何％で運用されているかという点に着目して投資の判断を行います。

具体的には、投資不動産の初期投資額(Ｉ)と投資不動産が生み出すキャッシュフローを市場金利などで割り引いて求めた現在価値(PV)が等しくなる、すなわち、NPV＝0となる収益率(IRR＝内部収益率)を求めることにより投資の判断を行います。

(4) レバレッジ効果

図表 5-1-5

レバレッジ効果とは、自己資金に借入金を組み合わせることにより、自己資金に対する収益率が向上することをいい、借入金の金利より投資の収益率の方が高い場合にその効果が得られます。

なお、レバレッジとは「Leverage(＝梃子)」のことをいいます。

デュー・デリジェンス(Due Diligence)

デュー・デリジェンスとは、投資対象不動産に関する詳細な事前調査をいい、物件の特定、立地分析、建築デザイン・機能性、建物の構造等、広範囲にわたって対象不動産の分析を行い、その不動産から生み出される将来の収益に基づく経済価値を算定していくものである。

図表 5-1-2 DCF法

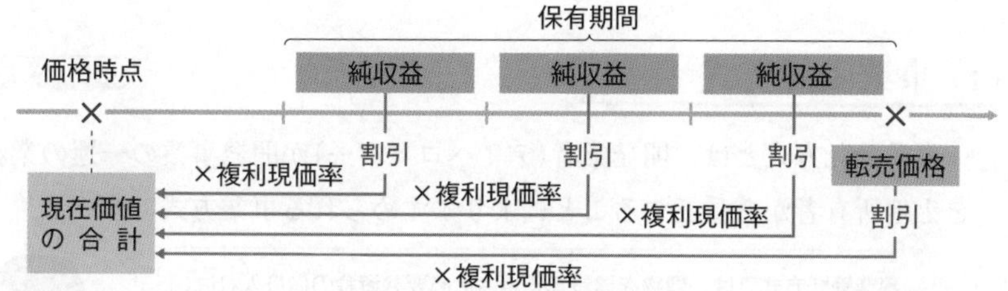

図表 5-1-3 正味現在価値（Net Present Value＝NPV）法

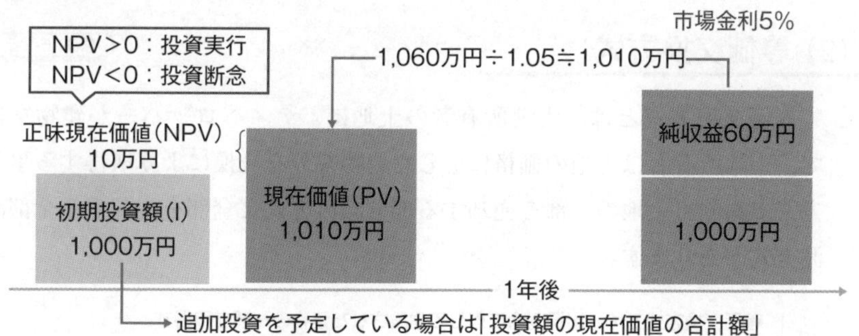

図表 5-1-4 内部収益率（Internal Rate of Return＝IRR）法

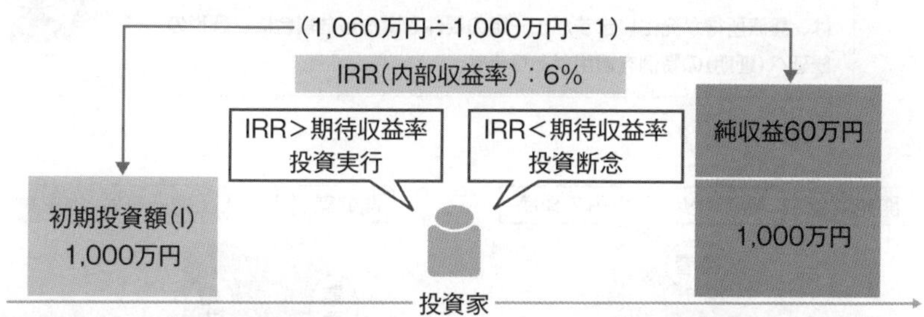

図表 5-1-5 レバレッジ効果

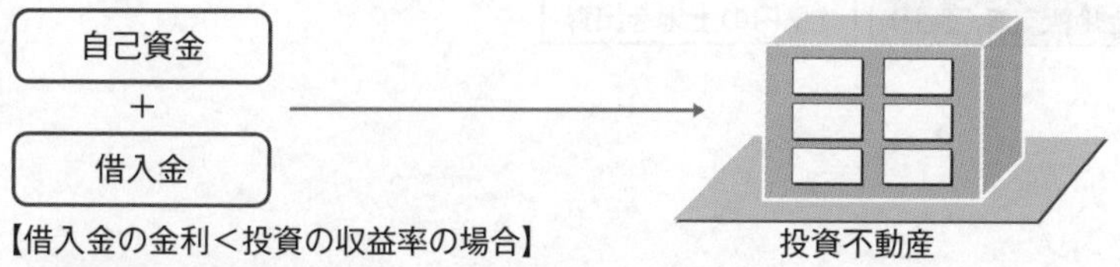

❷ 不動産(土地)の有効活用の手法

(1) 事業受託方式

図表 5-2-1

事業受託方式とは、開発業者(ディベロッパー)が開発事業の一連の業務を土地所有者から受託することによりすすめられる事業方式です。

事業受託方式では、建物を建設する場合に必要な資金の借り入れは、土地所有者の名義で借り入れを行います。

(2) 等価交換方式

図表 5-2-2

等価交換方式とは、土地所有者の土地に、ディベロッパーが建物を建て、土地所有者は土地の価格に応じた建物部分を交換により取得する事業方式であり、土地の一部を売却する部分譲渡方式と全部を売却する全部譲渡方式があります。

等価交換方式では、出資割合に応じて建設された建物の一部を取得することができますので、原則として土地所有者が建設資金を負担することはありません。
なお、土地を売却することになるため、土地所有者が個人の場合には、譲渡所得が発生しますが、一定の要件を満たした場合に、課税の繰延べ(延期)の特例を適用があります。

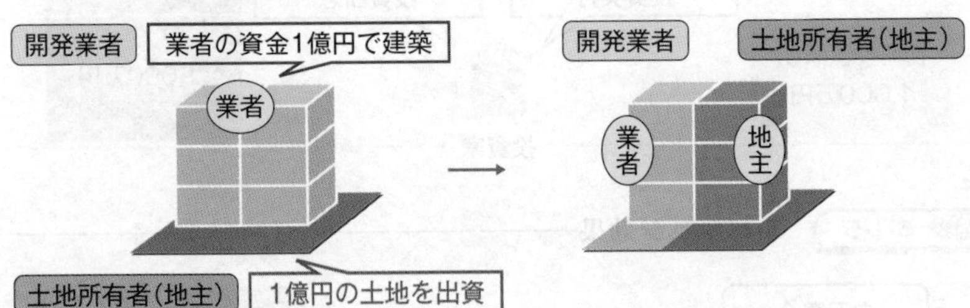

図表 5-2-1 事業受託方式

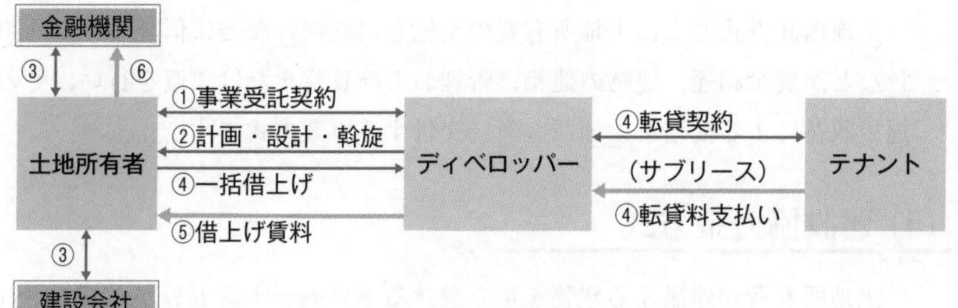

①土地所有者とディベロッパーとの間で、事業受託契約を締結
②ディベロッパーは事業計画、建物設計、金融機関の斡旋、テナント募集・管理などの業務を行う
③土地所有者は金融機関から必要な資金を借り入れ、建設会社に工事を発注し、完成後、代金の支払いとともに建物の引渡しを受ける
④ディベロッパーは土地所有者から建物を一括借上げ、テナントに転貸する(サブリース)
⑤ディベロッパーは土地所有者へ一括借上げ賃料を支払い、その差額を事業収益として得る
⑥土地所有者はディベロッパーからの一括借り上げ賃料から、建設工事費の借入金を返済し、その差額を事業収益として得る

図表 5-2-2 等価交換方式

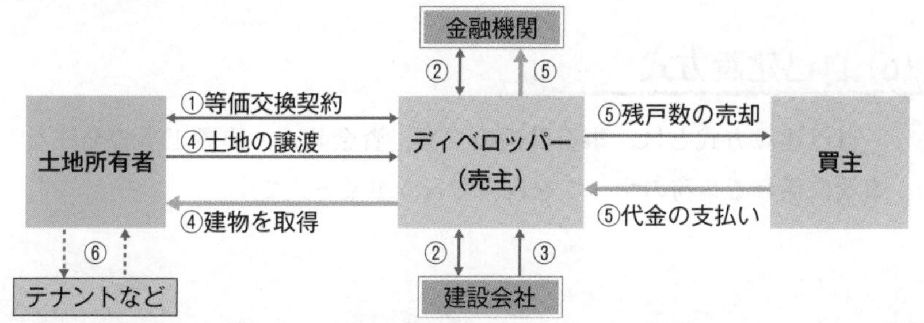

①土地所有者はディベロッパーと等価交換契約を締結
②ディベロッパーは金融機関から必要な資金を借り入れ、建設会社に工事を発注する
③ディベロッパーは完成した建物を建設会社から引受ける
④土地所有者は土地の一部をディベロッパーに売り、その代金に見合う地上建物を取得する。または、土地の全部を売り、その代金に見合う土地持分付き建物を取得する
⑤ディベロッパーは、土地所有者に売った残りの建物部分を分譲し、その売買代金より建設工事の借入金を返済する。その差額を、販売利益として得る
⑥土地所有者は取得した建物を賃貸し、賃料収入を得る。また、建物の一部に居住したり、売却し収入を得ることもある

(3) 土地信託方式

図表 5-2-3

土地信託方式とは、土地所有者の土地を信託銀行などに信託し、信託銀行などが資金調達、建物の建築、管理および賃貸または譲渡を行い、その運用収益による配当を土地所有者に交付する事業方式です。

(4) 建設協力金方式

土地所有者が建設する建物を借り受ける予定のテナント等から貸与された保証金や建設協力金を建設資金の全部または一部に充当してビルや店舗等を建設する事業方式です。

なお、建物はテナントの仕様に合わせた構造物になるため、用途の汎用性が低くなります。

(5) 定期借地権方式

土地所有者の所有する土地の上に定期借地権を設定し、土地の賃借人が建物を建築する事業方式です。

土地所有者が土地の所有権を保持し、建物の借入金などがなく、比較的安定的な収入を一定期間得ることができます。

(6) 自己建設方式

自己建設方式とは、事業計画の立案、資金調達、建設工事の発注など、事業に係わる業務のすべてを自分で行う事業方式です。

図表 5-2-3 土地信託方式

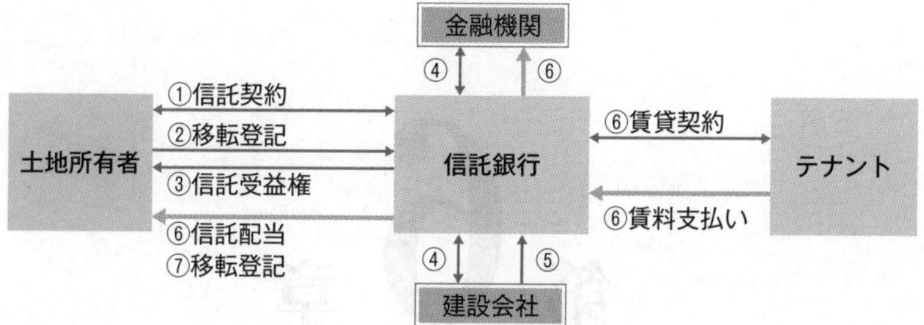

①土地所有者は信託銀行の作成した事業実施計画に基づき信託契約を締結
②土地所有者から、土地所有権を信託銀行へ移転登記する
③土地所有者は、信託銀行から信託配当受益権を取得する
④信託銀行は金融機関から必要な資金を借り入れ、建設会社に工事を発注する
⑤信託銀行は完成した建物を建設会社から引受け、建物の所有権を登記する
⑥信託銀行は建物をテナントに貸し、賃料から建設工事の借入金を返済する
　その差額は、自ら信託報酬として受けるとともに土地所有者に信託配当として渡す
⑦信託期間が終了したら、信託銀行は土地を土地所有者に返還し、土地・建物の所有権を土地所有者に移転する

＜不動産の有効活用のまとめ＞

暗記 実技（個人）

有効活用の手法	土地の所有名義（有効活用後）	建物の所有名義	土地所有者の建設資金の負担
事業受託方式	土地所有者	土地所有者	あり
等価交換方式	土地所有者 ディベロッパー	土地所有者 ディベロッパー	なし
建設協力金方式	土地所有者	土地所有者	なし
定期借地権方式	土地所有者	借地人	なし

第6章

相続・事業承継

章のテーマ

相続・事業承継には、顧客のライフプランを次世代に引き継ぐという狙いがあり、遺産をめぐる争いの防止対策から納税資金対策までの幅広い内容の理解が必要となります。
これから高齢化社会を迎える日本においては、大変重要なテーマとなります。

Point

頻出項目ポイント

第1節
- ❷ 相続分
- ❸ 遺産分割

第2節
- ❷ 贈与の種類

第3節
- ❺ 贈与税の計算
- ❻ 相続時精算課税制度

第4節
- ❹ 相続税の課税財産
- ❻ 相続税の計算

第5節
- ❷ 宅　地
- ❸ 宅地の上に存する権利
- ❺ 小規模宅地等の評価減の特例

第1節 相続と法律

頻出度 A

❶ 相続の定義

(1) 相続の開始

図表 1-1-1

相続とは、ある人が死亡した場合にその人の財産を無償、かつ、無条件で他の人が引き継ぐことをいい、死亡した人を被相続人、相続により財産を無償で承継した人を相続人といいます。なお、相続は人の死亡によって開始します。

相続により引き継がれる財産には、積極財産（土地、建物など）と消極財産（借入金など）があります。

(2) 相続の放棄

図表 1-1-2

相続の放棄をする場合には、相続人ごとに相続の開始があったことを知った時から3ヵ月以内に家庭裁判所へその旨を申述する必要があります。なお、相続を放棄した人は、初めから相続人とならなかったものとみなされます。

(3) 単純承認・限定承認（げんていしょうにん）

図表 1-1-2

① 単純承認

単純承認とは、積極財産と消極財産を無制限に承継する意思表示をいい、限定承認または相続の放棄をしなければ単純承認したものとみなされます。

② 限定承認

暗記

限定承認とは、積極財産の範囲内で消極財産を承継する意思表示をいい、消極財産が積極財産より多いが、積極財産の中にどうしても引き継ぎたい財産がある場合や借入金の額が判明していない場合などに行われます。限定承認は相続人全員が共同で相続の開始があったことを知った時から3ヵ月以内に家庭裁判所へその旨を申述します。

図表 1-1-1 相続の開始

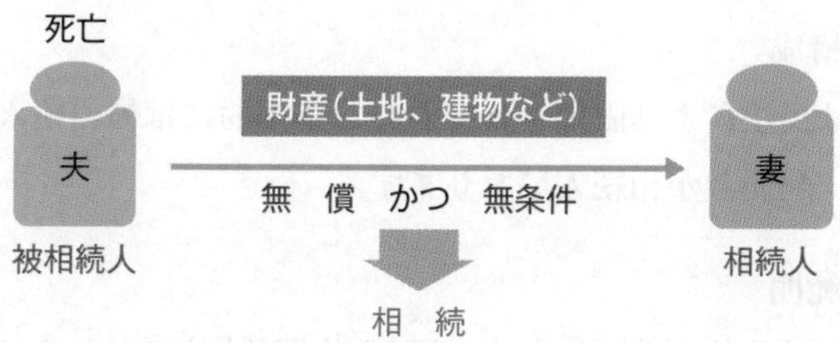

図表 1-1-2 相続の放棄・限定承認

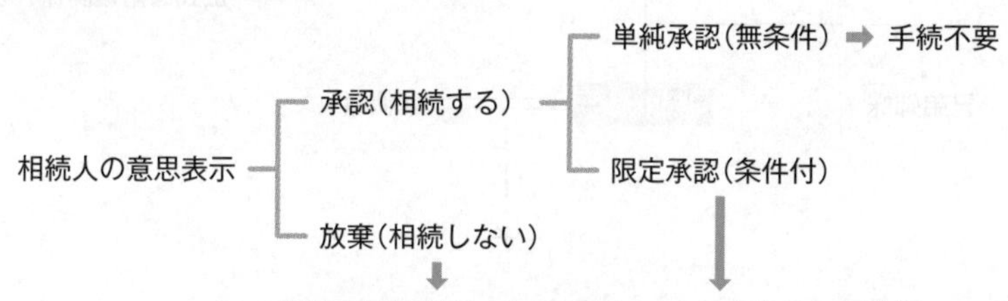

成年後見制度

成年後見制度とは、認知症、知的障害などによって物事を判断する能力が十分ではない人について、その人の権利を守る援助者を選ぶことで法律的に支援する制度です。

具体的には、下記の法定後見制度（「後見」「保佐」「補助」に分類）と、事前に後見人になって欲しい人とその職務の範囲を公正証書による契約により定めておく任意後見制度の2つがあります。

なお、後見人には弁護士や司法書士などが就任することが多いですが、これらの資格がない人でも後見人になることは可能です。

	後見	保佐	補助
対象となる人	判断能力が 全くない人 （成年被後見人）	判断能力が 著しく不十分な人 （被保佐人）	判断能力が 不十分な人 （被補助人）
行為制限	高度	中度	低度
申立てができる人	本人、配偶者、四親等内の親族、検察官、市区町村長など		

(4) 相続人の範囲と順位

① 相続人の構成

図表 1-1-3

相続人は民法により限定されており、基本的には被相続人と血縁関係がある者と、配偶者が相続人になります。

② 相続人の範囲

相続人の具体的な範囲は、次の図(親族関係図)のとおりです。

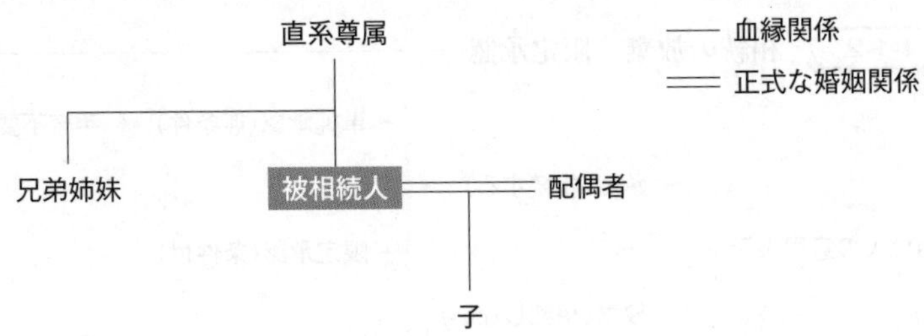

③ 相続順位

暗記 図表 1-1-4

相続人のうち、血族相続人(子、直系尊属、兄弟姉妹(けいていしまい))については、同時に相続人になることはなく、優先順位が付されています。

なお、<u>配偶者</u>は常に相続人となります。

(ア) 子

図表 1-1-5

子は嫡出子(ちゃくしゅつし)、非嫡出子、養子、胎児(死産を除く)に分類されますが、それぞれの間で順位はなく同順位で相続人となります。

なお、嫡出子とは正式な婚姻関係の下に生まれた子であり、非嫡出子とは正式な婚姻関係外に生まれた子をいいます。

(イ) 直系尊属

図表 1-1-6

直系尊属とは、被相続人の父母、祖父母などの総称をいいます。直系尊属が複数いる場合は、親等の近い者が相続人となるため、被相続人に父母、祖父母がいる場合は父母が相続人となり、父母がいなければ祖父母が相続人となります。

(ウ) 兄弟姉妹

図表 1-1-7

兄弟姉妹は全血兄弟姉妹と半血兄弟姉妹に分類されます。全血兄弟姉妹とは、被相続人と父母の双方を同じくする兄弟姉妹であり、半血兄弟姉妹とは、被相続人と父母の片方のみを同じくする兄弟姉妹をいいます。

図表 1-1-3 相続人の構成

相続人
- 血族相続人
  - 自然血族（自然の血のつながりがある者）
  - 法定血族（法律で血のつながりを認められた者）…養子を含む
- 配偶者相続人（正式な婚姻関係にある者）…内縁の妻（夫）、離婚した者は含まれない

図表 1-1-4 相続順位

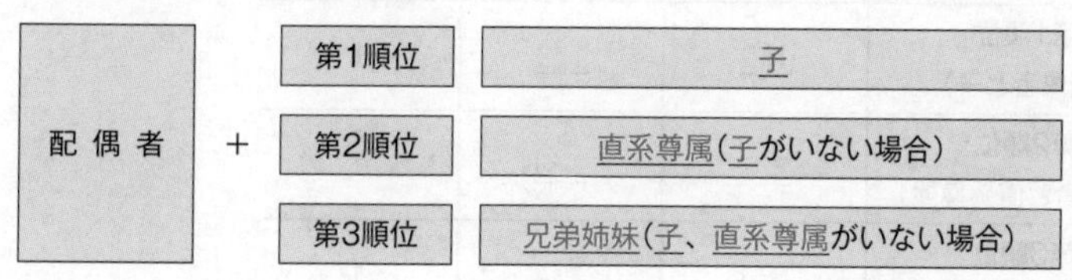

図表 1-1-5 子

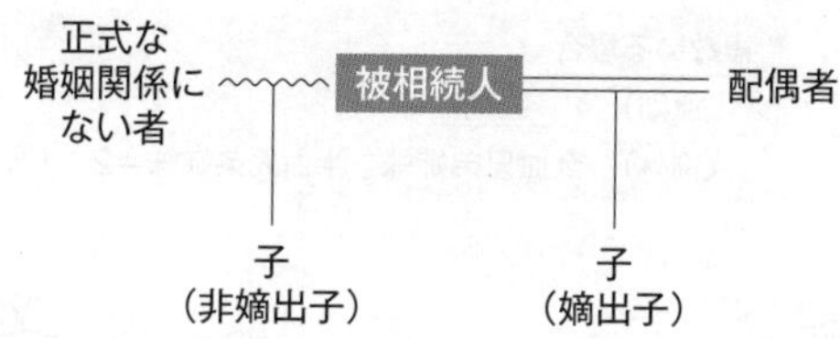

非嫡出子と親との間の法的親子関係は認知によって生じます。
この場合、母子関係には分娩の事実があるため認知は不要とされます。

図表 1-1-6 直系尊属

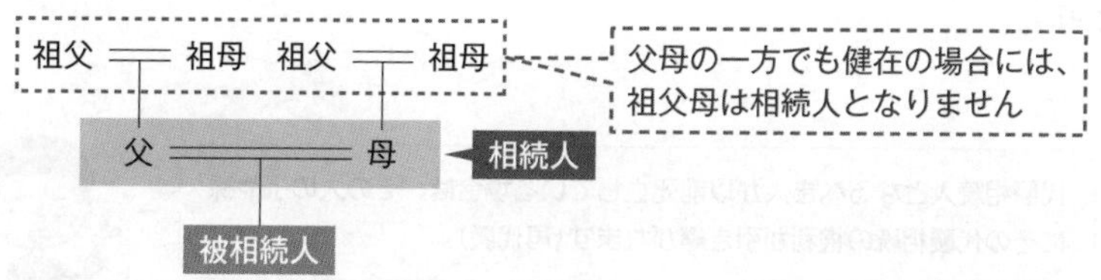

図表 1-1-7 兄弟姉妹

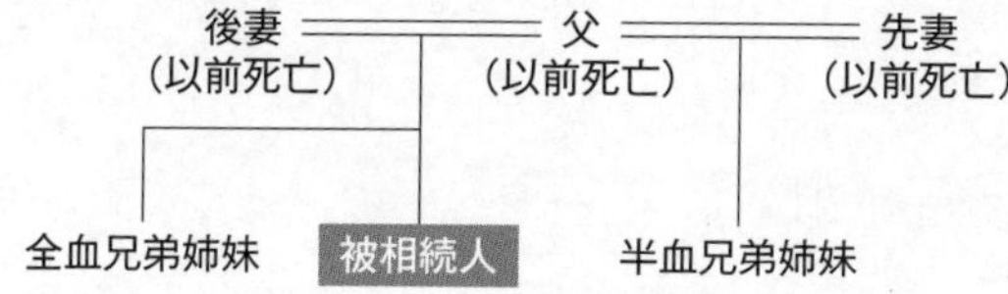

❷ 相続分

重要 実技（資産） チェック

(1) 法定相続分

暗記

法定相続分とは、各相続人が承継する財産の割合をいい、民法で定められています。

	配偶者	配偶者以外	合　計
第1順位（配偶者と子）	1/2	1/2	1
第2順位（配偶者と直系尊属）	2/3	1/3	1
第3順位（配偶者と兄弟姉妹）	3/4	1/4	1

複数いる場合
（原則）均等頭割り
（例外）全血兄弟姉妹：半血兄弟姉妹＝2：1

(2) 代襲(だいしゅう)相続分

暗記 図表 1-2-1

代襲相続とは、本来の相続人が以前死亡（被相続人の死亡の前に死亡している）、欠格、廃除に該当し、その相続権を失ったときは、その人の子や孫のように本来相続権のない人が代わりに相続することをいいます。

なお、本来の相続人が相続の放棄をしている場合には、代襲相続は発生しません。

代襲相続人となるべき人が以前死亡している場合は、その人の子や孫にその代襲相続の権利が引き継がれます（再代襲）。

寄与分制度

共同相続人のうち、被相続人の財産を維持または増加することについて特別に寄与した者は、他の共同相続人に優先して寄与分を受けることができ、遺産分割の際には「相続分＋寄与分」がその者の相続分となります。

なお、相続人でない親族が被相続人の療養看護などをして被相続人の財産を維持または増加することについて特別に寄与した特別寄与者は、相続人に対してその寄与に応じた特別寄与料を請求することができます。

寄与分は原則として共同相続人の協議によって定めますが、協議が整わないときは、寄与した者の請求により、家庭裁判所が定めることになります。成年者が売買契約を締結する場合には、法定代理人の同意が必要となります。

図表 1-2-1　代襲相続分

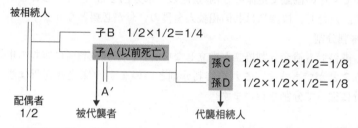

被相続人
子B　1/2×1/2=1/4
子A（以前死亡）
孫C　1/2×1/2×1/2=1/8
孫D　1/2×1/2×1/2=1/8
A′
配偶者
1/2
被代襲者
代襲相続人

代襲相続により相続人となった者を代襲相続人、代襲された者を被代襲者といい、代襲相続人の相続分は被代襲者と同じであり、もし代襲相続人が複数いれば原則として、均等頭割りとなります。

欠格と廃除

代襲相続は、以前死亡の他に相続の欠格や廃除があった場合にも発生します。

相続の欠格は、相続人となるべき者（推定相続人）が故意に被相続人を殺したり、詐欺や脅迫により遺言書を書かせたりした場合に、当然に相続人としての資格（相続権）を失うことをいいます。また、相続の廃除は、遺留分を有する推定相続人が被相続人に虐待または重大な侮辱を加えたり、相続人に著しい非行があった場合に被相続人が家庭裁判所に申し立てることにより相続権を失うことをいいます。

❸ 遺産分割

（!重要）　チェック ✓✓✓

遺産分割は、相続開始後にいつでも行うことができますが、原則として、分割の時期および期間の定めはなく、遺産分割協議書の作成様式も自由です。

(1) 遺産分割の手続

図表 1-3-1

① 指定分割

指定分割とは、被相続人が遺言で定めた分割の方法です。（協議分割、審判分割に優先します）

② 協議分割

協議分割とは、共同相続人の協議により定めた分割の方法をいい、被相続人が遺言で死亡後、5年を超えない範囲で分割を禁じた場合を除き、いつでもその協議で遺産の分割（遺産の一部分割を含む）をすることができます。ただし、協議には共同相続人全員の合意が必要となります。

③ 審判分割

調停でも遺産分割協議が成立しない場合、家庭裁判所に審判の申立を行うことができます。これを審判分割といいます。（家庭裁判所は法定相続分に従って分割を行います）

(2) 遺産分割の方法

① 現物分割

個別特定財産（××町××丁目××番地の土地○○㎡、××株式会社の株式○○株）について、その相続する人、数量、金額、割合を定めて分割する方法です。

② 換価分割（かんかぶんかつ）

各相続人が相続によって取得した財産の全部または一部を、現物で分割することに代え、それを売却して金銭に換価した上でその売却代金を分割する方法です。

③ 代償分割（だいしょうぶんかつ）　暗記　図表 1-3-2

各相続人のうち、特定の人（代償債務者）が被相続人の遺産を取得し（いわゆる現物分割）、その代償としてその人が自己の固有財産を他の相続人に支払う方法です。

代償分割は、被相続人の遺産が自宅だけで物理的に分けることが難しいなどの事情がある場合に行われ、遺産分割協議書に代償分割を行う旨を記載し、全員の合意を得て行います。

図表 1-3-1 遺産分割の手続

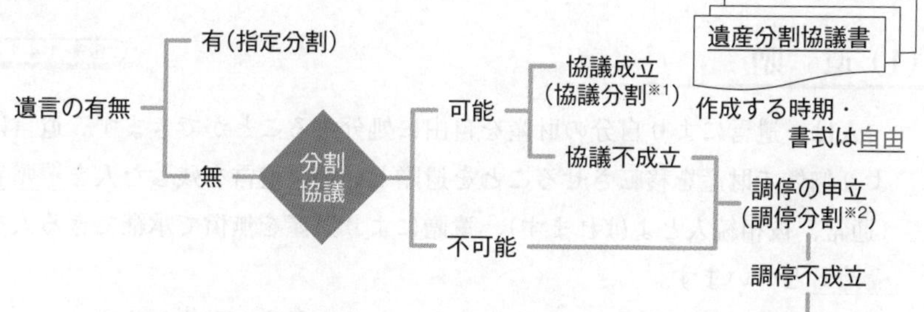

※1 共同相続人全員が合意すれば、必ずしも法定相続分に従って遺産を分割する必要はない
※2 共同相続人の分割協議に裁判官と調停委員が加わる

共同相続された預貯金は、遺産分割をする前でも「預貯金×1/3×法定相続分」（最高150万円）を各相続人は単独で行使することができます。

図表 1-3-2 代償分割

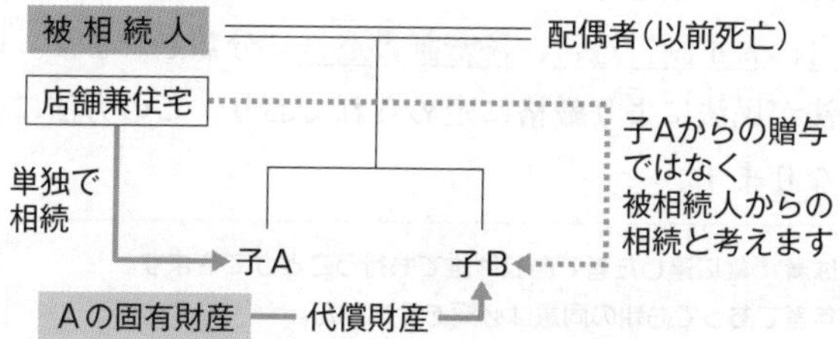

代償財産を取得した子Bは、被相続人から財産を承継していませんが、実質的には相続によって取得したものと同様であるため相続税の課税対象となります。
なお、子Aが交付した代償財産の価格は、子Aの課税価格の計算上控除します。
また、代償財産を交付した子Aは、交付した財産が不動産などのように譲渡所得の課税対象となる場合、所得税、住民税が課税されることがあります。

換価分割に係る税金

換価分割は相続によって取得した財産を売却して換金することになるため、その財産の売却に伴う譲渡所得が発生し、各相続人にはその譲渡所得に係る所得税・住民税が課税されることがあります。
なお、譲渡所得の申告は各相続人が取得する換価財産の所有割合（確定していない場合は法定相続分）に応じて申告・納付を行うことになります。

第6章 相続と法律

❹ 遺　言

！重要　チェック ✓✓✓

(1) 遺　贈（いぞう）

図表 1-4-1

人は、遺言により自分の財産を自由に処分することができます。遺言により無償で財産を移転させることを遺贈といい、遺言を残した人を遺贈者(通常、被相続人とよばれます)、遺贈により財産を無償で承継できる人を受遺者といいます。

なお、遺言は遺言者が死亡したときに、その効力が発生します。

受遺者は必ずしも相続人とは限りません。相続人以外の人を受遺者にして財産を与えることも可能です。また、被相続人は財産の一部のみを遺言することもできます。

(2) 遺言（ゆいごん）の種類

図表 1-4-2

遺言の種類は、普通方式と特別方式に大別でき、普通方式の遺言は、自筆証書遺言、公正証書遺言、秘密証書遺言に分類されます。いずれの方式も作成方法が民法により厳格に定められており、この方法に従わない遺言は無効になります。

遺言は満15歳に達した者であれば誰でも行うことができます。
未成年者であっても親の同意は必要ありません。

(3) 遺言の検認

遺言者が死亡した場合、遺言書の保管者や発見者である相続人は、これを家庭裁判所に提出し、検認を受けなければなりません。検認は、相続人に対し遺言の存在と内容を知らせるとともに、検認日現在における遺言書の内容を明確にすることで偽造や変造を防止するための手続です。したがって、遺言が有効か無効かを判断する手続きではありません。

また、封印のある遺言書は、家庭裁判所で相続人等の立会いの上、開封しなければならないことになっています。

公正証書遺言は、公証役場で保管され、その形式・様態とも明確なため、検認を受ける必要はありません。

図表 1-4-1 遺 贈

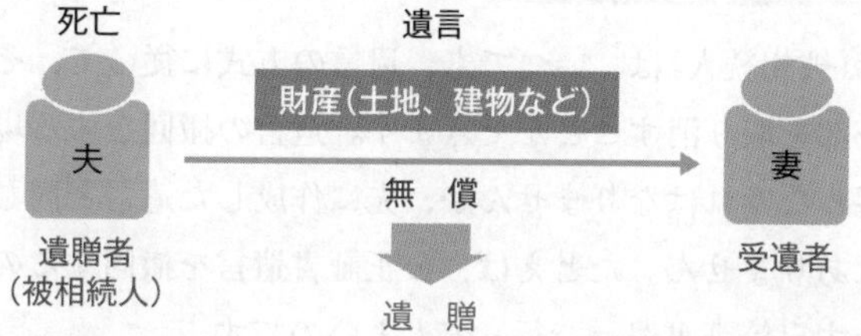

死亡 / 夫 / 遺贈者（被相続人） — 遺言 財産（土地、建物など） 無 償 → 妻 / 受遺者

遺 贈

図表 1-4-2 遺言の種類 暗記 実技（資産・個人・生保）

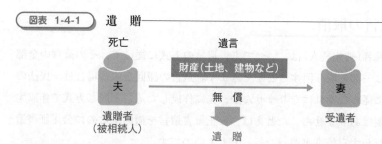

種類	自筆証書遺言	公正証書遺言	秘密証書遺言
作成方法	本人が全文、日付、氏名を自書し押印（代筆・ワープロ不可）なお、財産目録は自書でなくても可	本人が遺言の内容を口述（手話を含む）し、公証人が筆記した上で、公証人が遺言者・証人に読み聞かせます	本人が遺言書に署名等をし、公証人の前で本人が自分の遺言書であること、住所、氏名を口述し、公証人がその口述内容、日付を封書に記載します
作成場所	自由	公証役場	公証役場
証人	不要	2人以上（利害関係者不可）	2人以上（利害関係者不可）
署名捺印	本人	本人・公証人・証人	本人・公証人・証人
保管場所	自由※	公証役場	自由
検認	必要（家庭裁判所）※	不要	必要（家庭裁判所）

※ 自筆証書遺言を法務局で保管してもらうこともできます。この場合、検認の手続きは不要です。

公正証書遺言は、公証役場に原本が保管されるため、正本（原本と同一の効力がある写し）の改ざん、隠匿などがあっても再発行してもらえるため安心です。ただし、遺言内容の秘匿性は秘密証書遺言の方が高いです。

証人になれない者

証人には、遺言者や公証人と利害関係にある人はなることができません。
したがって、遺言者の推定相続人、受遺者やその配偶者と直系血族、公証人の配偶者、4親等内の親族などは証人になることができません。

共同遺言の禁止

夫婦など2人以上の人が同一の書面に連名で遺言をしてしまうと、その後、各人が遺言の撤回をしたくても自由にできないおそれがあるなどの不都合が生じます。そこで民法では、2人以上の人が同一の証書により共同で遺言することを禁止しています。

第6章 相続と法律

(4) 遺言の取消

図表 1-4-3

遺言者(被相続人)は、いつでも、遺言の方式に従って、その遺言の全部または一部を取り消すことができます。遺言の撤回をする場合は、民法の規定に従わなければなりませんが、先に作成した遺言と同じ方式で作成する必要はありません。たとえば、公正証書遺言を撤回するのに公正証書遺言で行わず自筆証書遺言で行ってもよいのです。

前の遺言が後の遺言と内容面で抵触する場合、抵触する部分については、後の遺言で前の遺言を撤回したものとみなされます。

(5) 遺留分(いりゅうぶん)

① 遺留分権利者

図表 1-4-4

遺留分とは、相続人が取得できる最小限度の財産の割合をいいます。遺留分は、相続人である配偶者、子(代襲相続人含む)、直系尊属に認められており、兄弟姉妹には認められていません。

② 遺留分と法定相続分の関係

図表 1-4-5

遺留分は、相続人が直系尊属のみの場合は「1/3」、それ以外の場合は「1/2」であり、各人の遺留分は「遺留分×法定相続分」で求められます。

③ 遺留分侵害額請求(いりゅうぶんしんがいがくせいきゅう)

相続人は遺留分を侵害する遺贈等があった場合、遺贈等があったことを知った日から1年以内(または相続開始日から10年を経過する日まで)に遺留分侵害額に相当する金銭の支払いを請求することができます。

遺留分を超える遺贈は、無効となるわけではないため、遺留分は相続人が遺留分侵害額請求により取り戻さなければなりません。

④ 遺留分の放棄

遺留分を有する相続人は、相続開始後のみならず相続開始前にも遺留分を放棄することができます。

ただし、相続開始前に遺留分の放棄をするためには、家庭裁判所の許可を受けなければなりません。

図表 1-4-3 遺言の取消

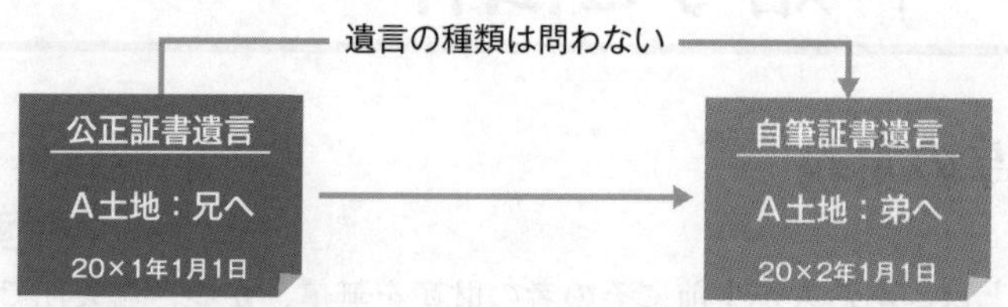

死因贈与契約の遺言による撤回

死因贈与契約は贈与契約ですが、民法上はその性質に反しない限り遺贈と同様の取扱いになりますので、遺言によって死因贈与契約を撤回することもできます。

図表 1-4-4 遺留分権利者

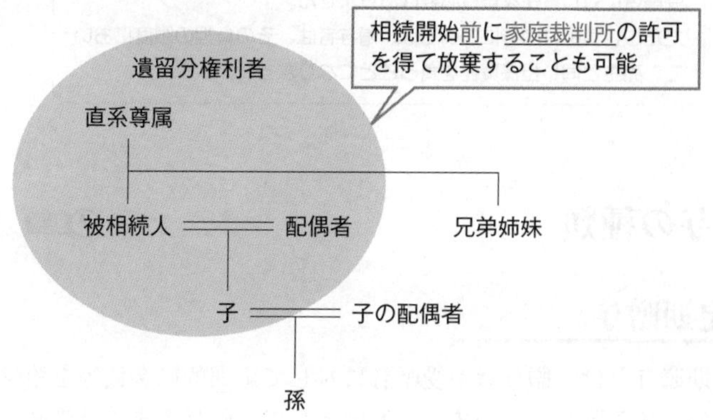

図表 1-4-5 遺留分と法定相続分の関係 実技（資産）

法定相続人	遺留分	法定相続分	各人の遺留分
配偶者のみ	1/2	1	1/2
配偶者と子1人	1/2	配偶者 1/2	1/2×1/2=1/4
		子 1/2	1/2×1/2=1/4
父と母	1/3	父 1/2	1/3×1/2=1/6
		母 1/2	1/3×1/2=1/6

第2節　贈与と法律

頻出度 B

❶ 贈与の定義

図表 2-1-1

贈与とは、ある人が生前にその者の財産を無償、かつ、無条件で他の人に譲渡することをいい、贈与した者を贈与者、贈与により財産を無償で取得した者を受贈者といいます。なお、贈与は一般的に贈与契約により行われ、贈与者の「あげます」、受贈者の「もらいます」という双方の意思表示の合致により成立します（諾成契約）。

贈与者は、贈与の目的である物などを、贈与の目的として特定した時の状態で引き渡しをすることが認められるため、特約などの合意がない場合には、その贈与物に瑕疵（欠陥など）があったとしても、受贈者に対し責任を負う必要はありません。
ただし、負担付贈与については、贈与者は、その負担の限度において、売主と同じ担保責任を負うことになります。

❷ 贈与の種類

(1) 定期贈与

定期贈与とは、贈与者が受贈者に対して定期的に金銭等を給付することを目的とする贈与をいいます。原則として、贈与者または受贈者の死亡により効力を失います。

(2) 負担付贈与

負担付贈与とは、贈与者が受贈者に対して一定の給付をなすべき義務を負わせる贈与をいいます。受贈者が負担すべき義務を履行しない場合、贈与者は相当の期間を定めて履行の催告をし、その期間に履行がないときはその贈与契約を解除することができます。

(3) 死因（しいん）贈与

死因贈与とは、贈与者の死亡によって効力が生じる贈与をいい、贈与者の死亡以前に受贈者が死亡した場合には、その贈与契約の効力は生じません。

図表 2-1-1 贈与の定義

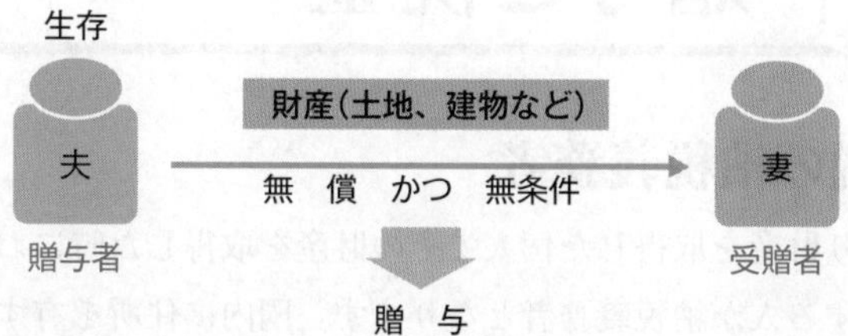

贈与契約は、必ずしも書面で契約する必要はなく、口頭でも民法上の贈与契約は成立します。書面によらない贈与の場合、給付を履行する前であればいつでも取り消すことができます。

贈与による財産の取得時期

・書面による贈与の場合：贈与契約の効力が発生した時
・書面によらない贈与の場合：贈与の履行(給付)があった時

親族の範囲

民法では、6親等内の血族、配偶者および3親等内の姻族を親族として規定しています。

<親族の範囲(一部省略)>

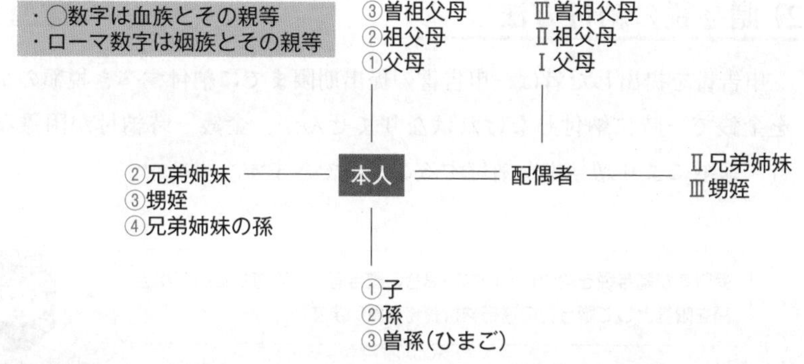

扶養義務者

直系血族および兄弟姉妹は、互いに扶養する義務があり、特別な事情があるときは、家庭裁判所は、3親等内の親族間においても扶養の義務を負わせることができます。
なお、夫婦の一方が死亡した場合においても、生存配偶者と死亡した人の血族との姻族関係は継続するため、家庭裁判所の判断によって扶養義務を負うこともあります。
ただし、「姻族関係終了届」を市区町村に提出することにより、死亡した配偶者の血族との関係を終了させることができます。

第3節　贈与と税金

❶ 贈与税の納税義務者

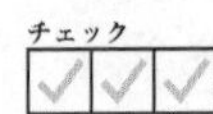

贈与により財産を取得した個人でその財産を取得した時において日本国内に住所を有する人が納税義務者となります。国内に住所を有する人については、贈与により取得した国内外の財産の全部に対して相続税法に規定されている贈与税が課税されます。

❷ 贈与税の申告と納付

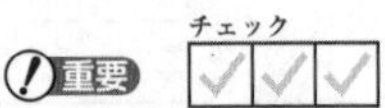

(1) 贈与税の申告

図表 3-2-1

贈与税の納税義務者は、納付すべき税額がある場合にはその贈与があった年の翌年の2月1日から3月15日までに贈与税の申告書を納税地(原則として、受贈者の住所地)の所轄税務署長に提出しなければなりません。

(2) 贈与税の納付方法

図表 3-2-2

申告書を提出した者は、申告書の提出期限までに納付すべき税額の全額を金銭で一時に納付しなければなりませんが、金銭一時納付が困難な場合、延納により贈与税を納付することができます。

受贈者が贈与税を納付していない場合、贈与者は、贈与した財産相当額を限度として贈与税の連帯納付義務を負います。

Hint! 贈与税は相続税の補完税

贈与税は、相続税の課税ができない場合に相続税を補完する目的で課税するものであり、両者は密接な関係を有しています。

＜生前に贈与がない場合＞

相続財産 1,000 → 相続税

＜生前に贈与がある場合＞

相続財産 700 → 相続税

贈与財産 300 ＜ 相続税が課税できない → 贈与税

贈与税 ↑補完 相続税

図表 3-2-1 贈与税の申告

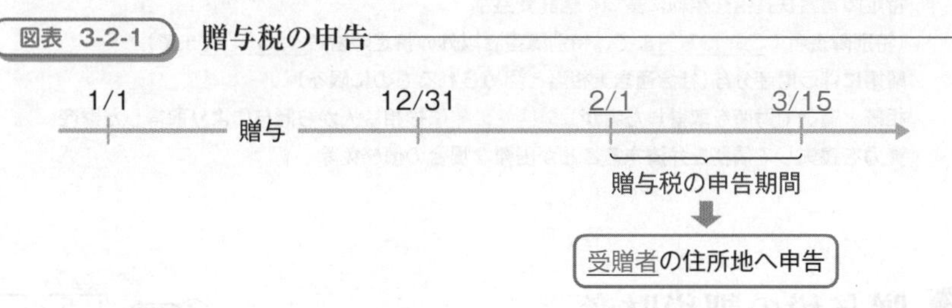

図表 3-2-2 贈与税の納付方法

原　則	金銭一時納付
例　外	延納（最長5年間の金銭分割納付）ただし、利子税が必要

夫婦で住宅を購入した場合

共働きの夫婦が住宅を購入するとき、その購入資金を夫婦共同で負担する場合があります。このときに、実際の購入資金の負担割合と所有権登記の持分割合が異なっている場合には、贈与税の問題が生ずることがあります。

（例）　総額3,000万円の住宅を購入（夫：2,000万円、妻：1,000万円の資金負担）
　　　　所有権の登記は夫と妻それぞれの持分を2分の1とした場合

妻の所有権は登記持分の2分の1ですから、3,000万円の2分の1の1,500万円となります。しかし、購入のための資金は1,000万円しか負担していませんから、差額の500万円については夫から妻へ贈与があったものとみなされます。この場合、資金の負担割合に応じて夫3分の2、妻3分の1の所有権登記がなされていれば、贈与税の問題は生じません。

❸ 贈与税の非課税財産

図表 3-3-1

次に掲げる財産は、国民感情、公益性、社会的見地から非課税財産として、贈与税は課税されません。

- 法人からの贈与財産（贈与税は非課税であるが、一時所得として所得税が課税される）
- 公益事業の用に供する財産
- 扶養義務者相互間における生活費または教育費（通常必要と認められるものに限る）
- 香典、ご祝儀、お中元（社会通念上相当と認められるものに限る）
- 心身障害者扶養共済制度に基づく給付金を受ける権利
- 特定障害者扶養信託契約に基づく信託受益権
  （特別障害者：6,000万円まで、特別障害者以外の特定障害者3,000万円まで）
- 離婚に伴う財産分与（社会通念上相当と認められるものに限る）
- 相続・遺贈で財産を取得した者が相続開始の年に被相続人から贈与により取得した財産
- 資力を喪失して債務を弁済することが困難な場合の債務免除

❹ 贈与税の課税財産

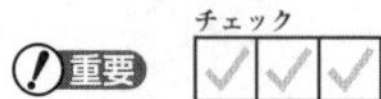

(1) みなし贈与財産

贈与者が所有していた不動産など本来の財産の他、次の財産が贈与財産とみなされて、課税の対象となります。

① 生命保険金等

図表 3-4-1

民法上、生命保険金等は受取人の固有財産となりますが、被相続人および保険金受取人以外の者が保険料を負担していた場合、支払われた死亡保険金は相続税法上、贈与財産とみなされ贈与税が課税されます。

② 低額譲渡（ていがくじょうと）

図表 3-4-2

著しく低い価額の対価で財産の譲渡が行われる場合、実質的な贈与とみなされて譲渡財産の時価と譲渡対価の差額に対して贈与税が課税されます。

③ 名義変更

対価の授受がなく資産の名義変更があった場合は、その資産の贈与があったものとして、その資産の時価（相続税評価額）に対して贈与税が課税されます。

図表 3-3-1　贈与税の非課税財産

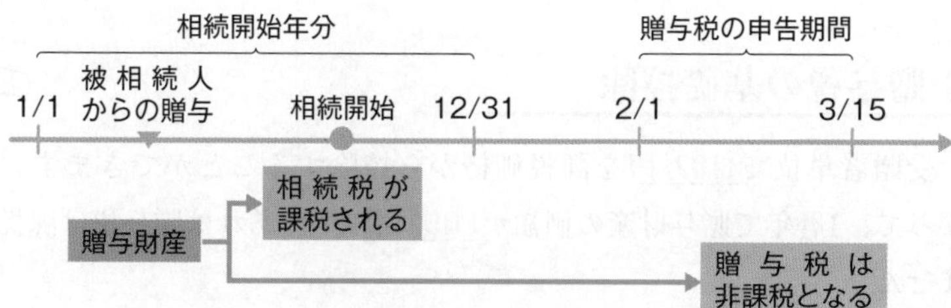

相続または遺贈により財産を取得した者が相続開始の年に被相続人から贈与を受けていた場合、その贈与財産は生前贈与加算の規定により、相続税の課税価格に加算されるため、贈与税が課税される前に相続税が課税されます。

図表 3-4-1　生命保険金等

被保険者	保険料負担者	保険金受取人	課税関係
夫（死亡）	夫	子	相続税
	子	子	所得税
	妻	子	贈与税

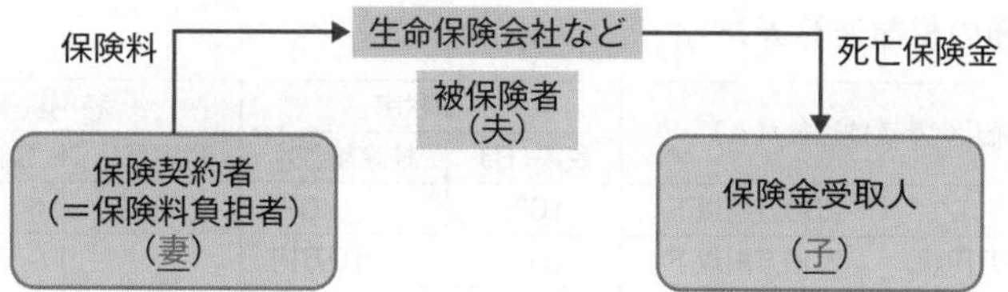

図表 3-4-2　低額譲渡

譲渡財産の時価
- 低額譲渡益 ｝贈与税の課税対象
- 著しく低い価額の譲渡対価

譲渡財産の時価は、土地等、建物等および上場株式等は通常の取引価額、それ以外の財産は相続税評価額となります。

❺ 贈与税の計算

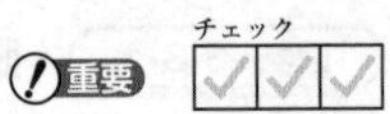

(1) 贈与税の基礎控除

暗記

受贈者単位で110万円を課税価格から控除することができます。したがって、1暦年で贈与財産の価額が110万円以下であれば贈与税は課税されません。

贈与者が複数いる場合でも、受贈者単位で1暦年につき110万円です。

(2) 贈与税額の計算

1暦年中に贈与で取得した財産の価額を評価し、その合計額である課税価格を計算し、それを基に算出贈与税額を計算し、その税額から税額控除を行い納付すべき贈与税額を計算します。(暦年課税)

(課税価格 − 110万円(基礎控除)) × 税率 − 控除額

<贈与税額の税額速算表>

<table>
<tr><th colspan="2" rowspan="2">課税価格(基礎控除後)(A)</th><th colspan="2">一般税率</th><th colspan="2">特例税率</th></tr>
<tr><th>税率(B)</th><th>控除額(C)</th><th>税率(B)</th><th>控除額(C)</th></tr>
<tr><td></td><td>200万円以下</td><td>10%</td><td>0円</td><td>10%</td><td>0円</td></tr>
<tr><td>200万円超</td><td>300万円以下</td><td>15%</td><td>10万円</td><td rowspan="2">15%</td><td rowspan="2">10万円</td></tr>
<tr><td>300万円超</td><td>400万円以下</td><td>20%</td><td>25万円</td></tr>
<tr><td>400万円超</td><td>600万円以下</td><td>30%</td><td>65万円</td><td>20%</td><td>30万円</td></tr>
<tr><td>600万円超</td><td>1,000万円以下</td><td>40%</td><td>125万円</td><td>30%</td><td>90万円</td></tr>
<tr><td>1,000万円超</td><td>1,500万円以下</td><td>45%</td><td>175万円</td><td>40%</td><td>190万円</td></tr>
<tr><td>1,500万円超</td><td>3,000万円以下</td><td>50%</td><td>250万円</td><td>45%</td><td>265万円</td></tr>
<tr><td>3,000万円超</td><td>4,500万円以下</td><td rowspan="2">55%</td><td rowspan="2">400万円</td><td>50%</td><td>415万円</td></tr>
<tr><td>4,500万円超</td><td></td><td>55%</td><td>640万円</td></tr>
</table>

贈与税額(算出税額)=(A)×(B)−(C)

暦年課税において、直系尊属(年齢要件なし)から贈与により財産を取得した受贈者(財産の贈与を受けた年の1月1日において18歳以上の人)については、「特例税率」を適用し、その他の贈与には「一般税率」を適用して贈与税額を計算します。

＜贈与税の計算の流れ＞

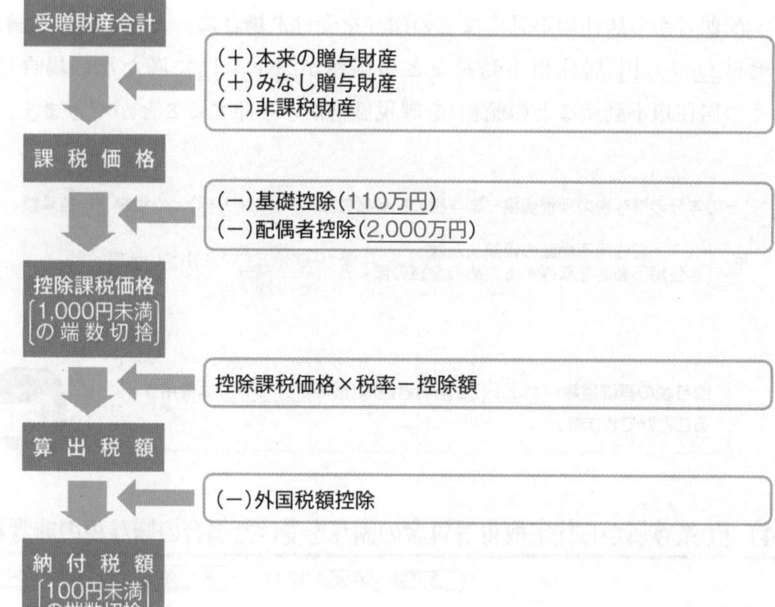

一般贈与財産と特定贈与財産がある場合における贈与税額の計算

①一般贈与財産（一般税率が適用される財産）100万円と②特例贈与財産（特例税率が適用される財産）400万円を取得した場合の贈与税額の計算は、次のとおりとなります。

（100万円＋400万円）－110万円（基礎控除）＝390万円（基礎控除後の課税価格）

①に対応する金額：（390万円×20%（一般税率）－25万円）×$\frac{100万円}{500万円}$＝106,000円

②に対応する金額：（390万円×15%（特例税率）－10万円）×$\frac{400万円}{500万円}$＝388,000円

①＋② ＝ 494,000円（贈与税額）

(3) 贈与税の配偶者控除

暗記　図表 3-5-1

配偶者から居住用不動産などの贈与を受けた場合に、一定の要件を満たせば2,000万円(居住用不動産などの価額が2,000万円に満たない場合は、その居住用不動産などの価額)を課税価格から控除することができます。

(その年分の贈与税の課税価格－贈与税の配偶者控除※ － 110万円) × 税率 － 控除額

※ ［居住用不動産の価額または
居住用不動産を取得するための金銭の額］ ≶ 2,000万円 ∴小さい金額

贈与税の基礎控除(110万円)と配偶者控除(最高2,000万円)は併用することができます。

(4) 直系尊属（ちょっけいそんぞく）から住宅取得等資金の贈与を受けた場合の贈与税の非課税

暗記　実技(資産)　図表 3-5-2　図表 3-5-3

直系尊属から住宅取得等資金の贈与を受けた人は、一定の要件を満たした場合、その贈与により取得した金額のうち、非課税限度額までは贈与税が課税されません。

(その年分の贈与税の課税価格－非課税限度額－110万円(基礎控除))×税率－控除額

■非課税限度額

住宅用家屋の新築等をした場合	非課税限度額	
	右記以外	省エネ等住宅
2026年12月31日まで	500万円	1,000万円

図表 3-5-1 贈与税の配偶者控除

実技（資産・個人・生保）

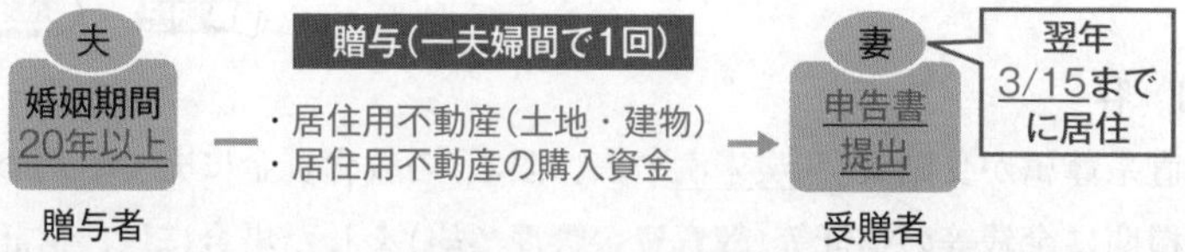

贈与者

贈与（一夫婦間で1回）

・居住用不動産（土地・建物）
・居住用不動産の購入資金

受贈者

翌年
3/15まで
に居住

■婚姻要件

法律上の婚姻関係があり、かつ、贈与時までの婚姻期間が20年以上であること。

■申告要件

贈与税が「0」になっても必ず贈与税の申告書を提出しなければならない。

■適用回数要件

同じ配偶者からは、一生で1回限りの適用となる。

■贈与財産の要件

居住用不動産、または、居住用不動産を取得するための金銭の贈与であること。

■居住要件

贈与を受けた年の翌年3月15日までに、贈与で取得した居住用不動産に居住し、その後も引き続き居住の用に供する見込みであること。

図表 3-5-2 住宅取得等資金の特例

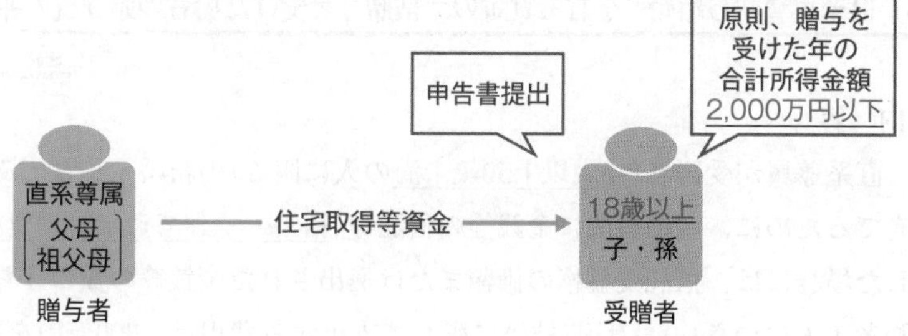

図表 3-5-3 住宅取得等資金

・住宅用家屋の要件

国内にある受贈者の住宅用の家屋で、次の要件にすべて該当するもの

・床面積が原則50㎡以上（受贈者の合計所得金額が1,000万円以下の場合40㎡以上）
・床面積の2分の1以上が専ら自己の居住の用に供されるもの

(5) 直系尊属から教育資金の一括贈与を受けた場合の贈与税の非課税

暗記　図表 3-5-4

① 内　容

直系尊属が受贈者（30歳未満の人に限る）の教育資金に充てるために、金融機関に金銭等の信託等（教育資金管理契約）をした場合には、信託受益権の価額または拠出された金銭等の額のうち、受贈者１人につき1,500万円（学校等以外の人に支払われる金銭については、500万円を限度）までの金額に相当する価額については贈与税が課税されません。

② 教育資金管理契約の終了時

・受贈者が30歳に到達した場合

残額（非課税拠出額－教育資金支出額）について、受贈者が30歳に到達した時点に贈与があったものとして贈与税を課税します。

・受贈者が死亡した場合

残額（非課税拠出額－教育資金支出額）について、贈与税は課税しません。

(6) 直系尊属から結婚・子育て資金の一括贈与を受けた場合の贈与税の非課税

図表 3-5-5

① 内　容

直系尊属が受贈者（18歳以上50歳未満の人に限る）の結婚・子育て資金に充てるために、金融機関に金銭等の信託等（結婚・子育て資金管理契約）をした場合には、信託受益権の価額または拠出された金銭等の額のうち、受贈者１人につき1,000万円（結婚に際して支出する費用は、300万円を限度）までの金額に相当する価額については贈与税が課税されません。

② 結婚・子育て資金管理契約の終了時

・受贈者が50歳に到達した場合

残額（非課税拠出額－結婚・子育て資金支出額）について、受贈者が50歳に到達した時点に贈与があったものとして贈与税を課税します。

・受贈者が死亡した場合

残額（非課税拠出額－結婚・子育て資金支出額）について、贈与税は課税しません。

図表 3-5-4 教育資金の一括贈与の特例

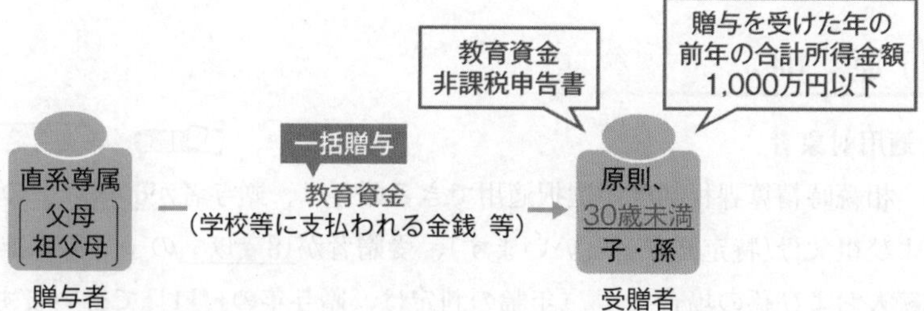

本特例の適用を受けるためには、教育資金非課税申告書を納税地の所轄税務署長に提出しなければなりません。
なお、受贈者の年齢は、教育資金管理契約の締結時において判断します。

図表 3-5-5 結婚・子育て資金の一括贈与の特例

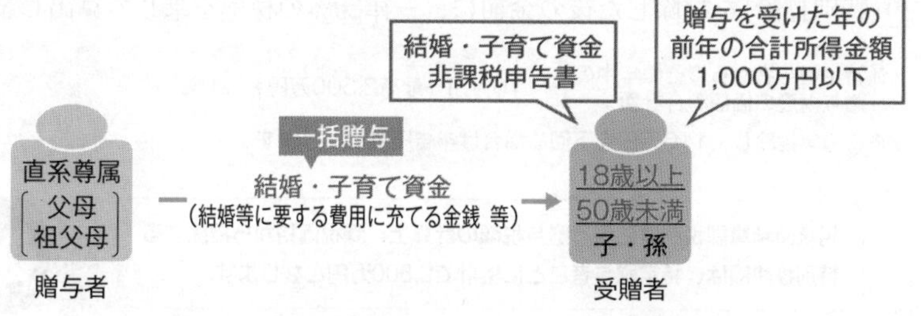

本特例の適用を受けるためには、結婚・子育て資金非課税申告書を納税地の所轄税務署長に提出しなければなりません。
なお、受贈者の年齢は、結婚・子育て資金管理契約の締結日において判断します。

外国税額控除

外国税額控除とは、日本の贈与税と外国の贈与税に相当する税金との二重課税の排除のための税額控除です。
贈与により取得した財産の中に国外財産があり、その国外財産について、財産が所在する国において贈与税に相当する税が課税されている場合には、一定の金額を税額から控除できます。

❻ 相続時精算課税制度（そうぞくじせいさんかぜいせいど）

重要　チェック

(1) 原　則

① 適用対象者　暗記　図表 3-6-1

相続時精算課税制度が選択適用できる贈与は、贈与者が60歳以上の親および祖父母(特定贈与者といいます)、受贈者が18歳以上の子である推定相続人および孫の場合です。(年齢の判定は、贈与年の1月1日で行います)

② 贈与税額　暗記

相続時精算課税を選択した受贈者は、1年間に贈与により取得した財産の価額の合計額から基礎控除額(110万円)を控除し、特定贈与者ごとに特別控除(最高2,500万円)の適用がある場合はその金額を控除した残額に20%の税率を乗じて算出します。

贈与財産の価額の合計額から複数年にわたり利用できる非課税枠2,500万円(特別控除)を控除した後の金額に、一律20%の税率を乗じて算出します。

{(特定贈与者からのその年中の贈与財産の価額の合計額)－110万円※－最高2,500万円}×20%

※　毎年控除し、110万円を下回る場合は申告不要となります

相続時精算課税制度に係る贈与税額の計算上、課税価格から控除する特別控除額は、特定贈与者ごとに累計で2,500万円となります。

(2) 住宅取得等資金の特例

① 内　容

住宅取得等資金の特例の適用を受ける場合には、60歳未満の親および祖父母からの贈与についても相続時精算課税制度を適用をすることができます。

② 直系尊属から住宅取得等資金の贈与を受けた場合の贈与税の非課税との併用

直系尊属から住宅取得等資金の贈与を受けた場合の贈与税の非課税と、贈与税の相続時精算課税制度は併用して適用することができます。

[特定贈与者からのその年中の贈与財産の価額の合計額 － 110万円 － 非課税限度額 － 最高2,500万円(特別控除)] × 20%

図表 3-6-1 相続時精算課税制度

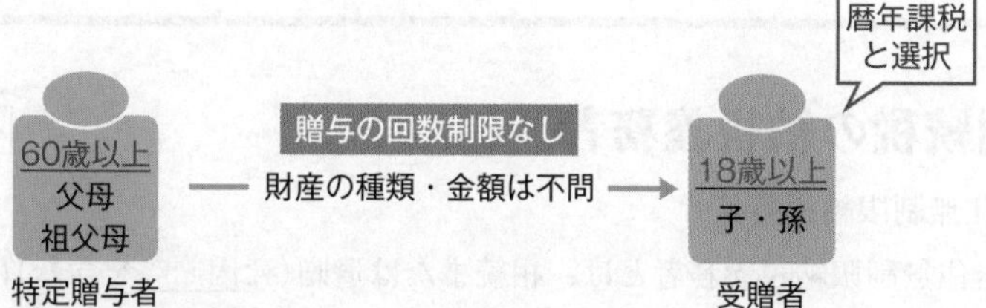

本制度を選択する場合には、贈与を受けた年の翌年の2月1日から3月15日の間に相続時精算課税選択届出書を添付した贈与税の申告書を提出する必要があります。
なお、本制度は、贈与者の相続時まで継続して適用されます。

贈与者・受贈者が複数いる場合の相続時精算課税の選択

・贈与者が複数いる場合
次の場合、父からの贈与は相続時精算課税制度を選択し、母からの贈与は選択しないことができます。

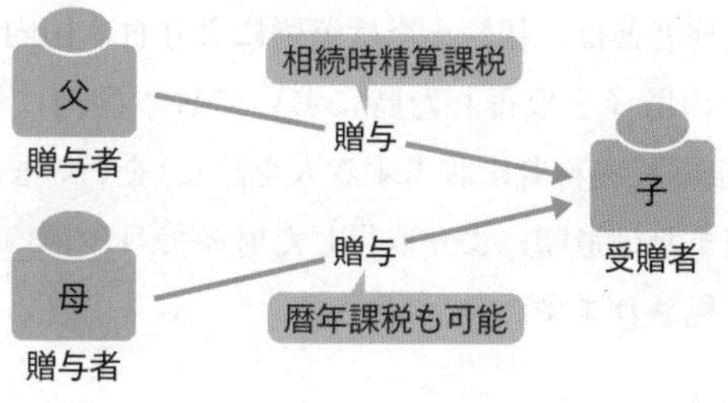

第4節　相続と税金

頻出度

❶ 相続税の納税義務者

チェック

① 居住無制限納税義務者

居住無制限納税義務者とは、相続または遺贈（死因贈与を含む）により財産を取得した人で、その財産を取得した時において日本国内に住所を有する人をいいます。この納税義務者には、相続または遺贈により取得した財産の全部に対して相続税が課税されます。

② 非居住無制限納税義務者

非居住無制限納税義務者とは、相続または遺贈により財産を取得した一定の人で、その財産を取得した時において日本国内に住所を有しない人をいいます。この納税義務者には、相続または遺贈により取得した財産の全部に対し相続税が課税されます。

③ 制限納税義務者

制限納税義務者とは、相続または遺贈により日本国内にある財産を取得した人で、その財産を取得した時において日本国内に住所を有しない人（非居住無制限納税義務者に該当する人を除く）をいいます。この納税義務者には、相続または遺贈により取得した財産で日本国内にあるものに対して相続税が課税されます。

④ 特定納税義務者

図表 4-1-1

特定納税義務者とは、贈与により相続時精算課税の規定の適用を受ける財産を取得した人をいいます。この納税義務者には、相続または遺贈により財産を取得していなくても、その特定贈与者からの贈与により取得した財産で相続時精算課税の規定の適用を受けるものに対して相続税が課税されます。

図表 4-1-1 特定納税義務者

下記の場合、子は、父の相続について特定納税義務者となります。

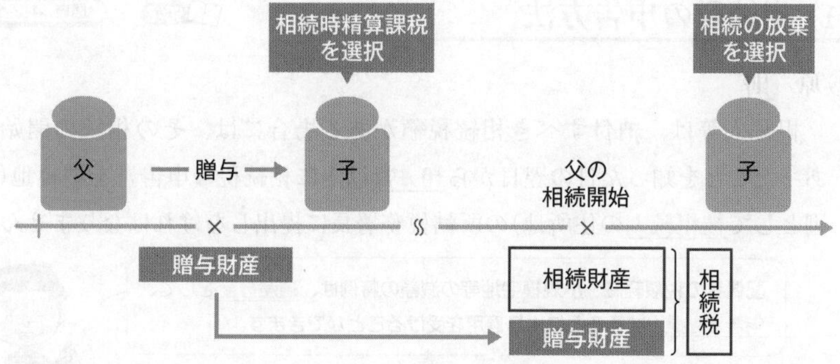

個人とみなされるもの（人格のない社団等）

相続税の納税義務者は、原則として、相続または遺贈により財産を取得した個人が対象となりますが、代表者または管理者の定めのある人格のない社団（PTA、町内会など）等に対し、財産の遺贈があった場合には、その社団等を個人とみなして相続税を課税します。

❷ 相続税の申告と納付

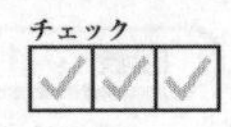

(1) 相続税の申告方法

暗記　図表 4-2-1

① 原　則

相続人等は、納付すべき相続税額がある場合には、その相続の開始があったことを知った日の翌日から10ヵ月以内に相続税の申告書を納税地(原則として被相続人の住所地)の所轄税務署長に提出しなければなりません。

配偶者の税額軽減、小規模宅地等の減額の特例は、遺産分割をして、申告書を提出することにより適用を受けることができます。

② 未分割により申告した場合

図表 4-2-2

相続税の申告期限までに財産の全部または一部の分割が行われていないときは未分割部分を民法の規定による(法定)相続分の割合によって相続したものと仮定して、申告しなければなりません。その後、遺産分割が確定した場合、その時点で申告のやり直しをすることができます。

実際に相続した財産額が仮申告した自己の法定相続分より少なく、既に納付している相続税額が過大になった場合は、遺産分割協議が整った日の翌日から4ヵ月以内の更正の請求により税金の還付を受けることができます。

(2) 相続税の納付方法

相続税の申告書を提出した者は、その申告書の提出期限までに納付すべき税額の全額を金銭納付(金銭一時納付)しなければなりません。

① 延　納

暗記　図表 4-2-3

相続税の納期限までに金銭一時納付が困難な場合、納期限を延長(不動産の割合が多い場合は最長20年)して金銭で分割納付することを延納といいます。延納を選択すると毎回の分納税額に合わせて利子税を納付しなければなりません。

図表 4-2-1 **相続税の申告方法**

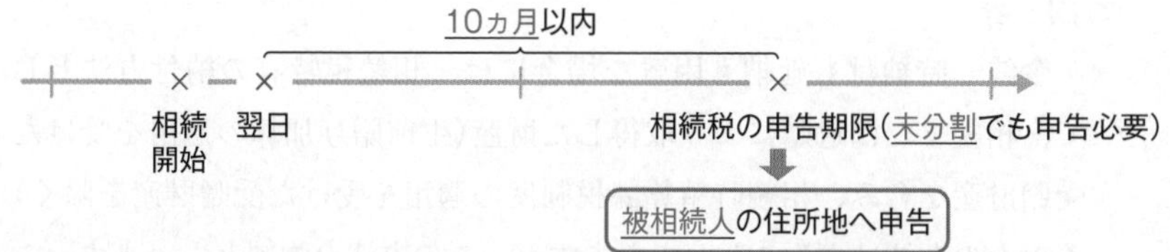

図表 4-2-2 **未分割により申告した場合**

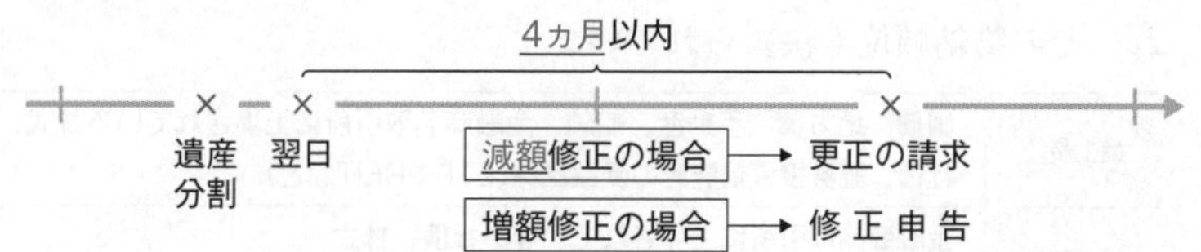

図表 4-2-3 **延納の要件**

- 相続税が10万円を超えること。
- 相続税の納期限までに金銭で一時に納付することが困難であること。
- 担保を提供すること（延納税額100万円以下、かつ延納期間が3年以下は不要）。
- 相続税の納期限までに延納申請書などを提出して税務署長の許可を受けること。

延納の担保として提供できる財産は、相続または遺贈により取得した財産に限らず、相続人の固有の財産などを提供することができます。

延納の手続き

延納により相続税を納付する場合には、相続税の納期限までに延納申請書に担保提供関係書類を添付して提出し、税務署長の許可を受ける必要があります。
ただし、相続税の納期限までに担保提供関係書類を提出することができない場合には、届出により最長6ヵ月間の提出期限の延長を受けることができます。

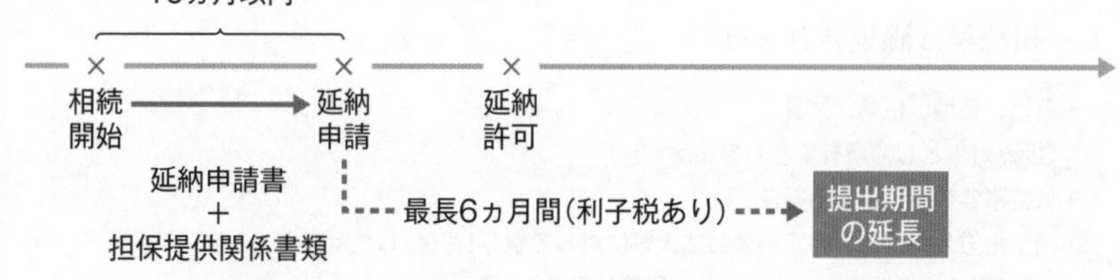

② 物　納

(ア) 内　容

金銭一時納付も延納も困難な場合には、相続税特有の納付方法として、相続または遺贈により取得した財産(生前贈与加算の適用を受けた受贈財産を含み、相続時精算課税制度の適用を受けた受贈財産を除く)そのものを納付することができますが、この方法を物納といいます。

(イ) 物納適格財産

物納に充てることができる財産は、日本国内にある次のものに限定され、その物納順位も決められています。

第1順位	国債、地方債、不動産、船舶、金融商品取引所に上場されている株式、社債、証券投資信託等の受益証券(ETFやREITなど)
第2順位	金融商品取引所に上場されていない社債、株式、証券投資信託等の受益証券
第3順位	動産

なお、物納適格財産の中でも、抵当権が設定されている土地など管理処分することが困難である財産は、管理処分不適格財産(物納不適格財産)に該当するものとして、物納に充てることはできません。

(ウ) 物納財産の収納価額　暗記　図表 4-2-4

物納財産の収納価額(国の引取価額)は、原則として相続税の課税価格の計算の基礎となった相続税評価額となります。したがって、小規模宅地等の評価減の特例の適用対象となった宅地を物納する場合は、その規定適用後の価額が収納価額となります。

❸ 相続税の非課税財産

チェック ✓✓✓

次に掲げる財産は、国民感情、公益性、社会的見地から非課税財産として、相続税は課税されません。

・墓地、仏壇、仏具、祭具
　(投資対象として所有するものを除く)
・公益事業の用に供する財産
・国、地方公共団体、特定の公益法人等に対して贈与(寄付)した財産
　(相続税の申告期限までに贈与した財産に限る)　等

物納の手続き

物納により相続税を納付する場合には、相続税の納期限までに物納申請書に物納手続関係書類を添付して提出し、税務署長の許可を受ける必要があります。

ただし、相続税の納期限までに物納手続関係書類を提出することができない場合には、届出により最長1年間の提出期限の延長を受けることができます。

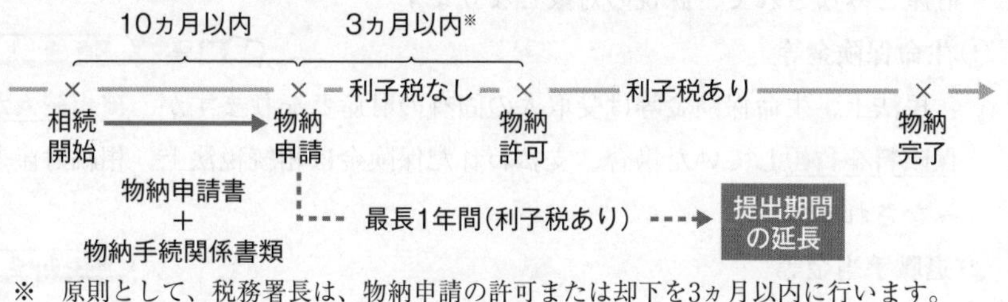

※　原則として、税務署長は、物納申請の許可または却下を3ヵ月以内に行います。

提出期限の延長を受けた場合には、延長した期間に応じて、一定の利子税を納付しなければなりませんが、税務署の手続きに要する期間は利子税が免除されます。

図表 4-2-4　物納財産の収納価額

- 被相続人の財産
  貸付事業用の宅地（200㎡）のみ
  相続税評価額：2億円
- 相続人は被相続人の長女のみ

相続税の課税価格
2億円－2億円×50%＝1億円
（小規模宅地等の評価減適用後）

相続税額
1,220万円

物納の収納価額は、小規模宅地等の評価減適用後の1億円となりますが、長女が納付する相続税額は1,220万円であり、この土地を物納することは長女にとっても不利になります。したがって、生前に何らかの納税資金対策が必要となります。

④ 相続税の課税財産

重要　チェック

(1) みなし相続財産

被相続人が所有していた不動産など本来の財産の他に、次の財産が相続財産とみなされて、課税の対象となります。

① 生命保険金等　暗記　図表 4-4-1

民法上、生命保険金等は受取人の固有の財産となりますが、被相続人が保険料を負担していた場合、支払われた保険金は相続税法上、相続財産とみなされます。

② 退職手当金等　図表 4-4-2

被相続人が生前に勤務していた会社を死亡退職した場合、遺族に対して退職手当金が支払われることがあります。この退職金は民法上の相続財産ではありませんが、相続税法上、相続財産とみなされます。

みなし相続財産として相続税が課税されるのは、死亡後3年以内に支給額が確定したものであり、3年経過後に支給額が確定したものは、支給を受けた遺族に対して所得税（一時所得）が課税されます。

③ 生命保険金等の非課税金額および退職手当金等の非課税金額　暗記

相続人が取得した相続財産とみなされた生命保険金等や退職手当金等のそれぞれについて、次の金額を限度として相続税は課税されません。

なお、生命保険金等を受け取った相続人が複数存在する場合の非課税金額は、各相続人が受け取った生命保険金等の比率で按分します。

500万円 × 法定相続人の数

相続人でない者（相続放棄者など）も生命保険金等を受け取ることはできますが、非課税金額は適用されません。

④ 弔慰金等（ちょういきんとう）の非課税金額

被相続人の死亡により相続人等が受取る弔慰金、花輪代、葬祭料なども課税対象となりますが、次の金額を限度として相続税は課税されません。

・業務上の死亡の場合　　相続開始時の普通給与※ × 3年分
・非業務上の死亡の場合　相続開始時の普通給与※ × 6カ月分

※　扶養手当を含み、賞与は含まない

図表 4-4-1 生命保険金等

被保険者	保険料負担者	保険金受取人	課税関係
夫（死亡）	夫	子	相続税
	子	子	所得税
	妻	子	贈与税

図表 4-4-2 退職手当金等

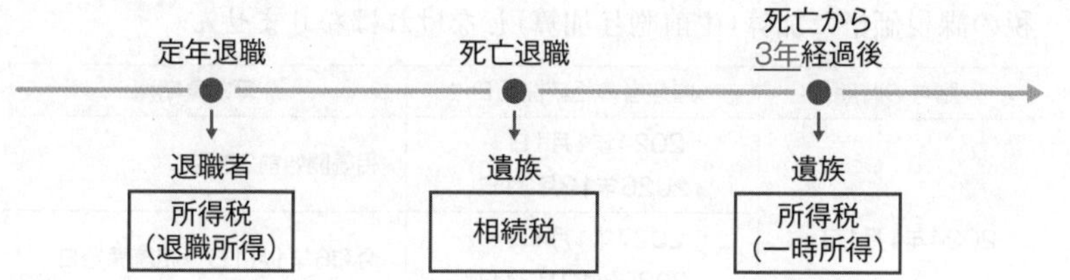

設例 生命保険金等の非課税金額

次の資料に基づき、相続または遺贈により取得したものとみなされる生命保険金の額(生命保険金等の非課税適用後)を求めなさい。なお、被相続人甲の法定相続人は、配偶者乙と子A、子B(放棄者)の3人である。

《資料》

保険契約者	保険料負担者	保険金受取人	保険金額
甲	甲	乙	3,000万円
		A	2,000万円
		B	1,000万円

【解答】

乙　3,000万円－900万円※＝2,100万円

A　2,000万円－600万円※＝1,400万円

※　生命保険金等の非課税金額：500万円×3(法定相続人の数)＝1,500万円

$$乙\quad 1{,}500万円\times\frac{3{,}000万円}{3{,}000万円+2{,}000万円}=900万円$$

$$A\quad 1{,}500万円\times\frac{2{,}000万円}{3{,}000万円+2{,}000万円}=600万円$$

B　1,000万円(放棄者には非課税金額は適用されない)

(2) 相続開始前3年以内に被相続人から贈与を受けた財産(生前贈与加算)

① 内　容

暗記　図表 4-4-3

相続または遺贈により財産を取得した人が、その相続開始前7年以内(改正前は3年以内)にその相続に係る被相続人から暦年課税による贈与により財産を取得したことがある場合には、その贈与により取得した財産の価額(その財産のうち相続開始前3年以内に贈与により取得した財産以外の財産については、その財産の価額の合計額から100万円を控除した残額)を相続税の課税価格に加算(生前贈与加算)しなければなりません。

贈与の時期	贈与者の相続開始日	加算対象期間
2024年1月1日～	2024年1月1日～ 2026年12月31日	相続開始前3年間
	2027年1月1日～ 2030年12月31日	令和6年1月1日～相続開始日
	2031年1月1日～	相続開始前7年間

上記の取扱いにより、同じ財産に対して贈与税と相続税の二重課税の問題が生じますが、これは「贈与税額控除」により調整されます。

② 贈与税の配偶者控除の特例との関係

居住用不動産の贈与を受け、配偶者控除の適用を受けていた人は、贈与後3年以内に贈与者が死亡した場合でも、居住用不動産のうちこの配偶者控除を受けた部分の価額に相当する金額は、相続税の課税価格へ加算する必要はありません。

③ 直系尊属から住宅取得等資金の贈与を受けた場合の非課税の特例との関係

直系尊属から住宅取得等資金の贈与を受け、贈与税の非課税の特例の適用を受けた人は、非課税の適用を受けた金額について、相続税の課税価格へ加算する必要はありません。

図表 4-4-3
生前贈与加算

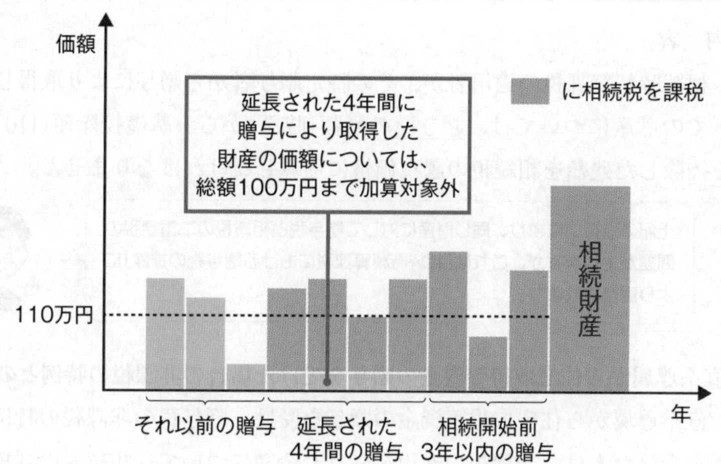
価額
延長された4年間に
贈与により取得した
財産の価額については、
総額100万円まで加算対象外
に相続税を課税
相続財産
110万円
年
それ以前の贈与
延長された
4年間の贈与
相続開始前
3年以内の贈与

(3) 相続時精算課税制度に係る贈与によって取得した財産　図表 4-4-4

① 内　容

相続時精算課税の適用者が、その特定贈与者から贈与により取得したすべての財産については、贈与時の価額(時価)から、基礎控除額(110万円)を控除した残額を相続税の課税価格に加算しなければなりません。

上記の取扱いにより、同じ財産に対して贈与税と相続税の二重課税の問題が生じますが、これは「相続時精算課税における贈与税の控除」により調整されます。

② 直系尊属から住宅取得等資金の贈与を受けた場合の非課税の特例との関係

直系尊属から住宅取得等資金の贈与を受け、贈与税の非課税の特例の適用を受けた人は、非課税の適用を受けた金額について、相続税の課税価格へ加算する必要はありません。

❺ 債務控除

(1) 債　務　図表 4-5-1

被相続人から財産(積極財産)とあわせて債務(消極財産)を承継した相続人等は、その差額に対して相続税が課税されます。このことを正味財産課税といい、財産(積極財産)から債務(消極財産)を控除することを債務控除といいます。

なお、控除される債務は一定のものに限定されています。

(2) 葬式費用　図表 4-5-2

被相続人に係る葬式費用も債務控除が認められます。本来、葬式費用は被相続人の債務ではありませんが、相続開始に伴い必然的に生じるものであるため国民感情などを考慮して控除が認められています。

相続人以外の人(相続放棄者)が遺贈により財産を取得している場合、実際に負担した葬式費用は控除することができます。

図表 4-4-4　相続時精算課税制度に係る贈与によって取得した財産

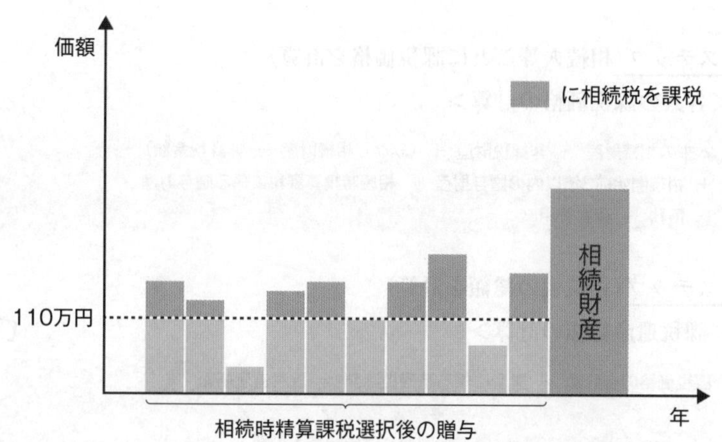

図表 4-5-1　債　務

控除できるもの	控除できないもの
・銀行などからの借入金、住宅ローン ・土地、家屋に係る固定資産税の未払分 ・被相続人の所得税、住民税の未納分 ・遺言作成費用　等	・非課税財産に係る債務 （墓地・仏壇などの購入未払金） ・団体信用生命保険付住宅ローン ・遺言執行費用　等

図表 4-5-2　葬式費用

控除できるもの	控除できないもの
・本葬式費用、仮葬式費用、通夜費用 ・お布施、枕経料、戒名料 ・火葬費用、納骨費用 ・遺体運搬費用　等	・香典返戻費用 ・墓地などの購入費用 ・初七日法会費用 ・遺体解剖費用　等

❻ 相続税の計算

重要　チェック

第1ステップ(相続人等ごとに課税価格を計算)

＜各人の課税価格の計算＞

本来の相続財産 － 非課税財産 ＋(みなし相続財産 － 非課税金額)
＋ 相続開始前3年以内の贈与財産 ＋ 相続時精算課税に係る贈与財産
－ 債務 － 葬式費用

第2ステップ(相続税の総額を計算)

＜課税遺産総額の計算＞

課税価格の合計額 － 遺産に係る基礎控除額 ＝ 課税遺産総額

⬇

3,000万円 ＋ 600万円 × 法定相続人の数

＜相続税の総額の計算＞

実技(個人・生保)

1)法定相続分に応じた取得金額
課税遺産総額 × 各法定相続人の法定相続分 ＝ 各法定相続人の取得金額
(千円未満切捨)

2)相続税の総額の基礎となる税額
各法定相続人の取得金額 × 税率 － 控除額 ＝ 各法定相続人の税額
(速算表より)

3)相続税の総額
各法定相続人の税額の合計額 ＝ 相続税の総額(百円未満切捨)

＜各人の算出相続税額の計算＞

相続税の総額 × 按分割合 ＝ 各相続人等の算出相続税額

$$\frac{\text{各相続人等の課税価格}}{\text{課税価格の合計額}}$$

第3ステップ(相続人等ごとに納付税額を計算)

＜各人の納付税額の計算＞

各相続人等の算出相続税額 ＋ 相続税の2割加算 － 配偶者の税額軽減などの税額控除

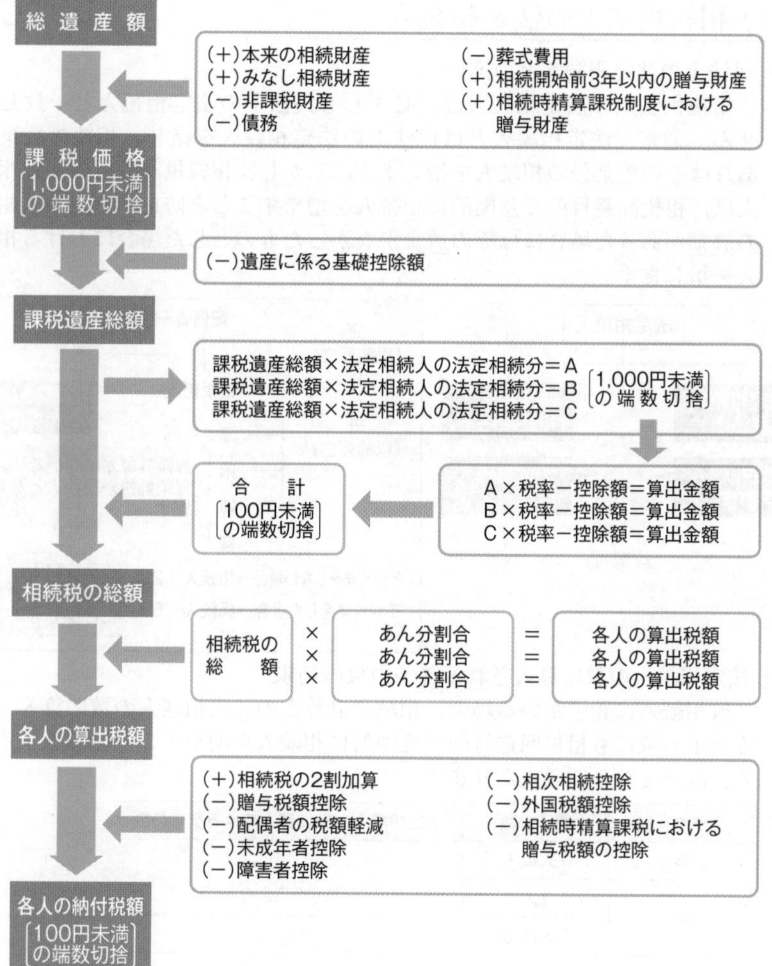

<相続税の税額速算表>

法定相続人の取得金額(A)		税率(B)	控除額(C)
	1,000万円以下	10%	0円
1,000万円超	3,000万円以下	15%	50万円
3,000万円超	5,000万円以下	20%	200万円
5,000万円超	1億円以下	30%	700万円
1億円超	2億円以下	40%	1,700万円
2億円超	3億円以下	45%	2,700万円
3億円超	6億円以下	50%	4,200万円
6億円超		55%	7,200万円

相続税額(相続税の総額の基礎となる税額)=(A)×(B)−(C)

(1) 相続税法上の法定相続人

図表 4-6-1

① 民法上の法定相続人との違い

相続税法上の法定相続人は、必ずしも民法上の法定相続人と一致しません。通常、法定相続人とは民法上の法定相続人を指し、相続の放棄があればその放棄後の相続人を指します。しかし、相続税計算上の法定相続人は、租税回避目的で意図的に相続人を増やすことを防止するため、相続の放棄があった場合にはその放棄がなかったものとした場合における相続人を指します。

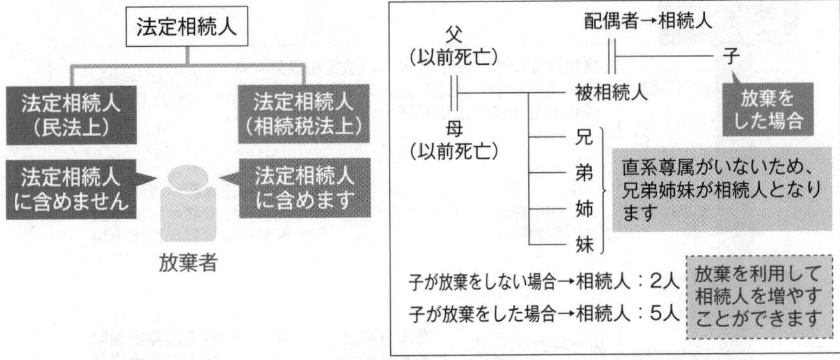

② 法定相続人の数に算入される養子の数の制限

被相続人に養子がいる場合、相続税計算上の法定相続人の数に算入できる養子の数にも租税回避目的で意図的に相続人を増やすことを防止するため、次のとおり制限があります。

実子の有無	養子の数	法定相続人の数に算入できる養子の数
有	1人以上	1人
無	1人	1人
無	2人以上	2人

特別養子、再婚相手の子を養子とした場合（連れ子養子）、代襲相続が発生している孫を養子とした場合（孫養子）は、実子として取り扱われるため、養子の数の制限を受けません。

養子縁組制度

	普通養子	特別養子
養親の条件	満20歳以上の者	満25歳以上で、夫婦ともに養親
養子の条件	養親よりも年少者	原則15歳未満の者
親族関係	実方の父母との親族関係は継続	実方の父母との親族関係は終了

図表 4-6-1 「法定相続人の数」を使用する計算── 暗記 実技(個人・生保)

・生命保険金等・退職手当金等の非課税金額

500万円 × 法定相続人の数

・遺産に係る基礎控除額

3,000万円 ＋ 600万円 × 法定相続人の数

・法定相続分に応じた取得金額

課税遺産総額 × 各法定相続人の法定相続分

設例 相続税法上の法定相続人

甲さん(被相続人)の親族関係図(子Dは相続放棄している)は次のとおりである。
この場合の相続税の遺産に係る基礎控除額を求めなさい。

＜甲さんの親族関係図＞

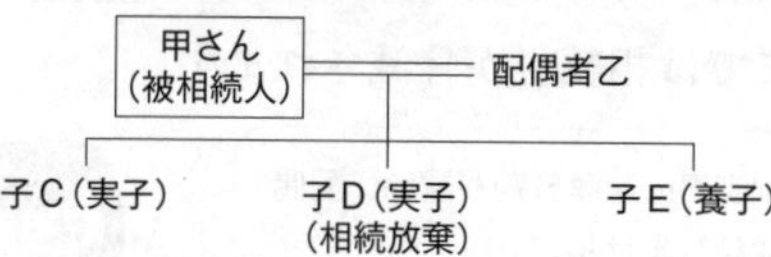

【解答】

遺産に係る基礎控除額

3,000万円＋600万円×4(法定相続人の数)＝5,400万円

法定相続人は、配偶者乙、子C、子D※1、子E※2の4人となります。

※1 相続を放棄している子Dも法定相続人の数に含めます。

※2 甲さんには実子がいるため、法定相続人の数に算入できる養子の数は「1人」までとなります。

設例 相続税の総額の計算

甲さんの相続に係る課税遺産総額(「課税価格の合計額－遺産に係る基礎控除額」)が5,000万円であった場合の相続税の総額を求めなさい。

＜甲さんの親族関係図＞

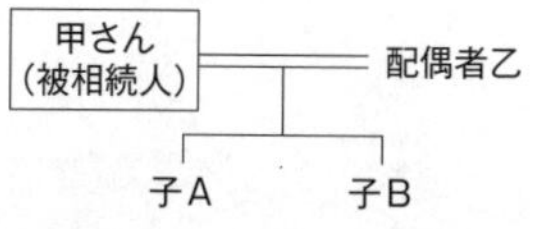

＜資料＞ 相続税の速算表(一部抜粋)

法定相続人の取得金額	税率	控除額
1,000万円超 3,000万円以下	15%	50万円

【解答】

課税遺産総額を5,000万円とした場合の相続税の総額は、次のとおりとなります。

・法定相続分に応じた取得金額

配偶者 5,000万円×1/2＝2,500万円

子A、子B 5,000万円×1/2×1/2＝1,250万円

・相続税の総額の基礎となる金額

配偶者 2,500万円×15%－50万円＝325万円

子A、子B 1,250万円×15%－50万円＝137.5万円

・相続税の総額 325万円＋137.5万円×2(子A、子B)＝600万円

(2) 相続税額の2割加算

図表 4-6-2

被相続人の父母、子(子が以前死亡等している場合の代襲相続人を含む)、配偶者以外の人が相続税の課税を受ける場合、これらの者は、算出相続税額の2割増しで相続税を納付しなければなりません。

子であっても、被相続人の直系卑属(孫など)でその被相続人の養子となった者(孫養子など)は加算の対象となります。

(3) 配偶者の税額軽減

暗記　図表 4-6-3

① 内　容

一定の要件を満たした場合、配偶者の課税価格のうち、その「配偶者の法定相続分」または「1億6,000万円」までは相続税が軽減されます。

配偶者の税額軽減は、相続税の申告期限までに遺産分割が調い、配偶者の取得する財産が確定していなければなりません。

② 未分割の場合の特例

図表 4-6-4

配偶者の税額軽減は、相続税の分割協議が整い、配偶者の取得する財産が確定していなければ適用を受けることができませんが、その後、申告期限から3年以内に遺産分割協議が整い、配偶者が取得する財産が確定すればこの規定の適用を受けることができます。

上記の場合、配偶者は分割日の翌日から4ヵ月以内の更正の請求により相続税の還付を受けることができます。

図表 4-6-2 **相続税額の2割加算**

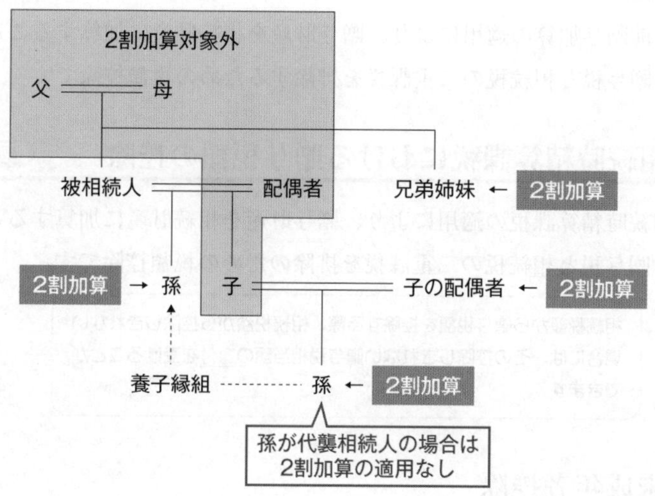

図表 4-6-3 **配偶者の税額軽減** 実技（個人・生保）

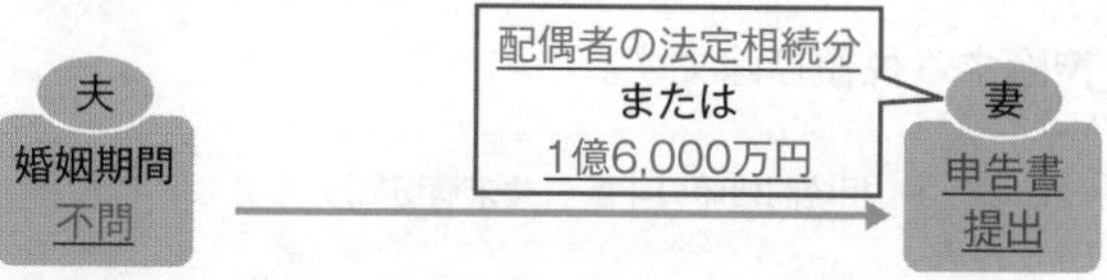

■法律上の婚姻関係があること（内縁関係は不可）。
　→婚姻期間の長短は関係ない。
■相続税の申告書を提出すること。
　→相続税額が「0」になっても必ず申告書を提出しなければならない。
■相続または遺贈により財産を取得していること。
　→配偶者が相続を放棄しても、遺贈により財産を取得している場合には適用があります。
■取得財産が確定していること。
　→申告期限までに遺産分割協議が調い、配偶者の取得額が確定していること。

図表 4-6-4 **未分割の場合の特例**

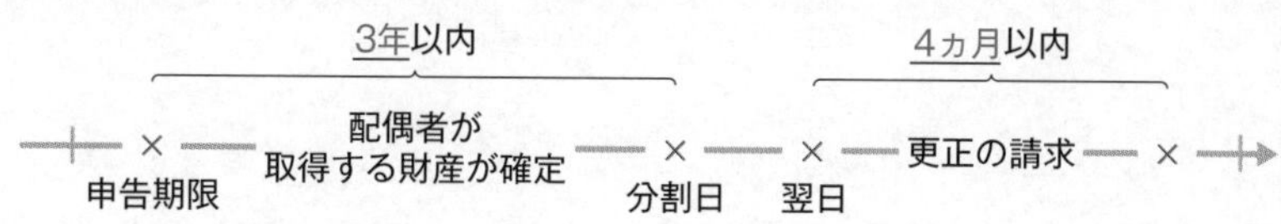

(4) 贈与税額控除

図表 4-6-5

生前贈与加算の適用により、贈与財産を相続財産に加算することで生じる、贈与税と相続税の二重課税を排除するための税額控除です。

(5) 相続時精算課税における贈与税額の控除

図表 4-6-6

相続時精算課税の適用により、贈与財産を相続財産に加算することで生じる贈与税と相続税の二重課税を排除のための税額控除です。

相続税額から贈与税額を控除する際、相続税額から控除しきれない場合には、その控除しきれない贈与税相当額の還付を受けることができます。

(6) 未成年者控除

相続または遺贈により財産を取得した人が、法定相続人であり、かつ、未成年者である場合に、その人が18歳に達するまでの年数に10万円を乗じた金額を控除する税額控除です。

10万円 ×（18歳 － 相続開始時の年齢〈1歳未満切捨〉）

(7) 障害者控除

相続または遺贈により財産を取得した人が、法定相続人であり、かつ、障害者である場合に、その人が85歳に達するまでの年数に10万円（特別障害者は20万円）を乗じた金額を控除する税額控除です。

10万円（20万円※）×（85歳 － 相続開始時の年齢〈1歳未満切捨〉）

※ 特別障害者の場合

図表 4-6-5 贈与税額控除

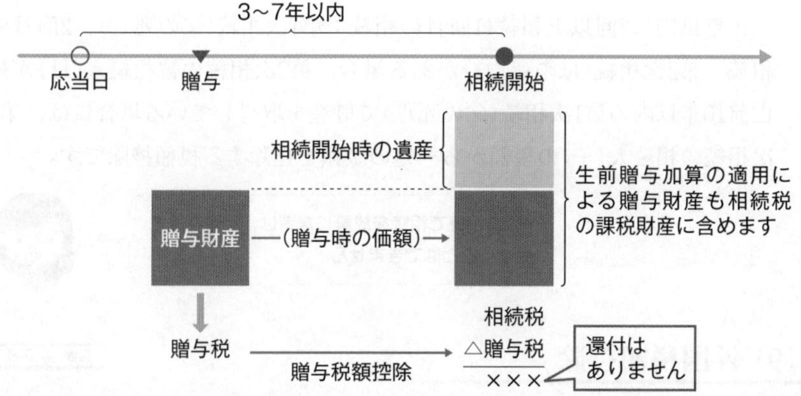

図表 4-6-6 相続時精算課税における贈与税額の控除

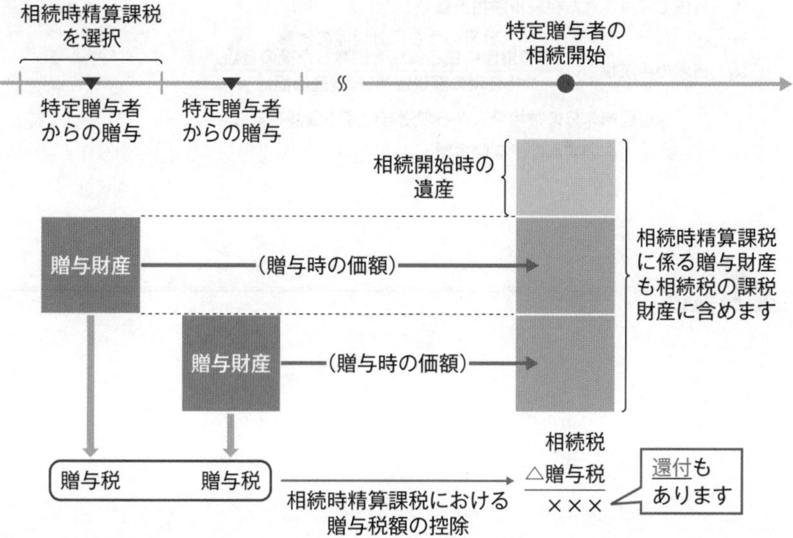

(8) 相次相続控除

図表 4-6-7

10年以内に2回以上相続(1回目の相続：第1次相続(父の死亡)、2回目の相続：第2次相続(母の死亡))がある場合、第2次相続の被相続人(母)が死亡前10年以内の第1次相続(父の死亡)で財産を取得している場合には、第2次相続の相続人(子)の税額から一定の金額を控除する税額控除です。

第2次相続で相続を放棄した者は、税額控除を受けることはできません。

(9) 外国税額控除

図表 4-6-8

日本の相続税と外国の相続税に相当する税金との二重課税の排除のための税額控除です。

① 外国で課税された相続税額相当額

② 日本の相続税 × $\dfrac{\text{分母のうち国外財産の価額（その財産に係る債務を控除した後の金額）}}{\text{相続税の課税価格（純資産価額）}^{※}}$

※ 相続開始年分の被相続人からの贈与財産の価額を含む。

③ ① ≶ ② ∴いずれか少ない金額

図表 4-6-7 相次相続控除

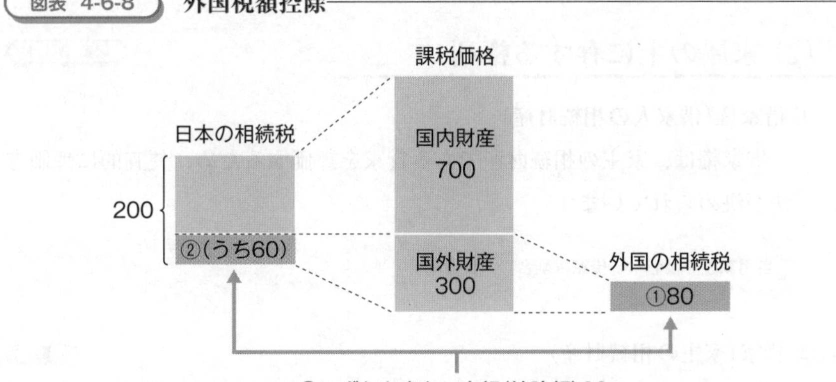

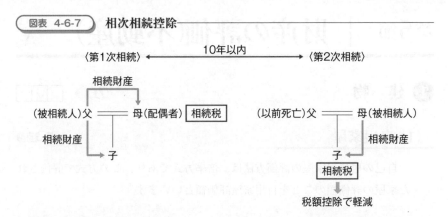

図表 4-6-8 外国税額控除

第5節　財産の評価(不動産)

❶ 建　物

重要　チェック

(1) 自用家屋

暗記

自己の居住用家屋の評価方法は、倍率方式であり、この方式で評価された家屋の評価額のことを自用家屋評価額といいます。

> 固定資産税評価額 × 倍率(1.0)

(2) 家屋の上に存する権利

図表 5-1-1

① 借家権(借家人の相続財産)

借家権は、家主の相続財産である貸家を評価するため、便宜的に評価方法が決められています。

> 自用家屋評価額 × 借家権割合 × 賃貸割合

② 貸家(家主の相続財産)

暗記

貸家は、家屋の自用家屋評価額から借家権を控除して評価します。

> 自用家屋評価額 − 自用家屋評価額 × 借家権割合 × 賃貸割合（借家権）
>
> = 自用家屋評価額 × (1 − 借家権割合 × 賃貸割合)

図表 5-1-1 家屋の上に存する権利

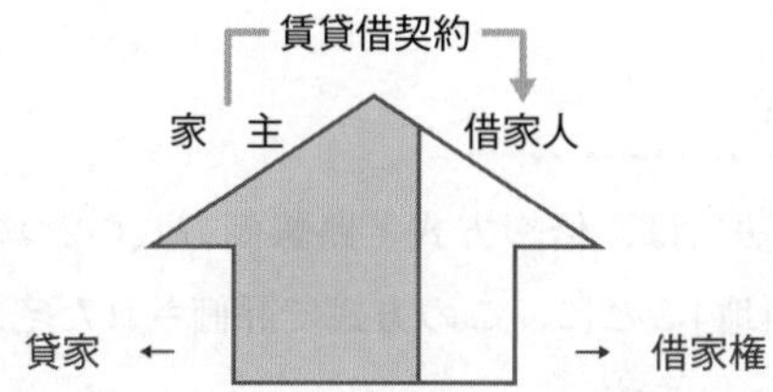

その他の財産の評価

	評価方法
建築中の家屋	費用現価[※1]×70%
家屋と構造上、一体となっている設備	家屋の価額に含めて評価
門・塀等の設備	(再建築価額[※2]－経過年数に応ずる減価の額)×70%
庭園設備	調達価額[※3]×70%
構築物	(再建築価額－経過年数に応ずる減価の額)×70%
セットバックを必要とする宅地	自用地評価額－自用地評価額×$\frac{\text{セットバック面積}}{\text{地積}}$×70%
私道の用に供されている宅地	自用地評価額×30%[※4]

※1　課税時期までに投下された建築費用の額を課税時期の価額に引き直した額の合計額

※2　課税時期において、その財産を新たに建築または設備するために要する費用の額の合計額

※3　課税時期において、その財産をその財産の現況により取得する場合の価額

※4　不特定多数の人が通行する私道(通り抜け道路)は評価しません。

❷ 宅　地

重要　計算　チェック

(1) 評価の方式

図表 5-2-1

宅地の評価方法には、倍率方式と路線価方式の2つの方法があり、利用単位である「一画地」ごとに、この方式で評価された宅地の評価額のことを自用地評価額といいます。

路線価の付されている都市部の宅地は路線価方式、路線価の付されていない郊外の宅地は倍率方式で評価します。

① 倍率方式

倍率方式とは、路線価が定められていない地域について、その宅地の固定資産税評価額に国税局長が定めた一定倍率を乗じて計算した金額によって評価する方式です。

固定資産税評価額 × 倍率

倍率方式で評価する場合、固定資産税評価額に倍率を乗じるだけで、宅地の形状に応じた補正は行われません。
これは、固定資産税評価額の評価上、不整形な形状などの個別的な事情が反映されるためです。

② 路線価方式（ろせんかほうしき）

(ア) 一方のみが路線に接する宅地

路線価方式とは、評価対象宅地の接する公道(路線)に付された路線価を基礎とし、その宅地の状況、形状などを考慮した補正率によりその路線価を修正して求めた金額に地積を乗じて評価する方式です。

なお、宅地の一方が公道(路線)に接している宅地の評価は、次のとおりです。

路線価 × 奥行価格補正率 × 地積

奥行価格補正率とは、対象宅地の奥行の長短によるその利用価値の大小を評価上加味するために設けられた割合です。

図表 5-2-1 **土地の評価単位**

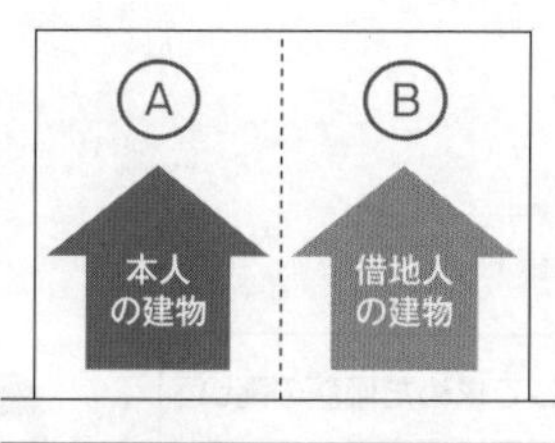

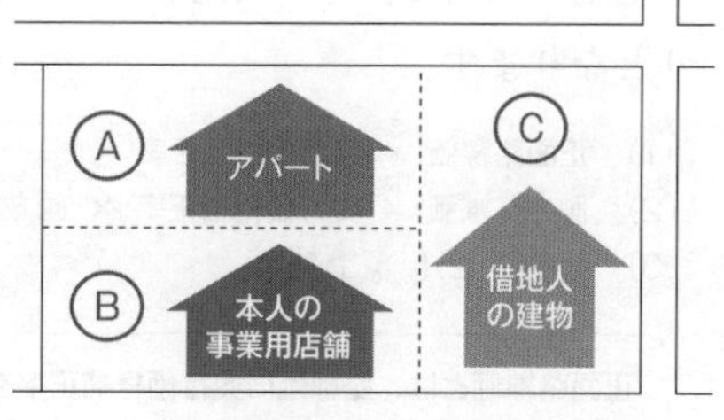

設例 **宅地の評価（路線価方式1）**

次の資料に基づき、宅地の評価額（自用地評価額）を求めなさい。
《資料》

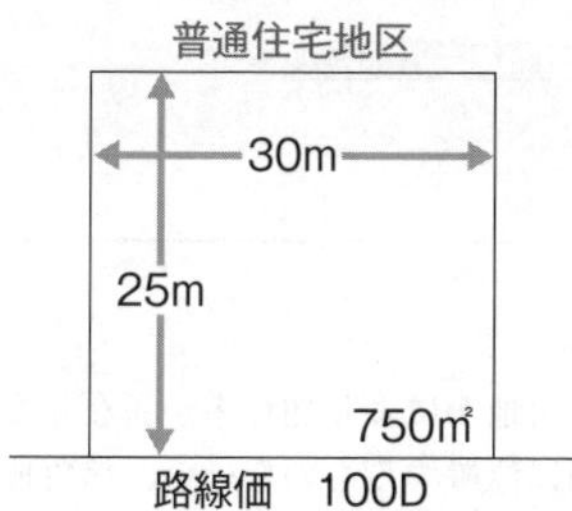

奥行価格補正率　25m……0.99
　　　　　　　　30m……0.98

記号	借地権割合
A	90%
B	80%
C	70%
D	60%

記号	借地権割合
E	50%
F	40%
G	30%

【解答】

自用地評価額　100千円×0.99×750㎡＝74,250千円

<路線価図（抜粋）>

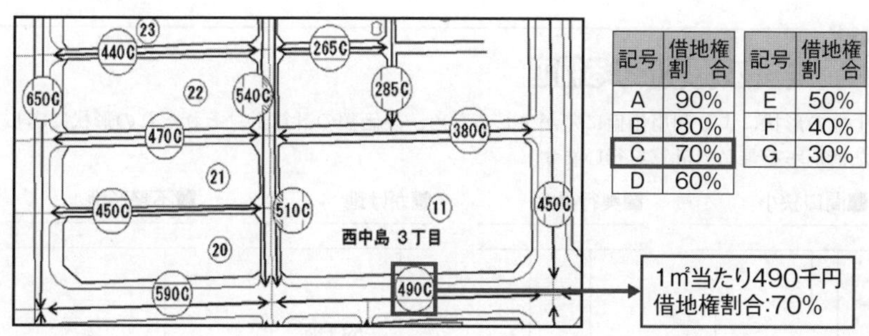

記号	借地権割合
A	90%
B	80%
C	70%
D	60%

記号	借地権割合
E	50%
F	40%
G	30%

⑴ 正面と側方に路線がある宅地

宅地の正面と側方が公道(路線)に接している宅地の評価は、次のとおりとなります。

1) 正面路線価 × 奥行価格補正率
2) 側方路線価 × 奥行価格補正率 × 側方路線影響加算率
3) {1) + 2)} × 地積

正面路線価とは、路線価に奥行価格補正率を乗じて求めた価額の高い方の路線をいい、側方路線価とは、路線価に奥行価格補正率を乗じて求めた価額の低い方の路線をいいます。

⑺ 正面と裏面に路線がある宅地

宅地の正面と裏面が公道(路線)に接している宅地の評価は、次のとおりとなります。

1) 正面路線価 × 奥行価格補正率
2) 裏面路線価 × 奥行価格補正率 × 二方路線影響加算率
3) {1) + 2)} × 地積

Step Up 角地と準角地

側方路線影響加算率は、宅地の位置が角地か準角地かにより加算率が異なります。
なお、角地とは、二系統の路線の屈折部の内側に位置するものをいい、準角地とは、一系統の路線の屈折部の内側に位置するものをいいます。

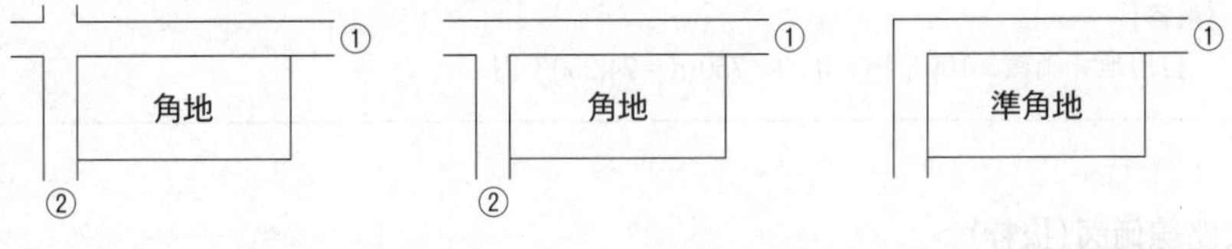

Step Up 土地の形状による補正

土地の形状により利用価値に差が生じるため、評価額の計算上、それぞれの形状に応じた補正率を乗じて計算を行います。

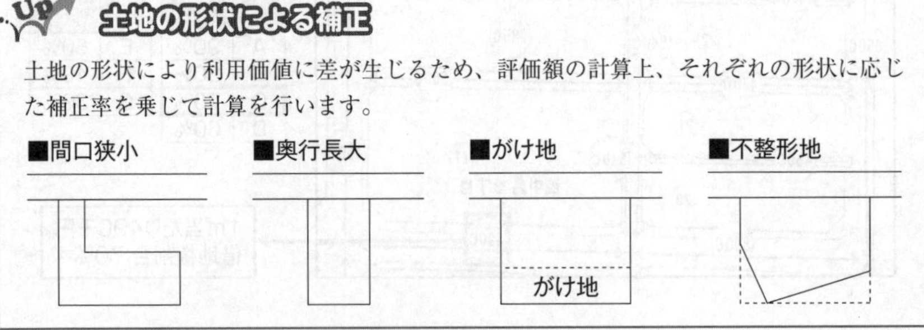

設例 宅地の評価(路線価方式2)

計算 実技 (資産)

次の資料に基づき、宅地の評価額を求めなさい。

《資料》

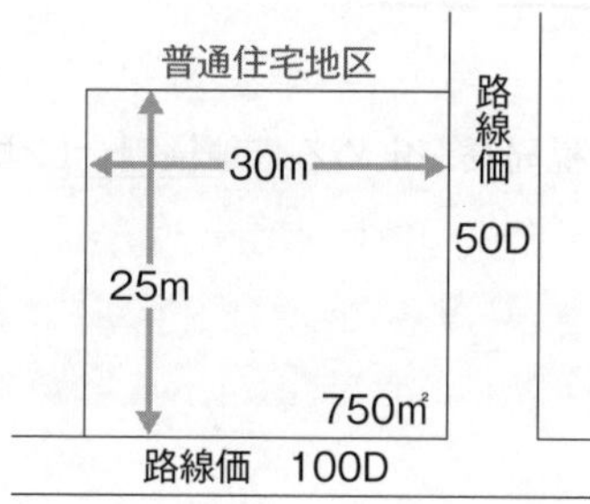

奥行価格補正率　25m………0.99
　　　　　　　　30m………0.98

側方路線影響加算率(角地)……0.03
　　　　　　　　　(準角地)…0.02

記号	借地権割合
A	90%
B	80%
C	70%
D	60%

記号	借地権割合
E	50%
F	40%
G	30%

【解答】

自用地評価額

1) 100千円×0.99＝99千円

2) 50千円×0.98×0.03＝1.47千円

3) ｛1)＋2)｝×750㎡＝75,352.5千円

設例 宅地の評価(路線価方式3)

次の資料に基づき、宅地の評価額を求めなさい。

《資料》

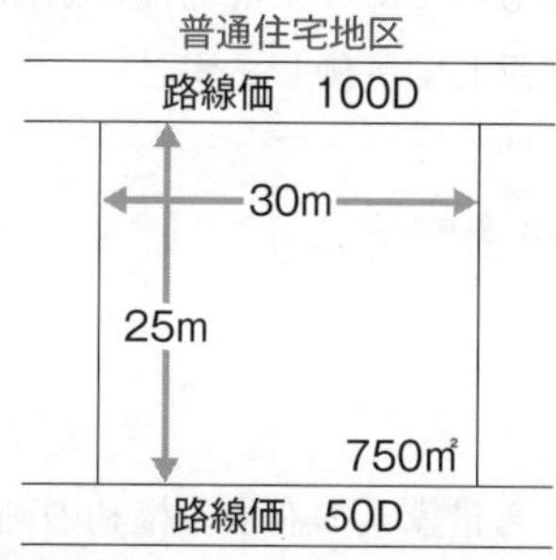

奥行価格補正率　25m……0.99
　　　　　　　　30m……0.98

二方路線影響加算率…………0.02

記号	借地権割合
A	90%
B	80%
C	70%
D	60%

記号	借地権割合
E	50%
F	40%
G	30%

【解答】

自用地評価額

1) 100千円×0.99＝99千円

2) 50千円×0.99×0.02＝0.99千円

3) ｛1)＋2)｝×750㎡＝74,992.5千円

❸ 宅地の上に存する権利

!重要　チェック ✓✓✓

(1) 貸宅地（かしたくち）および借地権の評価

① 借地権（借地人の相続財産）　暗記

借地権（定期借地権を除く）は、国税局長が定める借地権割合によって評価します。

自用地評価額 × 借地権割合

② 貸宅地（地主の相続財産）　暗記

貸宅地とは、借地権が設定されている宅地をいい、宅地の自用地評価額から借地権の価額を控除して評価します。

自用地評価額 － 自用地評価額 × 借地権割合（借地権） ＝ 自用地評価額 ×（1 － 借地権割合）

(2) 貸家建付地（かしやたてつけち）および借家人の有する権利の評価

① 借家人の有する権利（借家人の相続財産）

借家人の有する権利は、地主の相続財産である貸家建付地を評価するため、便宜的に評価方法が決められているものであり、借地権の価額に国税局長が定める借家権割合と賃貸割合を連乗して評価します。

借地権の価額 × 借家権割合 × 賃貸割合
＝ 自用地評価額 × 借地権割合（借地権） × 借家権割合 × 賃貸割合

② 貸家建付地（地主の相続財産）　暗記

貸家建付地は、宅地の自用地評価額から借家人の有する権利の価額を控除して評価します。

自用地評価額 － 自用地評価額 × 借地権割合 × 借家権割合 × 賃貸割合（借家人の有する権利）
＝ 自用地評価額 ×（1 － 借地権割合 × 借家権割合 × 賃貸割合）

設例 借地権および貸宅地の評価

計算 実技 (資産)

次の資料に基づき、借地権および貸宅地の評価額を求めなさい。

《資料》

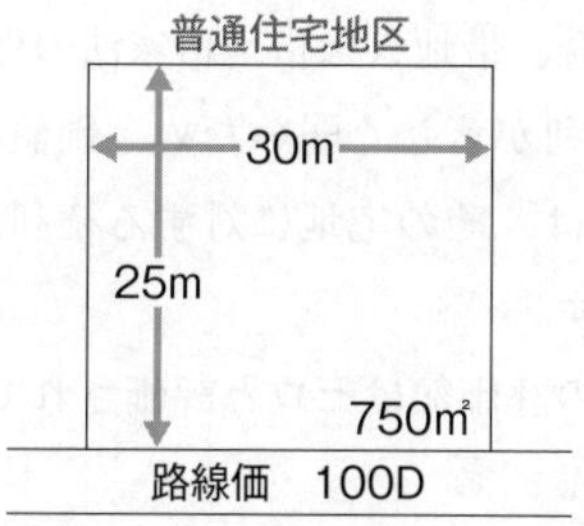

奥行価格補正率 25m……0.99
30m……0.98

・上記の宅地を建物所有を目的とする賃貸借契約により貸し付けている。

・借地権割合は60%とする。

【解答】

まず、自用地評価額を求め、続いて借地権および貸宅地の評価額を求めます。

自用地評価額 100千円×0.99×750㎡＝74,250千円

借地権 74,250千円×60%＝44,550千円

貸宅地 74,250千円×(1－60%)＝29,700千円

設例 貸家建付地の評価

計算 実技 (資産・個人)

次の資料に基づき、貸家建付地の評価額を求めなさい。

《資料》

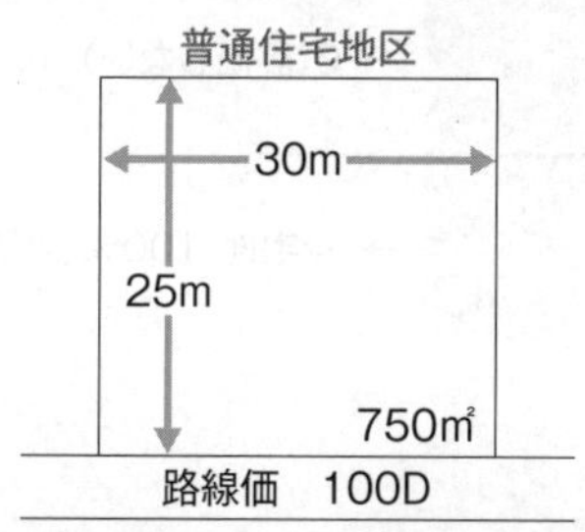

奥行価格補正率 25m……0.99
30m……0.98

・上記の宅地の上にマンションを建築し、賃貸借契約により貸し付けている。

・借地権割合は60%、借家権割合は30%、賃貸割合は100%とする。

【解答】

まず、自用地評価額を求め、続いて貸家建付地の評価額を求めます。

自用地評価額 100千円×0.99×750㎡＝74,250千円

貸家建付地 74,250千円×(1－60%×30%×100%)＝60,885千円

❹ 使用貸借契約による宅地の貸借

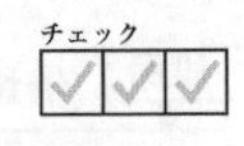

図表 5-4-1

使用貸借契約とは、賃貸借契約とは異なり無償で宅地を貸借する契約です。

使用貸借契約で宅地を借り受けた場合、借地人は借地借家法の保護を受けられず、その宅地を使用・収益する権利が著しく弱いため、価額は0とされています。一方、地主の宅地の評価額は、その宅地に対する権利が100%あるものとされ、自用地評価額となります。

なお、使用貸借契約に基づく借地権の評価額はゼロと評価されていますので、借地権者に贈与税は課税されません。

上記の取り扱いは、家屋の使用貸借があった場合についても同様に取り扱います。

図表 5-4-1　使用貸借契約による宅地の貸借

設例 使用貸借契約による宅地の貸借

次の資料に基づき、地主の宅地の評価額を求めなさい。
《資料》

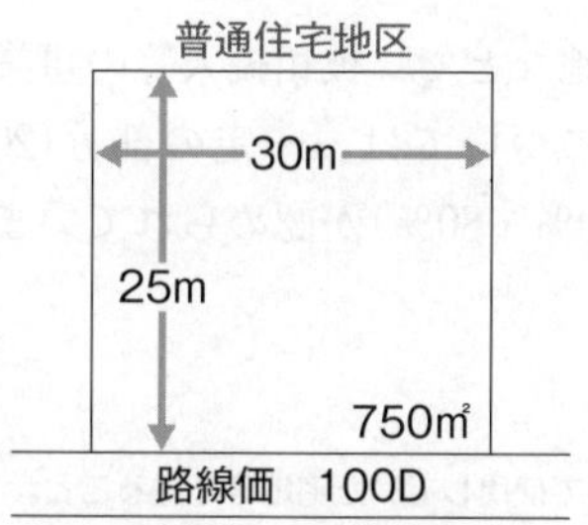

奥行価格補正率 25m……0.99
30m……0.98

・この宅地は、使用貸借で貸し付けている土地であり、地主は地代等を収受していない。

【解答】

100千円×0.99×750㎡＝74,250千円

※ 使用貸借で貸し付けている宅地は、自用地評価額で評価されます。

配偶者居住権

配偶者居住権とは、配偶者が居住していた被相続人所有の建物について、遺産分割等により、終身または一定期間、配偶者がその建物に居住することができる権利をいいます。

・被相続人が相続開始の時に居住建物を配偶者以外と共有していた場合、配偶者居住権は成立しません。
・配偶者居住権は、譲渡することができません。
・配偶者居住権の存続期間は、原則、配偶者の終身となりますが、遺産分割、遺言等で別段の定めをしたときは、その定める期間となります。
・配偶者居住権は、第三者対抗要件として登記することができます。居住建物の所有者は、配偶者居住権を取得した配偶者に対し、配偶者居住権の設定の登記を備えさせる義務を負います。

❺ 小規模宅地等の評価減の特例

重要　チェック

(1) 内　容

図表 5-5-1

相続または遺贈により取得した宅地などで、被相続人等の事業の用または居住の用に供されていた宅地等については、一定の部分(200㎡・330㎡・400㎡)について一定の評価減(50%・80%)が認められています。

(2) 要　件

図表 5-5-2

- 被相続人が事業用※、居住用、貸付用※として使用していた宅地等であること。
- その宅地等を引き継いだ相続人等が同じ目的で使用すること。
- 相続税の申告書を提出すること。
- 申告期限までに遺産分割協議が整い、各相続人等の取得額が確定していること。

※　原則として、相続開始前3年以内に新たに事業の用および貸付事業の用に供された宅地等は除かれます。

(3) 減額限度面積および減額割合

暗記　実技(資産)

特定事業用宅地等	80%(400㎡)
特定居住用宅地等※1	80%(330㎡)
貸付事業用宅地等※2	50%(200㎡)

※1　被相続人の居住用宅地等を配偶者が引き継いだ場合、特定居住用宅地等となります。
※2　青空駐車場など設備等のない土地のみの貸付けは対象になりません。

種類の異なる宅地等が複数存在する場合、特定事業用宅地等と特定居住用宅地等のみを適用する場合は、それぞれの減額限度面積まで適用することができます(合計で730㎡まで適用可能)。

貸付事業用宅地等を併用する場合には、減額限度面積の調整が必要となるため、注意が必要です。

(4) 評価減の金額計算

減額金額の計算は、次の方法によります。

課税価格に算入すべき金額 ＝ 宅地等の評価額 － 小規模宅地等の減額金額※

※　小規模宅地等の減額金額

$$\text{宅地等の評価額} \times \frac{(400㎡ \text{ or } 330㎡ \text{ or } 200㎡)}{\text{総地積}(㎡)} \times (80\% \text{ or } 50\%)$$

図表 5-5-1 小規模宅地等の評価減

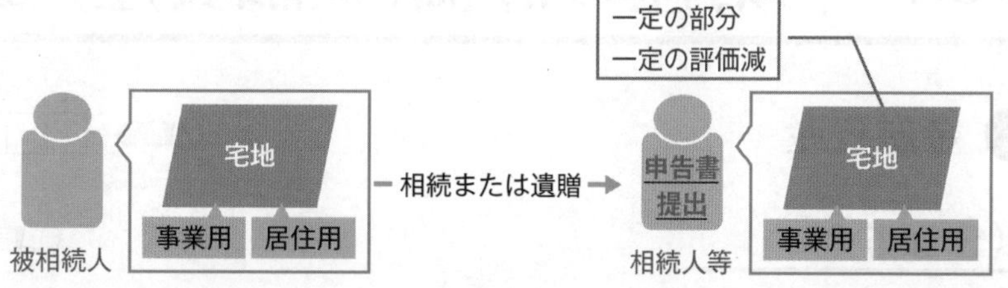

図表 5-5-2 特定事業用宅地・特定居住用宅地の要件

■特定事業用宅地等

用　途	宅地等の取得者	相続税の申告期限まで	
		事業	所有
被相続人の事業用宅地等	被相続人の事業を引き継いだ親族	継続	継続

■特定居住用宅地等

用　途	宅地等の取得者	相続税の申告期限まで	
		居住	所有
被相続人の居住用宅地等	被相続人の配偶者	居住や所有の要件なし	
	被相続人と同居していた親族	継続	継続
	配偶者や同居相続人がいない被相続人と別居していた親族※	—	継続

※　相続開始前3年以内に、取得した親族およびその配偶者、3親等以内の親族、特別な関係のある法人が所有する家屋に居住していないこと、かつ、取得した親族が居住している家屋を相続開始前に所有していた事実がないことが条件です。

設例 小規模宅地等の評価減

被相続人の居住用宅地(500㎡)100,000千円(自用地評価額)を配偶者が相続した場合の相続税の課税価格に算入される宅地の評価額を求めなさい。

【解答】

被相続人の居住用宅地を配偶者が相続しているため、特定居住用宅地等に該当し、330㎡まで80%の評価減を受けることができます。

(1)減額される金額

$$100{,}000\text{千円} \times \frac{330\text{㎡}}{500\text{㎡}} \times 80\% = 52{,}800\text{千円}$$

(2)相続税の課税価格に算入される金額

$$100{,}000\text{千円} - \overset{\text{評価減}}{52{,}800\text{千円}} = 47{,}200\text{千円}$$

第6節 ｜ 財産の評価(金融資産)

頻出度 B

❶ 金融資産

重要　チェック ✓✓✓

(1) 預貯金

暗記

種　類	評　価　額
定期預金 普通預金 (利子高額)	預入高＋(既経過利子の額－源泉徴収税額相当額)
普通預金 (利子少額)	預入高(利子の評価なし)

(2) 公社債

	評　価　額
利付公社債 (時価あり)	課税時期における最終価格＋(既経過利子の額－源泉徴収税額相当額)
個人向け 国債	額面金額＋経過利子相当額－中途換金調整額

(3) 証券投資信託の受益証券

金融商品取引所に上場されている証券投資信託(J－REIT、ETF)
　上場株式に準じた評価額

(4) ゴルフ会員権

評価額	取引相場あり	通常の取引価格×70%

(5) 生命保険契約に関する権利

相続開始の時において、まだ保険事故が発生していない生命保険契約に関する権利の価額は解約返戻金の額により評価します。

被保険者	保険料負担者	保険金受取人	課税関係
妻 (生存)	夫 (死亡)	子	相続税 (生命保険契約に関する権利)

❷ 株　式

(1) 上場株式

全国の金融商品取引所に上場されている株式は、次のとおり評価されます。

次の①～④のうち最も低い価額で評価する。
①課税時期の最終価格
②課税時期の属する月中の毎日の最終価格の平均額
③課税時期の属する月の前月中の毎日の最終価格の平均額
④課税時期の属する月の前々月中の毎日の最終価格の平均額
※　課税時期→相続開始(被相続人の死亡)の時点
　　最終価格→終値(金融商品取引所における終値)

国内の2以上の金融商品取引所に上場されている株式の最終価格は、納税義務者が選択した金融商品取引所の公表する価格によって評価することができます。

(2) 取引相場のない株式

取引相場のない株式とは、上場株式以外の株式をいい、株式を取得した者が支配株主か少数株主かによって、次のとおり評価方法が異なります。

株式の取得者	評　価　方　式
支配株主	原則的評価方式(会社の規模により方式が異なる)
少数株主	特例的評価方式(配当還元価額方式)

Hint!　**支配株主・少数株主**

支配株主とは、議決権割合の高い株主のことをいい、その株式のもつ議決権を通じて株式発行会社の経営に参加できるため、その会社の実体を反映する評価方式である原則的評価方式(会社の規模により方式が異なる)で行います。
少数株主とは、議決権割合の低い株主のことをいい、その議決権を通じて株式の発行会社の経営に参加することは実質的には不可能であり、少数株主にとって株式は配当を得るための手段にすぎません。したがって、少数株主の有する株式は、過去の配当実績を基礎とした特例的評価方式(配当還元価額方式)で行います。

① 類似業種比準価額方式（大会社の評価方法）

図表 6-2-1

類似業種比準価額方式とは、評価会社と事業内容が類似する上場会社の株価を基に、国税庁が公表するその類似業種の1株当たりの「株価」「配当金額」「利益金額」「純資産価額」を基として求めた類似業種比準価額で評価します。

> 納税者の選択により、純資産価額で評価することもできます。

② 純資産価額方式（小会社の評価方法）

図表 6-2-2

純資産価額方式とは、課税時期における相続税評価額ベースの純資産価額を基に評価された価額で評価され、具体的には、相続税評価額による純資産価額から資産の含み益に係る法人税等相当額を控除して計算します。

> 納税者の選択により、Lの割合を「0.5」とした併用方式により計算した金額により評価することもできます。

③ 併用方式（中会社の評価方法）

併用方式とは、大会社としての類似業種比準価額方式で求めた価額と小会社としての純資産価額方式で求めた価額を併用し、一定割合（Lの割合）を用いて評価します。

> 類似業種比準価額 × Lの割合 ＋ 純資産価額 ×（1 － Lの割合）

④ 配当還元価額方式（少数株主の評価方式）

図表 6-2-3

配当還元価額は、過去の配当実績を基礎にその会社の株式の価値を評価した価額をいいます。具体的には、配当金額を10％の資本還元率で割り戻してその会社の株価を算定します。

図表 6-2-1 類似業種比準価額

(ア) $A \times \left[\dfrac{\dfrac{b}{B} + \dfrac{c}{C} + \dfrac{d}{D}}{3} \right] \times 0.7$ ※ 中会社の場合は「0.6」、小会社の場合は「0.5」で計算します。

類似業種
- A：類似業種の株価
- B：類似業種の1株当たりの配当金額
- C：類似業種の1株当たりの年利益金額
- D：類似業種の1株当たりの純資産価額（帳簿価額）

評価会社
- b：評価会社の1株当たりの配当金額（非経常的な配当を除く）
- c：評価会社の1株当たりの利益金額
- d：評価会社の1株当たりの純資産価額（帳簿価額）

(イ) $(ア) \times \dfrac{\text{評価会社の1株当たりの資本金等の額}}{50\text{円}}$

図表 6-2-2 純資産価額

① 評価差額に相当する金額

〔相続税評価額による総資産価額※－負債の額〕－〔帳簿価額による総資産価額－負債の額〕

※ 課税時期前3年以内に取得または新築する土地等または建物等の価額は、課税時期における通常の取引価額とします。

② 評価差額に対する法人税額等 ①×法人税率等

③ 相続税評価額による総資産価額－負債の額－②

④ 1株当たりの総資産価額 $\dfrac{③}{\text{課税時期の発行済株式数}}$

⑤ 取得者とその同族関係者との議決権総数が50%以下の場合 $④ \times \dfrac{80}{100}$

図表 6-2-3 配当還元価額

$\dfrac{\text{その株式に係る年配当金額}}{10\%} \times \dfrac{\text{その株式の1株当たりの資本金等の額}}{50\text{円}}$

年配当金額※ ＝ $\dfrac{\text{直前期末以前2年間の配当金額の合計額（特別配当・記念配当などを除く）} \times 1/2}{\text{評価会社の直前期末における発行済株式数}}$

※ 年配当金額が2円50銭未満または無配の場合は2円50銭となります。

⑤ 特定評価会社の評価方法

次の特定評価会社に該当する場合、原則として純資産価額方式による強制評価が義務づけられますが、配当還元価額方式が適用される株主については、原則として配当還元価額方式が適用されます。

㈠ 土地保有特定会社

評価会社の総資産価額（相続税評価額）に占める土地等の価額の合計額（相続税評価額）の割合が大会社で70％以上などの場合、土地保有特定会社に該当します。

㈡ 株式保有特定会社

評価会社の総資産価額（相続税評価額）に占める株式等の価額の合計額（相続税評価額）の割合が50％以上の場合、株式保有特定会社に該当します。

㈢ その他の特定評価会社

特定評価会社	評価方法
開業前または休業中の会社	純資産価額方式
開業後3年未満の会社	純資産価額方式
清算中の会社	清算分配見込額により評価
比準要素数1の会社※	1） 純資産価額 2） 類似業種比準価額 × 0.25 ＋ 純資産価額 × 0.75 3） 1）$\lesseqgtr$ 2） ∴小さい価額

※　類似業種の比準要素（1株当たりの「配当金額」「利益金額」「純資産価額」）のうち、直前期末および直前々期末を基準として計算した場合において、それぞれ2比準要素以上がゼロである会社をいいます。

<取引相場のない株式の評価のまとめ>

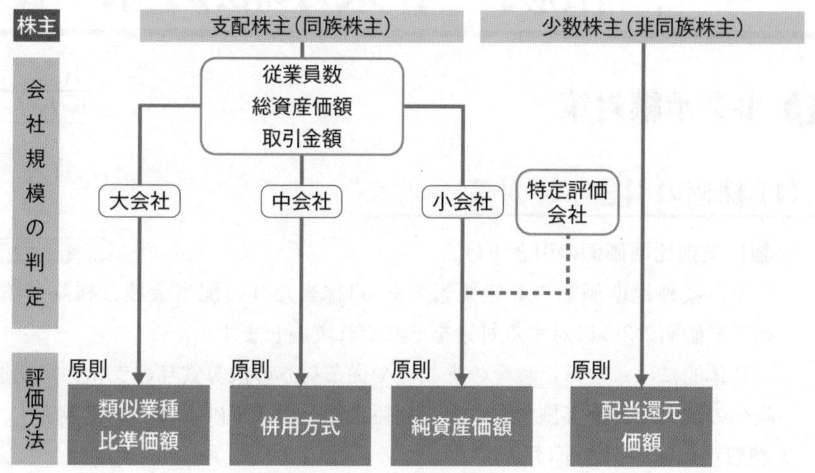

支配株主が取得する取引相場のない株式の評価

原則的評価方式は、会社の規模を直前期末以前1年間における「従業員数」、直前期末における「総資産価額」、直前期末以前1年間の「取引金額」により、「大会社」、「中会社」、「小会社」に区分し、それぞれの評価方式を適用します。

非上場株式等についての贈与税の納税猶予および免除の特例（特例措置）

後継者である受贈者が、「中小企業における経営の承継の円滑化に関する法律（経営承継円滑化法）」の認定を受けている非上場会社の株式等を贈与により取得した場合において、その非上場株式等に係る贈与税について、一定の要件のもと、その納税を猶予し、後継者の死亡等により、納税が猶予されている贈与税の納付が免除される制度です。

■特例対象株式
贈与により取得したすべての株式
■納税猶予額
特例対象株式に係る課税価格に対応する贈与税額の全額
■相続時精算課税制度との併用
60歳以上の者から18歳以上の者への贈与につき相続時精算課税制度との併用可能

第7節　相続・事業承継対策

❶ 事業承継対策

チェック

(1) 株価の引き下げ対策

① 類似業種比準価額の引き下げ　図表 7-1-1

類似業種比準価額の算定要素である1株当たりの配当金額、利益金額、純資産価額の3つに対する対策をそれぞれ実施します。

具体的には、役員退職金の支払いや従業員への決算賞与の支給、定期保険への加入などを実施することで利益金額を引き下げることができます。

② 純資産価額の引き下げ　図表 7-1-2

純資産価額は資産の相続税評価額を基に計算するため、時価(取引価額)と相続税評価額に差がある資産を取得することにより純資産価額を引き下げることができます。

(2) 納税資金等の対策

① 役員退職金・弔慰金等の利用

死亡退職金や弔慰金等は、相続税の計算上一定の非課税限度額が設けられています。この取扱いを利用することでオーナー社長の死亡退職金や弔慰金などを納税資金に充てることができます。

② 生命保険の加入　図表 7-1-3

保険契約者＝会社、被保険者＝オーナー社長、保険金受取人＝会社として生命保険に加入することにより、オーナー社長死亡時に死亡退職金や自社株の買取資金などの財源を確保することができます。

③ 代償交付金の準備

店舗などを特定の相続人に承継させるため、保険契約者および被相続人＝オーナー社長、保険金受取人＝特定の相続人とする生命保険に加入し、代償分割に伴う代償交付金を準備することができます。

④ 金庫株制度の利用　図表 7-1-4

会社が自社株を取得する制度を利用することにより、相続人が相続した株式(自社株)を会社が買い取ることが可能となり、相続人はその売却代金により納税資金を確保することができます。

図表 7-1-1 類似業種比準価額の引き下げ

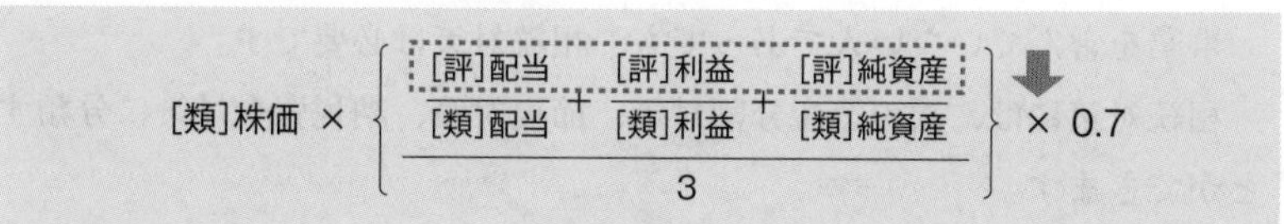

[類]株価 × { ([評]配当/[類]配当 + [評]利益/[類]利益 + [評]純資産/[類]純資産) / 3 } × 0.7

図表 7-1-2 純資産価額の引き下げ

図表 7-1-3 生命保険の加入

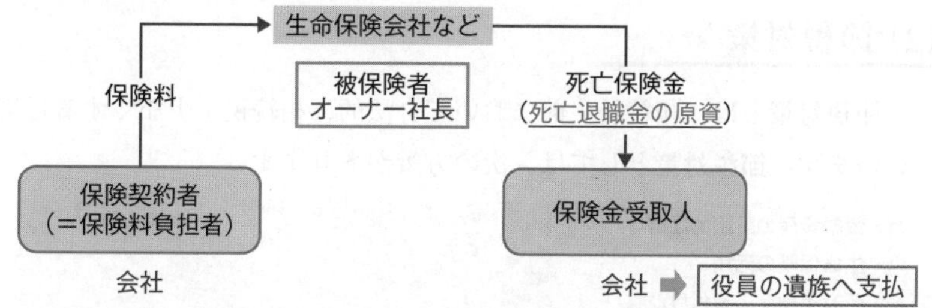

長期平準定期保険や逓増定期保険に加入することにより、オーナー社長の死亡時などの退職金の原資を準備することができます。

図表 7-1-4 金庫株制度の利用

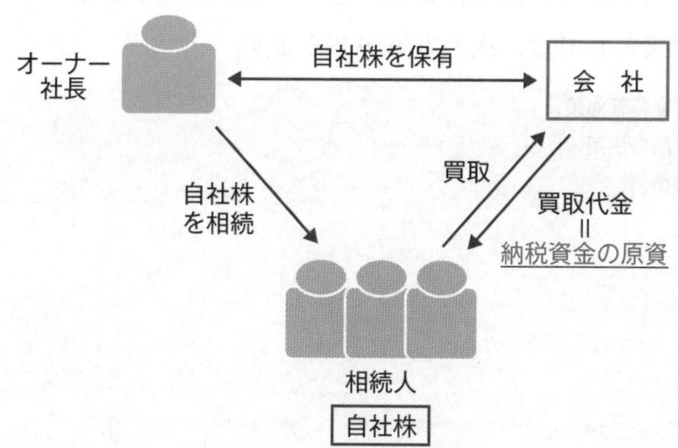

❷ 相続対策

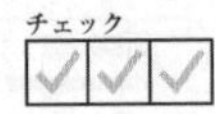

事業を営んでいない人であっても、相続対策は必要です。

相続対策には、次の遺産分割対策、節税対策、納税資金対策に分類することができます。

(1) 遺産分割対策

遺産分割対策とは、残される相続人にどの財産を承継させるかを考え、その考えどおりにスムーズに財産が移転するようにすることをいいます。遺産分割対策としては、次の方策があります。

・遺言書の作成
・生前贈与対策
・分割しやすいような相続財産への整理

(2) 節税対策

節税対策とは、相続発生前において合法的に相続税を少なくする対策をいいます。節税対策としては、次の方策があります。

・金融資産の計画的な贈与
・生命保険の活用
・所有不動産の貸付け

(3) 納税資金対策

納税資金対策とは、節税対策を講じてもなお発生してしまう相続税の納税資金と引き継ぎに係る経費のための資金を確保することをいいます。納税資金対策としては、次の方策があります。

・生前財産移転対策
・生命保険の活用
・物納の準備

MEMO

索引

か

さ

た

な

わ

大原の合格ノウハウ満載の

Web特典のご案内

試験にでる数値・用語はこれで確認！
合格虎の巻

●数値！虎の巻

数字に関連する項目がよく出題されるFP試験。
試験によく出る重要な数値を「金額」「年齢」等、項目ごとにまとめた一覧をWebで公開！
暗記に最適な虎の巻です。試験に直結する内容なので、直前の確認に役立ちます。

1. 金額

金額	内容
200円、400円	任意加入の付加年金の付加保険料400円（月額）を納付すると、200円×付加保険料納付済期間の月数の年金額を受給することができる
1万円	個人向け国債は、額面金額で最低1万円から1万円単位で購入可能
25,000円	住民税の地震保険料控除は、地震保険料の1/2（最高25,000円）
4万円	所得税の生命保険料控除は、一般分が最高4万円、介護医療分が最高4万円、個人年金分が最高4万円（平成24年以後契約分）

※2023-24年版の虎の巻です。

●用語集

テキストに出てくる用語を理解するのにぴったりな用語集をWebで公開！
用語と内容があいうえお順に並んだ一覧で、辞書のように使えます。
分からない用語はすぐに確認して、理解を深めてください。

＜特典のご利用方法＞

下記の申込フォームより、必要事項をご登録ください。
ご登録のメールアドレスに「2大Web特典」ご利用のURLをお送りいたします。
※特典のご利用には、メールアドレスが必要となります。

FP書籍購入特典　申込フォーム

https://www.o-hara.jp/form/best/fp/book/form.html

登録期限　**2025年5月31日**　　閲覧期限　**2025年5月31日**

2級（AFP）合格コース（全18回）

専門的な知識を身につけ、2級・AFPを取得するためのすべてが揃ったコース！

カリキュラム

2級基本講義 全14回

<INPUT>

3級レベルを修了されている方を対象に、より高いレベルの6課目の知識を習得していきます。
また、FPにとって重要なコンプライアンス（法令順守）や倫理等についても学習します。

FP総論　提案書

FP各論
○ライフプランニングと資金計画
○リスク管理　○金融資産運用
○タックスプランニング
○不動産　○相続・事業承継

日本FP協会認定：AFP認定研修

2級直前対策 全4回

<OUTPUT>

2級総まとめ（学科・実技）

公開模試（学科・実技）

※実技対策は「資産設計提案業務」に対応しています。

→ 2級FP技能検定 → AFP登録

日本FP協会認定講座

本コースは「AFP認定研修」として日本FP協会の指定を受けているので、コースを修了することにより、2級FP技能検定の受検資格が付与されるとともに、2級FP技能検定合格後にAFPとして登録することも可能です。

受講料（消費税10%込）

※ 大原グループの講座（通学・通信）に初めてお申込みの方は、受講料の他に入学金6,000円（税込）が必要です。

	一般価格	大学生協等割引価格
映像通学　教室通学	97,700円～	92,810円～

大原の多彩な学習スタイル

全国各校で開講！お近くの大原で！ **通学講座**

映像通学

収録した講義映像を大原校内の個別視聴ブースにて視聴する学習スタイルです。
自分のスケジュールに合わせて無理なく受講を続けることができます。

教室通学（名古屋校）

大原に通って講義を受ける学習スタイルです。講師の情熱溢れる講義や解説を、同じ目的を持った仲間と一緒に受講します。

FP講座パンフレットのご請求はフリーダイヤルで　ゴウカクスルナラオオハラ 0120-597-008

正誤・法改正に伴う修正について

本書掲載内容に関する正誤・法改正に伴う修正については「資格の大原書籍販売サイト　大原ブックストア」の「正誤・改正情報」よりご確認ください。

https://www.o-harabook.jp/
資格の大原書籍販売サイト 大原ブックストア

正誤表・改正表の掲載がない場合は、書籍名、発行年月日、お名前、ご連絡先を明記の上、下記の方法にてお問い合わせください。

お問い合わせ方法

【郵　送】　〒101-0065　東京都千代田区西神田２－２－10
大原出版株式会社 書籍問い合わせ係
【ＦＡＸ】　03-3237-0169
【E-mail】　shopmaster@o-harabook.jp

※お電話によるお問い合わせはお受けできません。
また、内容に関する解説指導・ご質問対応等は行っておりません。
予めご了承ください。

'24-'25年受検対策 読めばわかる！
ＦＰ2級ＡＦＰ合格テキスト

■発行年月日　2016年６月５日　初版発行
2024年５月27日　第９版発行
■著　　者　資格の大原　FP講座
■発 行 所　大原出版株式会社
〒101-0065
東京都千代田区西神田1-2-10
TEL 03-3292-6654
■印刷・製本　株式会社メディオ

※落丁本・乱丁本はお取り替えいたします。定価はカバーに表示してあります。
ISBN978-4-86783-111-3　C3033